丝路文明札记

冯 并 / 著

丝路文明从亘古走来
标识过去
照亮未来

山东城市出版传媒集团
·济南出版社

图书在版编目(CIP)数据

丝路文明札记／冯并著．—济南：济南出版社，2018.1
ISBN 978－7－5488－2979－9

Ⅰ.①丝… Ⅱ.①冯… Ⅲ.①丝绸之路—文化史 Ⅳ.①K203

中国版本图书馆 CIP 数据核字(2018)第 001168 号

出 版 人	崔 刚
策 划 人	丁少伦
特约编辑	朱兰芝
责任编辑	秦 天 吴敬华
装帧设计	侯文英
出版发行	济南出版社
地 址	山东省济南市二环南路 1 号(250002)
编辑热线	0531－86131720
发行热线	0531－86922073 67817923
印 刷	山东华立印务有限公司
版 次	2018 年 3 月第 1 版
印 次	2018 年 3 月第 1 次印刷
成品尺寸	170 mm×240 mm 16 开
印 张	16.5
字 数	280 千
印 数	1—8000 册
定 价	49.80 元

(济南版图书,如有印装错误,请与出版社联系调换。联系电话:0531－86131736)

自序

在研究现代丝路经济的过程中，尤其是在写作《"一带一路"：全球发展的中国逻辑》和《"一带一路"：全球经济的互联与跃升》的过程中，一个重要的问题是无法回避的，即现代丝路与历史上的古丝路，究竟是怎样的一种承继关系和创新关系。我以为，割断历史关系，无助于我们对"一带一路"倡议进行深入理解。在诸多场合，一种有意无意的声音经常出现，那就是强调"一带一路"与古丝路的区别，好像在提倡简单地复兴古丝路。其实，这在任何正常的现代人看来都是不可能的。所谓复兴，其实是精神的复兴，是对过去一切有价值的文化行为的继承与创新。习近平主席在关于"一带一路"的讲话中强调借鉴历史经验，推动"一带一路"建设，也说明了继承与创新是同一种新事物的两个面。

丝路文明在发展的过程中，一直贯穿着经济文化发展的两个带有普遍性的规律：地缘规律和市场规律。我们对市场规律已经有所认识，对地缘规律认知得还不够。西方发达的地缘政治学，说到底还是为其地缘经济发展服务的，而我们如果从更久远的历史层面去观察，地缘经济的发展又是与地球文明的发展分不开的。没有人类对地缘和地理的探知与认识，人类文明只能是旋生旋灭的孤立的几朵火花，既不会照亮我们所在的地球，也不会引导我们奔向未来，去寻找我们的前途甚至人类的"第二家园"。因此，济南出版社的同志找到我，说需要这么一本叙述丝路文明的读物，我们也就不谋而合。本书既不是完全的文化交流史，也不是专业的贸易史和中外交通史，而是从人类整体文明发生发展的视角，基于古丝路发育的历史背景，深入透视"一带一路"倡议提出的历史必然性。现代丝路的发展与中国梦的实现，同当前世界经济秩序的正常运转，有着割不断的联系。因此，我以为，这是一种有意义的探索与回顾。

本人曾经从事经济新闻工作并对宏观经济有所关注和研究，对区域经济有极大的兴趣，同时对文化问题也有较多涉猎。今天的新闻就是明天的历史，过去的"新闻"就是未来社会发展的基因。丝路从亘古走来,在李希霍芬之前,它旁若无人地独自延伸,但出现丝路学之后,它就成为人们社会活动的聚焦点。它标识了过去,也会标识未来。

关于丝路文明的发展,有两个问题。一是丝路的起源问题。在中国,丝路除了兴盛于我们耳熟能详的汉武、唐宗以及宋、元、明时期之外,之前的轨迹也已经宛然在史,纵使你无视它,也不会以你的目力为穷。中国的丝绸毕竟是贸易和文化交流最传神、最耀眼的符号,它代表着丝路文明互动的最高历史境界,但并不代表一切。因此,第一章以较大篇幅列出了前丝路的几个细节。这里还涉及一些古代传说与神话,对历史学人来讲是难入法眼的,但从文化以及文明传播的角度看,你可以有这样或那样的解读,你却不可以无视它。二是古丝路是否有繁荣与衰败的周期。表面上看有,尤其是从东方的视角来看是如此;但对一些后起的西方移民国家的人来说,难免模棱不清,因此偶有解读,也不及底里。丝路的发生发育是一个亘古不灭的历史现象。一个表面上看去的历史、地理的繁荣与衰落点,并不意味着另一些历史、地理节点的繁荣与衰落。这就像一棵大树,一个地方出现了枯枝,并不妨碍其他更为茂盛的枝头出现。因此,在我列下"丝路第一高潮""丝路第二高潮"的题目之后,还在"丝路第一高潮"的第一节里欣然写下"不落幕的古丝路贸易"这样的字句。

诚然,作为东方人,我更多地是以东方的视角来叙述。在西方人已经垄断话语权的几百年之后,应当多听听东方的话语,哪怕是对历史的评价与认识的话语。谁都不能自以为是。中国的关于认识价值的最有嚼头的一句古话是"兼听则明,偏信则暗"。在古往今来的丝路文明发展问题上,东西方的沟通和交流从来是第一要义。

写作的时间很短,平时积累的知识不算多,只能尽我所能。如果能给读者一些启发,起一点"温故知新"的作用,我已经感到满足。

本书是札记一类的读物,为免去诸多烦琐,引文出处一般在叙述中出现,这样会文气贯通一些。一般史料多直接使用,为此向前行的学者一并致谢。

谢谢济南出版社的策划者和责任编辑,是他们启发我写作本书,并为此书的顺利出版付出了心血。

谢谢一切愿意读本书的朋友。

目　录

第一辑　前丝路轨迹 ……………………………………………（001）

　　丝路文明从上古走来 ………………………………………（001）
　　前丝路的东渐产品 …………………………………………（008）
　　夏商文化与青铜文化 ………………………………………（015）
　　部族迁徙的十字路口 ………………………………………（027）
　　楼兰的秘密 …………………………………………………（036）
　　穆天子传达的信息 …………………………………………（044）
　　重新发现旧大陆 ……………………………………………（053）
　　八大通道与"微丝路" ………………………………………（061）
　　前丝路历法科技交流 ………………………………………（067）
　　犍陀罗文化与丝路艺术 ……………………………………（077）
　　还原《山海经》 ……………………………………………（081）

第二辑　丝路第一高潮 …………………………………………（088）

　　不落幕的古丝路贸易 ………………………………………（088）
　　张骞、班超与甘英 …………………………………………（094）
　　汉代的西亚丝路 ……………………………………………（101）
　　南亚的丝路循环 ……………………………………………（108）
　　南北朝丝路和隋炀帝的"会展" ……………………………（115）
　　丝路贸易的盛唐气象 ………………………………………（120）
　　佛教东传 ……………………………………………………（127）

最早的海上丝路 …………………………………………… (136)
欧亚科技传播与日本的唐风 …………………………… (143)

第三辑　丝路第二高潮 …………………………… (151)

宋代的"多国"丝路演绎 ………………………………… (151)
元代丝路高峰 …………………………………………… (158)
阿拉伯商团与蒲寿庚 …………………………………… (164)
马可·波罗和伊本·贝图达 …………………………… (171)
中国探险家汪大渊及其《岛夷志略》 ………………… (177)
海上丝路之魂郑和 ……………………………………… (183)
马尼拉—盖普民间贸易 ………………………………… (191)
四大发明传播路线图 …………………………………… (201)
汉萨同盟与黎凡特贸易 ………………………………… (209)

第四辑　丝路涡流与新浪潮 …………………… (216)

"大航海"与殖民贸易涡流 …………………………… (216)
白银战争还是鸦片战争 ………………………………… (222)
后丝路与经济全球化 …………………………………… (229)
大陆桥与海陆联通 ……………………………………… (235)
最后的"地中海" ……………………………………… (242)
文明的颜色 ……………………………………………… (251)

第一辑

前丝路轨迹

丝路文明从上古走来

丝绸之路,是一条世界级的贸易之路,也是一条人类文化沟通交流之路和世界文明发展进化之路。丝绸之路作为一个重要的文明概念,来自19世纪末德国地理、地质学家李希霍芬的著作。李希霍芬1868年到中国进行地质地理考察,直至1872年。他不仅提出了震旦系(纪)地层的概念,也敏感地发现,在欧亚大陆内部,有一条地理联通、人文联通和贸易流通的丝绸之路。他是在地理和市场的意义上首次提出和使用丝绸之路这个概念的,他发现在这条长长的欧亚地理通道上,分布着许多"绢的街区",也就是丝绸贸易的节点城市。与他同时代的另一名德国学者,则进一步把跨国跨洲贸易通道和历史文化交流现象定名为丝绸之路。1910年,学者赫尔曼在其著作《中国与叙利亚之间的古代丝绸之路》中再次确认了丝绸之路的概念。

李希霍芬的发现掀起了丝路学的多领域、多学科的研究浪潮,欧亚交通史和欧亚文化交流史的研究陆续进入中西学人的视野。人们从古代贸易、古代交通、古代的跨区域文化交流,以及科技、宗教、考古和众多的文化遗迹着手,愈来愈明确地勾勒出丝绸之路的长久历史存在,揭示了文明发展与进化的一个重大的地理地缘规律,那就是,丝绸之路不仅连接着世界文明的历史,也将决定着世界文明的未来。

人们肯定李希霍芬的发现,并把这条亘古的贸易之路、人类文化沟通交流之路和世界文明发展进化之路定格在美丽的丝绸上，并不是因为人类天性的浪漫，而是在这条路发展的历史盛期里，丝绸作为堪比实物货币的超级商品，历经千年而价值不衰，代表了极高的劳动价值与使用价值。它与后起的东方瓷器、茶叶以及香料一起，连续不断地推动了欧亚贸易与交通的发展。在丝路上，除了物化形态的贸易产品外，还有数不清的科技产品以及如同空气般扩散的文化精神产品不断流动，形成了巨大的商品流、科技流和文化信息流，造就了人类文明交流奔腾的长河。完全可以说，丝路是孕育世界文明胎儿的脐带，是文明机体的心血管系统。这个系统超越千年并没有老化，在可见的未来依然有着非凡的弹性和活力，具有不可替代的功能。丝路从远古走来，并向未来延伸。它曾经连接古代的多个文明中心，也将连接现在和未来的新的文明策源地，继续书写人类新的文明发展篇章。

着眼于历史和未来，我们或可将丝路的发展大致分为三个阶段。一是前丝路阶段，时间比较长。前丝路与人类的迁徙活动分不开。在许多时候，这些迁徙活动保存在人类对以往的模糊记忆里，甚至是神化的传说里。寻找这些史前的丝路踪迹，是考古者的使命。二是丝路贸易和文化交流进入鼎盛期的阶段，有2000多年的历史。整理这个阶段的丝路历史应当是历史学家的事情。更全面、更准确地还原丝路历史，是一件必须要做的事情。三是后丝路阶段。公元2013年开始，应当是后丝路阶段拉开帷幕的时刻。从这一年起，丝路发展从历史记忆里走了出来，开始了更为自觉的实践。历史舞台的布景或已转换，商品交流和文化形态无论从内容还是样式上都发生了变化，但丝路精神没有变化，既有对历史的继承、传承，也有更多的创新。从后丝路发展的背景上讲，经济全球化已经成为一种潮流，为丝绸之路从自发到自觉的滚动发展铺平了道路。现代商品体系完全取代了古老的商品体系，扩展了丝路贸易和丝路文化交流的内涵与外延。互联网、物联网的崛起，不仅有力地推动了第四次工业革命，也使商品贸易和信息传播进入从未有过的高速状态。丝绸之路无论从效率上还是从实现形式上，有了更加多元的选择。从这个角度上讲，后丝路与古丝路在发展形态上大大不同。如果说有什么会永远保留的，那就是文明的互动与交流。

丝绸之路，不管是古代形态还是现代形态，都有着人们追求文明进化发展的一以贯之性。因此，在今天的大背景变化里，追溯它的早期发展历史，既是对文明成长的寻根，更是对文明共同取向的探究。至少，我们可以冲破一个时期以来的一些似是而非的认知误区，比如文明冲突之类的假定等。

在前丝路的古老形态里我们不难发现，作为地球上最高等的群体智能动物，人类最基本的天性是相互沟通与接近，尽管各自有各自的多样利益需求。在这里，共同利益始终是人类社会发展的最大公约数，而获得这个最大公约数，则自始至终需要全方位的文化交流与文明沟通。这就是丝绸之路不断延伸的最高价值所在。

从丝路概念的本质来讲，丝绸无疑是个传神的符号，它所概括的是人类文明赖以发生发展的物质文化交流的地缘形式和总体过程，也描述了这种交流所能达到的高度与令人神往的前景。丝绸显示着文明的亮色，也显示了创造的希望，因此，我们探寻文明的源头时，既可以从人类在迁徙中追求未来的历史开始，也可以从丝绸自身的创造开始。

在人类度过最后一次冰河期并寻找兽皮和木质纤维蔽体的时候，东方的一缕曙光照亮了桑树，一个新的更有希望的时代开始了。丝绸显示着人类劳动曾经达到的历史高度，无论从价值来讲，还是从对世界文明的深远影响来讲，它都是人类伟大的发明。因此，探寻前丝路的轨迹，必然要从最初的家蚕丝织品出现开始，而这就不能不提到中国湖州古潞村落的钱山漾史前遗址。

钱山漾史前遗址介于良渚文化与马桥文化之间，距今至少有 4200 年。钱山漾被公认为世界丝绸之源，是因为那里发现了最早的家蚕丝织品。钱山漾新石器史前遗址是 1956 年发现的，前后试掘了 5 次，出土了绢片、丝带与丝线。在比它更早但地域临近的良渚遗址，也出土过原始纺织腰机构件，总体上再现了彼时的丝织原始产业链的基本结构。在历史分期上，这里应属于夏代前期或更早的时期，吴楚一带尚未形成国家体系。就是在这一个时期，原始家蚕丝绸的生产已经先声夺人形成了气候，这不能不说是一种奇迹。家蚕丝绸养殖与纺织技术在中国的首创性出现，极大地提升了人类社会文明发展的水平。桑蚕出现时与已经开始零星出现的青铜器并没有直接相遇，但它们同样都是改写历史的伟大发明。与此同时，丝绸出现，在其扩散中直接或间接地作为一般等价物，影响到商业的萌芽与发展。

在中国，发现家庭蚕丝生产遗址的地方或者具有蚕丝考古价值的地方其实很多，远非只在江南地区。从西南到蜀中，从东北到燕山，到处都有各种蚕丝生产的迹象。比如地处燕山东麓的孤竹国旧地，很有可能是先商的发源地，同最早极具规模的红山文化处在一个文化带上。那里至今还有祭祀嫘祖的蚕神庙的古老地名和遗迹。1958 年，著名考古学家裴文中在孤竹旧地燕山的迁安旧石器爪村遗址发掘出两具长达 3.96 米的纳玛象门齿化石，说明那里曾是温暖湿润的地方。在临近的齐鲁之地，远在春秋时代就有发达的蚕桑生产业，鲁缟在那时已是誉满天下的名牌货。

中国丝绸生产发展的过程很漫长，但相较于人类文明发展的历史来讲还是一瞬间。至少，从丝绸规模生产的上限来讲，我们从商代的青铜器上发现了伴随的丝绸残缕。春秋时代的管子在《轻重》篇中讲，"殷人之王，立帛牢，服牛马，以为民利，而天下化之"，帛牢也就是带有保密性的生产丝绸的工坊。在周朝的早期墓葬里，发现运用了提花技术纺织的绫绮，在《诗经》里则有对桑农之事的反复歌咏。在春秋战国时代，丝绸纺织业全面成熟，出现了平台式和斜卧式织锦机，分别织出文绮、纨素、绫罗与彩锦。由于丝绸的种类繁多，各自的名称也不一样，例如，彩织为锦，素织为绮，轻纱为罗，手织为绣等。绮在公元前15世纪的商代就出现了，锦则在公元前8世纪的周代流行。在战国后期《楚辞·招魂》里，就出现了"纂组绮缟"，也即在绮罗上刺绣的描写。正是这样一种漫长但十分连贯的工艺进步，不仅奠定了中国丝绸纺织品全面发展的基础，而且也使中国丝绸在前丝路时代就走向了周边的部族地区与国家，走向了亚洲大陆的西端。

丝绸的西渐，在前丝路时代就开始了。根据考古资料，春秋战国时期，是中国丝绸输出的第一个活跃期。在阿尔泰山两侧发掘的多个斯基泰人部落贵族石顶大墓里，发现了中国的丝织品，有零散的，也有覆盖在皮衣上的，甚至还发现金线与丝线交织的服饰残片。大致时间为公元前5世纪。著名的波斯锦是用金丝与丝织造的，在相当于中国战国时期的时代已经出现。在较早发掘的著名的南西伯利亚巴泽雷克5号大墓里，曾经发现刺绣有凤凰与孔雀缠枝子纹的绸面马鞍褥子，当然也有出自西亚的羊毛制品。在晚于公元前5世纪的草原贵族墓葬里还有秦国风格的铜镜，墓主当是当时的阿尔泰塞人部落首领。诚然，铜镜最早不在中国产生，一般认为是作为草原民族萨满法器最早产生的，进入中国后渐次成为无处不在的高档生活用品，但借助铜镜背面的花纹特点，还是可以区别它的具体工艺来源。在阿尔泰山东侧，新疆阿拉沟发现的竖穴墓，也有大量春秋战国时代的丝绸织品和漆器。

前丝路时代丝绸的西渐能不能到达地中海和彼时的希腊和埃及？人们虽然不能精确地掌握丝绸传到地中海的第一时间和路线，但从各种迹象来看，并非没有可能。第一，分布在阿尔泰山地区的塞人属于东伊朗语族，是当时分布在阿尔泰山以西一直到里海、黑海的总称为斯基泰人游牧部落的一个亚洲分支，他们在公元前5世纪左右充任了中国丝绸西传的中介。第二，有美国学者很早就指出，希腊雕塑人物的服装尤其是女神的薄如蝉翼的裙袍和胸披，应当是丝绸织品的写生。希腊公元前3世纪的雕塑与绘画，人物服装都明显地带有透明和轻柔的特征。第三，在西罗马时期，著名的埃及艳后就是一位中国丝绸的"发烧友"，那时的丝绸贸易还没有正式拉开帷幕，但她已经源源不断地获得了中国的丝绸。因此可以推断，在相当于中国春秋战国时代，中国丝绸已经不胫而走，进入了地中海。

在那时，丝绸作为奢侈品，已经居于价值链的顶端，甚至充当了比黄金还要昂贵的硬通货。但是，对地中海国家来讲，中国丝绸一直充满着令人匪夷所思的神秘性。晚至公元1世纪，罗马作家普林尼在《博物志》里这样记载："赛里斯国以树林中出产细丝著名。灰色的丝生在树上，他们用水浸湿以后，由妇女加以梳理，再织成文绮。由那里运销世界各地，实在是非常艰巨的事。"

丝绸在前丝路时代流转的规模，也许比我们想象的更大，因为当时的中国为世界所知并成为世界财富的象征，是与最早的丝绸贸易与丝绸流转分不开的；甚至，连中国一直延续到今天的国家名称，都可能与丝绸有着直接联系。中国是中国人对自己国家的叫法，自有其特定的含义，但"支那"，也即英语中的China，则是古已有之的国际叫法。支那这个称谓，曾在很长时间里被当作一种侮辱与蔑视，这其实是一种来自半殖民时代的误解。支那这个称谓，在公元前5世纪就见诸古波斯的文献，在波斯的费尔瓦丁的颂词里就有"支尼"的称谓，发音与古代中亚粟特语相近。粟特语属于东伊朗语族。在古印度经典里，也将中国称为支那。古印度公元前10世纪的《政事论》就有关于中国丝卷的记载，并传达出两个历史信息：一个是中国被称为支那，一个是中国与丝绸直接联系起来。很长时间里，有一种说法一直挥之不去，那就是"支那"是"秦"的对音。尽管那时的秦国先后称霸西戎而统一六国，对中国西域地区版图的整合有重大影响，但它还不足以引起地中海国家和南亚国家更多的注意，倒是前丝路时代的丝绸贸易和流转使它们对东方的伟大国家有了深刻的认识。人们知道，中国作为历史概念，是一种政治上的泛称，在不同的朝代有不同的国号，如汉、唐、宋、明、清等。作为一种外部的地理称呼，一般应当有显著的相对稳定的特点。例如俄罗斯在其扩张中更多地与辽接触，便用契丹作为中国的指代；而古波斯与古印度，更多地借助贸易与商品流通尤其是特殊的商品来源认识域外国家。

对于支那这个中国称谓，还有一种来自于"绮"的音转的说法，颇有些道理。因为绮是最早与最多走向世界的中国丝绸品种。至于为什么这样讲，可以从一般的地域命名原生规律去分析，比如有的根据显著地理特征，有的则是根据稀有的特产等。中国的丝绸很早就独步世界。古希腊人对中国也有过"赛里斯"的称呼，这个称呼在上文提到的《博物志》里仍在使用，但没有延续下来。其含义似乎是指地处中亚的丝绸贸易"二传手"民族，因为罗马文献里说他们是赤发碧眼的人种。他们在丝绸交易中有意无意地自称代表中国。这种品牌惯性一直到11世纪还存在，因为与中国丝绸有关联的一切，都意味着"高大上"。这就如汉代的中国人曾经把罗马看作是泰（太）西之国，喻其遥远而疆域之大、居民高大类如中国。公元初的罗马作家普林尼把赛里斯看作是亚细亚最东边的国家，也有同样的意思。公元50年，罗马史家波庞尼斯·梅拉就提到，亚细亚极东的地方有印度人、斯基泰人和赛里斯人，印度人在南，斯基泰人在北，赛里斯人居中。按这个地理方位判断，赛里斯人最有可能是当时经营丝绸的大夏和月氏人，或者是唐代的粟特人群。那时候罗马人记录中的中国人都是红头发、蓝眼睛的一种形象，罗马人自然很难把赛里斯人与中国人等同起来，但又很难将其断然分开。

希腊作为最早的航海民族之一，通过印度洋贸易也即厄立特里亚海上贸易更多地认知了中国。据佚名希腊船长留下的《厄立特里亚航海记》记载，希腊人在继续称呼中国这个丝绸的国家为赛里斯的同时，还称中国为支国，认为经过当时被希腊人称为克里斯国的马来半岛，可以进入支国海，那是当时航行的终点。这个支国也就是支那。如果说，"支"是"丝"的对称，倒是符合商品直接音译规律。比起另一种流传已久的秦国的音转说法，要合理得多。因为，即使那时的秦国也曾西进，其影响范围也有限，断不至于使远在地中海的希腊人感受到它的影响，必须要用秦国的国名发音来命名。当然，我们也不必断然否定秦音转一说，毕竟秦代表着一个东方古国的强盛。

不管怎么说，丝绸代表着中国，也是古代中国通行的国家名片。就早期丝路贸易萌芽发育而言，中国丝绸的影响的确是巨大和轰动的，最有可能成为中国的由来已久的外部名称，这就像地中海的居民将盛产腓尼基紫红麻布的地方命名为腓尼基一样。

丝绸与丝绸产业链出现在古代中国，中国由此成为丝绸之路的发端国家，并不是偶然的。中国古代的养蚕业规模庞大，以至于桑麻成为农业和加工业副业的代称。养蚕业之重要可以从黄帝主妃嫘祖被尊为蚕神和先蚕娘娘，历代君王要耕"一亩三分地"，历代后妃都要举行祭祀蚕神的仪典，也要做采桑养蚕的表演秀看出，这其实是古代农业社会"男耕女织"的最高境界。嫘祖成为中国的先蚕娘娘，或有托古的影子，但并非全是无稽之谈。因为传说中黄帝的年代要比发现了丝带、丝线和丝绢残片的良渚文化遗址年代还要晚些，蚕丝业完全有可能出现在关于黄帝的神话传说里。商代的甲骨文中已有桑、蚕、丝的原生字，而且"丝"字还被用作构词造字的重要表义偏旁。

值得注意的是，中国远古的丝绸业具有种植、养殖和手工业连续联动的特点，其产业链条比青铜制造还要长，分布的范围也很广泛，北至燕山，东到齐鲁、江浙，南到珠江流域、四川盆地，西到河西走廊以至更远的塔里木南缘地区如和阗、龟兹等。在不同的时期，中国到处都有显著发展的市场与流通的中心，其发育的盛衰周期一般与历史气候变化有着紧密的关联。

丝绢作为高档奢侈品，不仅可以抵偿税赋，还可以充当实物货币，在满足上层消费需求的同时，进入多种流转环节，成为古代财富的象征与载体。丝绢最初用作贡赋与赏赐，随着剩余产品的增多，也就进入了商业交换，扩大到周边和更远的地区。

中国在古代就是一个用"五服制度"维系的幅员辽阔但经济形态不同的多民族国家，中原和临近中原的地区是农业地区，桑麻生产发达，中原之外多是游牧乃至渔猎经济地区，经济比较单一，缺少中原农业地区所具有的桑麻资源优势，互补要求强烈。这种不同地理经济单位的边际性交换，又直接和间接地向更远的地区传导，日复一日，形成了由近及远的丝路效应。

丝路效应乃至前丝路出现的确切时间，是难以考证的，但有一点毫无疑问，那就是是在张骞出使西域之前。张骞第二次出使西域，在大夏发现蜀布与邛杖，感到很惊奇。虽然史料里没有提及发现丝绸，而只是确认了丝绸之路的多向存在，但是，这也并不会降低张骞通西域的伟大成就——从张骞通西域开始，以丝绸为代表的各类古代商品和以科技文化信息为主的知识产品，在丝路上源源不断地东西对流，从而使丝绸之路开始定型。

张骞第二次出使西域，也在事实上确立了古印度在前丝路贸易中的中转地地位。货物从中国的西南地区，经由后来被称为博南道的怒江河谷辗转进入南亚次大陆，沿着喜马拉雅山麓进入印度河流域，再入大夏也即今天的阿富汗周边地区，最后进入古波斯。中国的四川盆地尤其是成都平原，历来盛产蜀布，也是蚕桑丝绸业较早发展的地区，甚至是古代蚕丝业的一个重要发源地。在西南丝路上，坝子经济和马帮经济很早就出现了，并且形成了农耕与商业并重的坝子文化和马帮文化。马帮文化是长途贩运者的文化，是西南丝绸之路的具体发展动力。坝子文化具有一定的封闭性，外部交换是必要的补充。西南地区很早就是藏缅语族民族与苗傣民族交错分布的地区。有趣的是，中国的东南、西北与北方，虽然都有方向不同但往往是殊途同归的丝路在延伸，文化和市场景观却并不相同。在北方，是古代的绢马交换，在西北是驼队，在雪域高原是牦牛，在西南则是山间的马帮。同样是西来的佛教文化，在西北是石窟，在西南是林立的佛塔。古丝路景观的差异体现着丝路经济的多样性，也体现了丝路文化的包容性。

伴随丝绸流通半径的不断扩大，在前丝路时代，中国的科技文化也开始向外传播。据《史记》记载，在西周末期和东周初期，外患与内乱导致"周室微，陪臣执政，史不记时，君不告朔，故畴人子弟分散，或在诸夏，或在夷狄"。畴人就是从事天文与历算研究的学者。夷狄在历史上分布在中原的周边，部族交错的状态远比后来复杂，体现了同一个有联系的文化系统个别与一般的关系。

前丝路时代出现的古老文化印记，不仅记录了丝绸更为久远的历史，也展现了欧亚文明相互对流传播的历史规律。丝绸之路被地理地质学者用来描述这样一种亘古的文明现象，一方面说明丝绸流通在文明传播中的显著性，另一方面也极为传神地揭示了文明发育成长的地缘规律。许多同时和前后出现的历史文明概念，如陶器时代、青铜时代和铁器时代等，以及由此派生出来的次级商品，如瓷器、茶业、玉石、皮毛、香料、珠宝等的跨域交流，还有更为重要的文化精神层面的交流，其实都体现和遵循着这条规律。这也说明了，丝路从一开始就不仅仅是一条贸易之路，而是一条文明流布的人间正道，是一条伟大的文化交流和文明连接发展之路。

值得一提的是，中国的玉石之路很有可能是丝绸之路西向的先声。《山海经》列举玉石产地100多处，主要集中在昆仑山。这一带的古方国素有金玉之邦之称。罗布泊曾经出土过4000年到6000年前的和田玉。《穆天子传》中讲，穆王西巡昆仑，曾经"攻其玉石，取玉版三乘，载玉万只而归"。而据《考工记》所记，夏商周三代已有专门琢玉的"玉人""玉府"。可见在公元前13世纪，玉石之路已经开通，时间也可能略早于丝绸和桑蚕的西传。有学者据此得出玉石之路早于丝绸贸易开通，有一定的道理。

前丝路的东渐产品

由于文明发展的互动规律，在前丝路时代，不仅华夏地区向欧亚大陆输出了丝绸与蚕桑文化，欧亚大陆西部地区也向华夏地区输出了至关重要的马文化、麦作文化、毡罽文化甚至黄金文化。其中最具代表性的就是马的驯养、小麦种植东传、羊毛纤维和黄金的利用。此外，还有骆驼的驯化等。骆驼的驯化对于陆上丝路正式开通有着举足轻重的意义，而马、小麦、羊毛和黄金、玉石对于人类社会的发展，同样具有极为重大的意义。这几种产品及其技术的东渐，改变了交通与战争的形态，扩大了大陆居民营养和衣食的来源，而黄金作为财富的象征和长期以来支撑流通活动的一种硬通货，更有普遍的经济意义。东渐的马、小麦、羊毛和黄金技术同西渐的丝绸，交织成前丝路时代五光十色的文明发展画面，直接拉开了丝路时代的大幕。

提出前丝路的概念，研究前丝路文化现象，不仅是对欧亚大陆早期连通的一个地缘上的肯定，也是对丝路文明的一种重要源头揭示。应当说，在前丝路时代，东西方文明交流活动已经十分活跃，随着大陆早期居民的频繁往来迁徙，信息交换与物品交换不断发生。这种交换与交易主要发生在原生农业和畜牧业、采石业以及有关的初级产品和基本需求的领域。

正是从这个意义上讲，我们也可以把前丝路称为动植物基因传播之路，马匹和骆驼、牛、羊驯养之路以及黄金玉石之路，甚至是价值曾经压倒过天然宝石的玻璃的东传之路。

小麦、大麦的原产地是西亚和北非的新月沃土地区，也即两河流域和尼罗河流域。那里是灌溉农业的第一个发祥地。尽管最近有欧洲学者通过基因的联系和差异分析，认为那里的农业是在缺少直接交流的环境中各自起源的，但这不会是一个常态。因此我们在更广泛的区域里看到麦类种植的传播，比如在古埃及的石刻图画里，看到了农人一起收割麦子的场景。所谓新月沃土，很好理解，大河的冲积平原总是弯曲狭长的，土地也是肥沃的。在那里诞生地球上最早的农业文明也是必然的。在伊拉克北部也曾发现过距今8000年的世界上最古老的小麦，而中国出土的小麦，目前最早的是在楼兰附近的小河墓地。在小河墓地的墓葬里，船形棺里多有草编的篓袋，里面装有小麦。小河墓地的地质年代距今4000年以上，小麦从两河东传，经过了一个漫长历程。人们从离小河不远的吐鲁番洋海古墓群也发现过距今3000多年的小麦，那时的中原已经进入商周交替时期。有了麦类才有了中国"五谷丰登"的更为完整的谱系。

麦类是周人从西边引进并成为重要食物的，便被视为"瑞麦"，还由此产生过一种由周王主持"尝麦"的特别仪式，类似于后来的"尝新"。《逸周书》记载了周成王时孟夏"祈祷于宗庙，乃尝麦于太祖"的盛大活动。对于这个活动，《礼记·月令》中也有"农乃登麦，天子乃以彘尝麦，先荐寝庙"的记载。

与主要食物相关是稻作起源与传播的原因。稻作的起源有多种说法，但一般认为起源于中国西南与印度的阿萨姆邦地区，也有认为起源于江浙的。最近的考古成果证明，水稻种植和野稻驯化更可能在中国的东部发生。2016年，中国考古人员在江苏淮河流域的泗洪韩井遗址发现距今8000年的水稻田遗迹以及碳化稻。在此之前，在中国浙江的上山遗址也发现了距今1万年的碳化稻。这是迄今为止发现的最早的驯化稻。驯化水稻的确切起源、传播路线和走向，人们还在研究，但西来的麦作和东亚的稻作，确乎是对人类食谱的划时代贡献。如果还有什么可以媲美的，则是后来来自美洲的玉米以及东南亚的薯类。当然，麦类东来，也伴随着中国的谷类西去，如荞麦、粟类。无论是麦类、水稻，还是中原的杂粮，都是前丝路文明发展的标志性成果。

马的驯养也是一场革命。在时空悠长的古代交通中，马无异于今日的高铁，其与跨区域战争发生的概率关系直接。马的驯养和大量使用最早在人头马"马人"的故乡，即黑海与里海的草原周边。"水马旱羊"是牧业资源形成的自然规律。地缘相近也给了中亚人繁育良种马匹的机会，以至丝路开通之后，汉武帝念念不忘的就是大宛的"天马"。马的西来很早，向东传播的链条中也有周人。周的一位有声望的首领古公亶父"来朝走马"，大概是发生在商王朝堂上轰动一时的新闻，被《诗经》记录下来。商人则是役牛和使用牛车的，因此王亥关心的是如何贩牛。史载救郑的弦高就是贩牛的商人。春秋时期中国已有医马、相马的伯乐，而周朝用百乘和千乘的概念来衡量诸侯国强弱，可见在周朝马已经普及到中原。

把马与蚕神连接起来的马明王的民间传说也很有意思。荀子的《蚕赋》也有蚕神"身女好而头马首"的字句。据《通俗编》所引的《原化传拾遗》记载，蜀中有女，父亲出走，母亲起誓说，谁要是把她丈夫救回来，就把女儿许配给谁。院中的一匹马听后奔驰而去，很快把她的丈夫救了回来，但她忘了诺言，或者根本想不到要对马兑现诺言，马儿嘶鸣不已，不肯饮水吃草。她的丈夫知道了缘由大为恼怒，把马杀了并把马皮晒在庭中。女儿经过庭中，一阵风起，被马皮卷到桑树上，化为蚕，这蚕昂起头来，还真有马的气势。这个马头娘或者马明王的传说，佐证了蜀中是桑蚕的一个起源地，也佐证了马的输入既广泛也很早。马明王在北方也被称作马王爷，传有多只眼，与北人尚马有关。

马的引进于汉武帝时期为盛。唐玄宗时也在河套地区的五加河北部的受降城大开马市，以丝绸、茶、盐交换马匹。回纥商人与内地人交易，以马折绢，绢被称为马价绢。在那个时代，马居然代替丝绸成了硬通货。

绢马市的出现，在宋神宗时代又引出了专门的茶马互市。明永乐（1403～

1424）间在河西走廊开辟的茶马互市，以及后来在大同镇设立的马市等，成为中国北方贸易市场的一大景观。

清代的茶马交易除了北上草原和南去广州，主要在川藏交界地进行，与所谓的茶马古道直接关联。雅鲁藏布江上游的马泉河，藏名达确藏布，意思是出好马的河流。黄河上游的河曲马自古就是中国的良种马，河曲之地在甘南黄河西流的第一个大拐弯处。

马在中国大量使用不晚于周代，分封诸侯不仅要有土地面积和户籍的标准，更要有拥有马拉战车数量的概念，所谓千乘之国，必定是公侯之国。赵武灵王胡服骑射，则是由马引起的一场军事改革。他能够称王，全仗着好马快刀。

虽然前丝路上丝绸的流通未有这般热闹的景象，但绢马之间的互动无疑具有并行性，只是前者更多地意味着和平，后者常常带来战争的阴影。在古代，作为稀缺资源的马与作为高档产品的丝绸发生对流，也是一种使用价值的特异对称。

黄金的开采与冶炼似乎有多元性。但在前丝路的历史背景中，黄金的开采与冶炼，最早与阿尔泰山的塞人有关，无论是希罗多德《历史》的记载，还是中国《山海经》对一目人的描述，都说明属于塞人群落的一目人是生产和冶炼、锻制黄金的先驱，而秃头人又是黄金进入黑海的贩运者。一目人生活的年代，应是前丝路时代中后期，其历史至少有4000年。他们在阿尔泰山开采黄金。阿尔泰的意思也就是黄金。塞人生产的黄金流转方向主要是黑海地区，这与后来的草原丝绸之路走向是完全一致的。

在希罗多德的笔下，有秃头人往来阿尔泰山贩金的记录；在希腊神话中，有伊阿宋寻找金苹果与金羊毛的著名"桥段"。两者的指向也是一致的。金苹果，说穿了也就是形状浑圆的狗头金，金羊毛却有些镂金丝织品的影子，也就是波斯锦的古老工艺中的黄金抽丝原料。根据黄金的延展特性，从中可以抽出比羊毛还要细的金丝，人们从南俄草原出土的贵族大墓里多次发现金丝丝绸织品，显示了这样一种工艺很早就流行。中国汉代王族是死后要用金缕玉衣，西亚的王族则是生前死后要穿波斯锦，那无疑是黄金与羊毛、丝绸合织的高档服饰，是草原部落里仅次于金冠与黄金权杖的华贵象征。但正如罗马人曾经误以为蚕丝长在树上，中国人和地中海人也曾把棉花当成一种羊的绒毛，抽丝而成的金线自然会被希腊人作为金羊毛看待。金的稀缺性、延展性和夺目的光泽，使它成为财富和权力的最好象征。

联系到三星堆遗址的特异性，不仅在于青铜人，在于青铜树及树上的青铜鸟，也在于黄金面罩、黄金带与黄金杖，还有大量的象牙。青铜树、青铜鸟提示了与商朝的青铜冶炼中心的联系，青铜人和黄金面罩、黄金带与黄金杖提示着与西部的联系，出土的象牙则提示了与西南前丝路明确的联系。或者那时成都平原的周边有象群存在。古籍记载，中原多象，因此才有河南地区称豫的历史来源。彼时的中原，象也曾是一种重型"坦克"。古籍记录，周公曾经发动过驱象于江南的"战役"，大概是象群的活动直接威胁到那时的农业生产。

中国在历史上也是黄金的消费大国，但中国早期的黄金制品却以外来的居多，彼时的开采技术还不足以满足高层社会消费，以至更有文化内涵的玉石排列在它的前面。黄金作为赏赐品而非货币流通，数量不足，金铜并列互称，是中国的一个历史惯例。在中国货币历史上，有过"丝绢本位""银本位"，也有过"茶马本位"，虽然说黄金价高，但没有明确的"金本位"。

中国中原的牛养殖也比较晚一些。牛有两个大的系统，水牛在南方，或与南亚、东南亚的相互交流有关。黄牛系统主要从草原前丝路中来。商的一位先祖领袖王亥贩牛，开始了大规模引进车牛和耕牛的历史过程，至春秋以降，牛车出行是华夏的一大交通风景。而那位赫赫有名的老子，骑着青牛出关，写下了著名的《道德经》。

羊的养殖更为普遍，养羊几乎是古代游牧部族赖以生存的主产业。在记录以色列人历史和基督教产生沿革的《旧约》《新约》里，最大的生活场景就是羊与牧羊人，并由此产生了权杖，也即牧杖的原始管理概念，最后演变为古代欧亚西部国家与部落的行政管理象征。牧的概念引入中国大概是在东汉，变郡守为州牧，出现了牧民于天下的一种理念。

羊与中国古代的民族与部族融合史有直接联系。夏由羌来，基本是一种历史共识，夏朝的断代很困难，也是因为古羌族的分化融合线头没有完全理清。羌人犹如西方的人头马部落，是经济形态的人文化和人文形态的经济化，这也犹如有人把西伯利亚的林中狩猎人统称为通古斯而蒙古人把他们称为布里亚特一样。有一个历史联系是明确的，那就是羊与夏羊的历史互称。夏羊也就是体形壮硕的绵羊，夏也有壮大的意思，羌与羊与夏，指代的是同一个含义丰富的历史人文状态，不仅成为汉字造字和区别姓氏的很惹眼的一个组成，其实也指示了夏族的来历，并由此派生出华夏与诸夏的古民族人文系统。诚然，由于羊的普遍分布，谁也不能得出羊从西来或者就是本土培育的结论，但夏羊确乎是古羌人的骄傲，也是古中华人的骄傲。古羌人一直生活在中国的西部，他们与前丝路上活跃的欧亚人群多有交流甚至交织，是最早的丝路文化传播人。

麦类、马匹、黄金制品和羊产品，是丝路正式开通之前的四大西来交流产品，也为后来丝路贯通提供了必要的流通模板。从这个角度讲，东西方的物质文化交流从一开始就是双向的，是一个循环不已的互联互通圈，有时是东西或北南向，有时是西东或南北向，更多的是各领风骚上千年。

对于诸如此类的东西产品联系，以及由此涉及的东亚和中亚、西亚在青铜时代文化远距离互动的可能性，美国哈佛大学费正清东亚研究中心的胡博先生1995年就在《古代中国》上发表的论文中提了出来。进入21世纪，中国的青年学者易华也从麦类、牛、羊、马以及古代西部的葬俗比较等方面，给出了描述。他们研究的一个共同的特点，是把这种上古的经济文化交流现象，置于历史的世界文化体系中，而不是继续重复"瞎子摸象"的局部思考。

由西向东流转的古代产品与技术发明，对丝绸之路影响最直接的，除了麦类、马匹、黄金制品和羊毛，还有骆驼的驯养和使用。骆驼的驯养和使用直接关系到陆路交通技术的出现。骆驼的驯养和使用，最早出现在西亚地区。据考证，骆驼的驯养开始于公元前11世纪的以色列地区，在公元前8世纪才开始出现在中亚。骆驼的耐受力、野外生存能力、对脂肪与水分的储存能力以及在沙漠中长途跋涉的适应能力，使它成为穿越戈壁沙漠的无与伦比的第一种运输工具，获得了"沙漠之舟"的美称。骆驼也是来往于沙漠的客商的忠实伙伴，在几千年岁月里，往返于古老苍凉的万里戈壁商道上。没有骆驼的驯养和使用，也就不会有陆上丝绸之路的通畅。骆驼的驯养和使用是彼时的最关键的基础设施和技术，是西亚人的历史成果和伟大成就。

在前丝路时代，东西交流比较超前的创新产品，除了中国西去的丝绸，还有西来的玻璃。如果说，丝绸制造体现了古代中国源于农业的加工业和手工制造业的历史成就，玻璃则是除了黄金与青铜之外的人类第一种矿物冶炼产品。玻璃制造源于公元前25世纪至公元前23世纪的两河流域，但玻璃产品在中国春秋时期的吴、越等国已经出现。有关专家考证，越王勾践剑和吴王夫差剑上的"蜻蜓眼"，并不是寻常宝石而是在当时更为贵重的玻璃。"蜻蜓眼"出现在吴、越，是否暗示着"海丝"现象的最初发生？玻璃大量进入东方主要在汉代，最初的玻璃制造技术进入中国也不晚于南北朝。据有关文献记载，相当于中国汉初的公元前1世纪，一位西方的布道者曾经记录了中国的地理位置和玻璃东来的史实。广州南越墓发现的玻璃制品略早于汉武帝再次统一南越之前，意味着在海上丝路的民间贸易中，玻璃已经是贵重的舶来品。玻璃入华当然也会经由陆上，选择什么路径，要随器型而定。

除了以上提到的一系列古代产品与技术发明，前丝路时代的地中海地区也拥有很多自己的发明创造。地中海的古老海上商道是地中海城邦国家与地区发展的生命线，那里流转的主要是紫红麻布、橄榄油与橡木桶里的葡萄酒，因此也不妨将地中海的贸易之路称为葡萄酒之路或者紫红麻布之路。啤酒酿造技术最先出现在欧洲。它的发明权并不会因为近来在渭水流域发现5000年前的中国啤酒而黯然失色。5000年前的中国啤酒与大麦的引种有直接关系，至于有无啤酒花，不得而知。前丝路时代的中国啤酒说明了一个道理：在适合的条件下，发明创造的萌芽在哪里都有可能生长，但长成一株大树却需要更多的市场条件。中国古代的酒多为米酒，这种工艺依然流传，而后起的蒸馏酒则孕育出另外的酒文化系统。不论是什么酒，都是发酵技术的佳作，都在酒文化的世界里折射着发酵技术带来的酿造文明。

应当说，前丝路贸易的流通范围和直接辐射半径远比后来小得多。其核心区在中亚及周边地区，最远到达两河。欧亚大陆东土的居民向西，西土的居民向东，基本是在亚洲的范围里打转。而那时西欧人，除了原住民随着最后一次冰川的消退再次返回北欧外，大多还生活在欧亚广袤的草原上，它也是前丝路文明互动的一部分。有一种说法，在前丝路的物质文化交流中，欧洲和东亚处于比较边缘的辐射地带，而中国也属于青铜时代世界体系的边缘。这是有偏颇的。当时的欧洲情况或许如此，但拥有冠绝几千年丝绸产品后来又出现同样举足轻重的瓷器、茶叶和四大发明的中国，一直处在交流的核心半径里，怎么会是世界体系的边缘呢？

对于前丝路的发育，人们永远会将其视为世界文化和文明历史的无可替代的坐标，可以用来透视文明的过去和未来。美国《华盛顿邮报》网站曾经这样报道过：当今世界看上去比1950年更像公元1000年时的样子。它绘制了一张图，全球经济中心正向东向南转移，几乎已回到1000年前的位置。它说，在公元1000年，中国和印度占全球经济总量的2/3，而公元1000年前后正是丝路的大繁荣期；再向前推进1000年，是丝路的开通期；而再向前推进1000年，则是前丝路的晚期。

前丝路时代的文明交流似乎是点状的，但点中有线。这条线放飞着文明的风筝，带起亚洲大陆的一片曙光，无论是在前丝路时代还是在后来如日中天的丝路时代，东方的发展都是名列在先。世界上的几大文明主要出现在亚洲，本身就是一个证明。但亚洲不是封闭的，几大文明圈之间的交流从未中断，与地中海的交流也在曲折地进行。或者也可以这样说，历史的文明交流尤其是前丝路时代的交流，一开始主要在亚洲内部频繁发生，伴随着人的流动和流动中的文化融合，交流的半径越来越大，而文明的进化提升和交流半径的扩大与人们的愿望成正比。

现在，我们已经进入了后丝路时代。"一带一路"扩充了丝路的地理与地缘内涵，也提升了丝路经济合作的自觉，更符合经济发展规律和文明发展规律的理念。丝路迎来的不只是复苏，更是一个新的后丝路时代。在这个后丝路时代里，地理地缘的坐标并没有发生大的变化，但有了网络技术标志的空间坐标，二维丝路变成三维丝路的立体空间，后工业时代的特征明显。

在这个后丝路时代里，交互是一种常态，更加平等、更加互惠、更加互利，更能体现人类共同发展的远景。在这个后丝路时代里，经济在融合，文化在融合，文明也在融合。

所谓经济的一体化，从贸易上早已是如此。前丝路时代的原始交流，不仅仅是遥远的记忆。在亘古的丝路上，一切都会继续不断地发生。

夏商文化与青铜文化

装点前丝路道路的不仅是阳光下闪亮的丝绸。在我们的常识里，青铜器的出现，因为直接影响到生产工具的进步，所以无疑是人类文明进化的另一个鲜明标志，是世界文明发展的最重要的里程碑。对青铜文化的贡献也决定了一个民族在世界文明史上的地位。由此看来，青铜文化从哪里起源，又经过了什么样的发展历程，同样隐藏着关于文明发展的更富弹性的答案，同时也是一个多世纪以来青铜文化研究争论的焦点。

这是一个无可回避的历史文化问题。它一度笼罩在一种"剪不断，理还乱"的迷雾之中，或有推想，或有论断，或有表述中的某种先入之见。但不管怎么说，人们在经济全球化中继续寻求古代文明发展步履的时候，争论应当逐步进入一个更为清晰的再认识阶段。

20世纪初，随着西方探险家东来，中国青铜西来说与中国彩陶西来说成为一种一边倒的中国青铜文化起源论。对这种观点当然不能简单地认同，但也没必要简单地否定。因为，简单地认同和简单地否定，必然引出一种悖论，那就是前者导致中国民族文化的虚无，后者导致文明发展封闭的结论。有些西方学者抱着一种不知从哪儿来的种族优越感看中国的历史文化，一切都从西方套过来，对中国青铜文化的认识肯定会堕入误区。但无可辩驳的事实是，不仅中国的丝绸独步世界，中国的青铜器也最终达到了世界的最高水平。

青铜具有划时代的重要性，虽然摩尔根讲到陶器对人类熟食的重要意义，但青铜毕竟是关于用具的一种革命，如果古人类连运用冶金材料制造加工的门槛都迈不过去，人类社会是无法走到文明台前的。青铜器是世界上第一种人工合成冶炼的金属材料，其内涵的创新性是古文明发展的重要标志。换句话说，彩陶在外显文化上固然重要，它的形状与纹饰可以作为与不同古代人群精神面貌相联系或相区分的文化符号，但仅此而已。在彩陶东来西去上做文章，多少忽略了彩陶文化发生的普在性和多元性，这就像打制细石器似乎是人的生存本能，说明文化在地球人里普遍发生，因此完全不必过多地去讨论。青铜问题就完全不一样了。青铜冶炼技术的出现，必然要经过自然铜的利用、红铜的制造和冶炼青铜、黄铜的复杂试验过程，因此多元起源的概率就相对小一些。

而且，青铜冶炼技术来源是一回事，工艺制造技术又是一回事，不同的青铜文化内涵还是一回事，简单地把这一切搅在一起，明白的不明白，糊涂的就更加糊涂。此外，真正能够说明问题的依据在于寻找传播通道和青铜冶炼技术达到的最高成就，这一切都应当是研究青铜文化的主要参考因素。

只从冶炼技术来源就匆忙否定中国青铜文化的独特性，无论如何也有些太片面。如上所说，青铜的价值有两个层面：一个是基本冶炼技术的源头，即谁最早发明了青铜冶炼；另一个是青铜工艺的发展，即谁能在具体铸造工艺技术上继续创新创造，达到一定高度。这就如同现代互联网一样，第一个运用二进制发明电脑的人肯定重要，但发育出互联网文明，却是一个新的技术竞争过程，你既不能说，电子计算机的基本思路来自中国的《易经》给出的灵感，因此就源于中国，也不能说，这完全是一个人的独自创造。任何一种创新都是来自思维的科学整合与延伸。事实上，互联网出现了仅仅几十年，到现在还有种种迷思，你可以列举谁是互联网技术的杰出人物，但谁也垄断不了它的发明权与发展权。对于划时代的发明，所谓知识产权从来是苍白的。

从现有的发掘与考古成果来看，继红铜器而出现的青铜器，确乎最早出现在公元前3000年前的两河流域与埃及，但与这个时代相当的中国古老传说中的黄帝时代，一直到我们尚在研究的夏代，也有着抹不去的铜的影子。从蚩尤"兄弟""铜头铁额"到后来的禹造九鼎，说法连贯，相沿已久，似乎暗示着最初的金属兵器和独特的铜器很早就出现在东方。这些铜应当是自然铜，那只是一种发现而不是冶炼工艺的发明，对于产生了颇为独特的玉文化的华夏民族和任何其他民族来说，这似乎并不是很难做到的事情。但是，冶炼技术必须经过有意识的反复试验，就很难了。谁也不能说，在黄帝的时代中国人已经发明了青铜冶炼技术。青铜作为合金，是铜的利用的高级阶段。青铜熔点较纯铜低，硬度较纯铜高，它逐步取代了一部分石器、木器、骨器和红铜器，新石器时代终于被青铜时代所代替。而谁较早掌握了青铜冶炼技术并掌握了先进的制造技术，也就意味着谁跨入了具有先进生产力的文明社会的门槛。

但谁都无法否认，在漫长的青铜文化发展的时代里，中国青铜文化很早就进入空前绝后的发展高峰期。中国商代的青铜铸造，无论是工艺还是制造技术，都居于当时世界的最高水平，如同中国独步天下的丝绸一样，同样在彼时居于文明价值链的顶端。中国的青铜器在铸造方法上不同于西亚地区和南俄草原地区习见的失蜡法，并且出现了大型器物的分体铸造，在用途以及主流品类文化内涵、艺术外显乃至艺术母题上也大不相同。中国的青铜时代高峰期大约相当于夏、商、西周和春秋时期。到了商代中期，这种技术已经进入最高发展阶段。体现晚期青铜冶铸技术水平的是1939年在河南安阳出土的重达832.84千克的后母戊鼎，它是世界上最大的古青铜器。安徽寿县楚王墓1933年出土的楚大鼎容积大过后母戊鼎，重约400千克。商代青铜器普遍进入贵族生活，包括祭祀用的礼器、食器，也包括兵器。到了周代，祭祀的主要对象变了，青铜器的风格、规制发生了变化。前者主祭祀，具有图腾特征的饕餮纹饰成为普遍的纹饰。后者用来祭祖和表彰诸侯的功绩，器型圆润，并出现了金石乐器。春秋中后期，还出现了在青铜表面嵌入红铜薄片的技术和嵌入金银丝的金银错工艺。在汉代以后，青铜则更多地用于与贵族生活高度关联的奢侈用品。中国青铜文化长达上千年并有不间断的连续性，这是当时世界上任何一个青铜文化国家都难以企及的。

具体地说，中国青铜器主要分为三大类：居于最高层次的是礼乐器、祭器以及与政治秩序有关的贵族食器；其次才是兵器；第三类是后来更多出现的日用铜镜灯器和熏香之类的青铜器。即便是三星堆遗址出土的青铜人、青铜树和青铜面具，也与祭祀有关，它们是特殊的礼器和祭器。中国商代的青铜器以龙纹和云纹还有抽象的饕餮纹饰图案为主，有自身的文化寓意。周代青铜器有的还刻有文字，以记功记事，与文字的发展相关，显示了一种与众不同的青铜文化体系和独特的文化价值。中国的青铜器造型多样，其中也不乏动物写实造型，如象尊、犀牛尊和鸟饰、虎饰、羊饰。写实动物造型的多为用具而非礼器，在外显文化上具有明显的特色。

但是，古代中国人把青铜文化推到了极致，并不等于它是完全封闭发展的，或者所有类型和冶炼技术都是完全自源性的。尤其是兵器与青铜时代的军事装备，呈现出更为复杂的情况。在晋南和雁北地区出土的青铜器，无论品类还是造型、风格与用途都有明显差异——晋南多礼器，雁北多兵器，即便是青铜用具，器型与风格也完全不同。比如，同是酒器水器，雁北出土的就是马上可以背挂的造型奇特的弯型青铜水壶，显然是骑马民族的用具，与彼时中原居民的青铜酒器大不相同；在河西走廊和齐家文化遗址出土的青铜器，则有与中原相似的鼎器和大致风格，但情况更复杂一些。

　　青铜器的出土地并不一定是冶炼技术的原创地，但如果不是孤立零星地出现而是反复大量地出现，则具有原创的可能。赤峰博物馆收藏有出自霍林河草原腹地的一只邢国青铜鼎，但谁也不会认为，那是古代草原部族的作品。一些研究者以北方草原出土的带有各种动物造型装饰的青铜兵器来努力地论证它们或者出自本土或者出自外域，多少有点刻舟求剑的意思。殊不知，这不仅忽视了地理民族分布的历史变化，也忽视了兵器、礼器经常会成为战利品，因而产生流动性。用不变的眼光去看变化的事物，显然是在给自己出难题。事实上，通过这些分布较广但文化符号惊人相似或者明显不同的出土青铜文物，我们首先看到的应当是文化的流动性和相应的流动孔道，而不是历史沉淀的板结。源和流既有区别，也有紧密的相关性。在封闭和凝固状态中，传播没有任何存在的价值，文明的内部交流和外部交流也不复存在。

　　在中国的南方，多有纹饰的吴越青铜剑为典型器物，戈矛也为东南方国的典型兵器器物形制。这些带有本土特征的兵器，明显地与北方草原部落习用的动物饰样的短匕与弯刀不同，承认后者是外来的青铜文化产物，既不会降低华夏青铜文化的独创性和存在，也尊重了文化交流与传播的历史规律。事实上，无论是鄂尔多斯和燕山一线，还是阿尔泰山以西两侧出土的青铜兵器，都有惊人的相似性，明确地标识出一条或多条青铜文化传播通道。这些通道横贯北方草原，同时也纵向联结南北。

　　例如，在前丝路最重要的一条草原通道上，也即在连接燕山山脉和阴山山脉一线，人们在包头沙尔沁西园遗址发现过距今约5500年的青铜扣和青铜环，而在约5500年前，先商部落大约活动在燕山，还远远没有崛起。那时的西园也没有敕勒川这样更晚的称谓。西园遗址的主人是什么人，我们无从判断，但他们是比后来的商部落更早拥有青铜文化的草原居民，则是可以肯定的。

　　先商的活动范围大致在燕山一线，西通桑干河，东到滦河流域，北到西辽河，南到拒马河以南。考古者在这里发现了距今7000年以上的镇江营文化。且不说这里留有红山文化（以夏家店文化遗址为代表）以及黄帝部落传说，也不说它与河南的后岗文化有过什么样的承继关系，就先商的古老地理分布本身来说就很有历史的意味。

问题在于，先商部落与西园人有没有接触，或者更明确地说，燕山和阴山之间有没有古老漫长的青铜文化传播通道。如果有，又是一种什么样的机缘使这种传播成为一种可能？如果我们还能够首先更加明确地认定，商人不仅是中国青铜文化的创造者，也是中国商业文化的创造者，那么这个历史的谜题是不难有解的。先商王亥在今河北中部易水一带贩牛，遭到杀害，这件事深深地在商部落的历史上留下了印记，但也给出了先商部落商业活动的确切范围和主要经济生活模式。他们的部族神话简狄吞卵降而生商，同样使人们确信，他们与草原部族的关系并非一般。这样的联系再加上商人的商业天性，对周边的各种市场信息高度敏感，在前丝路的草原通道上，实现由西向东的青铜冶炼的信息对接，也还是顺理成章的事情。也就是说，推动中国青铜器发展进入历史高峰的商王朝，来自燕山农牧交界地区，是一个地道的商业部族集团，中国青铜文化高峰出现在商代，并非偶然。商朝的青铜工匠在充分发挥自身创造性工艺的同时，并不排斥外部冶炼技术信息的流入。商代青铜文化的爆发性的发展，也暗示了这种可能。

一般地讲，除了埃及和两河流域的一些早期国家以外，青铜器普遍出现在公元前2000年之后，并在公元前1500年即中国的商代进入了极盛期。在西亚和南亚地区，青铜器由西向东传播的轨迹明显。在如今的巴基斯坦境内，人们在修建铁路时也曾发现公元前2300年前的砖砌遗址摩亨佐·达罗。摩亨佐·达罗是一个有着宽阔街道的城市，卫生设施极为先进，那里不仅出土了文字，也出土了青铜舞姬像。舞姬一只手搭在臀部上，除了满臂的手镯和一条项链之外，身上一丝不挂，具有明显的与祭祀有关的写实风格。但是，人们也看到，西亚乃至地中海的青铜文化到达中亚就开始进入东传的末梢，也就是说，迄今为止，南土尔克曼所在的北纬50度以南一直到今巴基斯坦信德省之间，并未发现青铜时代遗址，而中亚南部地区，从里海以东到泽拉夫尚河下游，很晚还在冶炼红铜，并向中国内地辐射，一直辐射到燕山地区。出现了由红铜冶炼区填补的大片青铜文化空白区，并不能说明青铜文化的传播链条断裂了，而是有可能转向了北纬50度以北的草原地区，而红铜冶炼技术传播到中国的燕山地区，本身也意味着这里有传播通道。

人们知道，在中亚和东亚的结合部，也即阿尔泰山西侧，较早出现青铜冶炼的地区是叶尼塞河上游的米努辛斯克盆地，而这里是欧亚游牧部族的一个故乡，较晚的时候，是中国史籍中所载的叫丁零的多部落群。所谓丁零，是一个象声词，犹如西方将黑海草原的骑马人称为马人一样，马的铃铛声也使前者得到了这样一个具有马人声音特征的名称。这个名称甚至会使我们产生这样的联想：能够发出"丁零"声的，除了金属，很难会有别的更好的替代物。他们或者他们的前辈，其实也是一批拥有青铜冶炼技术的草原游牧人。由于马匹在草原民族中较早被驯化和使用，青铜文化的传播速度与传播频次要比在中原的农业区域更快更高，因此丁零也就更引人注目。

那么夏代的青铜文化呢？从中原的夏遗址情况来看，夏代的青铜器在出土数量和文化形制上都逊于商代。可以从后浪超前浪的一般发展规律角度去解释，也可以从商文化吸收继承夏文化而发扬光大的角度去认知，但夏代和商代的文化来源路径明显不一样。

商文化源于燕山地区，由北向南发展；夏文化源于西部的羌系统，自西向东发展。夏文化的源头在哪里呢？除了我们经常所说的仰韶文化和半坡文化，最具代表性的应当是齐家文化。齐家文化遗址是1924年发现的，主要分布在黄河支流洮河、大夏河、湟水、渭河上游，周边就是传说中大禹治水的第一站积石峡，处在专家认定的丝绸之路天山—长安路网的咽喉地带。过去认为，齐家文化是铜石并用或者只有红铜器的新石器晚期遗址，但近年来出土的具有多元文化特点的青铜器令人吃惊，这里几乎展现了青铜时代亚洲东西方所能见到的所有品类和样式。

对中国有没有夏朝的问题，国外学者存疑，国内学者中也有很多人存疑，甚至连大禹治水也被看作神话，而大禹是一条虫，是疑古派最著名的论断。但是，南京师范大学地理科学学院教授吴庆龙与美国普渡大学地质学教授达利尔·格兰杰，2016年在美国《科学》周刊共同发表了他们在青海黄河沿岸进行调查研究的结果，他们不仅认为黄河确实在史前发生了一场灾难性大洪水，水位比现代河流高出38米，而且从同一个时期地震废墟中的三名儿童遗骸放射性碳年代测定结果推算，洪水的出现是在公元前1900年左右。大洪水以及随之而来的大禹治水，促进了社会文化的转型。这样一个巨大的灾难事件为夏朝的国家雏形建立提供了必要的社会凝聚前提，同时也使大量的史前资料有了附丽的基础。

齐家文化遗址出土的青铜器不仅有与中原形制略同的青铜鼎和带有异域特征的兵器，还有西部古代民族用的铜耳环、臂环、手镯、铜项圈、法器、铜镜、权杖头，包括引人注目的青铜四羊装饰的权杖头。齐家文化四坝遗址出土过一具塑有卧狼的彩陶方鼎，怎么看都带有西部和中原的混合文化特征。而灵台百草坡西周遗址出土的一柄戟顶上，赫然是一个卷发直鼻的胡人雕像，猛地看去，好像是波斯大流士一般的头模。这柄戟显然是塞人部族首领的专用兵器。在陇南礼县，还发现过春秋时期的一具大型"虎噬羊"鎏金青铜器。在张掖和民勤则分别发现了大角麋鹿铜器和鹰首青铜装饰件。这些类型不同的青铜器，令人们对齐家文化刮目相看。一方面暗示着这里曾经有过复杂的历史种群，另一方面也显示了更大半径的青铜文化交流的不可避免。学者易华在其著作《齐家华夏说》中提出，齐家文化是夏的西部早期文化，颇有道理。至少它使我们认识到，中国的中西部不仅有更古老的青铜文化，而且有很强烈的青铜文化外部交流色彩。

人们也由此注意到，地处成都平原的三星堆遗址不仅出现了青铜面具，还出现了比真人还大的青铜铸像。这些铸像在中国出土可以说是史无前例的，因此引起了惊奇与震动，并自然地给出三星堆文化从何而来的疑问。据考古推测，三星堆的时间大致在我国殷商时期，其青铜文化里既有殷商时代中原文化的影子，如建木与青铜鸟，也有西南古濮人的象牙用品而非中原的甲骨，更有骤然间出现的青铜人像和黄金柱杖。这确乎造成一种在史籍中难以寻找佐证的迷乱。但是，当我们知道，和这里隔一条甘南走廊的齐家文化遗址也有权杖之类的青铜权杖头，而后来曾在河西走廊武威崛起的匈奴人，也有铸造金人也即铜人的传统，也戴黄金的王冠，并把金人当成秘不示人的祭祀对象，也就可以得出另外两个推论：其一是东方青铜器并非只有礼器而没有青铜人像，其二是三星堆文化的创造者也许与早期匈奴或与西来部族文化有某种联系。

值得注意的是三星堆遗址和齐家文化遗址的外部地理联系。一般印象中，商部落在正北，先夏在正西，但我们只要看看河西走廊的东南西北朝向和黄河的"n"形大弯曲也就明白，这里的通道走向其实是完全一致的。河西走廊是一个西北向的狭长通道，中间与两端都与草原文化相连。我们说黄河是我们的母亲河，但它并不仅仅是汉族的母亲河，也是包括北方历史民族甚至是原居北方后来迁居西南的诸多历史民族的共同的母亲河。因此，草原文化和中原文化只能说是一母所生性情略有不同的孪生兄弟。它们也会有龃龉，但更多的是交流。

关于匈奴的金人，史书和后世的诗歌中都有记载。汉军大破匈奴并俘获金人的地点是姑臧即今日的甘肃武威，而这个地方正是汉武帝时代匈奴的政治中心。匈奴人用来祭天的金人是一个还是几个，我们无法得知，但金人是匈奴祭天必不可少的偶像。金人的故事也见于唐代李贺的《金铜仙人辞汉歌》，其诗序中说："魏明帝青龙元年（注：据考，实为青龙五年，即237年）八月，诏宫官牵车西取汉孝武捧露盘仙人，欲立致前殿。宫官既拆盘，仙人临载，乃潸然泪下。"李贺的诗中有"衰兰送客咸阳道，天若有情天亦老。携盘独出月荒凉，渭城已远波声小"之句，道出了对于变化的无限感慨。这个金人是不是汉武帝时代掳获的金人，不清楚，但秦始皇统一六国后，也曾下令收缴天下兵器，铸成十二金人。传十二金人背后刻有李斯与蒙恬书写的"皇帝二十六年初兼天下，改诸侯为郡县，一法律，同度量"，可见其体积是不小的。

可惜今人已见不到十二金人的踪影了。它们究竟到哪里去了呢？一种说法是，楚霸王项羽火烧阿房宫时，连同这十二金人也一起烧毁了。第二种说法是它们成了秦始皇的随葬品。第三种说法则有鼻子有眼，说是在东汉末年，董卓攻入长安，将其中的十个销毁，铸成铜钱，剩下的两个被三国时代魏明帝曹睿下令运往洛阳，但因运送过程中发生了问题而终止了行动。到了五胡十六国时，后赵的石季龙又把这两个金人运往他处。苻坚建立前秦，又将其运回长安销毁。秦造金人，很可能是受西戎部落影响，匈奴人及其先祖自然会是始作俑者。对于这一点，可以从武威发现的"马踏飞燕"随同出土物看出。与"马踏飞燕"铜奔马同时发现的还有铜车仪仗和铜人共99件。从各方面判断，武威雷台墓的年代是东汉末期，墓主人被册封过将军并任过武威郡守，但一些铭文又显示其有侯爵爵位。主人的族属不详，但武威这个地方是匈奴金人被掳获的地方，出现铜人自不奇怪。只是因为"马踏飞燕"最引人注目，并被当作中国旅游的标志，金人也就没有引起更多注意。

金人当然也在周代出现过。孔子在周太庙阶下看见过铜人，口上被布缠绕三周，后人说是寓"三缄其口"之意。怀疑也是对匈作战的战利品，放在太庙里去祭祖。金人之于匈奴，事关祭天，失去金人，匈奴分裂，终于失去了逐鹿中原的资格。

在殷商时代，匈奴的部落联盟尚未完全形成，它的一支或者它与其他西部民族结合在一起的部落，会不会进入甘南、陇南通道，进入成都平原的北缘，形成三星堆文化？由于匈奴也有太阳崇拜的倾向，对天也即"祁连"素来敬畏，对火也有特殊的感觉，而蒙古人把"长生天"看成终极的上帝，在祭祀中和祭祀后出现一些上古中原人始料不及的程序和结果，是完全可以想象的。但这种青铜文化在三星堆出现了，显然与匈奴的逐步崛起和匈奴青铜文化的东西传播有必然的关系。联系到人们在鄂尔多斯台地发现的不晚于殷商的青铜兵器，青铜的刀剑与箭镞带有草原游牧部族的特点，青铜文化传播的多向性脉络也就多少有些清晰了。

商文化或者说商的商人文化是中国青铜文化发展的南北坐标，与夏有直接关联的齐家文化，则是中国青铜文化发展的东西坐标。也就是说，中国的青铜文化在微观结构上，是否可以分为两个互相影响的系统？一个是来自早商部落的南北对流系统，一个是来自河西走廊的西东对流系统。这种联系并非凭空出现的，是同史前青铜文化传播互动的路线紧密相关的。这个传播互动路线，大致上呈现一横一竖，横的是东西方向的，竖的是南北方向的。横的连接着燕山阴山山脉一路西去，直抵阿尔泰山与南俄草原；竖的则一路辗转南下，直通西南。中国不断出土的古代青铜器，东南西北各有千秋，各有特点，同时在基本形态上有某些联系，昭示着青铜时代就有这样一些文化传播互动路线存在。

直观地看，北方的青铜器最先多见武器和游牧用品，商汤入主中原，随着新的制度出现和泛神泛鬼的祭祀需要，商代的以祭祀功能为主的礼器出现了。后起的周代青铜礼器也很有文化成就，但两者无论器型、装饰风格还是主要用途都大不相同。商代的青铜器有着红山文化和龙山文化的影子，西部的青铜器则有齐家文化多元的背影。商人入主中原，集中发展的是鼎器，纹样装饰精美，但带有原始萨满的图腾神秘感，主要用来祭祀神鬼。周人代商而兴，一面继承了商人的鼎的规制，另一面主要用于祭祖和体现诸侯权利的分割，并带有更浓厚的"钟鸣鼎食"的特权味道。周鼎圆润，器型更多，也更加世俗化和不重纹饰重造型，并首创了记事的金文。商周青铜有联系但气质明显有别，本身也体现了文化内涵的一种演变，体现了文化发展中的差别。

商部落从与北方草原毗邻的燕山地区一路南下，不仅给中原带来了牛，也会更早地发展青铜技术，建立自己的冶炼铸造体系。夏部落来不及更多地整合自己的冶炼铸造体系，就开始了夏相被逐被杀的内乱。这两个系统在多个十字路口上相遇，相应形成了黄河中上游的两个重要但并不对称的青铜文化交流区，则是需要我们认真审视的。

商代的青铜器的确与西亚、中亚以及西伯利亚的明显不同。商代青铜器的精美性、独创性和艺术创意的开放带来的丰富性，并非一两句话所能概括。商代的青铜器的纹饰具有抽象印象性，这体现了自身的独特，但著名的青铜四羊方尊上部四角的盘角羊头，却又显示了它与其他西部青铜文化的外部联系，打破了中国造型艺术很少有关于人与动物的写实雕塑的传统。这其实并不奇怪。西方崇尚人体美，使石雕及青铜塑像具有一系列人体写实的特征。草原民族也有石雕人像，中原的陵墓前也有翁仲，其抽象的含义远远大于具体的人与事。

别说是红铜技术和青铜技术，即便是后来的铁器时代，也有相似的发展特点，也是在东西通道实现传播与商品对流的。人类最早发现和使用的铁，是天空中落下来的陨铁。陨铁是铁和镍、钴等金属的混合物，含铁量较高。天然铁是少见的，具有发现的均衡性和利用的多元可能。在埃及、西南亚等一些文明古国所发现的最早的铁器，都是由陨铁加工而成的。人们曾在西亚苏美尔人所建的乌尔城的古墓中，发现一把由陨铁制成的小斧。在苏美尔语中，铁被称为安巴尔，意思是天降之火，埃及古人则干脆把铁叫作天石。有报道说，图坦卡蒙匕首就是由陨铁制造的，含有10%的镍和0.6%的钴。可见，人们最早认识铁确乎是从陨石开始的。但天降陨石，毕竟不等于铁器时代来临。铁矿石的熔点较高，又不易还原，所以人类利用铁，较铜、锡、铅、金等要晚些。人类社会进入铁器时代也晚一些。在西亚地区，发明炼铁的最早迹象是公元前2000年时居于亚美尼亚山地的基兹温达部落，史称第一个掌握炼铁技术的赫梯人则是在公元前1400年左右开始进入使用铁器状态的。此后100年，两河流域北部的亚述出现大量铁制工具。

1972年，在中国河北省藁城县（今石家庄市藁城区）台西村出土了一把商代铁刃青铜钺，年代在公元前14世纪前后。青铜钺上嵌有铁刃，是将陨铁加热锻打后，和钺体嵌锻在一起的。中国最早大规模地使用铁制工具的文字记载，是《左传》中的晋国铸铁鼎。虽然我们不好估计炼铁技术出现在中国的第一时间，但青铜文明传播对流的草原通道同样会是冶铁技术的传播对流通道。重要的是，中国的铁器晚于埃及，但后来居上成为畅销丝路的著名品牌，又因为木鹿是其最集中的分销市场，其在很长时间里被称为木鹿铁和中国铁。

北方草原通道对青铜文化传播的重大影响，还可以通过另一些特殊器物的演变关系进一步体现。正如一些学者指出的，研究青铜器在各个地区的相互承继与影响关系，选择器型对象是非常重要的。比如从北到南出现的青铜镬、青铜鼎、青铜钟、淳于和铜鼓，就具有传播中变异的极大文化近似值。

青铜镬是广泛分布在北方草原的一种大型青铜器。镬即大锅，一般是双耳深腹高圈足，但也有器座分离的。镬或者起源于釜，一般用于军旅，但也具有祭祀意义，有的同火崇拜和萨满教在草原游牧部族里流行有关。青铜镬出现于青铜时代发展的中期，前后有2000年，一直延续到公元5世纪。青铜镬分为三大系列：鄂尔多斯的狄人匈奴系统青铜镬，从西周末开始出现，延续到北魏；南西伯利亚系青铜镬，也许隐伏着狄人北迁的历史，一般被称为丁零镬；塞人青铜镬，发现于七河流域，时间为公元前5至3世纪。从各种迹象来看，青铜镬应当是北方和西部民族首创的大型青铜器具。

青铜镬有多种功能，流传到后世，也就演化为大寺院里的青铜大锅。从理念上看，商周时代的大元鼎与青铜镬并没有直接的承继关系，但在实际用途上不能不说具有一定的功能借鉴。淳于与青铜镬其实也有亲缘关系，主要是借助于中空铜器的敲击声音能够远播，自然会有传播与扩大信息信号的作用。在远古的战事中，号令是极为重要的，击鼓鸣金，是少不了淳于的。淳于可以悬挂，如海昏侯墓里发现的那种；也可以是湖南石门县淳于博物馆那种像鼓型的。淳于的进一步变形发展，那就是我们今天仍旧可以在寺院里看到的青铜大钟，可以用来报时，也可以撞击祈福。那么，中原的鼎器和西南地区著名的铜鼓，又与青铜镬有什么样的联系？表面上看，确乎有些八竿子打不到一起，但把它们排列在一起，略去曾经的内涵与外显，或圆或方，或高或扁，有足无足，还其本相，无非是正置与倒置的青铜锅。

多样性的视野，既体现在亚洲大陆内部的文化丰富性中，也体现在中国内部的文化丰富性中，即便是我们引为独创的商周青铜器，在不同的地区也有不同的文化特色。江西新干大洋洲商代青铜博物馆是商代青铜冶炼铸造遗址。博物馆里陈列的青铜器，与中原出土的形制相同，但纹饰造型有别，尤其是青铜鼎，很多都有虎的立体造型。伏鸟双尾青铜虎尽显王之霸气。虎饰礼器，以前闻所未闻，让人有一种异样之感，但这些青铜器又具有商代青铜器的总体形制特征。也许商代时江西华南虎繁衍甚众，古赣人也有如同古巴人的虎图腾倾向，也许出于工匠的文化族属不同，从而体现了同中有异的青铜文化特点。要知道，工匠群体历来是最宝贵的人力资源和智力资源，他们是原始部落争夺的对象，在争夺中将不同的文化元素带到意想不到的地方，主要体现在外饰件上。

已经发现的青铜器上，除了虎饰，比较惹眼的是四羊方尊上的大角盘羊，还有鸟饰，甚至还有铜鼓上的蛙和蟾蜍。对于这些动物形象的出现，我们并不都能在本地找到文化根源，应当在流动互动的更大文化背景中透视。大角盘羊显然系西部物种，这在岩画中寻常可见。四羊方尊是在湖南宁乡发现的，但不一定反映宁乡本地的文化。文化与文化物质的流动性要比我们想象的更加复杂，要解密这种复杂，只能从文化与文化物质的流动性本身去考察。

可以这样说，在前丝路时代诞生的彩陶和青铜器，东方与西方的艺术母题是显著不同的。尤其是公元前6世纪前后，希腊的陶绘已经脱离了几何抽象图案，出现了动植物装饰纹和狮身人面图形，写实风格明显，青铜像也开始出现，如著名的海神波塞冬大约是公元前5世纪的作品。但这些写实性的艺术元素也还通过前丝路东西传播。尤其在亚历山大东征之后，印度河上游地区开始希腊化，希腊艺术的一些叙事元素沿着丝绸之路逐渐东来，成为佛教艺术的重要元素。

文明互动是一个基本的规律。2000年，学术刊物发表了已故史学家徐中舒的《北狄在前殷文化上之贡献：论殷墟青铜器与两轮大车之由来》。论文的序言讲："殷墟以前地下文化，据今日所知，有龙山与仰韶两期。此皆同属新石器时代之后期遗物。无铜器之发现，亦无车马饰具之遗存。传世所称夏后之鼎、太皞之币，以今日古器物学之知识言之，皆属战国时代之物，或更在其后。中国青铜器之肇端，尚不能超越殷墟时代以前。殷墟青铜器之精美，为治古物学者所公认，西周铜器较之且有逊色。如殷墟铜器由中国本土独立发明，其前应有一段极悠长之孕育时期。但此孕育期之遗物，在中国本土已无发现之可能。"对于徐中舒的这个"中国青铜器之肇端，尚不能超越殷墟时代以前"的结论，我们并不感到舒服，说"西周铜器较之且有逊色"，也未必如是。但徐中舒的结论，会使我们在努力寻找更多事实的同时，多几个视角看待中国青铜文化起源问题，即在注意本土研究的同时，也寻找文化的外部联系。

丝路包括前丝路的文明价值就在于开放，不管是在早期还是晚期，开放是一种历史的必然，而一切文明成果也都是交流互动的成果。过去是这样，未来还是这样。如果这样去想，或者说具有了丝路思维，我们就不必为一些青铜文化现象大伤脑筋，许多历史文化现象也就能得到更好的解释。比如，为什么在南西伯利亚外贝加尔湖地区发现了陶鼎、陶鬲？为什么米努辛斯克盆地也曾有过中原的短剑和戈？为什么中原的青铜器也有那么多的动物纹饰乃至出现四方尊上的四个大角盘羊头？等等。

尽管不能简单地下结论，说中国的青铜文化哪些是外来的，哪些是内生的，但有一点可以肯定，即任何一种文化都以交流作为发展的必要前提，没有交流，不会有真正的发展与辉煌。从一定意义上讲，技术萌芽的出现是重要的，但谁是第一个发现者并不决定一切，重要的是谁能将其发展到极致，创造出更大的价值。这就犹如中国人发明了火药，是一种骄傲，但现代火箭技术却不是中国人的专利，当我们回过头来再次发展火箭技术时，难道会引出究竟是自豪或者是尴尬的二选一问题吗？

对于中国青铜文化的历史争论，反映了对民族文化形成的一种矛盾的不断变化的看法。中国学者刘超在其著作《历史书写与认同建构——清末民国时期中国历史教科书研究》中对此进行了系统的阐述。他归纳了几个认识阶段。在西学东渐之前，中国人坚信"三皇五帝"为信史，但仅仅是材料，并不能得到确证，因此法裔英国学者拉克伯里的"中国文明西源说"一时成为20世纪20年代的新学，甚至黄帝似乎也来自中亚或者西亚的古提王国。但是，在20世纪30年代后，中国文明又纷纷改为完全的本土说。在这种背景下，青铜文化的源流也就成为重要的争论焦点。梁启超首提"中华民族"的概念，是完全正确的，历史毕竟有时间边界，并不能因为我们都来自至少是非洲的6个人属系统的智人，就把一切都搅到一起。但把后来的复杂文化现象都归于完全独立产生与发展的系统，也会导致走向封闭，而且未必符合文明发展的开放规律。

部族迁徙的十字路口

前丝路时代出现频繁的物种交流和文化交流，与远古时代诸多部族的迁徙活动是分不开的。由于人群的不断移动，文化也在不断地流动，而文化本身就具有传播与交流的特质。信息流和人流从来是正比例关系，即使我们已经进入互联网时代，这条铁律依然不会改变。在交流中融合，在交流中分化，在传播中吸引，在传播中创新。文化传播与交流的动力永远来自创造文化的人的流动与多种迁徙活动。

人类的第一次迁徙发生在什么时候？一般认为是100万年前。1987年，一支英国考古队在巴基斯坦拉瓦尔品第东南的梭安谷地，发现了8块原始人使用的打制石器。他们从堆积层随时间推移发生的磁性变化中，推断已有200万年历史。这就意味着向西亚方向迁徙发生得更早。但人类的第一次迁徙并不等于人类的新人第一次迁徙。旧石器时代的晚期是距今四五万年的新人阶段，骨制、角制工具增多且有投矛出现。而在此后，一件划时代的工具——弓箭出现了。这个时期的原始文化代表仍然是在法国西南生活过的克鲁马农人和中国的山顶洞人。它们之间的中间地带，同样分布着许多新人文化遗址。值得注意的是，正是在这个时期，冰河消退，地球气候转暖，古人类开始结束穴居生活而向平原移动。这导致了一次新人类大迁徙。迁徙的方向和路径虽然不能精确地描绘，但也可以大体判定，那就是由南向北。

欧洲的考古学家最近得出一个欧洲古老居民在最近一次冰河前后，两次进入西欧北欧的结论，那应当是由南向北迁徙的例证。新的石器时代的许多考古资料都印证了这一点。比如，以色列考古学家在距离海法市1公里的地中海水下，发现了距今9000年历史的村落遗址，里面保存着10多间石房、一些水井和炉灶的遗迹，此外还有人骨架以及动物的骨头。在希腊距雅典290公里的尼科波利斯附近的古湖里，发现更加惊人，有距今20万年至50万年的旧石器时代的石斧。这不仅说明在旧石器时代前期，希腊已经有人类居住，还说明人类先民经地中海和希腊向中欧移动，比预料的还要早些。

由于在迁徙中遇到了地中海，新人迁徙的路线或者发生了分化，一部分人留在北非，产生了后来的埃及尼罗河文明；或者渡过地中海，进入南欧，产生了后来希腊、罗马文明的源头；但还会有从西亚方向进入亚洲腹地甚至南亚次大陆的频繁迁徙活动，否则我们就难以解释，为什么那么多的文明发源地主要分布在西亚、南亚和东亚广阔的地区。诚然，在早期人类文明起源的研究中，一直有迁移说和多元发源中心说两种对立的观点。但这两种观点并不一定非要对立，正如文化多源性并不意味着人类从来没有长距离地迁移。迁徙形成的自然和人文环境，恰恰是共同文化形成的前提。游牧人群迁徙频次更高，一次较大的气候变异就有可能推动出现一次大的人群迁徙。他们往往是迁徙的历史主流人群，不仅对文明的布局产生重大影响，也会在有意无意中充当文明互动传播的媒介。

应当说，在此前一轮的冰河期里，受影响较少的地区是北非、伊朗高原、安纳托利亚、中亚和中国的黄土高原等腹部地带。这个时期也正是华夏文化和诸夏文化开始形成的前夜。也许，我们很希望找到证据，说明华夏文明和诸夏文明是独立起源的，但是，即便有这样的蛛丝马迹，也还存在着古人类与新人类基因连接的人文断层障碍。因此，真正有文化意义的还是同一种新人类的迁徙活动所带来的一切。

对于印第安人同中国人以及西伯利亚人的亲缘关系，也有过类似的研究，如巴西的一个科研小组曾对亚马孙地区20个土著人部落的居民进行了脱氧核糖核酸分析，并将其与亚洲地区的居民进行了比较，结果表明，雅诺玛米印第安人同中国人及西伯利亚人属于同一类型，从而认为雅诺玛米印第安人是亚洲人的后裔。这说明，在远古的某一个时期，一定有一条通道存在于亚洲与美洲之间，而这也是我们常讲的白令海峡"大陆桥"文化联通中出现的人类远缘关系。

在爱琴海，曾经有过一个打捞4200年前古老商船的计划。在一座名叫多科斯岛的水域下，人们已从沉船里打捞出许多陶器和陶片。这条沉船位于通往中国和南亚的主航道上。一般地讲，由于远古航海技术所限，人们很难穿越大洋，但在内海诸如地中海、黑海的早期航运开发中倒有可能发生此类现象。如果出现了依附于陆路交通的海路交通，海路交通成为陆路交通的补充形式时，一切都有可能发生。

也正是因为这样一个道理，我们研究东西文明交流和考察亚欧大陆桥的历史形态，并不能只拘泥于单纯的陆地形式，应当包括地中海、黑海的洲际大陆航道，也要包括诸如尼罗河、幼发拉底河、底格里斯河、伏尔加河、印度河、恒河、阿姆河、锡尔河、黄河、长江、珠江以及湄公河等河系的水路连接。甚至可以这样说，没有这些内海与内河，也就没有早期人类的迁徙与交通。在彼时，内海与内河常常是陆路的向导和伴随，一同形成陆地交流交通的轮廓。在人类适应和改造自然的能力增强到足以远离大江大河之后，才会更直接也更有目的性地形成以陆地交通为主流方式的交通系统。

应当说，大地是人类的母亲，也是人类成长的舞台。对地中海的海洋民族来说，海洋也只是陆地舞台的一方布景。因此，尽管欧洲的学者用基因对比的方法，对 13000 年前两河流域和安纳托利亚结合部的几个原始农业人群进行了研究，认为它们是相互封闭、缺乏交流的，这很可能是最近一次冰河末期的一种生存状态，加之原始农业带有的自给自足性，也加大了人群之间相互封闭的概率，但这并不能说明，封闭是一种必然的文化状态。

总体去看，人类迁徙活动是极为频繁的，而每次人类大迁徙都会伴随文明的新陈代谢。在史前时代，较大的具有连锁影响的迁徙有几次，包括人类走出非洲以及受冰河期的影响在欧亚大陆出现大规模的流动，也包括雅利安人从中亚十字路口西去或者南下。在前丝路时代，也有三次大的迁徙活动，主要发生在埃及和西亚、中亚和南亚，此外则是中国的北部和亚洲的西西伯利亚地区。从各种资料判断，这些大迁徙具有一定的地域联动性，影响到整个欧亚大陆，持续近千年。

一般认为，喜克索斯人入侵埃及是第一个阶段的重要标志。喜克索斯人入侵埃及，建立十五和十六王朝，而埃及人也由此学会了养马和驾车。一直到公元前 16 世纪，喜克索斯人才被逐出埃及。被称为"考古风暴掀起者"的拉尔夫曾经分析判定《出埃及记》的实际状况，认为当时的两河流域的居民，除了著名的苏美尔人之外，也有来自沙漠草原的塞姆人、阿摩列伊人、阿拉美亚人等。在迦南地区，除了犹太人，又移入游牧部落哈卑路人，相互融合后形成了后来的以色列王国和犹太王国。两河流域最重要的是曾被《圣经》描写为流着牛奶与蜂蜜的地方的赫梯。这个赫梯是一个从黑海延伸到叙利亚的大国。自 1906 年以来，研究人员已经陆续发掘出赫梯人的首都哈图沙的大部分遗址，一些已经石化的残留物可以使人一睹这个被遗忘的大都会的昔日风光。哈图沙有长6.6千米、宽5米的城墙，有31个庙宇，有铺石路面，有巨大的地下贮仓、可搬动的坐式浴盆和完整的下水道系统。建在最高山岩上的王宫则有一个大的图书馆，研究人员在那里找到了3万多块刻有文字的陶土板碎片。

赫梯的权力掌握在女王手里，但女王的丈夫与女王是平等的，看来像是母系社会开始向父系社会过渡。在公元前2000年，这个山区部族国家已经能够将铁炼成钢。他们的武器和盔甲胜过其他人，并且在同埃及拉美西斯二世军队的交战中赢得了卡迭石战役。研究人员认为，赫梯人的马拉轻型战车在当时是非常先进的，人们今天都有理由称它是一项发明。赫梯国王用这种灵活的马拉战车成功战胜了拉美西斯二世的军队，法老的军队只有半数活着逃回埃及。公元前1259年，双方签订了和平条约。赫梯后来因为王室各派之间的争斗、通商路线被切断、粮食歉收，渐渐走向没落。在公元前1200年左右，哈图沙燃起一场大火，烧毁了大部分宫殿和防御设施，赫梯从此开始走向灭亡。

赫梯如何影响周边，细节仍不清楚，但它是陆地上草原民族与地中海民族最早的重要连接点，则是明晰的。在此之后，中亚地区也发生了变化，主要是发育于南西伯利亚和南乌拉尔地区的草原部落开始入据中亚东部和南部，或者沿南俄罗斯草原向西平行移动，或者进入了阿姆河、锡尔河和伊朗高原。这就是大迁徙的第二个阶段。

一般认为，南西伯利亚和南乌拉尔地区的草原部落属于印欧语族的安德罗诺沃部落，一直在中亚一带游牧，是所谓雅利安人的前身。也就是说，它进入伊朗高原，同当地居民融合后成为伊朗-雅利安或者成为西伊朗部落米底人和波斯人的重要来源，后来又进入印度，便成为印度-雅利安。雅利安的词语来源究竟是什么，人们还在继续研究，但雅利安最初只是印度吠陀文明的主人自称的高贵者。雅利安人进入印度的时间，通过相关宗教典籍和考古发现，大致可以确定在公元前1500年左右，相当于中国的商代初期。

雅利安人的迁徙，影响到从黑海、里海一直到天山、阿尔泰山的广大区域。与雅利安部落有关系的草原部族，或称萨尔马提亚人、斯基泰人、萨迦人，他们在中国史籍里被统称为塞人或塞种。这些塞人部落其实更原始。一些历史语言学家研究认为，这可能是一个操一种原始印欧语的松散族群。在相当长的一段时期中，雅利安一词被滥用，几乎成为印欧的代称，原始雅利安人的起源地也被认为就是印欧人的起源地，欧洲的日耳曼人、凯尔特人甚至更早的希腊人、拉丁人等都被认为是从庞杂的雅利安人群中分离出来的。于是，雅利安人也就被奉为现代欧洲人的祖先。

雅利安人迁徙既然发生在公元前1500年左右，同世界各大文明古国相比，它就是刚刚走出草原的游牧民族。对他们迁徙的历史作用不可低估，但也不能高估到涵盖和代替地中海文明、两河文明与印度文明。后来希特勒利用雅利安人问题为纳粹张目，宣称只有日耳曼人中的德意志民族才是雅利安人的纯种直系后裔，因而血统最为高贵，而其他民族则次第劣等。他甚至派出学者和考察队前往中亚和南亚甚至中国西藏，寻找古代雅利安人的纯血遗族，这就使雅利安问题变得更加离谱。还其本身面目，这只是发生在前丝路的一次民族大迁徙中的重要族群。在前丝路上，雅利安族团，或沿中亚十字路口西进或南下，或仍旧待在中亚。他们对早期丝路发育也有贡献，但其作用既不能放大，也不能回避。

萨尔马提亚人、斯基泰人、萨迦人或称塞人，进入中亚中部和南部以后，也同当地居民实现融合，成为东伊朗部落巴克特利亚人，有的成为后来粟特人的祖先。进入锡尔河以北、天山以东的，主要活动于里海以东，这应当是后来中国史书所载的奄蔡人。至于西方史学中的阿麻斯比人和希伯帕里亚人，则是对大月氏人的称呼。

就在雅利安族团开始迁徙前后，地中海的地缘形势发生了巨大变化，埃及逐渐衰落，希腊、罗马渐次崛起，不仅安纳托利亚地区和黑海地区建立了希腊人的商业据点，地中海东部沿岸城邦国家也开始向亚平宁半岛移民。地处安纳托利亚半岛西南部时称亚洲最大城市的以弗所城，就是希腊在亚洲建立的最大殖民城邦。著名诗人荷马出生在以弗所，亚里士多德也在这里讲过学。希腊诸城邦横跨欧亚，史称"大希腊"。《荷马史诗》里的特洛伊战争在这里持续了10年时间。特洛伊战争是发生在迈锡尼爱琴文化末期的一次著名战争，时间是公元前12世纪初。当时的迈锡尼诸国组成联军，渡海远征安纳托利亚的特洛伊，特洛伊城陷落，迈锡尼人也受到巨大损失。经过考古学家们的努力，特洛伊城遗址已被挖掘出来，有关神话的基本真实性也获得了证实。后来，以弗所包括安纳托利亚半岛的许多地区被纳入罗马的版图，成为罗马的东方行省，一直到6世纪才因河道淤塞、商业衰败逐渐被废弃。

如果说，特洛伊战争是一个偶然的被证实的神话流传，希腊神话中还有一则与"大希腊"商业殖民有关的前面提到的伊阿宋夺取金羊毛的故事。伊阿宋与所谓阿尔戈诸英雄是到科尔喀斯去夺取金羊毛的，这个科尔喀斯正是现今格鲁吉亚的滨海地区。在神话里，伊阿宋经过六臂巨人国，路遇比提尼亚海湾拉人下水的女仙，赶跑美人鸟，穿过撞岩，躲过了斯廷法罗湖的怪鸟，制服了毒龙，历尽艰险才取走了金羊毛。金羊毛云云，去掉使人扑朔迷离的夸张成分，可见它喻示的是牧羊民族和淘金民族的商业关系，从根本上讲，反映的是当时的商业战争和希腊人对黑海地区的商路争夺。

　　在希腊神话里，众神中有一个叫作赫尔墨斯的神。为了祭祀这位神，大道上到处树立着被称为赫尔墨斯的石柱。在通向西亚的阿提卡城的道路上，这种石柱隔2000米一个，这虽说是后世指路标的原型，但石柱上有着纪念商人的题词，说明彼时的道路就意味着商业通畅。赫尔墨斯也是希腊人的外交保护神和商人、贸易保护神，他戴着头盔，却拿着缠着蛇的权杖和钱包。一直到近代，银行、贸易公司和轮船上仍然可以看到这种徽记。商业和国家权力的混合，是希腊文明的一种特质。在这样的贸易传统中，前丝路通道已经不再是单纯的地理通道，它一开始就作为经济、政治、文化的纽带展现在人们眼前。

　　为什么"金羊毛"的神话舞台在黑海？因为这是前丝路的另一个更重要的节点，由此东去就是通过中亚干草原通向东方的望不到尽头的道路，有阿尔泰山的黄金，当然也有来自遥远东方的美丽丝绸。

　　于是人们看到，由于商业的吸引力，游牧民族的迁徙已经渐渐摆脱了对生存的考虑。在公元前1000年左右，西亚和北非地区的强国如埃及、巴比伦、赫梯，都已先后衰落或灭亡，"大希腊"移民城邦在意大利出现，贸易中心向东也向西移，直接导致罗马帝国的兴起。在此以前，地中海商业贸易中心是以紫红布为著名商品的腓尼基。这个紫红之国在安纳托利亚沿岸和爱琴海诸岛、黑海南岸也建立了商业据点，并将据点渐渐向西西里推进，使其越过直布罗陀，进入西班牙，最终导致了地中海新的商业中心迦太基和新迦太基城的出现，并引发了两次布匿战争。迦太基的主人便是腓尼基人。地中海贸易中心的西移延展了前丝路的放射长度，使之具有更大的覆盖面，产生了更大的商业影响，但希腊黑海地区商业城邦的繁荣却使前丝路在贸易的"接力"中向东延伸。

　　在这个时期里，西方历史记载的以斯基泰人为主的族群，充当了前丝路的贸易中转使者。他们在希腊人眼里也成为重要的关注对象。对此，著名的希腊历史学家希罗多德不仅在其《历史》一书中详细地记录下来，而且还亲自进行了"田野考察"。他从希腊的亚洲殖民城邦一路向东，远游到阿尔泰山以西。

　　在希罗多德的笔下，黑海以东至中亚地区，迁徙和移动的主角是斯基泰人和马萨格泰人，他们都是亚洲著名的骑马民族，也都属于印欧语系东伊朗语族。斯基泰人最早发明骑术与奶酪，在公元前700年左右进入高加索、安纳托利亚、亚美尼亚、米底及亚述地区，其后逐渐衰落，分为众多部落。马萨格泰人则居于里海与咸海之间，是后来土库曼民族的来源之一。斯基泰人西进，进入了西米里族的地区，而西米里族是在公元前1200年控制着黑海北岸及博斯普鲁斯海峡的一个印欧部落，大约于公元前800年左右进入中东，在今天的伊朗北部建立过一个短暂的王国，此后又散居在里海之南。在希罗多德的考察中，最东边是阿里玛斯皮人，即是中国《山海经》里记载的独目人。这样一个连环格局，在公元前5世纪形成了前丝路的贸易线，一直从天山和阿尔泰山延伸到黑海。

希罗多德大约生于公元前480年，对当时塞人与中亚诸游牧部族的分布，描述是很详尽的。他说，从顿河向东，渡过伏尔加河、恩巴河，过咸海北岸转向锡尔河与楚河，沿伊犁河进入天山北，分别要经过辛梅里安、斯基泰、萨尔马提亚、阿尔吉帕人的居地，然后又经过锡尔河下游的奄蔡和马萨格泰人居地，到达天山附近的伊赛顿人居地。伊赛顿人的东面是阿麻斯比人和希伯帕里亚人。他虽然没有提到居于黄河流域的秦国，向东的路线还是十分清晰的。在希腊人的心目中，走向东方的必由之路，就是这条后人所称的草原丝路。草原民族是前丝路贸易的早期信使与转手商，较早来往于东方与西方。特别是斯基泰人，不仅在里海地区建立过斯基泰王国，后来还继续西进北上，入居多瑙河流域，成为中欧民族的组成部分，使前丝路的历史对接线延伸得更远。

独目人在中国的古籍《山海经》中有三处记载。一是《山海经·海外北经》："一目国在其东，一目中其面而居。"二是《山海经·大荒北经》："有人一目，当面中生。一曰威姓，少昊之子，食黍。"三是《山海经·海内北经》："鬼国在贰负之尸北，为物人面而一目。"这三种记载似有几个共同点：一是独目人在北方；二是独目人在鬼国，而鬼国、鬼方在古史中一般指早期匈奴或西北的一些类似的民族。另外，"一目国在其东"，"其东"，是烛阴或曰烛龙的东边，而烛龙这一位中国神话中的古老天神，人面蛇身，"直目正乘"，也长着竖凸的眼睛，很有些三星堆人的影子。看来，在远古的神性记忆里确乎有这样一个一目国，有"直目正乘"的王者。

独目人并不是真的长了一只眼，多半是戴了一种面具。2000年时，新疆的考古者在新疆北部青河县西北的山沟里发现过数平方公里的铁陨石群，其中有的重达100吨以上。令人称奇的是在这里发现了用陨石雕凿而成的圆球状石人，以及刻在陨石上的牛、羊、马、骆驼和独目人形象。刻在陨石上的"独目人"头部呈圆圈状，中间有一眼，两手相连环置胸前，胸以下左右被两道圆弧包裹，只露出双脚。这无疑是独目人先民心中之神。青河县发现独目人岩画，至少能使我们判断他们与塞人所在的古地理位置。"独目人"也出现在内蒙古阴山岩画和宁夏贺兰山岩画里，而新疆、青海发现的独目人造型与贺兰山岩画中的独目人造型更为相似。可见他们一直游走在西北地区。也有分析说，并非独目部族人全是独目人，而是他们的先辈首领一只眼伤残，被神化了。据说，在加拿大安大略湖皮托波洛岩刻、北撒哈拉岩画和埃及德耶德支柱上均有独目人形象，那就更证实独眼首领被神化的普遍性。

古代突厥部落就有巴萨特斩除神灵独眼巨人的神话。从地理上讲，阿里玛斯皮与古突厥是远古时代的邻近部族。最早到中国地区探险的一位欧洲人——古希腊的亚里斯底阿斯，在公元前7世纪曾经东行至中国的阿尔泰山一带，将旅行见闻写成了《独目人》一书，讲的正是当时的阿尔泰地区部族原始萨满教中的天神崇拜。从种种情况来看，当时的独目人有可能分布在从贺兰山到阿尔泰山一带的草原上，这里也是中国史书上记载的犬戎的势力范围。犬戎在当时的势力很大，曾经称王，如被杀的那位著名的戎宣王。他的模样居然是一匹红色的无头马，也像刑天一样，断首之后还要战斗。这似乎是"人头马"的另一种变形。关于犬戎的来历，有的认为是鲧之后，是古羌系，但说是同塞人有关的骑马民族，似乎更合理。犬戎同后来的渠搜、义渠、昆吾等西戎部落也可能有关联，他们与塞人杂居，塞人又影响斯基泰人。有资料显示，独目人最早开采黄金，而秃头人贩运黄金，这是完全合乎商业地理空间逻辑的一个互动链条。

当然这不是说，丝绸之路在这时就完全开通了。丝绸之路正式开通是在将近5个世纪之后的中国汉代。之前的中国并没有出现强大的中央集权制度。中国的奴隶制度一开始就同西方不大相同，后者以城邦贸易为机制，有很大的扩张性和商品交换性。中国的商周时代初以方国林立为特征，诸侯小国与王朝天子之间更多的是朝贡关系。"夏成五服"，入周之后，在夏的五服基础上顺理成章地出现了五服制度，所谓"甸服者祭，侯服者祀，宾服者享，要服者贡，荒服者王"。这种古代的内部与外部关系，并不是为了交通设计的，但与地理交通有着密切的联系。地理的远近决定着五服的区别。也就是说，一些较远的方国部落，只要上贡即很好，而遥远的戎狄部落，则被要求"来王"。什么是"来王"，除了与中原王朝礼尚往来，也少不了上层与民间的各种交换关系。受当时的交通阻隔所限，远距离的较大规模交换不可能普遍发生，一直到骆驼商队规模出现，才有可能发生更加遥远的跨地区贸易对流。

应当说，在希罗多德的时代，东西方的贸易链条似隐似现，转手贸易的链条次序决定着草原部族的地理位序，但时间一久，新的变化也就开始出现了。

在公元前10世纪，东方刚刚完成商周政权的交替，西方的古希腊尚在繁荣的后期，亚洲北方草原民族还在养精蓄锐，一时间并没有发生牵动东西方的大事件，但在前5世纪中亚的十字路口上，新的一轮迁徙浪潮开始渐次出现。这其中尽管有"秦伐西戎益地千里获白狼白鹿以归"的背景，但并不是新的一轮迁徙浪潮开始渐次出现的真正原因。其一是秦伐西戎影响没那么大、那么远，其二是秦的东向在事实上给游牧部族留下很多的发展空间。汉初乌孙和月氏西走才在有意无意中拉开了大规模丝路贸易的序幕。也就是说，大月氏人据有大夏之地，并不想回到河西走廊故地，与其重新同匈奴征战，显然不如去当中国与中西亚诸国贸易的"二传手"更合算。

在公元前10世纪到前3世纪，部族迁徙带来的一系列变动，造成了欧亚大陆内部的政治经济地缘大变化。在这个阶段里，陆上的道路与方向已经开始大体清晰，骆驼等交通技术和中亚民族跨地域商业人才的养成也都提供了条件。

更重要的原因则是，"大希腊"衰落但西罗马崛起，地中海进入新的一轮商业发展时期，市场需求直线上升。而这无疑是丝路发育不可或缺的一个条件。一方面，中原较早的农业文明渐趋成熟，形成了相对稳定的农业手工业经济结构。另一方面，围绕着中原，有尚未充分发展状如流星的其他戎狄部落，甚至还有散居河西走廊西端的方国与部落，在更大的范围和更高的历史层次上整合了丝路贸易的商业力量，尤其在西周灭亡前后，许多戎狄部落进入伊洛之间，与中原各诸侯国犬牙交错，出现了新的民族融合趋势。春秋早期的红狄、白狄都在晋冀陕交界地区建立了类似中山国那样强大的部落王国，他们与分布在北方草原上众多的骑马民族建立了多种商业联系，给丝路的形成发育提供了重要的商业土壤。

虽然，因为中原农业发展的自给自足性，在一定程度上抑制着较大规模的商品交换，人们既无须对外寇掠，也不必为商道一时通塞喜忧，朝贡贸易在官方层面成为主流形式，但也不能低估很少出现在史籍中的民间贸易的发展。这种无处不在的民间贸易，牵动了北方草原的多个骑马民族，它们在摆脱母系社会走向父系社会的过程中，为了获得财富和享受农业文明的成果，或者成功进入农业地区，或者失利后向北向西迁移，而这又似乎成为影响后来的丝路发展走向的商业地缘动力。它们在最初充当了农耕民族与游牧民族贸易流通的中间人，从燕山易水渐次崛起，最终带来商业文化的流动，为中国汉代丝绸之路的全面开通奠定了新的基础。

对历史上的民族和部族迁徙，当然不能只从商业上去考察动因。在一般情况下，气候变化引起的环境变化也是重要因素。在历史上，欧亚大陆大部分地区所处的北温带，气温不断交替，对农耕经济有打击，对游牧经济更具毁灭性，但有时也会发生相反的效应。以秦汉时代为例，由于气温升高，现在的长城一线，适于农耕的区域可以北移200多公里。《史记·乐毅列传》中说，"蓟丘之植植于汶篁"，也就是说，当时的燕山山区可以广种竹子，山东半岛就更不在话下。现在，太行山南麓还有大片毛竹林，是小气候形成的。在那时，不仅关中有竹子，河南全境有竹子，鄂尔多斯的北部也有竹林。秦汉在鄂尔多斯高原置有朔方郡，是因为那里可以屯垦种地。汉代在现今的乌兰布和沙漠深处曾经置有6个县，说明那时的气候相对温暖，西北的生态并没有后来那般恶化，这自然有利于丝路贸易重要节点的北移。考察气温的这种变化曲线，不仅可以明白，为什么战国时代的赵长城会出现在阴山之北，明长城却在燕山山脉中绵延，也可以判定战争冲突与和平贸易为什么会交替出现。

对于气候的这种阶段性变化，学者们已经找到了基本规律，温湿与干冷，大体上具有300年左右的交替周期。在公元初到3世纪，中国北部和西北属于温湿期，3世纪到6世纪是干冷期，7世纪到9世纪和12世纪后又有一个温湿期，这三个温湿期不仅发生了农业边界向北向西移动，也使丝绸贸易进入最活跃的时期。根据物候学家的研究，在盛唐时代，热带和亚热带雨林北移，成都地区也有荔枝树。

还有一种观点，不同地区丝路的发展特点与景观的不同，是纬度高低变化的地理传播规律使然。在同一个气温带中，太阳的辐射值、热力和昼夜长短大致相同，植被与动物分布有相似性，人类的生产生活方式也有相似性，容易相互适应。这种传播往往环绕着同纬度范围里的一个同心圆进行。按照这个理论，可以解释丝路走向为什么在总体上是东西横向的，但丝路具体的多种路径的选择，又显示为更为复杂的经济发展互补规律，比如游牧部族与农耕民族，山地与平原的经济纬度不同，因此丝路也会呈现为南北走向。

楼兰的秘密

楼兰城是丝路包括前丝路存在与发展的一个历史画面。楼兰至少有4000年的历史。楼兰的起源虽然目前无法详细地描述，但从中亚十字路口发生的部族迁徙中可以判断，它的原始居民比想象的还要复杂。2015年，中央电视台播出了有关楼兰的节目，展示了小河墓地考古的新进展，即在发现印欧人种的船棺下面，陆续发现黄种人的遗骸。也就是说，当人们还在想象中还原金发碧眼的"小河公主"的生活场景的时候，考古又告诉我们，这里的历史人种构成复杂。在遥远的上古时代，中国西部是一个多种族、多民族、多文明交汇的地方。

历史就是如此令人惊奇。"小河公主"被发现，令人大吃一惊。在距离黄土地并不十分遥远的地方，居然有过白人的"王国"，现在又有了黄皮肤的历史信息，这究竟是怎么一回事？

如果说，文明是流动的，丝路上发生的任何事情都不足为奇。楼兰和小河墓地的每一次新发现都有可能轰击我们此前的部分认知，当然还会有新的认知在未来出现。

第一次颠覆我们思维的事情发生在1900年，确切的时间还应当早上一两年。那一年，瑞典探险家斯文·赫定带着探险队从北京出发，经过阴山脚下的敕勒川，走向居延海的胡杨林和戈壁沙漠，到达当时的迪化即现在的乌鲁木齐，辗转来到罗布泊荒原。他们在宿营时发现丢失了挖水的铁锹，维吾尔族向导奥德尔前去寻找，返回时刮起了沙尘暴，被风吹裹着不知跑了有多远。风停之后，奥德尔突然发现未曾见过的一幕：在荒无人烟的沙漠里出现了土城墙和依稀可辨的房屋的残墙断壁，还有荒废的烽火台、雕花的木板和古币。这不是海市蜃楼，也不是幻境。从某种意义上讲，奥德尔是楼兰遗址的第一发现者，但他自己并不知道。他回到驻地把木板和古币拿给斯文·赫定看，后者判断那里一定有一座被黄沙埋藏的古城。第二年，赫定在奥德尔的带领下，找到了那个遗址，一个震惊世界的楼兰王国就此现身了。赫定在这里发现了大量汉魏古钱，也发现了罗马钱币，还发现了具有希腊风格的雕花建筑构件、木简和残纸。斯文·赫定在考古方面也只是个"二把刀"。1902年，斯文·赫定带着这些发现回到瑞典，经汉学专家鉴定，确认了楼兰故址的存在。

接下来的工作落在20世纪下半叶中国考古学家的身上，他们对楼兰进行过多次考察，进一步发现了边长300多米的准方形城墙遗址，发现城里的佛塔和城外的佛寺，还有那时的官署"三间房"，并判定楼兰古城占地10万平方米，彼时的城市大约有14000人。在城周的墓葬里，出土了许多丝织品、钱币、金银、漆器、玉器和玻璃制品以及具有西方风格的艺术品。

楼兰的早期历史还是个谜，但秦汉以来的脉络还是相当清晰的。大约在秦朝初期，楼兰已经在罗布泊地区建立部族方国，受到占据河西走廊的大月氏的控制。匈奴迫使大月氏西迁以后，楼兰又附属于匈奴。那时汉朝正处在恢复期，无力西顾。一直到汉武帝临朝，匈奴分裂，尤其是楼兰与龟兹杀了汉使，楼兰王安归被傅介子斩杀，其弟尉屠耆被立为国王，更国名为鄯善，国都南迁扜泥城，楼兰才开始明确内属。鄯善国势一直稳定，魏晋时期成为丝路南道大国，国王是安归迦。公元439年，被北魏灭亡的北凉残余力量攻克鄯善，国王比龙西迁且末，比龙的儿子率4000余人降，被安置到库姆塔格沙漠北缘的绿洲地区，古楼兰面临南北两分的格局。比龙的后代一直留在库姆塔格沙漠北缘的绿洲地区，融入了后来的回鹘即现在的维吾尔民族。鄯善国主体则在西迁且末三年后，被北魏的骑兵破袭，国王真达不战而降。公元449年，北魏任命交趾王韩拔为鄯善王。不久后，鄯善国真达率部内迁，不少楼兰人迁居于山西。

古代的山西是个很特别的地方，白狄、赤狄曾在这里建立过方国，后来融入汪古部的娄烦等。在中国北方诸省中，山西人肤色相对白一些，历史上也很善于经商，因此楼兰人迁居山西说是有几分道理的。

楼兰人使用汉字，也使用属于东伊朗语族的吐火罗文。楼兰人种复杂，但王族显然是印欧人种，甚至与塞人和斯基泰人有一定的关联。无论从出土的文物判断，还是从距楼兰遗址并不很远的小河墓地的船棺以及"小河公主"的遗容看，楼兰的族属不应该有什么大的问题。小河墓地的葬式以及太阳崇拜的祭祀特点，也与当时中原居民不完全相同。船棺与桨木墓志显示楼兰人早期过的是渔猎生活。从赫定《亚洲腹地旅行记》附录的绘画里看，20世纪初，罗布泊到处是水的世界，以至于这里在古代的很长时间里，都被误认为是黄河的源头，是河伯居住的地方，并被称为大泽或泑泽。楼兰因水多而起，因丝绸之路而兴，也因水竭而衰和丝路移位而亡。北魏在敦煌大兴石窟，敦煌俨然已经成为新的丝路重镇。楼兰已经丧失了全面控制丝路南北两道的区位优势，被北魏朝廷拿掉，也是必然。

楼兰故城废弃的时间要比楼兰失国时间早得多。东晋咸和五年（330）大约是一个分界线。在此之前，楼兰城一直是丝路的南北枢纽，设有官署，但之后仿佛一切停止了运转，考古也没有发现那时楼兰与各地的往来文书。因此330年极有可能是楼兰城被毁弃的一年。但是，这一年楼兰并没有发生战乱，自然环境恶化一般又是逐渐的，因此有一种推测，是沙漠里常见的大规模的传染病袭来。但是瘟疫也不会引发如此仓促的撤退。这个谜目前还无解。楼兰的环境变化是明摆着的。随着河流的改道与罗布泊的连续南移，植被被破坏，楼兰早已变得不适于人居住了。在东汉以后，楼兰曾经有过一次大规模引水，但终究还是失败了。399年，西去取经的法显和尚经过此地，在他的《佛国记》里记载，这里已是"上无飞鸟，下无走兽，遍及望目，唯以死人枯骨为标识耳"。楼兰的繁荣期大约有400多年，其兴也勃，其衰也忽，是令人极为惋惜和感慨的。

然而人们更想知道的是，这个藏有许多秘密的楼兰为何叫楼兰，它的早期又是怎样的模样。这一切只能通过墓葬的发现与发掘逐渐显露出来。1980年春，新疆考古队在楼兰的一个阜上偶然看到一些显然是人工移来的枯木桩。考古者清理浮土后发现了墓葬，一具棺船出现了，保存完好的古楼兰人的干尸也出现了。这是一具具有西方人种特征的女尸，经测定距今3800多年。时间一下子回到中国的商代之前。"楼兰美女"的称谓不胫而走，震惊了世界。早期楼兰人中居然有白种人，那么她和他们又是从哪里来的呢？如果仅从楼兰和米兰的地名称谓译音看，在东方是少见的，倒是在盎格鲁·撒克逊人聚集的地方多见，如苏格兰、英格兰、爱尔兰、尼德兰等。"兰"一般指低的平原平地，罗布泊具备这个地理条件。难道楼兰人并非一般的塞人，而是早期撒克逊人或者罗马人辗转流散的一部？但这是难以想象的。早年的撒克逊人来自北欧，在北欧之前又在哪里？

有趣的是，大约在中国改革开放初期，意大利的米兰市政府给若羌米兰团场写了一封信，希望两个米兰结成友好"城市"。那时的中国还没有进入大开放的时代，而米兰团场也仅仅是一个农垦小镇，自然无法应邀，如果是在今天，应当不是什么问题。也许是发音相近，也许是1980年"楼兰美女"遗骸的发现，楼兰的另一个重要地标米兰，引发浪漫的意大利人无限的遐想。但这都不重要，重要的是各民族、各个地区的相互交流以及多种文明的互相包容和理解。

楼兰古国的背影在1600多年前就远去了，留下了仍然具有活力的米兰和饱经沧桑的楼兰的遗迹，模糊却又那么清晰，使我们的思路一直伴着眼前长长的丝绸之路，飘向更远方。

2003年，又有一个惊天发现——前面提到的更年轻的"小河公主"出现在小河墓地。小河墓地再次引起注意，许多风蚀的木桩像船桨，而布局似乎具有太阳光聚射的图案特征，那无疑不是一个"乱葬岗子"，而是一个极具宗教色彩的贵族和部族墓地。这个墓地，入葬者近千，葬式更是闻所未闻。一是使用形似独木舟的船棺。二是使用整张牛皮将棺木包裹得异常紧密。经推断牛皮是现场宰牛剥制，人们利用新鲜牛皮的弹性和风干后收缩的原理，达到棺木密封的效果。

"小河公主"当然是白种人，头发黄褐卷曲，头上的黑褐色的尖顶毡帽饰有红线，帽顶还插有鸟翎。她穿着短筒皮靴，紧裹着毛毯，身边还陪葬有一只陶罐，刻有许多象形文字。陶罐内的残留物被确认是古老的葡萄酒。而这一切又显示了逝者的高贵与不寻常。"小河公主"大约在33岁去世。

据说，陶罐上的象形文字被专家"破译"了，是一段爱情表白文字，其中有木塞莱斯。也许是民间故事，也许是流着比龙王子血液的后人的合理想象，传说中木塞莱斯就是"小河公主"的名字，而罗布诺尔是一位草原酋长的儿子，两人相爱但不得其愿，于是就有了葡萄酒罐的佳话。

想象当然是想象，由此而来的传说也只能归为一种美好的人文关怀。木塞莱斯这样抽象的名称或音译，无论如何是难以琢磨的。其实，木塞莱斯在维吾尔语里是三次的意思，三次实际上是指葡萄酒产生的过程是蒸煮三次，并不是酿造。楼兰人后来主要使用佉卢文也即吐火罗文字，他们的族属也是明确的，属于东伊朗语族。他们种葡萄造葡萄酒也完全可能，但说这种制酒工艺传承了4000年，却有数千年的时间差。要说葡萄酒的传承者是北魏时迁入库姆塔格沙漠北缘的比龙国王的儿子所带领的族群，倒是有些道理。

无论怎么讲，楼兰人尤其是楼兰的贵族有印欧人的血脉，应当是确定无疑的。印欧人入居过中国西北，也不是什么秘密。属于东伊朗语族的古印欧人不只有秦汉以前的塞人，曾经居住在河西走廊后来西迁大夏的大月氏人，也是其中的一种人。大月氏西迁大夏之后不久，又出现过白匈奴，也是匈奴人与大月氏人混血的一个族群。在这样一段错综复杂的古代族群分布的历史里，地缘文化规律与迁徙规律相互影响，分化与融合不断地发生。

问题还在于，楼兰和西迁的月氏族群并不是孤立出现的，在塔里木盆地的外缘山腹地，遗迹不少。2002年，新疆考古队在昆仑山北麓考察玉石之路时发现青铜时代的古墓地，人骨测定为（2950±50）年，尸骨长大，脸型较窄，颇似塞人人种。2001年中法克里雅补充考察队在大漠腹地的圆沙古城发现了5处墓葬，带回5具千年干尸，都具有高鼻、深目、棕色毛发的特征，葬在掏空的胡杨树干里。这片古墓群分布在圆沙古城西北80公里处，被称为北方墓地，与罗布泊的小河墓地十分相似，年代上限为3500年左右。令人惊奇的是，为数不多的随葬品中不仅有陶器、铜簇、玛瑙和玻璃制品，还有被考古学界鉴定为流行于罗马、希腊的铜镜。圆沙古城形制也很特别，不是中原地区常见的方形城，而是圆形，显然受到希腊、罗马的影响。圆沙古城位于克里雅河下游塔克拉玛干沙漠腹地，要比著名的尼雅遗址还要靠向西北。

那么，这是不是说，在遥远的古代，中国的西部是白种人的天下？2015年小河墓地的下层发现黄种人的遗骸，说明黄种人来得更早。在古代中国的西部有过白种人，也一定会有更多的黄种人，尤其是古羌人，他们不仅演化出华夏，也演化出诸夏。古代的中国就是一个多民族、多种族的大家庭。在中国的上古神话里，西部的神话记载向来要比东部的多得多。在中国古老的《山海经·海内西经》里，就有"大泽方百里，群鸟所生及所解"的文字。《山海经·海内西经》还有"流黄酆氏之国，中方三百里。有涂四方，中有山。在后稷葬西"的说法。后稷是周人的祖先，在后稷的归葬地之西，有这样方圆三百里的地方。"有涂四方"，也就是道路四通八达，显然古楼兰有这个特点，和田地区的圆沙古城也有这个条件。看来，在两汉之前，大漠里的道路四通八达，至于那个"流黄酆氏之国"是否是指楼兰，当然没有确证，但早期的周人与之临近，说明这里是一个各色人杂居的区域。或者也可以这样讲，这里蕴含着前丝路的重要区域信息：古楼兰以及更西的广大地区，从远古时代起，就是欧亚大陆的商业和文化联通的节点，是那个时代自觉不自觉的"经济特区"。

上文讲到，从公元前2000年前到公元前1000年前，欧亚大陆有过至少两波民族部族大迁徙，不同肤色的游牧部族从阿尔泰山的十字路口南下，或者西去东来，犹如走马灯。这种曾经的历史状态说明，丝路通道在前丝路时代不仅是敞开的，而且是十分活跃的。虽然我们目前还只能在点状的连接里寻找线索，但从阿尔泰山的临近地区出现小河墓地和"小河公主"看，这一点应是一目了然的。那是一个不同人种和不同文化大交汇、大融合的时期，在迁徙的岔路口上出现不同肤色的人群，同时活跃在一个生活舞台上，甚至能够同眠一块墓地，并不是一件奇怪的事情。

白种人生活在中国，也是很久就有的历史现象。先秦时代的白狄与赤狄无可多考，后来的月氏人，有的西去，有的西去后再次内迁，有的侨居中国而最终与其他种族融合。在古代中国，除了汉族，较大的族群还有匈奴、鲜卑、羯、氐、羌，其中的羯人，无疑是白种人。他们在十六国时期形成很大的群体，并发生过不应当发生的悲剧。

与不同的人种和民族的交错分布、分化融合相比，经济文化的共同发展也即文明的共同进化，对人类社会的发展更有意义。元代汪大渊的《岛夷志略》就曾提到，在小亚半岛与黑海之交地区，曾经有过中国居民为首领的小王国，其首领陈姓，是临漳人，大概是伊利汗国帐下的一位汉族将军。在中国，有些复姓人也显示了这样一种民族融合的复杂性。据有关专家研究，从古至今的复姓或有上千，有的是来自上古时代的汉族姓氏，更多的来自魏晋南北朝民族大融合中少数民族部落姓氏的音译，有的后来简化，形成了一姓多源的状态。但此中有一个规律,那就是族际交流越频繁,经济文化越开放,外来姓氏融入的概率越大。比如中国盛唐时代的"昭武九姓"安、曹、史、石等,都对应着彼时中亚的一些国家,就连唐朝李姓和隋朝杨姓,也大有来头。建立隋朝的杨坚,不仅皇后是鲜卑的独孤氏,而且他自己的鲜卑姓氏就叫普六茹。据考,当了后赵皇帝的石虎就有羯人的血脉。不排除他是中亚的石国人,也不排除他是楼兰的后人。河北地区发现的多个羯人墓葬也证实了白种人在古代中国内地的存在。在历史上,羯人或打短工或经商,在早期聂斯托里派基督教传入中国之后,有的人还成为有影响的宗教教徒。在元代,就有山西商人班·马·苏马和马可斯(后改名亚伯拉罕)经由山陕、宁夏、和阗和呼罗珊到达巴格达。班·马·苏马1287年到1288年还充当伊利汗的使者前往罗马和巴黎。至于那位宋末元初时期大名鼎鼎的蒲寿庚,整个家族从占城来到广州和泉州,在宋元之交两次担任朝廷直辖的市舶司使。

塞人其实是一个以地理方位标识的混合概念,就像我们今天在口语中把外国人统称为老外一样。来源庞杂的塞人部落在中国西周以前就有记载。有的塞人有可能来自南西伯利亚地区,也有可能是早期东迁的其他民族先民。公元前2世纪,塞人分两路南迁,一部分从兴都库什山进入克什米尔,一部分南迁大夏并进入塞斯坦。不久,进入塞斯坦的被安息贵族打败,另一部分继续南下,在印度河中游建立了几个塞人小国,其中的一个再次进入克什米尔,成为后来的罽宾国。

犹太人进入中国的时间也不晚。传说中犹太人散失的十部落,分批进入中国是有记载的。犹太人进入南亚也有记录。旁遮普有一个哈伊巴地区,到公元15世纪,还有一个犹太人的小王国。在16世纪,哈伊巴国王曾经派一个兄弟到欧洲与基督教徒相约,东西夹攻,把突厥人逐出巴勒斯坦,也是有佐证的。在印度的孟买、古朗卡诺尔乃至越南交趾地区,都有过犹太人聚居区。交趾犹太人数目之大,曾使16世纪时的葡萄牙称其地有"犹太人的王"。犹太人的这种迁徙轨迹遍及全世界。在犹太教确立之前,他们就有过迁徙活动。耶路撒冷的两次种族战争,加速了犹太民族的迁徙进程。罗马灭亡犹太国家后,犹太的迁徙活动经由地中海向西向东,之前的迁徙活动则是经由丝路通道一直向东的。在中国历史上,广州、杭州、宁波、泉州、扬州等地都有犹太人聚集区,说明他们后来迁徙走海路,但之前的迁徙中转地是中亚地区。敦煌、洛阳、开封以及北京也有过犹太遗民,大体指明了迁徙的路径和方向。

据中国文献记载,公元前2世纪到公元4世纪,阿富汗与印度西北包括克什米尔地区，有一种佉卢文，与印度的古婆罗米文并行。佉卢文也称驴唇文，在我国敦煌曾有残片出现，西方称之为哈茹希底文。哈茹希底文的前身是阿拉美文，也曾在犹太本土流行过。我们虽然不能以此断定塞人讲的就是佉卢文，进而证实他们同犹太人之间的某种联系，但可以从中找出西亚人与中亚人的早期联系。

中亚、南亚和西亚民族的构成和使用语言之复杂是众所周知的，即以阿富汗为例，曾使印度莫卧儿帝国的创始者巴布尔大帝发出惊叹："世界上再没有第二个地方像这个地区这样，有如此多而且复杂的部落和语言。"早在公元前6世纪，伊朗阿契美尼德王朝统治时，最初提到的阿富汗人就指这些民族与部族。现在他们大多生活在巴基斯坦之北。此外，阿富汗的西南部还有一支帕克普鲁人，他们讲的是普什图语，据说这种语言才是真正的阿富汗人使用的语言，因此，他们又自称是真正的阿富汗人。在阿富汗南部，除了有占全国人口一半的帕克普鲁人，尚有俾路支人和布拉赫人。中部地区的居民则是蒙古人的后裔哈扎拉人。哈扎拉的意思是一千。相传蒙古西侵，每到一处要塞都留一千士兵驻守，哈扎拉由此得名。

阿富汗的这种复杂情况是同它的迁徙历史分不开的。以横亘东西的兴都库什山为界，北面以土库曼人和乌兹别克人为主，还有一些是讲东伊朗语的民族。兴都库什山的支脉瓦罕山脉又产生了瓦罕走廊，周边又居住着蒙古人与高加索人混血的吉尔吉斯人，他们的前身便是中国史书上提到的黠嘎斯。黠嘎斯讲突厥语，同中亚平原上的哈萨克斯坦人有亲缘关系。这个黠嘎斯据说还有没入匈奴北庭的李广之孙李陵的一脉。在兴都库什山北坡与帕米尔高原上，还有一支阿尔卑斯型的印欧语系瓦希人，约有20万。他们是印欧人迁徙后的遗留。在喀布尔到克什米尔的弧形山地中，还有讲印度语方言达得语的科希尼斯人和努里斯坦人，他们分布在喀布尔到克什米尔弧形山地的各个谷地和隘口，标示了印欧人从阿尔泰山拱顶走向印度河、恒河的道路。

犹太人迁徙的传说也好，中亚和南亚十字路口民族分布的复杂性也好，最终说明两点：一是讨论前丝路的历史价值，离不开文化评价；二是前丝路就是一个复杂的开放系统，有众多的大小十字路口，并形成了复杂的人文历史景观，既有多样的文化流与人流，也有多种创新思维彼此交汇。这是一个重要的丝路文化传播密码。似乎也可以这样去表述：一种文化不管它是物质形态的还是精神形态的，影响力的大小和影响范围的广狭，都同它走丝路的长短成正比。或者也可以说，譬之江海，有容乃大。

穆天子传达的信息

提到前丝路上历史人群的分布，不能不讲到《穆天子传》。《穆天子传》这部书，系汲郡（今河南卫辉）人在被盗掘的魏襄王墓中发现的先秦古籍"汲冢书"中的一种，凡六卷。书中除了记叙周穆王西巡会见西王母之事，还记有昆仑黄帝之宫、姑繇木、河伯、长肱等事。长肱与巨蒐氏其实是一回事，讲的都是巨人国人。河伯历来被认为是黄河之神，传说中居于泑泽即罗布泊，古人推测黄河由此发源，潜行800里入黄河正流。或者是当时罗布泊水势浩大，河西走廊又有千里断续东去的河流，形成了这种并无实据的印象。但是，错误的结论来自错误的考察推测，却不是完全捏造，因此并不能完全将《穆天子传》当作神话看待。

在周文王、周武王之后的几个有名的帝王里，除了烽火戏诸侯的幽王，也就是穆天子的细节最多，浪漫色彩最浓。穆天子的浪漫似乎贯穿了他的一生，他西巡之后又去南巡，最终翻船而殁于江。他还曾经日驱千里，东征反叛的夷人部族徐偃王。开疆拓土是他最大的兴趣。从《穆天子传》来看，他到过的地方不少，如东至今山东费县附近的郱，与所谓仙者"博三日而决"，又曾渴饮沙衍，由随行武士高奔戎刺马血"以饮"。他巡行的路线与后世秦始皇最后一次巡行的路线有一致性。那位高壮士还曾"捕虎而献之天子"，产生后来虎牢关的历史地名。为此，穆王赐给他佩玉和马匹，并让他当了西巡副车的驭手之一，也就是秦朝先祖造父的助手。

在野史里，穆天子是一个老资格的旅行家，好巡游，好出行，后世类如他的帝王，大概只有隋炀帝杨广。《穆天子传》更像是中国的小说之祖，记录了一个看似不可能的故事。但是，如果我们相信，先秦帝王的统治方法之一就是出巡，除此之外就是征伐，那么穆天子的行为也就不难理解了。

这样一件西巡的大事，为什么正史里一点也没有提到？我们知道，中国的信史记载是从春秋时期开始的，周穆王在位是公元前10世纪，经过周幽王之乱，公元前6世纪初又发生接连不断的夺位之争，周宗室王子朝在内讧中失败后带走大量周室典籍到楚国，典籍最终散失。这就使《穆天子传》的史实来源真伪难辨了。对于这样一种历史学的尴尬，连司马迁也无法可想，不好在《史记·周本纪》里正面应对。

对于《山海经》，司马迁是有所保留的。他强调的是《山海经》所有怪物，

"余不敢言之也",并非指所有的地名。对于《穆天子传》,《史记》更是从未提起。在《史记·周本纪》中记周穆王,也没讲他西巡最远的情节,只是说穆王"得四白狼四白鹿以归",造成了"自是荒服者不至"的后果。也就是说,穆天子发动了一次战争,打败了以白狼白鹿为图腾的方国部落。从狼和鹿以及尚白色的线索看,那似乎又是与北方部族如早期匈奴打仗,也可能是与反叛的古羌人作战,因为古羌人也是尚白的。在司马迁看来,周穆王西狩之事即或有之,也同征伐相邻的犬戎有关,并没有他到达更西地区的确证。但在《史记·秦本纪》中,司马迁又明确提到,秦赵先祖"造父以善御幸于周缪王(穆王),得骥、温骊、骅骝、騄骊之驷,西巡狩,乐而忘归"。这又说明,他不采信《穆天子传》,但并没有断然否认同穆天子西巡狩有关的一切。

在《史记》里,同样没提到的还有《竹书纪年》和西王母。或许,诸如《穆天子传》的发现在晋代,而司马迁当时并未见到此书,但也可能有别的"不敢言之"的考虑。比如,西王母已经被神化,而《竹书纪年》所记同样来历不清。《竹书纪年》中"十七年西征昆仑丘,见西王母"的记载,以及讲到穆王南征,这些事情在当时还来不及考证,只能存疑。但是,穆王喜欢巡狩征伐,还是可以从另一些史籍中寻出一些蛛丝马迹的。如春秋时人左丘明撰写的《国语·周语》里讲到穆王的身世:"昔昭王娶于房,曰房后,实有爽德,协于丹朱,丹朱凭身以仪之,生穆王焉。"这个丹朱是早年丹朱的后代。丹朱是传说中尧的不肖子,傲且凶顽,耽于游乐,曾与舜争位,被放逐于南方的丹水——汉江的支流,与房国相邻。这样看来,穆王似乎是个私生子。将穆王与丹朱联系到一起,若不是个讽刺寓言,便只能认为近于事实。而此丹朱从尧舜时"活"到了周代,只能认定丹朱是尧后裔的共有名号了。

与穆天子有关的笔墨官司还会继续打下去,但我们从信息传播学的角度去分析,并不能认为由此出现的地理信息竟会是空穴来风。《穆天子传》发现于晋代而掩埋于战国魏襄王的时代,这些丰富的西部地理信息恐怕不是仅靠传闻,更非杜撰。魏国的疆域也跨越西部,与秦国直接临近。那位从丝路要径洮河流域而来的秦人先祖造父,既是周天子的御者又是向导,其来龙去脉也见于后来的《史记》。将其视为穆天子西向巡游的第二角色,并非不合逻辑。不能因为他们能够长途跋涉到连今人也感到吃力的地方去巡游,又在徐偃王作乱时迅速赶回东方,便感到不可思议。彼时的战争时间是漫长的,不似今天,还没反应过来战争就结束了。或者也可以说,向西巡游即便不是穆天子本人全部亲历,也一定有人尝试和经历过,与此相关的地理与西部居民的信息也就如此这般地保留下来。因此，即便作为神话，《穆天子传》也有十分巨大的古代地理人文认识价值，至少是曲折地反映了战国时期人们对于地理特别是西部地理的认识。在今天，放在前丝路形成的大背景上去看，穆天子神话告诉我们的是，向西，一直向西，很早就有一条路。

《穆天子传》是不是魏国人的伪作，谁也拿不出证据来。但是，魏晋时代的人从魏襄王的坟里发现包括《穆天子传》在内的典籍，与从孔壁中发现大批文献有同等意义。那至少说明，穆天子巡狩西域的传说，远在战国时代、近在汉魏两晋就有了。战国距周穆王的时代并不遥远，不至于太离谱。魏晋离西周开国有1000多年，即使细节有所夸张，也是那时的语言思维系统与后来有差别，毕竟还有曲折的信息在其中。

穆天子西巡的地理坐标大致清晰。在《穆天子传》中，公元前985年，周穆王带着白圭、玄璧、绫罗绸缎等礼物，来到美丽的瑶池，会见西王母，西王母也向周穆王赠送礼品，并在瑶池旁设宴款待这位来自东方的君王，高兴之余即席吟唱，周穆王也即席对歌。

传说里西王母的居处在葱岭之西，相会之处又似在葱岭之东的群玉之山，同青海高原还有一些距离，但我们也不能认为，西王母国一定是定居的农业方国。以农业社会的定居形态寻找瑶台和西王母之邦，多少有些荒唐。还有，古代的地理方位，有时以山定位，更多的是以海特别是四海定位。四海的概念，既有确定性又无确定性，这就造成一定难度。但我们从神话关于东西南北四海的海神记载中，还是可以看出个大概。南海、东海与今之南海、东海没有多大区别，而北海一般被认为是贝加尔湖甚至北冰洋。西海的含义就复杂一些。在早期神话中，西海应指今青海湖或罗布泊，因为它常常同弱水、流沙、昆仑墟相联系。《山海经·大荒西经》中说"西海渚中有神……名曰弇兹"，而《穆天子传》中也有"天子升于弇山"的记载。这个弇山或弇兹在哪里呢？《山海经》中说："曰鸟鼠同穴之山……西南三百六十里，曰崦嵫之山。"但这个鸟鼠同穴山未必就在甘肃的渭源，这样的地方在西北太多了，至今河源地带都有鼠患。鸟鼠同穴是寻常事。郦道元的《水经注》中也说："崦嵫之山，在西海郡北。山有石赤白色，以两石相打，则水润。打之不已，润尽则火出，山石皆然，炎起数丈，径日不灭。有大黑风，自流沙出奄之……"

"弇""崦"同音同义，鸟鼠山在陇西而崦嵫在西海北、弱水西和流沙以东，大体部位应是河西走廊至吐鲁番一带。这显然是极不精确的。但传说也只告诉我们这些。或者说，弇兹山就是今天的胭脂山而西海就是青海湖，或者说弇兹是今日的火焰山而西海便是罗布泊，而拿兹作为神鸟，其实也是鸟岛的写照。这个地理坐标确定了，我们也就可以知道神话中所讲的群玉之山，以及昆仑与西王母的大约方位在哪里了。

但是，这条所谓西巡路线，一开始便兜了一个大圈子，毕竟使人感到可疑。合理的解释有二。一是周天子巡游离不开五服制度下方国的"接待"。要从彼时的族际关系中筹划巡游路线，入山西走雁门，历来是北上西去的重要通道。山西文物部门曾在黄河蒲津古渡发现用来定位浮桥的四个巨大镇河牛，说明那是唐以前向北必经之路。二是东周时代，平王东迁，西部强戎密布，绕道而行或是更好的选择。《后汉书》载，穆王伐犬戎，"获其五王"并"迁戎于太原"即今宁夏固原，这个太原离积石并不遥远。那时，塞人部落已经陆续西迁，祁连山北麓河西走廊一带当时是大月氏的居住地，而祁连山南麓是古羌人部落。因此，穆王的西巡路线应当是同当时游牧部落的分布以及西迁路线相一致的。事实上，走这条路线虽然绕了些，却是沿山沿河而行，避免同势力强大的犬戎直接冲突。

当然，如此壮观的事情，古籍中也不可能一点不提。在先秦古籍中，对于穆王西巡狩记述较详尽的是《列子》，说"周穆王不恤国事，不乐臣妾，肆意远游"，"驰驱千里，至于巨蒐氏之国"，巨蒐氏献白鹄之血让他喝，准备了牛马，接着便请他来到昆仑山下，登临昆仑之丘顶观黄帝之宫，然后他才与西王母会见于瑶池之上。《列子》的"巨蒐氏之国"与《穆天子传》中的巨蒐相合，说明大致路线不错。

《列子》是战国时期的著作，但原作已不存在，现在的版本，或者掺了魏晋人的想法。魏晋人的飘逸好道以及魏晋志怪神幻小说的兴起，不能不使它的神话色彩加重。但我们还是从《列子》里知道，"周穆王时，西极之国有化人来，入水火，贯金石，反山川，移城邑……穆王敬之若神，事之若君"。化人即大魔术师。西方的术士居然带着周穆王腾飞于中天，同游化人之宫，弄得穆王大悦，不恤国事，不乐臣妾，肆意远游，浪漫得让人无法想象。《列子·汤问》中还讲："周穆王大征西戎，西戎献……火浣之布，浣之必投于火，布则火色，垢则布色，出火而振之，皓然凝乎雪。"火浣布便是石棉布，当是后来的发现，但也不会晚于魏晋。

问题还出在昆仑与昆仑的方位上。昆仑有多指，"高山皆得而名之"。因此，有说是河套地区，阴山之上的，但更多指的是西昆仑，即《括地志》等所说的酒泉南山。酒泉南山即祁连山与阿尔金山，这里历来有一条后来被称为青藏通道的丝绸之路。但王母所居处，连《穆天子传》也讲不清，一会儿说是群玉之山，一会儿又说距群玉之山三千里，于是又有人推断说在锡尔河下游，并说锡尔河便是黑水，周穆王是取道伊犁从天山北道回来的。这倒有些天方夜谭了。

在周初，周与西部如何联系，并不十分清楚。但周部族对西部的了解胜于其他中原部族，再加上穆天子有一直在陇南发展的秦人做向导，有着西行的巨大动机和条件。也有人推测，周人来自帕米尔高原或者天山，并无切实根据，但周人在西部的影响巨大，确定无疑。《山海经·大荒西经》就有这样的记录，说葱岭也"有西周之国，姬姓，食谷"，是稷的后代，"代其父及稷播百谷，始作耕"。他们是先周遗民还是中原农业文化的信使，不得而知。关于周族的来历，《山海经·海内经》中说："西南黑水之间，有都广之野，后稷葬焉。"这个西南不是我们今天的西南地区，是某一西部地理坐标的西南方。"都广之野"在今酒泉之北，想必彼时那里沙漠化没有如今这样严重，水草也比现在丰茂，因此说那里百谷自生。还有一种草，冬夏不死，那是不是冬虫夏草，亦未可知。这个"都广之野"更像是在张掖酒泉之北弱水流经的地方。人们可以到临泽一带去看，那里至今还是粮食的育种基地。周的发祥地同神农氏发祥地大概相距不远，似在陇中、大夏河、湟水之西。还有一种分析，西南黑水之间恰是中国几条大河的发源地，这个"都广之野"也许是气温远比现在高的青海地区的江河上游地带，而河湟地区发达的古文化，同样给出了这种可能。

周族是有向西发展的条件的，尽管他们崛起在关中。周部族最早驯化使用马，疑是其力量的一个来源。还有一个传说，亶父曾封近臣季绰于春山之畚，似乎说明周部落与西部确乎有过自觉的有意识的直接联系。当然，季绰是世居葱岭一带还是受封后迁往葱岭，无法判定，但同西部周国不无关系。

公元10世纪波斯诗人费尔杜西所写的史诗《王书》，也记述了古波斯的一个传说：当时印度与中国交界处有个季夏，娶了马秦国王的女儿。季夏也许有季绰的影子。如果联系到《穆天子传》中记述的周穆王见到的赤乌氏也是周室同姓，可以得出一个结论，周族未主中原之时，本身就是典型的羌人部落，他的一个旁支曾经移居葱岭。这对于周文化的起源乃至整个华夏文化的向西传播，无疑是一个重大线索。河西走廊和湟水流域曾经出土陶鬲、青铜戈并同西周中原同类器物相似，也印证了同一种推测。

周初已有规模化的蚕丝业。蚕丝会不会在那时进入中亚和西亚，同样没有切实的证据。但有学者考证，《旧约·阿摩司书》第三章第十二节有一段话："住撒玛利亚的以色列人躺卧在床角上，或铺绣花毯的榻上。"绣花毯不一定是丝，但原文是 dmsk，指的是一种丝织或缎面的靠垫，而这个词补上母音为 dam-ask，就成为叙利亚主要城市大马士革的名称来源，说明这一带早在公元前 8 世纪即中国周代，就已经少量输出了丝织品。这种丝织品是怎样进入迦南地区的，唯一的合理解释便是途经黑海、里海输入，或者从中亚转手。人们从《穆天子传》中也看到，周穆王会见西王母，首先赠上"锦组百纯"，透露了丝织品西传的早期信息。

研究穆天子西巡的意义，不在于了解穆天子有没有能力带着车马从关中地区出发到黄河河套地区，又从河套地区西入昆仑，而在于认识到彼时或者更早，居住在华夏一带的人就知道了一条路，经过河西走廊进入青海祁连山南麓，又从今天的当金山口转向南道，到达葱岭。

这条通道如此明确，有群玉之山的标志，也有葱岭的标志，地理大脉络是清晰的。

谁都知道，昆仑山北麓从东到西都是产玉之地，如古和阗、墨玉、皮山、叶城、莎车等。穆王从这里取玉版三乘，载玉万只，说明古代西部玉石开采业与中原关系之密切。如果联系到安阳出土的妇好墓中的和田玉器实物，那么可以判断，这条早期商道在商代的武丁时期以前就存在。因此，我们也可以称之为玉石之路，而把广义的丝绸之路开通再提前五六百年。

《穆天子传》中记载，周穆王每到一处便以丝绢、铜器、贝币相赠，又带回大批马、牛、羊。交换与交流的品种如此丰富，同时大体上没有超越当时生产能力和经济技术发展的范畴，所以可能夸张，但不会完全是奇谈。《列子·汤问》里也有一条记述："周穆王大征西戎，西戎献锟铻之剑，其剑良尺有咫，炼钢赤刃，用之切玉如切泥焉。"铁器也同玉石一样，成为当时重要的交换品。《海内十洲记》中也有类似记载，并指明这种铁刃是用作割玉刀和加工夜光杯的。这是铁与玉石从大陆桥通道进入中原的早期信息。

令人称奇的是，西王母在《穆天子传》中的形象是多情之女，与《山海经》中"披发戴胜"的模样并不一样。西王母与穆王在瑶池依依惜别，互赠的歌曲使人想到《诗经》。这又意味着什么呢？东西部既有最初的物质交流，也少不了王者或普通人的精神恋曲。曾经有人对瑶池与西王母乃至昆仑进行考证，说在青海湖西的天峻发现西王母石室。在西部，彼时的女酋长、女祭司是不少见的。剥开神话的外衣，也许二人的相会就是中原王者与西部女酋长的一次相遇，就像古罗马的安东尼与埃及艳后一样。

当然，所谓穆天子西游会见西王母，并不能以一般的巡游视之，一定伴随着外交活动。有一种说法引人注目，那就是西王母是塞王母的音转。如果说当时的一个塞人部落居于西王母所在地，是不奇怪的。在前丝路上，走来走去的民族与部族太多了，多到我们现在都理不清。

塞人也曾居于敦煌以西，被称为允姓之戎。他们的特征是头戴尖尖的高帽。新疆地区发现的许多岩画生动地反映了他们的特征。塞人东来又西迁，或如《汉书·西域传》里说他们是"为大月氏所迫，遂往葱岭南奔"。大月氏与西戎、鬼方的联盟使塞人既不可能越过河西走廊向东发展，也不可能重新向北回归阿尔泰。塞人同已经西迁的萨尔马提人语言相近，很容易得到信息而加入继续西迁或南迁的队伍。当然，他们也会不断地向东进发。

在这种历史背景下，西王母与塞王母非常有可能是一回事。西王母的概念比较复杂。汉代缀辑的《尔雅》有"瓠杯、北户、日南、西王母，谓之四荒"的说法，显然是代指地理方位。《山海经》把西王母视为人面豹尾、戴胜、蓬发、善啸之人，并指出其是穴居，更多的是从居于西方的原始部落群落的生活状态着眼。汉代以后，出现西王母、东王公，则是西王母神格化的反映。回到历史的原点，最为可信的是，西王母是居于西部的母系部落。

多数学者认为，西王母最有可能是塞人部落称呼的音转，西王母很可能是尚未脱离母系社会的西部游牧部落或狩猎部落人群的泛称，或者那仅仅是留给人们的关于女儿国即母系社会的传说。

关于女儿国即母系社会的传说很多，而且主要指向西部。就在穆天子时代稍前一些时候，也即小亚细亚爆发了那场有名的特洛伊战争的时候，在希腊本土城邦与地处小亚细亚的殖民城邦为争夺黑海贸易通道而进行的旷日持久的斗争中，曾经有一支被称为阿玛宗人的女人氏族援助了特洛伊。她们居住在亚速海岸一带，定期同邻族的男人们结合，繁衍后代，生下男孩送归父亲，生下女孩留下抚养，训练打仗。据传说，为了射箭方便，她们一般都要残酷地烧掉自己的右乳房。她们狩猎，使用刀斧、弓箭、长枪。在希腊神话中，还有一个雅典王子忒修斯入赘阿玛宗的故事。那桩婚姻增强了部落的战斗力，使他们共同打退了阿提卡人的进攻。这样一些活跃在大陆西边的强大的女儿国，出现在引人注目的神话传说中。

在《山海经·海外西经》中，也有有关丈夫国与女儿国的记载，如"丈夫国在维鸟北，其为人衣冠带剑"。晋人郭璞注："殷帝太戊使王孟采药于西王母，至此绝粮，不能进，乃食木实，衣以木皮。终身无妻，产子二人，从背胁间出，其父即死，是为丈夫民。"女子国则"在巫咸北，两女子居，水周之"。所谓"水周之"又暗示她们在里海、咸海或黑海，当然也会是那时的罗布泊。可见西王母的地理原型并不少。

把西王母当成羌人母系部落的象征，似乎更有道理。在公元前8世纪之前，塞人曾广泛分布于咸海以东及巴尔喀什湖到帕米尔高原一带，但他们的主要部分在锡尔河以北，天山南北也有他们的踪迹。塞人部落在这个时期带有浓厚的母权制残余。穆天子见到她们的女王而称之为西王母或赛王母，显然是最合理的想象。从地理分布上讲，羌人母系氏族先民与移居中原的羌人似乎更近，同时也有明显的血缘联系，因此她们的首领同样有资格成为西王母。

新华社的一则消息曾引起人们的注意。这则消息称："一些学者、专家研究认为，被赋予了浓厚神话色彩的西王母在历史上确有其人。"消息还说："被无数神话光环笼罩的西王母并非天仙，而是青海湖以西游牧部落的女酋长。"

根据青海师范大学张忠孝教授和国内其他学者的研究和实地考察，距今3000至5000多年前，的确存在过一个牧业部落——西王母国。其疆域包括今天青藏高原昆仑、祁连两大山脉相夹的广阔地带，包括青海湖盆地、柴达木盆地和东昆仑山一带。据说，西王母古国当时的"国都"就在青海湖西畔的青海省海西蒙古族藏族自治州天峻县一带，那里有著名的金银滩草原，也是吐谷浑的故都所在。尽管这个西王母古国已经消失在历史的漫漫烟尘中，但大致轮廓还是可以勾勒出来的。从那里大量出土的精美彩陶制品、铜器、毛制品、玉器等可以看出，西王母古国的加工工艺水平达到相当高的程度。简单谷物加工研磨以及麦类作物的出土，也使人们认为它是麦类作物的一个传播者。

对动物的无上崇敬是西王母古国时代的一个显著特点。从王到部属以不同动物的装饰加以区别，如西王母作为一国之王，以虎牙、豹尾来装饰自己。九天玄女的服饰用珍贵鸟类的翠羽制成。为西王母取食的大臣是"三青鸟"。为什么她们同时具有虎与鸟两种图腾形象？这也许是王者与氏族一般成员的区别。

学者也认为，在青海省西宁市大通回族土族自治县上孙家寨村发掘出土的马家窑文化类型的五女牵手舞蹈彩陶盆，舞者的形象就是虎齿豹尾，这或是西王母时代图腾的标志。据测定，其年代比传说中西王母的时代还要早。青海省天峻县应该是西王母古国故地。今天的天峻仍然有西王母石室，具体位置在天峻县城西南20公里处。石室有主洞和三个偏洞，合计面积100余平方米。石室内有岩画和过往僧道题写的经文。

西王母石室的对面有一处古建筑遗址，文物专家考证，认为是汉代为纪念西王母而建的汉宫式西王母神祠。其东西长80米，南北宽60米。文物考古工作者在这里发掘了有"长乐未央""常乐万亿"铭文的汉瓦当等珍贵文物，说明西王母在汉代被广泛认可并被神化。至于西王母向黄帝献地图，使中原版图由"九州"扩充为"十二州"，还派遣红衣使者治好了黄帝的病，派遣女将九天玄女克蚩尤于中冀，并派人帮助大禹导河于积石等，无疑是历史传说的演化。因为西王母不可能长寿到跟轩辕、尧舜、周穆王等历代中原帝王都有交往的地步，除非西王母是个复数，是漫长的西部母系部落的集体历史称谓。

讲西王母必讲瑶池。彼时的青海湖被称为西海、仙海是完全可能的。乌兰的查汗诺尔和德令哈的褡裢湖就是古瑶池的一个类型。人们在德令哈托素湖东北角80米处一座小山脚下，发现了一处奇异的洞口，洞深约6米，高约8米，洞壁有直径40厘米的铁管穿过，洞口处有十余根直径10厘米至40厘米的铁管斜穿入岩体，从洞口至湖边的沙丘上都可以看到粗细不等的铁管，不少石块有凿孔装管的痕迹，湖边及湖水中还有不少造型各异的石体。化验表明铁管是5000多年前的混合金属，不一定是后来出现的铁。曾有一些研究者认为那是外星人留下的遗迹，也有人认为那是早些时候勘探石油的痕迹，但那里是没有勘探过石油的。这是不是西王母国后期的遗物，甚至是不是所谓瑶池宫殿的遗迹，至今是一个谜。

应当说，西王母是一个复数，也是一个概数，泛指西部的母系社会部落。西王母和瑶池的原型也非一处。例如，和田地区东部的昆仑山北麓于田县，古称纡泥，曾经是一个比古和田还要强盛的方国，后来并入和田。著名的圆沙遗址就在这里。于田素有金玉之邦之称，国内最大的昆仑山玉矿藏就在这里，一个长达12公里、深及百丈的湖也在这里。此湖现在被称为龙湖，湖畔胡杨遍布，完全有资格成为瑶池之选。前面讲到，在《穆天子传》里，周穆王与西王母对歌，其中有一句关键词："予归东土，和治诸夏。"诸夏指什么？华夏又指什么？那也是相互联系又不能混为一谈的一组概念。夏的主支来自于古羌，大禹代表了这条血脉，但大禹作为炎黄的子孙，又暗示着华族与羌人的结合联姻，形成了中华民族的古源头华夏。羌人在分化融合的历史大潮里，构成了中华民族古来一体的大格局，汉藏语系的各民族甚至历史上的匈奴都有夏人或羌人的背景。这就是历史上一些游牧部族在逐鹿中原时都以夏为国号的原因，也是司马迁在《史记·匈奴列传》里肯定匈奴是夏后氏苗裔的缘由。诸夏的活动范围很广，从大夏河到陕北，从河西走廊、塔里木一直延伸到西亚东部的巴克特里亚地区。为什么是这样呢？因为河西走廊并不是封闭的，有多个祁连山的出口与青藏高原连通，更有东西联结的地理功能，同时总体上的西北走向，使它具备了与北方草原丝绸之路连接的东（主要是武威）、中（主要是张掖和居延）、西（主要是哈密）三个通道。这就是古羌族或古夏族成为中华民族大家庭"老祖母"，而她的部分子息向西一直远游的原因。

还需要谈的是，古羌人与古塞人交错分布在中国西部的时代，相当于中原的夏、商、周以及春秋时期。北方各民族与中原民族及南方民族处在经济文化的交混期。中原王朝影响巨大，并形成了五服制度。不论是鄂尔多斯地区还是外贝加尔湖一带，都属于五服制度中的要服与荒服。在五服制度里，甸服是指国都方圆千里的直接统治区，夏称邦内，商称邦畿，周称京畿，其臣民是要直接向天子交税服役的。侯服则在邦内以外五百里，称为邦外，是各诸侯的领地，它们有提供军队为王前驱的责任。卫服则再向外五百里，首领要以宾客身份朝觐天子。要服则指边远部族，可与天子立盟订约，定期纳贡朝见。荒服，主要是较远的方国。当时居于外贝加尔湖的丁零人，在夏代就以荒服身份晋见过夏王。所谓"夏成五服，外薄四海"，说的就是这个意思。丁零那时就曾"会于中国"。在我国先秦文献中，其地称为北海，恰好位于我们所说的草原丝路的北十字路口上。

重新发现旧大陆

李希霍芬并不是经济贸易界人士，也不是文化学者，他能够敏感地发现并提出丝绸之路，源于他对欧亚大陆的地理思考。丝绸之路的出现有其经济文化发展与文明进化的历史承继性，也有其地缘地理基础。从一定意义上讲，目前的经济全球化也是要通过地缘的接近性和相互联结性去逐步实现的。即便是海上丝绸之路，也有海路联结的地缘逻辑，形成由海洋进入内陆的经济辐射，进而形成经济带或经济合作圈，使跨大区域经济合作成为可能。

由于丝路贸易和丝路传播的历史久远，它或者已经快要成为封存的历史记忆，甚至成为一种文物，一层一层地埋藏在历史的地层里。李希霍芬第一个开掘了它，在学术层面上激起了波澜。波澜既起，就会引出对丝绸之路再次复兴的思考，思考它的历史、现状、未来，同时思考它的地理成因。

丝路发育的地理基础依据，可以从两个层次上去观察：一个是欧亚大陆地理的整合性，另一个就是欧亚大陆内部与两端自然通道的地理形成，也就是地理地貌的通透性。

历史丝路的孕育与开通，主要的历史舞台是人们曾经称之为"世界岛"的欧亚大陆，由此扩展到非洲、南北美洲和大洋洲。在文明发展的历史源头里，欧亚大陆过去、现在和未来都居于核心地位。

亚洲大陆的地缘地理结构很规则，甚至大陆边缘的大小半岛都具有地理对称性。亚洲南北与东西的间距和辐射半径大体相等，西伯利亚与南亚次大陆遥相呼应，位于北纬77度至北纬1度的几乎整个北半球，覆盖了地球各种地理地貌和各种气候带。欧洲在地形上是欧亚大陆的一个大半岛。与它对角的东亚和东南亚半岛以及南亚的印度半岛，就像是围绕中亚地理原点逆时针旋转的风车的几片叶轮，推动力来自文明与文化的气流。虽然他们之间目前有发达与发展之分，资源禀赋和发展水平不尽相同，但经济互补性决定了海陆丝路是其发展的一部"永动机"，不断产生的文明能量持续循环。

欧亚大陆的经济也是一个双核结构。这种双核结构在两千年间丝路经济的发育中已经充分显示。如果没有东方的四大发明，并由伊斯兰世界和昔日的罗马辗转传入西欧和北欧，欧洲也不会那么快摆脱蛮荒状态，文艺复兴与工业革命也不会那么快到来。如果丝路没有连通，欧洲的市场不会那么活跃，诸如古代商品流通及近代货币的出现也会推后几个世纪。如果没有通过丝路传导的经济文化能量，未来的发展也难以实现持续和均衡。

人们知道，欧亚是一个大陆板块，原本可以称为欧亚洲。欧亚的划分与其他的洲际划分并不一样，后者是按照诸如大洋和自然形成的明显地理标志来区分的，而欧亚更多地以宗教文化甚至种族来划分。一般认为，欧罗巴的名称来自希腊女神之名。根据最早实现规模航海的腓尼基人的说法，贸易往来最重要的是确定方向。在他们看来，亚细亚就是日出之地，欧罗巴则是日落之地。日出日落指代方向，并不代表它们是两块大陆。后来，对这样一块连在一起过于庞大的大陆，有多少罗马的学者试图给出一个划分定义，设想一种利于罗马帝国行政统治的地理划分方案。他们先是提出以地中海为中心，南边是非洲，北边是欧洲，东边则以土耳其海峡、黑海和亚速海为界，西北部划入欧洲，东南部划为亚洲。这样一来，安纳托利亚半岛的绝大部分便成了罗马帝国的"亚细亚省"，帝国的版图也就同欧亚的划分一致起来。这个说法虽然解决了罗马帝国的跨洲版图问题，其实并没有解决欧亚大陆划分的全部问题。因为欧亚洲在地理地缘上是一体结构，在土耳其海峡、黑海和亚速海以北的广大地区，并没有如同地中海般清晰的分界线，于是这件事也就在很长时间里搁置了。

到了近代，欧洲各国出于资源的掠夺和资本的扩张，再次提出欧亚划界的问题，形形色色的方案出笼了。其中最有趣的是，有的欧洲学者提出欧洲版图膨胀，一直要膨胀到中国的塔里木，而这也是他们把中国新疆视为中亚的由来。表面上的理由，是用印欧语系包括东伊朗语支的标准来划分，其实还是为了殖民扩张。这个划分法遭到许多地理学家的强烈反对，伊朗语支的国家和民族也明显地不会认账，因此也就在吵吵闹闹中被放在了一边。俄国地理学家塔季晓夫又提出了另一个方案。俄罗斯民族属斯拉夫语系，虽然与印欧语系没多大关系，但毕竟族人也是白皮肤，甚至自认为是东罗马的"继承者"。塔季晓夫认为既然不能以语言划界，何不以山来划界呢？最好的办法就是把乌拉尔山作为欧亚的界山，再把高加索山脉作为欧洲南界界山，这样欧亚的洲界也就在并没有更好的选择中定了下来。至今，乌拉尔山南部的叶卡捷琳堡还立有欧亚的界碑。

还有一桩奇事，就是最初把埃及也算作了亚洲，这无疑又与传统的说法不一样。把埃及划为亚洲，也许是高看了一眼——在一些国家的眼里，非洲根本就不算是什么洲，无非是它们各自的海外殖民地。但这似乎更不合地理学的一般道理，最后不得不以苏伊士地峡作为亚洲与非洲的界线。

今天看来，欧亚的分界其实仍是一笔糊涂账：有的有地理学的一些依据，有的是无奈下的选择。比如，乌拉尔山之所以成为欧洲和亚洲的界线，并不是因为它是一个难以替代的地标，而是因为这里是白种人与黄种人的历史居住分界线。但真要查历史，更早的欧洲白种人如雅利安人的故乡分明就在亚洲，所谓哥特人的根也在亚洲。以乌拉尔山为界也造成了近代、现代俄罗斯的历史纠结，既向西又向东，令其"双头鹰"的国徽图案有了特别的含义。对于欧洲和亚洲如此划分的原因，西方学者也是心知肚明的，因此比较聪明的英国地理学家麦金德干脆绕过了这个概念，从大英帝国的海洋和陆地利益出发，把欧洲和亚洲统称为世界岛，欧洲、亚洲之外则被称为新月形地带，而那时的美利坚，连新月形地带都挤不进去。世界岛理论自然别有含义，但也婉转地承认了这块连接在一起的超级大陆原本一体，人们只是出于人种的优越感，才把它割裂开来，划出了发达的欧洲和落后的亚洲，而新月形地带则是更加边缘化的地带。

如果真要以明显地标为标准，地中海自然是首选，高加索和黑海也有一定入选的理由，以乌拉尔山为界却有些差强人意。要说是大地标，也许帕米尔高原有候选资格，但种族文化区分又使他们不愿把阿拉伯人和同是印欧语系但又是伊朗语族的伊朗人，甚至安纳托利亚半岛的突厥语系的国家与民族当成与自己分居一块大陆的。这就形成地理科学与现实地缘学说的一个悖论。明明是悖论，偏要搞"楚河汉界"般的划分，把一个地理学意义上的欧亚超级大陆实则是大陆的一个"大半岛"看作是欧洲，其余则归为亚洲。

亨廷顿是以文明冲突论而扬名的。但不知他想过没有，文明是有来源的，在世界的几大文明里，欧洲在历史上只出现过希腊文明、罗马文明，更多的文明出现在亚洲，而历史上诸多文明的互相交流才演化出如今的世界文明谱系包括欧洲的希腊文明和罗马文明。

对于欧亚的自然与人文地理分析，基辛格博士在其著作《世界秩序》里的文化分析中有所涉及，并引起认同者强烈反响。亚开行的一位学者阿基莱什·皮拉拉马里就曾发表文章《基辛格是对的："亚洲"是一种西方结构》。阿基莱什·皮拉拉马里对基辛格涉及的这个西方人闻之未闻的观点表示了明确的支持，并不是无缘无故的。他说，亚洲仅是对欧洲以东的一部分欧亚大陆的统称。从历史角度而言，认为欧洲和亚洲是不同大陆的看法源自于古希腊的观点，即希腊以东的陆地构成了一个单一有机整体，被称为亚洲；而希腊以西的陆地构成了另一个整体，名为欧洲。这种观点最终让西方将欧洲和亚洲作为两个独立的大陆来看待。就地理而言，欧洲、亚洲没有特殊的区别，它们位于同一地质板块上。在文化上，西方被界定为源自罗马文明，被基督教化后经历文艺复兴、启蒙运动和工业革命，但这并不是说与亚洲就没有共同的历史或文化。亚洲拥有众多的区域比如东亚（如日本、朝鲜和韩国等受中华文化影响的国家）或南亚，每一个区域都像欧洲一样独特。因此可以将欧洲与亚洲作为一个具有特定分区而内在相连的体系。他还说，概括亚洲最简洁的方式是将其定义为一个（包括欧洲在内的）自然大陆，拥有约七大区域。这种方式平衡了地理和文化之间的关系，包含了几大过渡带：欧洲、中东（包括北非在内）、南亚、中亚、俄罗斯、东亚和东南亚。阿基莱什·皮拉拉马里的最后结论是，具有不同区域的"欧亚板块并不会模糊这些地区拥有大量共同文化、历史和发展趋势的事实"。

阿基莱什·皮拉拉马里的观点，不仅有力地支持了基辛格博士关于欧亚的分割特别是亚洲概念是西方某些人虚构出来的论点，也有力地支持了大陆各个次区域文化传统有差异也有关联的事实。皮拉拉马里阐释了自己引人瞩目的观点，即不同文化和历史有一种共同性，也有共同的发展趋势。而在更多的人看来，这正是古代丝绸之路一直努力实现并深刻影响欧亚文明进程的既定史实，也是现代丝绸之路经济带建设所要继续推进的发展愿景。

事实上，欧亚大陆的历史概念的划分，也并没有阻挡贸易与经济技术交流的脚步，反而造就了文明发展融合的永久的穿透力。对于欧洲、亚洲的概念进行新的诠释，意义并不是在名称上去进行什么修正，或者谁要重新界定欧洲与亚洲，那其实并没有什么至关重要的意义，最关键的还是抹去历史遗留的文化上时隐时现的隔膜，让丝绸之路再一次把欧洲与亚洲联结得更紧密，让欧亚文明在经济一体化的共建中再一次发出异彩。

其实，欧亚地缘与经济一体，在文化和人员流动上，也有明显的体现。不用说不同肤色人种的历史性的杂居与融合，就是上古欧亚语言的演化似乎也会证明这一点。比如，英国的一个研究团队，用计算机模型模拟了欧亚大语系中存在的"亲缘关系"，主要是语音变化很小的一些词语，包括了一些民族所使用的数词、代词和特殊副词，提出了欧亚大陆至少有七种主要语系"同根同源"。他们认为，欧亚族群至少在1.5万年之前使用的是更相近的语言，之后才分裂为7种，在此后的5000年的时间里又分裂为几千种。

西方有巴别塔的传说，其实那也是神话传说对欧亚语言变化过程的一种模糊的文化记忆。在传说里，人类最初使用的是一种共同的语言，并在相互沟通中协调劳作。但协作修造通天塔，使上帝感到担忧，为了让他们相互之间不能顺畅沟通协作，也就变乱了人类的语言。神话当然是神话，但人类的语言由简到繁，体现了古代人群社会生活与文化的分化。现在，世界上的语言又出现由多到少的迹象，其实也是一种合乎逻辑的发展。我们之所以提出保护语言的多样性，是因为它们是我们珍贵的文化遗产。最初的语言是简单的，因为进化为现代人的人类直系祖先并不会很多，虽然我们不能说人类只有一个非洲的老祖母"露西"，或是别的哪个"直立人"，但基础人口数量无疑是极少的。伴随着人口繁衍和四处迁徙流动，族群分化不断发生，语言分化也不断发生。日益复杂的社会生活又催生了新词汇和新的表达形式，语言也就出现了多样性。中国民间也流传着这样一句老话：十里不同天，百里不同音。如果中国没有汉字那样音、义、形兼备的伟大创造，不同地区的居民尤其是地理相距甚远的居民会不会发生语言的差异，那也是非常值得怀疑的事情。语言系统有语系的区分，也有语族的近似，本身就反映着不同里的一种相似。

美国得克萨斯大学人类进化学教授根井正利，曾经通过对遗传因子的比较得出结论，各人种之间的平均遗传距离，非洲人与亚洲人是0.078，非洲人与欧洲人是0.063，亚洲人与欧洲人是0.040，亚洲人与欧洲人更接近一些。按照他的推测，现代人从非洲进入欧洲，是在12万年前，进入亚洲则是在5万多年以前。他没有说明古人类进入亚洲的具体方向，是直接性更多，还是辗转性更强，但在5万年前的亚洲、非洲之间似乎有空白，那大概是受最近的一次冰河期的影响。

一般认为，欧洲人与亚洲人的基因遗传距离更近，非洲人与亚洲人的基因遗传距离也不是很远，这不仅印证了欧亚关系密切，也印证了亚欧大陆通道和亚非大陆连通交流的通道是文明融合的主要地理基础。

古代民族与部族的迁徙、流动、相互融合，是一种不可避免的历史现象。欧亚文明虽然是由不同民族打造的，但现代文明的同源性和共生性是一种历史事实。现在，单一民族构成的国家很少，由来已久的多民族国家几乎是普遍的历史构成形式和现代构成形式，那是从古到今民族融合的一种必然。无论是欧亚大陆的边缘地区还是内部的交汇地带，都呈现出人种交汇、民族交融的共处状态，尤其在欧亚居民接近的地带，这样的特征更加明显。

以匈牙利的族源为例。人们虽然已经明确地否定了匈奴后裔说，但有阿瓦尔人的基因也是事实。阿瓦尔人来自何方？一种研究结果是柔然。中国南北朝时期，柔然尚在中国北方，公元6世纪进入东欧平原。乌拉尔山南部辽阔的草原通道向来是古代亚洲人进入欧洲的路径，这就像更早的雅利安人从中亚的十字路口向西向南走向欧洲和南亚地区一样。迁徙的原因并不一定是战争，更多的是自然环境的变化。早先的亚洲北方民族都是游牧民族，经济形态单一脆弱，又有移场放牧的生产习惯，跨越并没有什么险阻横亘的相互连通地域去生活，完全可以想见。

一般认为，匈牙利民族主体来自马扎尔人，而马扎尔人同样来自乌拉尔山以东，他们在公元955年前后皈依了基督教，建成了自己的主权国家。美国有一位华裔学者朱学渊，在比较了语言和生活风俗之后，还发表过惊人的研究结果，认为马扎尔人是13世纪从中国出走的一支女真人，他们是元灭金后迁移的一部。学界对此莫衷一是。但东欧的许多地区的确是西来东往的许多民族汇聚之地，而欧亚之间不同民族的文化流动也是不争的事实。因为这里有欧亚大陆内部中亚十字路口之外的另一些十字路口。比如在历史上入居中亚北部与后来进入南俄草原的库曼人，就是曾经与契丹结盟的库莫奚族，他们随着西辽的耶律大石西走，进入了里海以东地区。库莫奚人在中国的北方消失了，却在新的生活舞台上发展。东欧的许多国家人口结构中都有或多或少的亚洲元素，这在保加利亚也不是什么秘密。保加尔人来自亚洲，同样有可以考证的依据。就是在中国，南北方人群的基因也有差异，北方人就混有北方历史民族的多重血缘。

欧亚内部的文化联系如此紧密，欧亚居民的迁徙往来历史也如此悠久。这是欧亚共同发展的一部历史，过去是这样，现在和未来也会是这样。

欧亚地理地貌具有明显的通透性。贸易孔道和迁徙走廊，与自然地理地貌的形成有关。太古时代的大陆板块漂移形成了今天陆地和海洋的相对位置，地质年代的燕山造山运动和喜马拉雅造山运动,让亚洲的核心地带出现了目前山河纵横的地形结构。燕山造山运动是南北纵向运动,喜马拉雅造山运动是东西向运动,这就引出了两种结果:一是一部分山脉东西走向,二是另一部分山脉南北走向。在中国的地理版图上,横的有燕山山脉、阴山山脉、秦岭山脉、祁连山脉、昆仑山脉等,纵的有大兴安岭、太行山、贺兰山甚至地震频繁的龙门山等。横向的山脉一般比较高大,也比较年轻,纵向的山脉一般比较古老甚至相对有些低矮。其中,面对华北平原的太行山一侧有些突兀,但那更像是历史上海平面升高时代的一条海岸线。山脉的这种东西向和南北向的大体规整排列,一如经线与纬线,其间会留下宽窄不一的间隔,往往是在河流流经和形成冲积平原的地方。喜马拉雅造山运动产生的应力作用相对扭曲——在喜马拉雅山西端,扭曲出阿里高原和曾被视为伊甸园原型之一的克什米尔,并出现号称世界屋脊的帕米尔山结,西南扭曲出的横断山山束构造出中南半岛。总体看去,呈现出从西北到西南的一个大的"S"形。

于是,一种地理骨架上的网状结构由此形成了。横向的山脉有大体纵向的谷地,纵向的山脉也有大体横向的谷地,这些纵向的和横向的谷地也就形成了与山脉排列方向相反的通道系统。沿山体走向,常是伴山而行的河流,勾勒出更为清晰的河道系统,也使水陆交通成为最基本的交通形态。也就是说,正是这样一种纵横交错自然天成的山水孔道,为人类迁徙活动和经济活动提供了方便。这些山水孔道有宽有窄,有大有小,串起了盆地与平原,也串起了最早的居民点与后来的集市乡村,并在不断开发中形成大小不一的相互联系的经济区域。

一般地讲,河谷地带是人类文明较早的发源地,而舟船的发明与使用,让河流成为人类行走与相互沟通交换的原始高速路。与山系相伴的河系,在中国的西南形成了星罗棋布的坝子,在内地形成了无数大小冲积平原,也在西北的广袤大地上串起了绿洲。居住在这些地方的人们要想远行和进行商业交换,必须往来于山水构成的路径之中。这些路径直接或者间接地连接在一起,形成了我们通常所说的交通走廊、商业走廊和经济走廊。这些交通走廊、商业走廊和经济走廊不仅是商品集散流转的通道和市场信息的交换渠道,也成为区域经济板块之间最敏感、最具传导辐射功能的经济神经束,这是丝绸之路不断向各个方向延伸的道路基础。

造山中产生的地质应力造成山脉走向的扭曲,往往会形成天险,形成大的地理屏障。横亘在中国西部的帕米尔山结以及这个山结前浩瀚无垠的沙漠盆地,还有西南的横断山脉，就是最典型的天险。这也是丝路畅通需要面对的自然挑战。帕米尔山结是名副其实的世界第一山结。帕米尔有12帕，即有12个谷地，也有被称为"冰达坂"的垭口，气候恶劣但不是无路可通。帕米尔还有1000多条冰川，融水东向流入塔里木河，但更多的水进入喷赤河及其支流瓦罕河等。喷赤河与瓦罕河汇流，形成阿姆河的上游水系。帕米尔水流也进入发源于中国阿里地区的印度河。有河流和谷地，便会有相应的水陆通道。

　　山有山结，那么海有结吗？也有。虽然这更多的是一种比喻，但从经济地理交通关节点来看，舟船来往也有关键之地。且不说中国的南海和临近的岛屿众多的海域是陆地之间的一个"海结"，在欧亚非之间，地中海就是最大的一个"海结"。地中海是古代海上最早的贸易起源地，并且产生了包括埃及文明、希腊文明、罗马文明和波斯文明在内的地中海文明。地中海文明是伟大的，但如果这些文明一直在地中海周边打转，并没有机会也没有通道与两河文明、印度河文明和东方的黄河文明对接交流，也就不会出现近代的欧洲文明。令人庆幸的是，这种交流在2000多年前就开始发生了，而这一切都是丝绸之路所赐。

　　但是，通向地中海的丝绸之路又有什么地理上的演变依据呢？我们同样可以从古地理的变化中找出一些线索。古地质学家们认为，一直到中生代，比利牛斯、亚平宁、安纳托利亚、阿尔卑斯、高加索、克里米亚、帕米尔、喜马拉雅一直到中南半岛、苏门答腊、爪哇等大片地区，都曾被海水所淹没，这就是远比今日大得多的古地中海或称特提斯海。当时的南亚次大陆板块还没有嵌入欧亚古陆，在新生代第三纪末发生的喜马拉雅造山运动中，随着古地中海消退，喜马拉雅山脉成为新的亚洲地理的拼合线，但在中亚和西南亚方向留下了通向东方的多条陆地通道。有关地质学说还认为，在古地中海最大时，帕米尔以西或以东的塔里木盆地、河西走廊和秦岭一线的关中走廊，也曾是古地中海的范围。这就是这一带沙漠连绵而且多有盆地的原因。

　　沧海桑田的变化颇使人有种模糊感与神秘感，但都是确凿的事实。由于地理地缘的规定性，丝路的全面海陆联通是迟早的事情。帕米尔山结和地中海"海结"遥遥相望，最终会通过陆地和海洋曲折地联结在一起。

　　诚然，这种联通不会是自然发生的，要有技术发明和人类对地理的改造。在陆路上，驼队与马帮曾是交通与物流千年不变的工具；在海路上，三桅船替代了单桅船。但工业革命的发生，让轮船代替了帆船，铁路代替了沙漠之舟。现代信息革命又一次带来丝路联通与建设的新机遇。在既有的地理大结构里，丝路交通不断整合提升，不断跳出大陆内部的地缘局限。

八大通道与"微丝路"

由帕米尔延伸的山脉有东向的昆仑山，东南向的喜马拉雅山，北向的东天山、西天山和大致西向的兴都库什山脉。在这种网状结构的山脉的分布中，存在着许多空隙，出现了道路连通的许多新机会。帕米尔山是一个交通大转盘和丝路交通大"岗楼"。现在我们看到，通过帕米尔山结的天山谷地，主要是伊犁谷地的霍尔果斯以及博乐的阿拉山口，可以直接走向哈萨克斯坦的干草原与南俄草原，到达欧洲，也可以进入西亚与地中海。越过喀喇昆仑山的高海拔垭口和印度河水系冲刷的沟谷，则可以走向南亚。这是一条史上最著名的丝路，是佛教东传的道路，也是东西文化交融的犍陀罗文化的所在。法显与玄奘取经路过这里，多年后马可·波罗也经过这里。瓦罕走廊曾经是著名的丝路历史通道。在喀喇昆仑山的明铁盖山口，至今尚有3间石屋组成的驿站和6处古驿站作为丝路的地理坐标，从这里可以进入丝路最难逾越的古称悬度的一段。

丝路艰难的路段也出现在喜马拉雅山的东端。在看似山高水深的横断山脉，三江并流，几无平路，但江峡险谷提供了在沟壑中穿行的羊肠小道，形成了中国古代马帮行走的西南丝路。

但是，这只是我们对陆上丝绸之路的主要方向的认知。从20世纪60年代起，许多丝路学者不断地研究海陆丝路系统，主要依据的是汉唐丝路大开后的文献记录。近年来，学界也有将其概括为五条丝路或者六大通道的。五条丝路分别为沙漠绿洲之路、雪域高原之路、草原之路、滇缅古道之路和海上丝绸之路。这个说法有丝路地理地貌区分和大致走向的合理性，但失之过疏。六大通道的说法有所细化，但有明显的遗漏。应当说，在不同的年代里，由于多种原因，丝路网络通道的具体走向或有不同，但从地缘地理角度和更大跨度的总体走向来看，陆上的丝路通道应当有八条。这八条大通道也是八个方位，是一个东西南北八方兼通的大格局。

是否可以这样概括：从陆上丝路延伸的方向上看，可以分为黑海与南俄草原方向、西亚方向、南亚和东南亚方向，以及北亚和东北亚方向。东边临海是海上丝路的中国起点。从其各自覆盖的区域地标来看，则可以分为天山路网、塔里木路网、喜马拉雅路网和燕山兴安岭路网。

人们可以更清晰地看到，丝路不仅是世界文化遗产，同时也是一直存在的地缘经济文化事实。地理不死，文化与文明不死，丝路不死，不仅一直不死，还会在未来出现新的更大的发展前景。

　　人们也可以看到古今丝路的内部网状联系，他们或者多点辐射，或者殊途同归，犹如生命机体的血管系统，在不断的交流循环中营养着欧亚大陆和地球的文明。

　　天山路网的草原部分或者天山阿尔泰山通道，开通的时间最悠久，持续时间最长。作为可考的古塞人群，公元前7世纪之前已经出现在东西天山一带。公元前176年大月氏进入伊犁，填补了塞人南迁后的"真空"。乌孙入居伊犁河谷，几乎与月氏前后脚。它们都是古丝路贸易最早的"二传手"，直接影响的范围是中亚西部的"七海"，而非我们传统中泛指的"四海"。可以这样说，现今第二座亚欧大陆桥的中亚走向基本就是天山路网的走向，也即草原丝路的走向。这里也是中国北方游牧民族西迁的传统道路。在汉唐时代，这里一直被称为大北道，入元以后迄至明清，中国的政治中心北移，这条路线更加活跃，一直到晚清，西方的探险家如斯文·赫定等也都是沿着这条草原之路走向中国西部的。这条路线大体循着燕山、阴山两侧，向居延海、巴里坤草原、阿尔泰山南麓、伊犁河谷和中亚的楚河流域，再经过哈萨克斯坦干草原至黑海，或者进入南俄草原和东欧平原。

　　过去有一种误解，以为北向的丝路是明清以后才开通的万里茶道。万里茶道的开通只是其极盛期。在更早的时代，漠南、漠北一直到贝加尔湖，都是草原丝路北向的辐射范围，众多的古代游牧部族在这里活动并充当了丝路中介。明清之后的万里茶道则行走着晋商与俄商，是一条中国商人与欧洲汉萨商业同盟对接的商业道路。

　　自然形态的草原丝绸之路还有第三个走向，那就是东北亚走向。这条路也可称之为森林草原之路。中国的东北地区素来是游牧部族的摇篮，纷至沓来的游牧部族在这里度过游猎的童年，或者南下发展，或者进入蒙古高原，驰骋在通向中亚和欧洲的草原上。他们与中国内地居民交换产品，也同东北亚的半岛和岛屿居民进行文化交流，成为丝路和前丝路中较早传导大陆文明的人。北方草原与华北的渤海湾，是由中国内地走向东北亚的重要桥段。燕山则是东北亚丝路上的一个转接点，从这里可以西向新疆，东向黄、渤海，北上东三省和东西伯利亚，更可以进入朝鲜半岛和日本。

　　自然形态的沙漠绿洲之路，重要的地标是塔里木盆地。这里也有两个走向：一是经由塔克拉玛干沙漠北缘和东天山南麓的绿洲，转向伊犁河支流昭苏古道，进入草原丝绸之路；一是南行喀什噶尔，经由上文提到的悬度，进入南亚。进入南亚的最重要的历史路线是汉唐以后称作的"大南道"。在较早时期，塔克拉玛干沙漠并没有现如今这般浩瀚，河水相对丰沛，沙漠与昆仑山之间尚有比较宽阔的山前平原，方国星罗棋布，给养充足，因此成为走向南亚丝路的首选道路。

其中最著名的一条由敦煌出玉门关，经米兰、若羌、瓦石峡、且末至和阗，一直向西，进入悬度。这是历代取经人的道路，因此也叫陀历道。值得一讲的是，在今于田县的克里雅山口也有一条唐藩古道。清康熙年间，准噶尔汗王曾率6000名士兵从此入藏。临近克里雅山口的普鲁村不仅有1957年还爆发过一次的活火山群，也是和田玉山料的主要产地。有考证说，"普鲁"一名来自于"氆氇"，这里也是毡毯之乡。中华人民共和国成立之后，第一批入藏先遣部队也是经由克里雅山口进入西藏阿里地区的。这无疑是雪域高原丝绸之路的另一个重要节点。

古代的悬度在今瓦罕走廊喷赤河一线，与现在的中巴经济走廊东端地区相邻，从此地可以西抵西亚地区，也可以转抵南亚。随着南疆铁路的开通，喀什再次成为丝路重镇。中亚五国的联通计划，也会进一步提升塔里木北缘中路的交通价值，开辟直接西去的运输路线。

悬度是直接进入南亚的传统道路，但进入南亚的道路不止一条。南亚次大陆与大陆的结合部是喜马拉雅山脉，悬度居于它的西北端，在喜马拉雅山的中段和东段，由此出现了雪域高原之路和后来的博南道和滇缅古道，也就是现今孟中印缅走廊。人们在汉唐以后经此道入四川，经由大理、保山，翻越高黎贡山，进入缅甸、印度，或从景洪地区进入缅甸和孟加拉。

从东北亚到北亚再到中亚、西亚和南亚，八个通道渐次相邻相接，形成了"卧C"形大扇面，与海上丝路构成了闭环，也构成了中国在丝路上从古至今基本不变的地理核心格局。

这个格局一直是稳定的，丝路多数时候也是通畅的，哪条道路出现波折，另一条道路就成为替代选择，在总体上保持了丝路的正常运转。在汉代，天山南北道是最重要的路线，张骞从北道出使，出于避险的原因，也选择过南道归来。至三国两晋时期还是这样的走向。因此《魏略》中讲到，"从敦煌玉门关入西域，前有二道，今有三道。从玉门关西出，经婼羌转西，越葱岭，经悬度入大月氏，为南道"；从玉门关西出，"转西北，过龙堆，到故楼兰，转西诣龟兹，至葱岭，为中道"；"北新道西行至东且弥国、西且弥国、单桓国、毕陆国、蒲陆国、乌贪国，皆并属车师后部王"，这个北新道就是草原丝绸之路或曰天山通道，从伊吾、吉木萨尔、伊犁河谷西向里海与黑海。《隋书·裴矩传》讲得更清晰:"发自敦煌,至于西海,凡为三道,各有襟带。北道从伊吾,经蒲类海铁勒部、突厥可汗庭,度北流河水,至拂菻国,达于西海;其中道从高昌、焉耆、龟兹、疏勒,度葱岭,又经钹汗、苏对沙那国、康国、曹国、何国、大小安国、穆国,至波斯,达于西海;其南道从鄯善、于阗、朱俱波、喝盘陀,度葱岭,又经护密、吐火罗、挹怛、忛延、漕国,至北婆罗门,达于西海。其三道诸国,亦各自有路……故知伊吾、高昌、鄯善,并西域之门户也。总凑敦煌,是其咽喉之地。"

在天山北道上,北流河、伊犁河与楚河是重要的地理坐标。北流河就是叶尼塞河,一般要经过弓月城到碎叶。走中道,则要翻越葱岭,历钹汗、苏对沙那、康国、曹国、安国、穆国等位于阿姆河、锡尔河之间的国家和地区,并越过阿姆河经由西亚到达地中海。至于南道的朱俱波和喝盘陀,一个是今日新疆的叶城,一个是塔什库尔干,护密则在瓦罕走廊,挹怛、忛延和漕国在今阿富汗喀布尔附近,北婆罗门即北印度。

丝路的八大通道当然是从中国的地理方位上去看的。在丝路沿线国家和地区,各有各的具体走向和相互对接的路径。正是这样一个脉络清晰而又构成网络状的经济文化交流体系,组成了欧亚大陆的古代丝路和现代陆上丝路系统。

从总体上看,我们可以将丝路比作一棵参天大树,有发达的枝,更有发达的根系,但它们又互为枝叶与根系,营养着大陆的文明果实。我们也可以将其看作是文明机体的血液循环系统和营养交换体系,离开这个系统和体系,文明之花不会开放。

从这个意义上讲,每一条丝路通道都是系统的必要构成,每一条丝路都有自己的微循环。由此,我们也不妨提出一个新的概念——"微丝路"。也就是说,正是"微丝路"的遍布与交汇,使我们的丝路系统集聚和充满了发展的能量。"微丝路"往往体现为区域和次区域之间的联系,也体现为由来已久的道路系统,包括驿站和商业城市。这是丝绸之路经济带建设提出的更大视野的区域经济发展依据。

西方也有"微丝路"即自身的道路系统。据杜君立所著《历史的细节》(修订版)所叙述,早在公元前8世纪,亚述帝国就用砖石修筑了帝国道路,每隔20公里建立一个驿站。公元前6世纪,大流亡的波斯帝国也建设了"御道"网络,长达3000公里。古罗马的道路更加宏大,大道全部用巨石砌成,总体路宽超过10米。根据《后汉书·西域传》的记载,古罗马的道路是"十里一亭,三十里一置",确实颇具规模。

在中国，最早也是最有名的"微丝路"道路系统标志是直道、驰道、五尺道和秦岭栈道。这些道路都与古丝绸之路的形成有着直接的关系，是陆上丝路开通的基础设施。当然，"微丝路"还有非常重要的水形态，包括自然水系和人工运河。

秦直道由咸阳一直向北，直达九原也即现在的包头地区，最宽处几十丈。直道的规模与黄土高原的地形地貌有关。据记载，秦直道由蒙恬督造，长达800多公里，动用了40万人夫，历时5年修成。秦直道的开通有军事需要，但它更重要的作用是把后来的北方草原丝路与关中西向的沙漠丝路连接起来，是那时的一条"高速公路"。陕北甘泉以北尚可见到秦直道的遗迹。在鄂尔多斯临近黄河与沙漠之交的东胜地区，有一段保存完好的。驰道一般地势平坦，要宽一些，但也大体符合秦初"车同轨"的规范。有学者概括说，秦代的驰道由咸阳向东展开，东北到晋冀鲁，东南到苏浙赣，在岭南地区则是两次筑路，两汉时又经历五次改扩建。直道与驰道奠定了中国北方的道路系统。在南方，则以五尺道和栈道为主，形成陆上交通体系。这为丝绸之路的发展提供了最基本的物质基础。在元代，这种道路联通系统发挥到极致，一直延伸到西亚地区。

五尺道主要分布在中国南方山区，虽然尺度窄得多，但利于驴马和行人通行。著名的五尺道是从宜宾到曲靖的道路，也被后世称作僰道，缘于经过僰人聚集之地。这条五尺道是汉武帝时开通的西南夷道和唐代石门道的前身，后来成为通向印缅的西南丝绸之路博南道的主要路径。五尺道是道路规格的专名，但五尺道的规制，却是西南山区和岭南山区的一般道路规范，比如广东地区遗迹犹存的星子古道、西秦城古道和赣南的梅岭古道等，都遵守这个规范。在北方的太行山区，则有著名的太行八陉，大体都是这样的规制。北京门头沟向西北的京西古道也有悠久的历史，这条古道即元人马致远笔下的"古道西风瘦马"之古道，这条古道更记录着由北京走向草原丝绸之路的车轮的印迹。

这种多形态的"微丝路"也印证了丝路系统的网络具有多方向的开放性。著名的万里茶路，不仅向北，也向西向南。明清时代，在向北的晋商万里茶道开通的同时，武夷红茶也经由铅山的六尺道进入赣江，穿越梅岭，沿着北江到达广州，形成一条外销茶路。广东的星子古道、西秦城古道都是彼时徽商开辟的重要的"微丝路"。

道路畅通为早期的信息流通和人员往来提供了条件。所谓十里设亭，三十里设驿，村庄为乡为里，是秦汉以来的旧制。汉高祖未发达时就是一位亭长，差事也就是送往迎来兼理徭役之类。社会管理体制如此，信息传递同样如此，五里设邮，三十里有传，更长的距离则有关有置。在安西通往敦煌的路上，就有一座名为悬泉置的遗址。悬泉置离敦煌只有几十里路，位置是十分重要的。

中国古丝路的驿站交通以蒙元时期最为发达，驿站交通系统由窝阔台主持，耶律楚材是重要的设计者，全面启动的时间是公元1235年。元代百里一站，站有水井或者清泉。

在中国古代的交通系统中，最令人瞩目和震撼的是工程浩大不亚于万里长城的古栈道。这是世界上绝无仅有的河谷型道路工程。从秦代到唐代修筑的栈道总共有多长，至今没有统计，但估计会与万里长城差不多。秦统一中国之前开始经略巴蜀，前后开通了金牛道、褒斜道等重要道路，后来还开通了子午道、米仓道、荔枝道等。褒、斜是源于太白山的两条河，一注汉水，一注渭水，最早谋划过漕运，但这里毕竟不同于漓江与湘江，因此需要另打褒斜河谷的主意。《史记·货殖列传》中说，从关中到巴蜀"栈接千里，无所不通，唯褒斜绾毂其口"。后来斜道废而褒道犹存。一直到南宋，陆游的"铁马秋风大散关"，吟唱的就是褒斜道的关隘景象。褒斜道走向崎岖，河曲如影随形。有北栈（也称秦栈），从陕西凤县入栈，连接褒道。沿栈道修有栈阁2000余座。褒道起始的褒城，也就是烽火戏诸侯中女主角褒姒的故里。北栈之外，也有从汉中直接南下巴蜀的栈道，人们游巫峡而上溯到大宁河，还能看到运盐的栈道遗迹。

从汉中直接南下巴蜀的栈道，在先秦时代就连接起源于川东的贯穿西南和华中的运盐古道。盐巴使巴人很早就闻名于天下。川渝一带的盐业可以追溯到史前。巴人依靠丰富的盐资源，立国千年，"不绩不经服也，不稼不穑食也"，是商周时期的重要方国。运盐也要依靠旱路，因此，从渝鄂交界的西沱古镇开始，一条长达千里的三尺道应运而生了。川盐、生漆、蜀丝，经蜀中、重庆、涪陵集散到西沱，转运到湖北的恩施，湖南的桑植、里耶、凤凰、洪江。这条路还与贵州的铜仁、镇远、凯里、都匀、贵阳连起来，成为古代直向西南丝路的最长"微丝路"。西沱有条始建于秦汉的云梯街，长4里，有1124级台阶，是三尺道的历史景观。川盐古道与南北茶马古道长度相近，但历史更悠久，直接刺激了长达2600多年的井盐行业持续发展。食盐是重要的民生用品和国家财政来源，始终伴随着丝绸、漆器和其他国际商品流通。

与陆上"微丝路"并兴的是更为古老的内河交通。舟船的起源要比车马运输更早。西部的楼兰人在4000多年前就开始使用舟楫捕鱼、运送物品。据记载，战国楚将庄蹻入滇，就是从长江和时称云梦泽的洞庭湖入沅江，再进入舞阳江一路南去的。自然河流的局限引出人工运河的开凿。中国先秦时代的郑国渠虽然不是因为漕运而兴,但也起到河渭之间的沟通作用。在本质上运河是"微丝路"的水丝路形态,如果没有著名的京杭大运河的开通,也不会有元代海上丝路大港泉州港的诞生。

对海上和陆上道路连通的重视,中外认知是一样的。西方有一句有名的话是"条条道路通罗马"。罗马的道路修筑比秦始皇修直道早近一百年,尽管规模巨大,但后者工程的浩大与类型的复杂多样,是罗马难以相比的。罗马人修的第一条道路是以其监察官名字命名的阿庇乌斯大道,从罗马一直南下。差不多在秦始皇修直道的时间,罗马陆续修建拉丁等几条大道,最终形成与欧洲、小亚细亚各国和北部非洲连通的交通体系。据说,古罗马拥有320条道路,总长7.8万公里。中国的直道、驰道、五尺道和栈道加起来有多长,似乎没有人计算过,但也不会低于这个数字。这就如同长城一样,长城俗称万里,但如果把历朝历代及各诸侯国修建的长城加起来,数倍于万里。

"微丝路"还形成了商业走廊。在西北,比较典型的是河西走廊和与河西走廊并行的河湟祁连山走廊,而且在中途分出了居延海弱水走廊和青藏雪域走廊。关中走廊、沿黄走廊、汉水走廊等,都是中国国内著名的商业带。在北方,比较典型的是阴山两麓走廊、京津唐燕山南北走廊、滦河和西辽河走廊。在西南比较典型的是湘黔走廊、云贵走廊以及滇东滇西走廊。还有特殊形态的水上商业走廊,如长江走廊、珠江的西江走廊。随着交通技术的进步,新的走廊出现了,如青藏铁路、贵广高铁等。贵广高铁第一次把珠三角与大西南直接联结在一起。这是一些新兴的"微丝路"。

关注和研究"微丝路",基于这样三个理由:第一个理由是,即使它的具体形态变了,直道、驰道、五尺道、三尺道和栈道等已成为历史陈迹,高速公路、高铁重塑了道路系统,但连接既定经济区域的大走向不会变,古代的"微丝路"变成了现代"微丝路",功能仍在而且更强大了;第二个理由是,"微丝路"在丝路资源整合中从来就有重要的商品集散功能,这个功能使现代物流变得更为便捷;第三个理由则是,"微丝路"推动密切相关的区域经济协同发展,甚至是一体化发展,从而进一步推动跨大区域经济合作,最终为国内国际的经济联动发展增添活力。

前丝路历法科技交流

在前丝路发展形成的过程中,除了丝绸的西去、驯化马与麦类这些物质产品的东来，最初的文化信息沟通和科技交流也开始了。有关养殖和种植的科技不可避免地成为交流的重点，同农业有关的历法成为农耕文明民族最需要研究的第一科技问题。这不仅关系到生产活动，也关系到政权与神权的维系。试想，一个连农时都指导不了的统治集团，又怎么赢得民众的信任而维护自身的统治呢？在中国，封建王朝历来有一个传统，一旦发生人力不可抗的自然灾害，天子就要下罪己诏，但这毕竟是事后的心理补偿，最重要的还是制定一部四时历法。所以从人类进入农业社会的门槛，历法的研究和制定就被作为最重大的政治经济文化科技事务提上日程。

在埃及，问题比较简单，尼罗河的泛滥周期基本上给定了种收的时间。在地处北半球的中国，尤其是北温带的地区，各处的海拔不一样，制定一部能够通用的历法，可不是一件容易的事。西方的历法改革有多次，中国改历更是频繁。我们现在知道的古代中国重要历法，至少有夏历、周历、太初历，而现在通称的农历是由太初历而来的。

据有关考古资料，山西的陶寺遗址有可能是传说中的尧都，其中的一个重大推论依据是，这里有中国也是世界上最古老的观象台，出现在公元前2100年左右。观象台是用于观测日出、确定季节的。如果此说成立，这应当是中国把太阳作为参照系研究和制定历法之始。

参照系决定着创建历法的思路，这个参照系在以农业为主的社会和以游牧渔猎为主的社会里是完全不同的。具体地说，是以太阳的黄道运行为参照，还是以月亮的定时盈亏为参照，是太阳历与太阴历的根本区别。应当说，太阴历比较直观，不管什么时令，月亮都会有大约30天的一个盈亏周期，因此，一年大概定为12个月，也是自然的事情。这种简单直观的太阴历法，在以游牧渔猎为特征的社会里是不成问题的，甚至还符合氏族社会人口繁衍的要求，因为妇女的经期也基本遵循同一个规律。但在万物生长靠太阳的农业社会里就不灵了。现在我们知道，每四年要有一个闰月才能找齐阴阳历的时差，但那时人们并没有一下子找到这个闰的规律，于是时令倒错一定长时间困扰着早期的农人，同时也困扰着天子和他们的臣下们。

那么究竟怎么解决这个重大问题呢？最好的办法就是阴阳合历，又适用，又能平息关系社会稳定的斗争。

在我们的印象里，阳历是舶来品，阴历是本土产品。这其实是一个误解。阴阳历法很早就合流了。且不说陶寺的观象台究竟意味着什么，公元前104年由邓平等人制定的《太初历》，就正式把二十四节气纳入了历法。观察太阳并把二十四节气纳入历法，既从黄河流域的气候规律而来，也与前丝路最初的文化科技交流有关。这是丝绸之路文化传播中的第一种智慧结晶。

在文明初开的时代，制定历法是一种高级的科技活动和精神活动。在彼时，作为上古部落的首脑集团，要想取信于治下的民众，一定要做两件事，一是保障和推进族人的物质生产，一是不断地进行精神生产。这"两手"我们不仅可以从我们自己的人文初祖伏羲身上看出来，甚至也可从现今一些尚处于原始和准原始状态的部落头人的身上看到。传说中的伏羲，不仅结网罟、养牺牲、建屋庐、造干戈，还会画八卦、造琴瑟、正姓氏，还要做甲历。甲历是不是伏羲所造，是无法考证的，但它无疑是以记年、记月、记日为主要内容的中国干支历的最早起源。

干支历与农业生产关系不大，但与渔猎生产和原始畜牧业联系紧密，同时普遍地用于占卜预测，与八卦的原始功能相互呼应。我们今天看到的万年历就是以干支历为基础的，而夏历也是在干支历基础上形成的，尽管以后又有周代的周历、秦代的颛顼历，都归属于太阴历的范畴。如果说它们之间有什么区别，就是每一个新王朝开始，都要把它们各自开国的月份作为正月岁首。如夏历建寅，以阴历正月为岁首；周历建子，以阴历十一月为岁首；秦历建亥，以阴历十月为岁首。这样一种以王朝更替为本位的历法不仅与正在发展的农业生产要求相去甚远，甚至搞乱了四季节令，带来经济生活的诸多不便。这使得人们不得不去寻找其他补救的办法。这就引出了对以二十四节气为内容的太阳历的基本原理的研究和论证。

太阴历是以月球的运动作为天文依据的历法，和地球对太阳的运动没有任何关系。太阴历作为人类史上最早的历法，主要是历月派生历年，也就是以月球绕地球一周的时间为单位，12个月为一年。大月30天，小月29天，全年各有6个大小月。由于12个朔望月的实际长度为354.3671平均太阳日，故平均大约每3年就置一个闰。阴历不能准确反映季节变化的周期，阴历年与回归年相差11天，大致算去，17年后冬夏季节正好完全相反。

现在世界上通用的太阳历产生于6000多年前农业生产发达的古埃及。在古埃及境内，尼罗河每年6月开始涨水，7月至10月是泛滥期。几个星期后，当洪水退去时，农田就留下了一层肥沃的淤泥，等于上了一次肥。11月进行播种，第二年的3月至4月收获。尼罗河还有一个特性，那就是每年涨水基本上是定时定量的，虽有一定的出入，但差别不是太大。这就为古埃及人最早创建大规模的水利灌溉系统和制定历法提供了方便。古埃及人还发现，尼罗河每次泛滥大约相隔365天，同时还发现，每年6月的某一天早晨，当尼罗河的潮头到达今天开罗附近时，天狼星与太阳同时从地平线升起。以此为根据，古埃及人便把一年定为365天，把天狼星与太阳同时从地平线升起的那一天，定为一年的起点。他们将一年分为12个月，每月分为30天，在年终加5天作为节日。这就是埃及的太阳历。

古埃及的太阳历将一年定为365天，与地球围绕太阳公转一圈的时间相比较，只相差四分之一天，这在当时已经相当精确了。但是，一年相差四分之一天，经过4年就相差一天。经过730年，冬天和夏天要颠倒，再过730年，才能回到原来的起点。于是，公元前46年，罗马统帅儒略·恺撒决定以古埃及的太阳历为蓝本，编制儒略历。儒略历虽然比古埃及的太阳历进了一步，但积128年也要相差一天。因此，罗马教皇格里高利十三世在1582年组织了一批天文学家，根据哥白尼日心说计算出来的数据，对儒略历进行了修改。后来人们将这一新的历法称为格里高利历，简称格里历或公历。

对比太阳历与太阴历，人们会产生一个疑问：人们究竟是依据什么来进行最初的农事活动的呢？阿拉伯历其实也考虑到这个问题，便出现太阳年与太阴年并用的情况。前者以太阳纪年纪月，用来指导农事活动；后者则以月亮纪年纪月，供宗教活动和历史纪年之用。在古代中国，则采用了阴阳合历。我们经常把阴历与农历等同起来，那其实是不对的，真正的农历是阳历，而阴历只能是宗教占卜与祭祀的用具。

一般地讲，二十四节气决定着农事节奏，所谓"清明前后点瓜种豆"和"处暑不出头，割谷喂老牛"，确乎反映了农业生产的一般季节规律。当然，即便引入二十四节气有时也会错前错后一天，但对农业生产大体无伤，这种错前错后源自地球绕太阳公转时地球的自转轴受到日、月影响，即所谓陀螺运动现象。

与此相关的，还有前面提到的太阳崇拜。古人祭祀，无非是祭天、祭祖、祭各种自然之神。太阳的显性存在和重要性，使它完全有可能在农业社会里成为第一崇拜对象，如埃及的太阳神。但也出现了月亮神。不同的崇拜与祭祀活动往往与族群的社会经济形态和原始权力的分化紧密结合，并出现了不同的祭司，还形成了古人类的最早宇宙观和"意识形态"分野，形成了最早的决定"军国大事"的明规则与潜规则。

关于祭司，希罗多德记述了古代巴比伦的一座最壮观的大神庙建筑，里面有很精致的大睡床，铺陈华丽，旁边还有一张金桌子。神殿内并无偶像。"假如我们相信那些担任巴力祭师的迦勒底人的话，除了一个巴比伦女人之外，没有人在那里过夜。这个女人不论是谁，只要是神挑选出来的，就可以独自留在那里过夜。迦勒底人又说，神亲自进入庙里，躺在睡椅上睡觉。"这种在庙里过夜的女子就是当时的女祭师，她们要替代巴比伦至高无上的大神马都克的妻子莎富尼坦，与前者举行象征性的婚礼，称为阿基图。无独有偶，在东方盛行的萨满教里，最早的祭司也要由女子来担任。这大概是上古母系酋长们分化出来的一个职能。

西辽河的科尔沁草原上就曾出土一个奇异的墓葬。绘有华丽图案的墓棺里葬有一个青年女子，不像是王室人员，但葬仪隆重，很可能就是当时的女祭司。女祭司与神通灵，预测凶吉，协助统治者决策，成为彼时社会意识形态的精神领袖。

地球上所有的文明都有类似的开头一幕，都有自己的太阳神和月亮神。从某种意义上讲，鸟图腾和鸟的文化信仰，是母系社会遗留的特征，这就是太阳神或太阳神的主祭们为什么多半是女性的原因。

在太史公的记载里，中国的黄帝曾经命大挠造甲子、容成造历。这位大挠很可能是个祭司家族。此外还有羲和与常先，同样应当是祭司家族。而由清代学者们辑录的战国史官所撰《世本》记载，在黄帝的时代，就有了关于天文历法的研究分工，黄帝使羲和"占日"、常仪"占月"、臾区"占星气"、伶伦"造律吕"、大挠"作甲子"、隶首"作算数"，而集大成的"容成历"是传说中中国的第一种历法，后来也被称为"黄帝历"。黄帝时代是炎黄联盟所体现的农猎并举时代，占日与占月恐怕势均力敌，一直到传说的帝喾时代乃至尧时代仍是如此。因此，在《山海经》里，我们看到的是"有女子方浴月"以及帝俊的一位妻子生了12个月亮，另一位妻子生了10个太阳。10个太阳其实是以10天为一旬的简单循环的记日历法，于农事季节循环无补。12个月可以大致纪年，但同样存在着循环中错时错季节的大问题。至于大挠的"甲子"，犹如耶稣的百年纪世，与阴阳历法并没有多大关系。

因为关系到农业文明的发展，后来出现的历法斗争一直是围绕占日与占月进行的，这场斗争如此激烈，以至发生过刑天舞干戚的神话事件。在刑天舞干戚的神话里，断头的刑天是被葬在常羊之山的。常羊之山极可能是常先所居地，刑天也极有可能是常仪家族的重要成员。所谓的帝喾的第四个妃子常先，也是这个家族和氏族的女主人。这位常先和更早的常仪使人想起嫦娥，她或者就是这个关系到月神的家族中最有名也是最后一个成员。常部落有可能在很长时间里掌管着重要的观天测象的大权，同月亮盈亏结下不解之缘。这就是嫦娥奔月的故事的最初起点。

嫦娥上演的是一个凄美的悲剧，她和她的先人们主尊月神并主张太阴历，必然要同太阳历一派发生冲突。这种上古意识形态的区分，虽然不是炎黄之战及后来零星战斗的直接动因，至少是一种理由。中国人对月亮素来也很敬畏，那位嫦娥无疑是古代中国的月亮女神。

传说中尧时也有十日，夏代亦继之。应当说，四时八节的确定，主要依据早晨与晚上观察几个重要的星。这位尧帝或者后来的夏天子真够烦心的，一会儿是洪水滔天，一会儿又是十个太阳。洪水的问题先由鲧，后由大禹处理，十个太阳不仅不断地造成干旱频繁发生，也暗示着历法出现了泛太阳崇拜引出的另一些过犹不及的问题。尤其是10日纪旬，错时错季节的大问题不仅一直没有得到解决，还似乎出现了一年只有10个时段的历法。这种混乱无疑为主祭月亮的常仪家族创造了最好的反攻机会，嫦娥与后羿联姻也就成为一种必然的选择。后羿属有穷部落首领，也是一种名号。因为《帝王纪》里说，未闻其先何姓，但在帝喾以前已经担任了射正（犹如国防部长）的重要职务，喾还赐给他红色的马与白色的箭，并且封他于鉏地，为帝司射。鉏地在北方，多数看法是在今天的德州一带。后羿们代代相传，历事虞、夏，自然也少不了协助尧帝。因为他们都是神箭手，也最有可能成为割据武装部落。射日云云，似乎与北狄风俗同，后来北方民族大多有这种射天的萨满仪式，在皮囊里装满牛血，由神箭手们射去，射中后自然是鲜血飞溅，在阳光下闪现奇异的颜色。后羿射日就成为射天的滥觞，或者能在这种仪式中夺冠，便成就了大名，势力也渐渐扩大。

夏后相时，与嫦娥联姻的一代后羿终于动手了，自鉏迁于穷石，号为有穷氏，逐走夏后相，夺取了夏王的天子地位，逼得后来复位的少康即发明了酒的那位杜康太子，还没有来得及出生，便随母亲流亡在外。但后羿只知射箭，不修民事，也不会修农事，更无心完成嫦娥完全恢复太阴历的家族夙愿。心情郁闷的嫦娥偷食后羿从西王母处得到的不死药，身轻如燕，离家出走，奔月而去。这就是广为人知的嫦娥奔月的传说。被离弃的后羿听信伯明氏的坏子弟寒浞的谗言，终于被后者所害，并被做成了肉酱。寒浞袭有穷之号并代夏自立，还霸占了后羿别的妻室，生了两个能征善战的儿子，率师灭了夏后相避难的两个方国斟寻与斟灌，同时也杀害了夏后相。但好景不长，他很快被夏的复国势力打败并杀死，有穷氏也就从此灭亡。

说嫦娥奔月而不是飞月或升月，似需细品。一般地讲，奔便是出奔逃离，是一种非常态的出走，所以有出奔、私奔的说法。嫦娥选择了奔月，这同她的月亮祭司的家族身份不无关系。她与后羿的结合，多半是因为在她心目中，那是射日并击垮太阳历的英雄。但她后来失望了，于是演出了一幕决裂的悲剧。这种解释是一种逻辑推断，并没有神话记录，但透过神话给出的信息，能否反映出上古的一场历法信仰斗争，或者竟是原始宗教之争？想想看，什么样的部族喜用太阴历？自然是与农事无关的游猎或游牧部族，尤其是像有穷氏这样的射猎部落。

上古时人对月亮的敬畏是不可小视的。古埃及的月神拉，是一个兽头武士，嫦娥是美女，但也很冷峻，这与人们对月的感觉有关。月神更多显示的是古人类对生育与人丁兴旺的渴求，很有可能是比太阳信仰更早的一种更为直观的神秘信仰。传说中女娲婚后三年对伏羲讲"蛙吐泡，洪水将临"之后，就生出一个肉团，肉团破裂，人类就出现了。这和女娲用黄泥造人的传说完全不一样。一些古书讲女娲"积芦灰以止淫水"常使人感到不解，真正的山洪暴发，芦灰怎能管用？那只能是几十年前农村产妇生孩子的一种情景。怀胎十月，也从来是以阴历计算，而彼时指导女子生育，只有女巫们最有资格。古代女性对月亮和阴历相对敏感，自然不会因为阴历无助农时而小看了它。

神话传说里羲和生十日，常仪生十二月，反映的是不同的造历方法与思维。所谓12年为一纪的纪年法，与太阴历的初创直接有关。按《史记》记载，羲和与常先也是两氏，前者主要是观日观星，解决四时划分问题，而常仪以至常先、嫦娥似乎是完全不同的历法系统。这自然会引起羲和与常氏族的矛盾。这场斗争一直持续到夏代。

自然也会有对嫦娥去向的另一种推测：她的奔月是一种回归，包括对原居地的一种情结。常羊之山在西部，西部是游牧者羌人的家园，古羌族是尚月的，月亮女神崇拜有市场。联想到不死之药来自西王母，嫦娥出奔西部并非没有可能，甚至方向会指向月氏。月氏有塞人族团的特征。《后汉书·西羌传》讲到大月氏西迁后留居在湟水流域的小月氏，称其为旧居张掖月氏胡的别种。月氏称胡，可以判断它的族类属于塞人系统。月氏也被希腊史家称为塞迦人，也常被视为吐火罗的一支。在中国历史传说中，月氏也叫禺知，代表了西方的神主。传说中禺知是黄帝的一个未得姓的儿子，暗示着他们与黄帝部族或曾有过更早的部落联姻关系。大月氏西迁，历经伊犁河谷进入阿姆河北岸，接着又入居大夏，很快与当地部族融合，定都在蓝氏城。大夏地区在公元前2世纪中又被希腊将军狄奥多特割据，是伊朗高原巴克特里亚的一部分。但由于地理认识惯性和部族的历史联姻关系，中国汉代史书仍旧称其为大夏。

月氏西迁前后是否主祭月亮神，不得而知，但除了楼兰小河遗址之外，西部的民族很少有尊崇太阳神的，而后来拜火教在中亚的勃兴，大约也反映了这种宗教取向。这种月崇拜取向则又同它们的游牧传统生活有关。

在进入农业社会之后，月亮女神的地位必然一落千丈。嫦娥是这样，希腊神话里月亮女神阿尔忒弥斯也会面临谢幕。在希腊神话中，阿尔忒弥斯是一位长着三排乳房的繁殖女神，在希腊众神中具有很高的地位，因此希腊人公元前8世纪在安纳托利亚半岛建立当时西亚最大城市以弗所时，同时为她修建了最大的神庙。阿尔忒弥斯神庙在公元前356年毁于火灾，据说那一天正好是马其顿亚历山大大帝出生的前一天，因此有附会说，阿尔忒弥斯忙于照料新出生的亚历山大，无暇顾及自己的庙宇。女神庙毁了再建，后来的女神庙比雅典的帕特农神庙还要壮观，并成为与埃及金字塔齐名的古代七大建筑之一。但是到了公元5世纪，还是被罗马教廷下令拆毁了，理由是其与基督教教义不合，真正的原因则是主流宗教信仰变化了，而且随着前丝路逐渐北移，以弗所的商业价值大大降低。

不论是中国还是外域，大概都经过了这样一个时期：由于社会经济形态的不同，人们在文化和原始宗教信仰上的感受并不相同。在地中海的城邦国家航海民族，经济危机感没有那么强烈，因此对月神的崇拜保留了很久，那位长着三排乳房的月亮女神的神庙能够存在到公元6世纪。埃及有长着兽头的月亮女神，地位并不高，自尊为太阳神的法老，一直把她晾在了一边。在古代中国，最早也是母系渔猎采摘社会，也会有拜月的倾向，一直到传说中的黄帝时代，人们都会感觉到"九天玄女"力量的强大。到了夏代，推行太阳历的呼声很强，但没有找到规律，天有十日的传说和嫦娥奔月的传说，更多折射的是太阳历与太阴历各自历法取向的斗争。

后来的人采取了折中态度。在汉代古墓中，伏羲与女娲的画像，前者手捧钜或者太阳，后者手捧圆规或者月亮，几成定式。

除了历法方面的成功，在天文观测尤其是对宇宙星空的观察方面，古代中国人也取得了非凡的成就。2016年，《瞭望新闻周刊》发表了一篇关于中国龙的报道，说中国社会科学院考古研究所研究员冯时提出，中国的龙来源于古人对星象的观察，是古文字对星象的摹写，反映了人们对中国"二十八宿"星座的坐标体系的最初认知，而非传说中的奇异动物，即闻一多《伏羲考》中讲的，龙的基调还是蛇，即龙是蛇加上各种动物而形成的：以蛇为主体，再赋予其兽类的四脚，马的毛，鬣的尾，鹿的角，狗的爪，鱼的鳞和须。冯时分析了"二十八宿"中"龙星"（角、亢、氐、房、心、尾、箕）的季节位置变化和几千年前固定下来的"二月二龙抬头"，并把1987年在河南濮阳水西坡45号墓葬发掘出的"天下第一龙"与古文龙的繁体字形进行了对照，认为龙字本身就是与农事有关的一幅星图，龙虎形蚌塑塑出龙星与虎星的视觉结构，人的胫骨则摆出了北斗的视觉图案。冯时的研究十分有道理，也许，水西坡45号墓葬的就是一位最早的星空观测者，甚至是一位最权威的祭司首脑。

应当说，在前丝路时代，欧亚大陆和其他大陆的不同地区，古人们都开展了频繁的天文观测活动，但由于各自所处的经纬度不同，文化视角不同，甚至社会经济进化形态不同，表现出来的直观感受也不相同。西方给星座命名带有一定狩猎生活的原始色彩，我们今天还能从西方的十二星座中看到这种描述的明显痕迹，并派生出古老的占星术。东方则从自己的抽象和联想里诞生了自己的星座方位和与社会、与人的对应体系。在宇宙星空的观察方面，东西方有没有直接交流，现在还没有明确的证据，但关于龙的来源的这种最新分析说明，远古时代的中国人就把自身发展的命运与宇宙运行联系在一起了。

那么，中国人究竟是什么时候开始运用阴阳合历的农历的呢？这种阴阳合历是自己观察的结果，还是有外部因素促成？这其中又发生过什么样的事情？

一种说法是，殷商时代就在利用干支记日的基础上使用了阴阳历，到了春秋时代，19年7闰的阴阳历已经成型。这是不是意味着，当时的中国人已经开始像埃及人一样，直接观察太阳？

殷商是阴阳合历的最早源头。一般来说，中国东部的居民都有太阳崇拜，而且很早就有三足鸟和百鸟朝阳的说法，这是对太阳反复观察之后形成的意识。太阳的起落不仅标志了"日出而作，日落而息"的时间概念，也在春夏秋冬的循环中提示了太阳能量供给的规律。因此，对太阳的直接观察是不会缺少的。这也是陶寺遗址出现观察太阳的观象台的缘故。但是，直接观察太阳很难，也无法计量观察的结果，这就出现了日晷之类的工具，用以计时，也用于比较春夏秋冬日影的各种差异。陶寺的观象台建筑的柱间缝作为观察工具，其实也是一种日晷。

关于二十四节气是什么时候冒出来的，史书上记载的并不一样。战国后期《吕氏春秋》的"十二月纪"中就有了立春、春分、立夏、夏至、立秋、秋分、立冬、冬至八个节气名称。这八个节气，是二十四节气中最重要的节气。这八个节气标示出季节的转换，清楚地划分出一年的四季。在后来汉代的《淮南子》

一书里，才有了和现代完全一样的二十四节气的名称。《太初历》正式把二十四节气纳入历法。所以在汉代著作《周髀算经》一书里，有了明确的八节二十四节气的记载。考古中发现的出土文物显示，中国西汉时期明确采取节气注历，表达气候变化、物象差异，与农业结合得十分密切。八节从西周开始，而四季更早一些，早到唐尧时代，证据便是《尧典》中的记载，不仅记述了四颗重要的星，还有专门的观察机构和分工，有天文历法主管的四个助手，一个观鸟"以殷仲春"，一个观火"以正仲夏"，一个观虚"以殷仲秋"，一个观昴"以正仲冬"，用来分辨四季。那时候人们并不知道地球是圆的，更不知道地球要围绕太阳公转，绝对不会有一年转 360 度，每隔 15 度就是一个节气的推理。他们使用的方法大概是三种。第一种方法是黄昏时观察天空，中天出现"大火"也即我们今天所说的"心宿二"，夏天也就到了。《诗经》里有"七月流火"的句子，说明彼时这已是天文常识。如果中天出现昴星，也就是西方讲的金牛座的昴星团，冬至也就到了。从这一点讲，说四象是西周乃至唐尧时代人们的发现，是有道理的。第二种方法是看北斗星，斗柄指向东方就是春分，指向南方就是夏至，指向西方是秋分，指向北方就是冬至。第三种方法就有些科学测量的味道了，用土圭测日影。圭有三义：一是古代帝王诸侯举行礼仪时所用的玉礼器，上尖下方，是中国宝剑的原形；二是古代容量单位，一升的十万分之一；三是圭表，在石座上平放一把圭尺，南北两端各立一个标杆也就是表，测量日影长短。用圭测时定节气，无疑十分先进，但也毕竟只能解决八节问题，进一步明确包括气候、物候在内的更细微的二十四节气，依然是无法做到的。因此，我们还得承认，二十四节气是从西汉时才真正明确的。

很明显，二十四节气虽然有中国化的表述，但机理与黄道十二宫非常契合。比如太阳运行到西方所说的双鱼座这个时期，其实就是雨水到春分，而金牛座则是谷雨到小满。我们虽然也不能由此得出结论，二十四节气就是黄道十二宫的照搬，但说是西来的太阳历法与华夏历法交流碰撞，并经历了多次历法斗争终至中国历法完善，也许更妥当一些。

在古代，观天测象修改历法、修史和管理图书档案是高度机密的，朝廷甚至为此专门设置了兰台令。任职者不仅要有学问，还要与帝王保持着近侍关系。东汉史学家班彪的子女班固、班超、班昭三兄妹就大有来头。一些研究者也提到过商代的微子，说他是商纣王的兄长，兄长没有继承大统却让弟弟继承了王位，最有可能的情况是微子是庶出。据说微子的母亲生他时尚未成为正妃，生纣时则已成正妃，所以由后者继承了大统。由于历史资料的缺乏，我们不知道微子与纣王的母亲是谁，但他们的第一代老祖母简狄是大有狄人之相的。近年来，考古者清理法门寺地宫时发现两枚刻有微字的蚌雕，蚌顶上雕刻的形象卷发直鼻貌如西人。这个微未必就是那个微，但也不无参考价值。

武王伐纣，远在西南的庸、蜀、巴、彭、徽、髳、濮部落都参与了。这些部落方国原与商朝关系密切，加入反对纣王的队伍，极有可能与微子倒戈有关。微子的后人在周公平定蔡叔之乱之后，又被分封到商的老根据地商丘，建立宋国，是周王室的回报与安抚。其实，中国许多历史家族里都有秘闻秘事，甚至有些家族进入百家姓、千家姓，在融合中掩盖了他们的来源和本来面目。比如唐代最著名的安禄山是安国人也即粟特种，其母是突厥人，他的作战对手哥舒瀚也是混血儿，父为突厥人，母为安国人。就连那位大名鼎鼎的老子，传说出生时便是一头白发，后来骑着青牛西出函谷关，西入流沙不知所终，使人联想到他会不会是去西域寻根。为什么大有胡气的李唐王朝把老子引为同宗，恐怕也不只是一个攀高枝的问题。李唐家族西来，至少说明其先祖凉王是从河西走廊兴起的。

完全可以这样设想，至少在商代，已有大批的"外籍人士"通过中亚的通道进入中原，不管他们最早出发的地点在哪儿，是辗转进入，是逃亡，还是因为各种原因滞留，都会带来外间的各种信息。那么，首先诞生于前丝路西端的太阳历法肯定也会伴随而来，与本土研究结合在一起，终至阴阳合历历法成为一种现实。

犍陀罗文化与丝路艺术

犍陀罗文化是前丝路东西文化交流的结晶，也是东西文明交流浪花激起的巨大历史回声。犍陀罗文化是亚历山大东征的最重要的文化遗产。因而犍陀罗文化是东西方艺术交流的聚焦点，也是我们考察东西文化交流的重要节点。

犍陀罗是古印度地名与古国名，在今富楼沙即白沙瓦地区和阿富汗东部。公元前4世纪受希腊文化巨大影响，公元前3世纪孔雀王朝的阿育王又派僧侣到摩揭陀传播佛教，形成了希腊文化与佛教文化相互叠压、相互辉映的灿烂光斑。公元1世纪大月氏入主其地，一直到贵霜王朝建立成为迦腻色伽的统治中心。这片东西1000公里，南北800公里，堪称东西文化艺术宝库的地带，既有希腊文化遗存，也有更多的印度佛教文化遗存，以及贵霜王朝与塞人文化遗存、帕提亚波斯文化遗存，而且这些异质文化互鉴互学，形成了犍陀罗文化。一方面是"拿来主义"，比如贵霜的钱币都有仿照罗马皇帝的半身像。另一方面是文化元素融合，如佛教造像艺术吸取了希腊末期的雕刻手法，并对东方佛教艺术形成巨大影响。也就是说，希腊文化元素伴随亚历山大东征，形成希腊文化在亚洲的前锋，但与后来的佛教文化发生了一次深刻的融合与交叉，在丝绸之路上形成新的文化景观。希腊文化在东进的过程中，又出现了新的本土化变异，再次出现了新的艺术中心和新的艺术亮点。

先说雕塑，佛像从发型到衣褶再到裸露的手脚都是一直基本不变的印度佛像，但雕刻的刀法都有希腊化的特点。值得注意的还有这样四点。一是愈向西，菩萨、供养人的中亚与西方人特点愈明显；愈向东，中原的本土化色彩愈浓厚。即使在中国不同时期的佛教造像里，也有北魏清瘦与隋唐丰腴的区别。这是符合文化融合与相互影响规律的。二是愈向西，愈多西方风格的雕塑绘画分布；愈向东，东方的艺术风格愈占上风。这从龙门石窟以及四川的大足石刻和乐山大佛造像里看得很清楚。三是，由石窟造像开始，影响到庙宇造像、居室造像，以至因为使用的材料不同，影响到泥塑、木雕、陶艺、骨玉雕和微雕等艺术形式的产生与发展，形成庞大的东方雕塑造型系统。四是伴同佛教东传，西方的各种宗教文化也相继传入中国，如东支基督景教、拜火教等。建筑与造像也带有多种艺术风格——比如河西走廊的马蹄寺，就有拜火教的艺术痕迹。

再说绘画。天山南路发现的大多是建筑物遗存的木版画、壁画和藻井图案，也有单独的作品。前一类多为希腊罗马风格的水粉画，后一类更多带有波斯印度风格。例如米兰壁画题材是印度佛教的，画中的善牙太子和王妃驾着罗马式马车，有翼的天使、神格化的人物却是罗马基督教的；也有用吐火罗佉卢文题写的姓名和画师的绘画标价，画师名字却是印度化的希腊名字帝特。库车克孜尔千佛洞中有画师的自画像，垂发披肩，腰佩短剑，一手执中国的毛笔，一手持颜料杯，吐火罗签名又是希腊式的款式。单从这些细节来看，其作品会是什么流派风格，也就一目了然了。在和田地区曾经出现有名的尉迟乙僧画派，除了凹凸画法，还有"铁线描"，直接或间接地影响到中原的画风。

文化的碰撞与拥抱是丝路艺术的显著特征。最能体现这一点的是石窟里的飞天。西方的飞天是长着翅膀的小天使和少女天使，东方的飞天却是彩带飘舞的提婆。这个提婆在梵语里有天的意思，又是飞起来的，因此也就译作飞天。飞天显然要比天使更具美感与动感。据说，印度飞天是乾达婆和紧那罗的结合，前者是鲜花的花神，后者是歌舞奏乐者，后来合在一起，无所谓男女，更多地在飞旋中营造梵天的佛国气氛。飞天的艺术分类有多种。从地域分布上说，有印度飞天、中亚飞天、西亚飞天和东方具有代表性的敦煌飞天；从时间上说，有北魏时代和隋唐时代的飞天等。与佛造像的风格变化走势一致。但其中有变也有不变，变的是各自的形体，不变的就是不长翅膀、不带羽毛，也不腾云驾雾，只凭借飞舞的彩带和飘逸的衣群，在千姿百态和千变万化中体现飞翔。这无疑是一种新的美学创造，既保留了提婆的本源本义，又与中原的宫廷舞蹈服饰和天女散花的美感结合在一起。如此看来，唐玄宗时代的霓裳羽衣舞也是飞天的艺术移植，是以丝绸飘带代羽，显现的是一种空灵的意境。

北魏时代的飞天造型同样清秀。隋代飞天脸型开始由清秀向丰腴过渡，阵容开始扩大。到了盛唐，不仅体现了更大的盛唐气象，而且艺术登峰造极，飞天飘带可以超过身长几倍，真有些"吴带当风"的意境。飞天绘画的艺术演进，是丝路文化在引进、融合中不断创新的最典型的例证。

这其实也是西方艺术与东方艺术写实与写意的一种结合，线条与色彩，动与静，现实与浪漫魔幻地融汇在一起。这种融汇不仅影响到不同地区的佛教唐卡艺术、木皮木编艺术和瓷板画艺术等，也影响到织锦、蜡染以及家装彩绘和瓷器造型艺术，还扩大到音乐舞蹈领域。

当然，东西方物质文化的交流也为丝路文化的发展提供了可能。纸张与造纸技术的西传，才为波斯细密画的出现带来机会；而苏麻离青的东来，使中国的青花进入了工艺的高峰。应当说，从历史的眼光看，希腊文化元素伴随亚历山大东征而东来，与随之而来的佛教文化发生了新的融合。这次文化东征以佛教文化为主力，希腊文化为补充，在丝绸之路上形成了新的文化景观。

中国的本土艺术也在西进。前丝路的最早年代，我们就从神话中得知，五帝到夏代，中国与大西部居民的接触也是密切的。《水经注·河水》说"禹治洪水，西至洮水之上"，而《山海经》还有"大乐之野，夏后启于此儛九代"的说法。

在中国音乐史上，不仅有来自西部的龟兹舞乐和唐玄宗使用过的羯鼓，还有曲项琵琶、竖头箜篌以及起源于库奚莫奚琴的二胡，甚至普遍见于民间的唢呐也出自波斯。日本学者林谦三在其《东亚乐器考》中讲，唢呐这个名字是波斯语的译名。

在前丝路中，岩画与图腾艺术最早到达文化交流现场。欧洲发现的岩画多是彩色的，有先民绘画的特点，非洲的也有类似的特征。中国西部的岩画主要是先民刻绘人物与动物的生动线条，既有生殖崇拜的图解，还有大量的诸如太阳神的形象和刻在石壁上的人面轮廓，反映了宗教与绘画的久远联系。相比之下，图腾是工艺美术绘画的另一个源头，蕴含着更丰富的原始艺术的基因。图腾是一种复杂的古文化现象，但主要是对保护神的艺术反映。图腾的产生首先与自然有关，诸如虎狼熊豹，是力量的象征。这类图腾不可能产生过早，因为对力量的看重，并有意识地被当作部族自身的象征，它们往往与部族的安全和守卫有关，这与父系社会关系更大一些。在母系社会里，生产力水平十分低下，生命的延续是一个最基本的要求，人们在比较小的生活半径里活动，与生殖有关的事物便成为绘画的重要母题。尤其在部落活动半径开始扩大之时，由于部落文化识别和适应更为复杂的对外关系以及强化部落凝聚力的需要，与部落信仰直接相关的图腾和图腾艺术也就成为远古美术的主流样式。

但是，这些图腾艺术的交流在东西方文化交流中很少见，主要发生在中国西部和西藏地区之间，主要体现在生殖文化里。就拿中国的龙来讲，最初还是蟒蛇的形象，源于蛇的生殖象征意义。蛇类有卵生和卵胎生两种生殖方式，但大都是卵生。印度蛇一次可产卵100多个，眼镜蛇也产10多个，尤其是环颈蛇多条雌蛇共用一窝，所以一个窝里有上百颗蛋的情况司空见惯。在古人眼里，蛇是"人丁"兴旺的，在生殖方面可以列为崇拜的对象。

鸟也有类似的情况，卵生是其特征。鸟常常被喻为男根，即便是当代的俗语里，也是这样指称的。诗经里常有以鱼喻女阴，以鸟喻男根的诗歌，如《曹风·候人》所云"维鹈在梁，不濡其咮，彼其之子，不遂其媾"，是说鱼鹰吃不到鱼，男子追不到心仪的女子。大约也有把诗经的开篇《关雎》解释为男欢女爱的情欲之作，完全与所谓咏后妃之德的传统释读相反。那么，后来由鸟而至于凤鸟，也一定是生殖崇拜的抽象与升华。也许我们很不愿意接受这样的解释，但在远古时期，完全有可能是这样的。

青蛙以及青蛙纹所代表的生殖崇拜更具有广泛性。比如，印度上古的《梨俱吠陀》把蛙作为神来礼赞，摩尔根在他的《古代社会》一书中也记载，印第安人中的加诺万尼亚族系里也有以蛙为图腾的氏族。在上古中国，蛙及蛙纹更是无所不在，不仅在半坡和庙底沟文化遗存中发现许多绘有蛙图像的彩陶，连后来的青铜器上都出现了蛙纹。许多民俗也反映了这一点，如壮族的蚂拐节，满族的蛙母神话，江浙地区供奉金华将军，四川木里的纳西族供奉巴丁女神——巴丁就是青蛙。这种源远流长的蛙崇拜形成很大的民俗势力，以至蒲松龄专门写了《青蛙神》，强调江汉之间"俗事蛙神最虔"。在许多民族地区，青蛙与创世神话互为表里，如佤族就有母蛙精生下九男九女繁衍人类的说法，壮族民间故事里更有人生蛙和蛙生人的奇异情节。许许多多关于蛙的传说同青海柳湾出土的蛙纹彩陶联系起来，一方面暗示了同一个文化根源在流转中的同源性，另一方面也揭示着蛙作为生殖崇拜的图腾物，具有久远的历史。

因此，我们至少可以这样认定，在古代的华夏族里，同样存在着蛙图腾与蛙崇拜的明显意识，只是后来历经改朝换代，夏部族的一些核心族团离开中原，辗转南迁，保留了原有的风俗，而留居或融入新族团的倒是渐失其俗。我们只能通过文字的传承变化寻觅它们在古时的某些原始含义。关于蛙的古体字以及原始含义，许多古籍中都有记载。黾（鼃）即蛙，想来那个有名的渑池也就是蛙池。蛙的抽象意义是创始，因此蛙也理所应当地是创世神。

远古的青蛙信仰颇为广泛。在半坡文化和庙底沟文化的遗存里，不少陶器绘有青蛙图像，马家窑文化、齐家文化等遗址里，也常见变形蛙纹。这似乎都印证了一个事实，在古代人类的心目中，蛙是了不起的神物。值得一提的是，这些信仰不是在西北的前丝路上流转就在西南丝路上流转，它们的流转线与部族迁徙线及后来的丝路线惊人地一致。如果我们进一步把世界各地蛙崇拜的一些现象联系起来，如印度曾经出土过两鬓各有一只蛙饰的母神陶像，巴布亚新几内亚也发现过画有蛙形人物的槟榔树皮画，则可以说，通过人类的迁徙，蛙图腾不仅出现在前丝路的不同地区，甚至漂洋过海，进入了太平洋。

诸如此类的文化在印第安人中有，在中南半岛有，但一般不会从东方传播到西方，也很少出现在北方。为什么呢？因为它们太古老了，已经成为文化的化石。

还原《山海经》

中国历来有九州说，有禹划九州说，也有阴阳家邹衍的大九州说，当然还有佛教的四大部洲说。在邹衍的大九州说里，中国是赤县神州，是世界的八十一州中的一个。这八十一州的每九州合为一州，小州被小海环绕，大州被大海环绕，再向外则是天际。邹衍是齐国人，因其"语大不经"，被人们称为"谈天衍"，也即今日的大嘴先生。他的"九九八十一"，显然有一种术数在其间。天圆地方也是他的地理观。如果有什么值得细究的，九是一个常数，也是一个概数，排列着无限的地理可能。这种地理可能，体现着大千世界的相互混杂与联系。因此邹衍的大九州说是对古代地理的一种抽象思考。与邹衍的大九州说差不多同时开始出现的《山海经》，则使用了与它不同的话语系统，即以中国为中心，以东西南北中来定位，把世界分为海内、海外与大荒。今天看来，《山海经》里的不少内容似乎是荒诞不经的，或者无解的，但在与《山海经》出现的年代同时代的人看来，其又是真实的。

对这本奇书，很难有人有全面解开的能力，但无论如何不能将其视为巫书或小说之祖，或疑古学派眼里的神话。至少，它想说明对古代世界的一种原始多元认识，哪怕那是一种变了形的信息和变了形的认识。更何况，那时并没有如今这般精确的地理学，人们只能通过语言系统直观地认识周围世界。

《山海经》中奇异的人与动物，有的可能是古老民族的图腾与文化包装，一些绘图应当是后来加入的，掺入了后人的想象。很多动物也许畸形，因为怪异，也就被迷信的古人当作一种标记，有的在那个时代实有，后来灭绝，但有一些仍然会有残留。比如被古代中国人认为是祥瑞的麒麟，今人认定是长颈鹿，但1901年英国探险家发现它的一种过渡形态霍家狓，颈没有那么长，矮了一半，但与长颈鹿相像。还有许多消失的动物种群在古人的传说中发生变形，这都会形成扑朔迷离的记录。试想，如果我们把现代印象派的绘画作品猛然拿给几千年后的人看，又缺少背景记录，会发生怎样的猜想呢？

认识的变形，是古代的一种常态，有板有眼的各种宗教教义都如此，又怎么要求信奉万物有灵甚至就是信奉原始萨满的先人们，能够按照今人的思维逻辑来推理2000多年前的世界呢？司马迁是中国第一位严谨的史学家，对《山海经》不敢全信，而不是一定不信。值得思考的是，不敢信的部分主要是书中记录的方国和人的种类描写，对于上古帝王的世系和起源，倒是多数认可。比如，血缘传承是古代"家天下"的权力原则，史家之笔，即便想要秉笔直书，也要圆了个中难言之隐。最好的办法，就是把血统可疑的大禹写得像他的前辈帝王们一样，有一位梦接意惑的母亲，而且是帝喾的儿子。《帝王纪》中说，帝喾有4个后妃，元妃姜嫄生了周的祖先，次妃简狄生了商的祖先，又次妃庆都生了唐尧，再次妃常仪。这位帝喾也真够能耐，不仅生了自己的继承人，也生出两个王朝，据说还为此卜了卦。但他与他们的母亲好像都是名义夫妻，因为简狄是吃玄鸟卵而有孕，姜嫄是践大人踪而身动，而大禹的母亲虽与帝喾无关，却是因为见到了流星贯昴并且吞吃了薏苡，生下了姒姓的大禹。只有舜明确地有个瞎眼的父亲，但也有女登见大虹，意惑而生舜于姚墟等说法。在今天看来，这是母系向父系过渡的委婉说法，那个姜嫄和大禹之母显系西部的羌人，简狄则来自北狄，庆都或是中原本土人，常仪却有另外的宗教背景。于是我们看到，同传说中黄帝真正有直接血缘关系的，除了帝高阳颛顼、帝高辛喾、唐尧和那位帝挚之外，其他都是大的族属概念。而这些内容，我们不仅在《帝王纪》中见到了，在《山海经》中也见到了。

《山海经》是由山经和海经组成的古辑本，而海经又分为海内、海外与大荒三大块。《山海经》由汉代的刘向、刘歆父子编辑，但山经与海经的叙述方向和文体风格并不一致。前者显系地理风物志，后者却杂有历史传说的味道。这有可能是一个合集，作者非一人，着眼的重点也不一样。《山海经》书名始见于《史记·大宛列传》，传为禹舜时代地理考察之作，而洪水泛滥是考察地理的直接动因。那时的部族迁徙无定，具有四海为家的频繁游走性。近人有考证说，《山海经》也可能是战国至汉初时楚人的作品，只能存疑。

但我们也不妨这样去想，彼时的中国只能从已经萌生的五服制度的眼光看世界，这就形成了由近及远的五光十色。比如《穆天子传》里提到长肱国人，讲的是一个高个长眼的人种。在《山海经》里也有这样的五服之外的长肱人。国的概念是历史的部落概念，范围也不过与后来的县略等。因此也不可想象得太复杂。至于所记的标志性怪异动物，要么是各自的图腾、原始信仰，要么是实有的动物或者其变形。在没有统一的地理和国别族别称谓之前，人们只能抓其显著的一种特点去描述，后来的《山海经》加入了更为魔幻的绘图，层层迷雾也就笼罩在这本奇书之上。

书中确有许多很难琢磨甚至不靠谱的内容。但不能用后来人的眼光去替代古人的视角。其实，对《山海经》的还原研究，也不一定是全部解译。毕竟是古代文献，思维体系不同，表述系统不同，着眼点不同，观察系统和手段更不同，错误的认知也不会少。如果我们用同样的眼光去看西方国家图书馆里14世纪以前的古地图和哥伦布用过的图例，或者去看古罗马人对中国蚕丝长在树上的记载，不也同样会觉得怪异甚至可笑吗？

13世纪欧洲人对亚洲或有偏见，其中少不了对不同的社会风俗、不同的信仰和图腾表面化的认知。比如他们说亚洲到处是狗头人，也许是地处亚寒带的人常戴御寒的狗皮帽，他们也就在扭曲认知中做出了这样的形象描述。

《山海经》里的记录，有些已经被证明不妄，或者还原以后能够得到合理的解释，虽然叙说的是表象甚至有些不知所云，比如远在西方和东方的"奇肱国""一臂国""三身国"和"不死之国"等，但也记录了可考的部落民族，如"穷发国""一目国""白民国"等。古代的国多数指方国与部落，并不能以现代国家概念视之。"奇肱国"也许是地方病所致，"一臂国"则是人们穿裸露一臂的服装。再如《山海经·海内经》中说"有钉灵之国，其民从膝以下有毛，马蹄善走"，颇类似西方的马人，是对古代游牧部族丁零部落的夸张描写。《山海经·西山经》有："自钤山至于莱山，凡十七山，四千一百四十里，其十神者，皆人面而马身，其七神皆人面牛身。"很可能是昔日17个各居一山的马背部族与牧牛部族的写照。彼时的北方是游牧部落的天堂，而这些部族都是有迹可循的。比如《山海经·海内南经》中的雕题国，也就是文身断发的越人的前辈；歧舌国更像是对发有卷舌音的某个族团听觉上的描绘；交胫国人无疑像患有地方软骨病的一个族群；厌火国人口中能喷火，人们可以到川剧的传统剧目里去寻找；赣巨人更有由来已久的说法，是不是一种野人也未知可否。总之是没有超出人类知识的范畴。

《山海经·大荒南经》中还有卵民国，有着中国的上古帝王来自卵生的传说的影子。至于不死国的幻想，则一直是后来帝王们的一个梦。令人瞩目的还有与原始宗教有关的巫人与巫术。《山海经》中多处提到巫彭、巫抵、巫阳、巫履、巫凡、巫相等巫人，并多次讲到女尸等，甚至还有能使人死而复生的长生之药。长生未必是机体不死，有可能是求得精神延续，如佛教里讲究轮回转世。而古代中国也有尸体防腐药物配方和物理措施，反映的大概是同一种情况。在古代人看来，肉身不腐即意味着灵魂有复活的可能，《山海经》中记录了这样想象中的不死之民。

此外还有羽人国和人首兽身的族类，有人说与美洲的羽蛇神有关，但也有人指向亚述，认为那里有过人首兽身的雕像。其实，在埃及，斯芬克斯就是那样一种形象。在古代部族林立的西南地区就真的存在。

还有前面提到的独目人。看来，在远古的神性记忆里，确乎有这样一个一目国，"直目正乘"。前文提到，2000年时，新疆的考古者在新疆北部青和县西北的山沟里发现过面积数平方公里的铁陨石群，其中有的重达100吨以上。令人称奇的是在这里发现了用陨石雕凿而成的圆球状石人，以及刻在陨石上的牛、羊、马、骆驼和独目人岩画。

《山海经·大荒北经》还有戎宣王尸，据载后世被发现。相传戎宣王尸是马状无首，显然是最早的骑马民族首领。在商周时代的中国，除了中原的天子，被承认为王的还有两个，一个是徐偃王，一个是戎宣王，可见其势力之大。而戎宣王再一次使人想到人头马，想到塞人与斯基泰人。

剩下的令人关心的问题，无非是古代中国人活动半径有多大、到没到过美洲、是什么时候到的。而《山海经》所揭示的最终意义在于，从远古开始，中国人不仅关心自身，也试图了解世界。

在国际学界，有殷人东渡扶桑的说法，并由此引起扶桑在哪里的争论。21

世纪初，又有美国学者兰·默茨女士认为，《山海经》是古世界地理书。亨莉埃特·默茨女士经过田野调查与考证，发现北美的山脉走向、距离和河流流向，竟然与《山海经》所记四列山脉吻合，由此断言这是真实的地理记录。她在《几近退色的记录》一书中提出，中国人很早就到过美洲。对这一家之言，不可肯定也不可随意否定。希腊神话中的特洛伊之战最后不也被证明是确有其事的吗？对《山海经》的研究既要慎之，也不可全以神话故事视之，近代中国疑古学派引入日本的学术概念以后，将一些古籍统统视为神话，未必就是一种科学态度。

半个多世纪以前，就有考古学家和生物学家认为，第一批美洲人是来自亚洲的灵巧的捕猎者和工匠。他们是在一万多年前通过白令海峡到达美洲大陆的。经过50代以上的繁衍，到达美洲的南端。这个结论后来被多次证实，因为发现和到达美洲的不是一批人，而是两批、三批、更多批。第一批的时间推到了2至5万年前。近年来在智利、巴西、委内瑞拉和美国、加拿大的考古发掘都提供了这方面的依据。

南北美洲印第安人语言差异和各部落人之间的细胞线粒体差异也证明了多批次的推断。但不论是哪个批次，在西伯利亚地区最常见的原始的"地窝子"式椭圆形住宅遗迹以及蒙古人种的铲形齿，显示了东北亚原始人群移居美洲的可能。发达的基因技术也进一步证实了这种推测。这些新的发现意味着，哥伦布发现新大陆的含义不能再以地理大发现来定义，只能说是欧洲人在500多年前才知道了美洲大陆。

西班牙报纸也发布了有关最新消息，说美国科罗拉多大学考古人员梅森小组发现新的佐证，再次证明东方人比哥伦布更早到达美洲并进行了交换活动。他们根据的是在阿拉斯加埃斯彭伯格角出土的两件实在的青铜文物，即在一栋有1000多年历史的房屋里发现的一个青铜搭扣和可能是哨子的物件，搭扣上还残留一小段有1400年历史的皮带，具有亚洲的明显特征，而在当时，这里并没有人会冶炼青铜。他们分析，这是当地居民与亚洲人进行贸易时留下的。梅森小组的发现，将发现美洲向前推进了两个世纪并确定发现人为亚洲人。还有专家讲，当时阿拉斯加士兵使用的头盔与东北亚地区的头盔很像。这都为对陆上丝路早期开通的了解打开了更长的思维链条。

中国的考古成果也证明了中国人有可能最早到达美洲。比如原产于美洲的花生居然出现在具有四五千年前历史的良渚遗址。说明在更早的时候，中国东南沿海的居民对那里的农产品并不陌生。《山海经·海外南经》记有："羽民国在其东南,其为人长头,身生羽。"身上插羽毛也是世人对印第安人的印象。

是谁第一个发现某个地区,其实本身并不重要,关键是为什么发现和发现后做了什么。为了殖民掠夺而去发现,与为了丰富人们的地缘认知和交流空间而去开拓贸易,是完全不同的两个概念,也是殖民之路与丝绸之路的根本区别。人们当然并不会由此否定哥伦布在客观上引出的海上贸易的大爆发,但更不能降低对美洲本土文明重要性的认识。一般地说,美洲较早的文化有三种:一是玛雅文化,一是哥伦比亚波哥大以西河谷地区的穆伊斯卡人文化,一是安第斯山中部的夸姆卡、克楚亚、艾玛拉等部落文化。而克楚亚部落在公元13世纪以前,与其他部落共同建立了印加帝国,在西班牙人入侵之前,大约有1000万居民。但印加帝国发展较晚,在公元12世纪时仍处于结绳记事的状态,内部交换也以食物为主。在经济形态上,采集、狩猎与灌溉农业并存,最早种植的作物有玉米、马铃薯、向日葵、棉花、番茄等。这三种文化,发展最早的还是玛雅文化。据已发现的公元前328年的沙克敦城石碑显示,玛雅人早在纪元前,就在尤卡坦半岛南部贝登·伊查湖东北建成最早的城市。而据16世纪西班牙编年史家记载,公元5至6世纪,他们曾在尤卡坦北部建立奇钦·伊查城,10世纪时,又建立马亚播、乌布马尔两个城市国家。这三个城市曾一度结成联盟,而1194年马亚播取得支配地位。由于各城不断混战,加上气候原因,玛雅文明终于败落下来。

印第安人入居中美洲是3000年前的事,居住地区大致在墨西哥尤卡坦和危地马拉、洪都拉斯一带,全盛时期约有1400万人口,比后来的印加帝国还要大。他们发明了0符号和二十进位法,有象形文字、历法和穹形建筑,信仰多种宗教。现在仍以玛雅命名的36万人,居住在墨西哥坎佩切州东部,那里有大量的石砌金字塔,用黄金红铜做装饰,引起考古学家们的注意。

以上一些考古事实都是建立在大陆桥通道基石上的,从浩瀚的海洋来讲,似乎一切都很难发生。但是,如果我们展开世界地图细细审视,海洋的深度从海平面到负11000米不等,形成深浅不等的蓝色的地图板块。设想把最浅的部分即大陆架涂成陆地,换句话说,在冰河期里大量的水移向陆地形成冰原,海平面相应降低100米,就可以得到另一幅地形图。在这幅新的地形图里,不仅白令海峡是一个轻易就可以跨越的地峡,我国的黄海、东海也将是沧海变桑田。在那样的情景中,如今的日本与亚洲大陆断续相连,印度尼西亚也将不是千岛之国,甚至,到澳大利亚也有曲折的陆海路可通。至于波斯湾与红海,也只能是一个狭窄的地沟。在那种气候条件下生活的古人类,陆地舞台更广阔,活动的半径也更大，也许会像阿拉斯加州原住民一样，艰辛却自由地在一些地方猎取白熊和海豹，那么另一种生活图景出现了。那时候各个大陆的人口稀少，原始的猎人在冰原上游弋，在真正的超级大陆上形成最初的氏族分布，开始了包括语言分化在内的文化分化，同时也凸显了文化与文明交流的另一种可能。

第二辑

丝路第一高潮

不落幕的古丝路贸易

从中国的汉武帝时代开始,丝绸之路贸易的大幕开启,古丝绸之路持续进入从自发到相对自觉的辉煌时代。应当说,丝路大幕一经开启,一直没有落下。如果说丝路的舞台上有高潮有低潮,有铺垫有曲折,有路径的调整和不同时段的选择,甚至还有海路与陆路的兴衰交替,或许更符合贸易与科技交流的丝路轨迹。但从丝路贸易的历史大跨度上看,丝路贸易大幕开启时间长达2000年,并经历了汉唐时代高潮和宋元明时代高潮。进入17世纪和18世纪,丝路贸易重心转移到海上,虽然其中有些有另类"涡流"的色彩,但也属于丝路贸易的一个近代历史阶段。

在丝路正式开通的漫长岁月里,丝路贸易和文化交流,在相互关系上有五个重要的切入点:一是具体贸易的不对称与总体贸易平衡的对称性;二是丝路贸易的间接中介与直接对接;三是丝路往来的包容和贸易竞争的同一;四是科技不断创新带来的丝路贸易的持续性;五是贸易和文化交流的多元性及广谱性。

在很长一段时间里,中国在丝绸之路的舞台上扮演着商品批发集散和东方市场管理者的角色,中亚、南亚和西亚的许多历史民族扮演着中转贸易和物流的角色,居于丝路两端的东亚和地中海地区互为贸易和科技交流的终端和目的地。中国是以丝绸为代表的高档手工业商品制造大国,是那时候的丝绸"世界工厂"和出口基地。丝绸生产处在技术的高端也处在贸易价值链的高端,丝绸甚至充当过实物货币，但在具体的贸易环节里，从来没有赢得更大的商业利润。庞大的利润环节主要掌握在商业中介的手里，因此对生产者而言投入大于商业收益，贡献大于商业回报。这样一种不对称之所以能够延续，主要有三个原因。一是农商一体的结构决定了丝绸生产的低成本。在中国古代，丝绸生产并没有从农业中分化出来，丝绸产品对于掌握丝绸进出口大权的官衙来讲，生产成本是极为低廉的。二是中国的蚕桑生产极为普遍。虽然丝绸产品价值相对较高，但在中国并没有发生"稀为贵"的供不应求情况，有大量的剩余产品可供贸易流通。三是贸易方式以官方为主，民间直接贸易较少，同时有时采用朝贡贸易和和亲往来的形式，在交换价值比较上往往是薄来厚往，国家层面上的商业逻辑与完全以追逐超额利润为唯一目标的私人行为不尽相同。一直到北宋在北方实施绢马贸易，南宋在泉州设立市舶使司，才有很大的改变。

但是，在唐代，情况也不尽然如此。盛唐时代，长安有专供官衙交易的相对封闭的东市，还有面对国内外客商全方位开放的西市。西市的私人国际贸易十分活跃，一切交易活动都按照商业规律进行。

在古代，不论是陆路贸易还是海上贸易，机会成本是巨大的，人身安全与货物安全往往排在第一位。因此，对于经营丝绸商品的外来中转商人，几十倍乃至上百倍的增值利润，也是对他们有可能面临的巨大商业风险的一种对冲与回报，有合理的商业逻辑在其中。

贸易利益的不对称似乎发生在丝路的西端。在中国的东汉时期，丝路贸易正式开通不过百年，由于罗马人争相求购丝绸，国库开始吃紧，出现了财政危机。据1958年出版的《中国货币史》等著作引用的资料，罗马作家普林尼曾经这样估算，在罗马奥古斯都统治期间，帝国的黄金储备达到100亿金马克，约合179000千克，但在公元1世纪几近枯竭，主要是因为丝绸贸易出现了巨大的出超。无巧不成书，王莽后期朝廷的黄金库藏约有70匮，大约也是179000千克。于是引出后来学者对罗马因为丝绸贸易导致储备亏空的一种分析。普林尼对丝绸贸易的赤字估算也许近于事实，但实际上汉廷没有收到也不可能收到这笔巨款。罗马的金币的确流入过中国，但更多的金币流入了彼时的商业中介印度和中亚、西亚商人的手中。据有关考古资料，南印度地区就曾经有大量的罗马金币出土。中国丝绸虽然价值不菲，但巨额差价出现在转手环节。王莽的黄金库藏在数量上只是个巧合。不管怎么说，丝绸贸易直接影响到罗马的国家财政，也可视之为一种不对称。但是，抛开罗马人狂潮般地消费中国丝绸造成国家财政一时失衡不说，从丝路贸易的全链条去看，这样一幕贸易的不对称，与同时进入中国的多种贵重商品如香料、马匹等，在价值上还是大体相当的。

古丝路贸易的特点还有总体上的中介性。由于路途遥远，交通技术原始，往返东西方，一般需要八九年，因此转手贸易和中介贸易普遍存在。品牌传播需要中介，运输与仓储配送需要中介。由于丝路贸易的发展，最早的服务业产生了，大巴扎市场成为陆上商业流通的主要形态，城市系统得到普遍发育，这种情况在中国西部和中东国家都能普遍看到。普林尼就说，"赛里斯人并不等待出售商货，贸易都由外人到来成交"，这是从西方市场角度观察而进行的总体判断。而且，他所说的赛里斯人分明又是碧眼赤发的人种，因此只能视为是一种市场中转的历史现象。但是，这不能用来说明中国人从来没有过开拓西去商道的商业冲动。《史记》曾记载，张骞之后，西来的商团使臣络绎不绝，同时西去的商队和人群同样前后相属，不绝于道，更多的商贩和驮夫走向了西部。其盛况是后来人难以想象的。那也可称为中国历史上的第一次西部大开发。事实上，商业一般分为坐商与行商，发展到现代就是零售商与国际贸易商。什么会带来更大的利益，商人们就选择什么样的商业方式。碧眼赤发的赛里斯人和印度人以及草原上的斯基泰人出现在罗马的市场上，那是行商的方式。更多的商人选择了商业链中的接力环节，这种商业内部的分工，无疑是远来商品产生暴利的根源，也是古代"倒爷"们发财的秘密。安息商人"善市贾，争分铢"，罽宾商人也长于"实利赏赐贾市"，他们和后来的粟特商人、阿拉伯商人是汉唐时的四个大的商业群体，这是中国商人较少直接出现在罗马市场的地缘原因。

有几点不可忽视：一是那时也出现了商业代理。根据托勒密《地理学》所引资料，一位马其顿商人蒂那相斯的代理人就从巴克特里亚进入中国经商。唐代大批粟特商人移居中国，其中更是不乏东西双方民间贸易集团的代理者。二是越到后来，随着交通的改善和人们地理知识的完善，直接贸易的概率增加。明清时代，晋商开拓茶路是个代表，闽商下南洋同样是个代表。其实在汉代中后期以及三国两晋时期是转手贸易最兴盛的时候，中国的商船最终也到达了海西的罗马。三是商业文化包容是丝路往来的主要特征，贸易竞争和利益冲突也会是它的另一面。

值得一提的是，由于丝绸消费和丝路贸易数量的增加，罗马与中国的商业往来急剧膨胀，中介范围也迅速扩大，叙利亚境内的许多小国也加入了贸易的链条，但安息依然是主要的中介。公元116年，罗马军队一度攻陷安息的泰西封和塞琉西，直抵波斯湾，但依然无法撼动安息对丝路的控制地位。在这种情况下，中国与罗马丝路贸易的重心在开始向草原丝路转移的同时，厄立特里亚贸易也拉开了序幕。只是这些行动有些晚，西罗马还来不及直接受益也就灭亡了。厄立特里亚贸易也即印度洋贸易，惠及后来的阿拉伯世界和印度，形成了最初的世界海上丝绸之路。

丝路贸易的和平氛围和贸易对战争的抑制性，是颇为明显的。丝绸贸易利益的不对称对中国影响不大，但对东罗马可是要命的问题。东罗马君士坦丁大帝即位后，认为丝绸贸易的问题出在波斯对丝路的自然垄断，就计划着联合埃及人开辟新的海陆商路，直接对接经营东方的丝绸。这自然引起波斯君主不满，由此导致了古代世界史上绝无仅有的长达20年的"丝绢战争"。战争没有结果，丝绸还是供不应求，东罗马只好求助税制与货币改革。这次冲突与丝绸有关但与中国无关。战争的导火线是争夺丝绸贸易的转手权与经营垄断权。

由丝绸而引起战争，从一个侧面说明了丝绸的重要商品地位。在那时，丝绸是顶尖的奢侈品，是西方贵族的一种身份标志。但丝绸的价值不止于高层消费。据《东方风暴》的作者罗伯特·马歇尔考证，丝绸还是一种必备的军用品。他说，在元代，每个蒙古骑兵都要有一件丝绸内衣。蚕丝是一种特殊的蛋白，对创伤有防护作用，处理伤口更容易。近来有人在研究用丝绸蛋白保鲜，即将极薄的丝膜涂在水果的表皮上可以长期保鲜，也是同样的道理。生丝蛋白还有现代军用用途，可以用来制作军服。如此看来，丝绸并不只意味着过去的光彩，还有工业和商业未来。

频繁的丝绸贸易反倒抑制了一些战争发生的可能性，因为丝绸满足了一些贵族集团的需求，这种需求在正常情况下并不能通过战争获得，只能通过贸易途径获得。战争的后果往往适得其反，阻止了商路的畅通，堵塞了贸易的渠道，因此，更多的时候，各方面都要尽力保护商路，维持商路的治安。在中国的汉唐时代，西域的都护府具有这样的重要职能，后来也在丝路沿途设立了"守捉"，维持丝路的商业秩序。另一个突出的例子是北宋时期开辟了马绢互市的北方多个民间榷场，出现了宋辽将近百年息战的升平局面。在多数时候，草原部族政权对丝绸的渴求在一定程度上熨平了历史的一种紧张度。

在唐代，丝路上也发生了一次有名的怛罗斯之战，出身高丽族的唐将高仙芝败于东进的大食骑兵。但怛罗斯之战的起因与丝绸贸易同样没有直接的关联。有意思的是，在这次战争中，上万唐军将士被俘，居然成为中国造纸技术西传的一个源头。在之前，汉与大宛也发生过一次军事冲突。其结果并不是杀戮，而是当时的大宛迫切想要引进中国的打井技术。打井技术也由此西传。中国打井技术发明得很早，在河姆渡时代就出现了，在距今4000多年的龙山文化范围的河南汤阴白营、辉县孟庄、洛阳锉李以及山西襄汾陶寺，都有古代标准化水井出现。水井的发明，不仅是人类利用地下水资源的技术飞跃，也使田丁合一的井田制有了发展。也是因为如此，《路史》中讲到，在黄帝的时代，"使八家为井，井设其中"。不管是农村还是城镇，后世的社区都以井为基本组织单位，所谓市井之人，讲的就是老百姓。

古丝路贸易具有持续性。这种持续性从两个方面体现：一是商品体系的连续，一是时段的连续。正像上文所讲的，丝路贸易有高潮有低潮，有铺垫有曲折，有路径的调整和不同时段的选择，甚至还有海路与陆路的兴衰交替，但一直没有中断。在我们通常认为的衰落期里，更多的是交易主体和背景发生了变化。

丝绸代表了古代的中国，代表了中国先民们的创新能力。这种创新能力使古代的"中国制造"形成了历经千年而不衰的商品方阵。继丝绸之后，陆续出现了依旧能够风靡世界的中国瓷器、茶叶和植物香料，冲浪般地迎来了中国瓷和中国茶的时代。但是，无论是中国瓷还是中国茶，都不是突然冒出来的，都经过了漫长的前丝路孕育过程。

瓷器的起源，一说商代，一说东汉，但真正成熟的商品瓷的出现应当是隋唐五代以后。因为瓷器的产生不仅在于上釉和烧制，首先要发现高岭土。最早有世界商品价值的瓷器是唐代长沙窑的瓷器，而景德镇高岭土的发现为中国瓷器带来了荣耀和陶瓷技术的飞跃。希腊在公元前5世纪就成批生产出著名的红花陶壶，但毕竟还属于陶艺范畴，与中国瓷器是无法相比的。新材料运用带来的是工艺与文化含量的提升，更先进的工艺也使瓷器走得更远。当工艺和材料臻于完美，它也就一发不可收地走向了世界。瓷器扬名于世界与海上丝路的发展同时发生。

中国是茶的原产地。茶树栽培，有文字记载的是在3000年以前的商周，原产地一般被认为是中国西南地区。近年来，在浙江余姚田螺山发现6000年前的人工种植茶的茶根，把茶的培育时间又提前了3000年。将茶列为朝廷贡品，最早见于晋人所著的《华阳国志》，是周武王伐纣后巴国的贡品。贡茶制度的产生，是茶逐步确立"国饮地位"之始。但它作为饮文化，传播经历了一个过程，在唐代进入了高峰期，大量外销应当在明代以后。

丝路的商品竞争力来自于不断的创新。丝路上不断地推出世界级的新产品并形成了完整的产业链和产品体系，这是它长久不衰的秘密。文化创新是没有国界的，中国的茶叶、茶种、制茶方法和相应的茶道文化不胫而走，传向了全世界。特别是发酵茶技术出现之后，茶成品由陆路传向北方与西北。茶路与丝路是伴行的，陆上有茶路，茶还从海上输入日本、朝鲜和南洋国家。1606 年，被称为"海上马车夫"的荷兰商人从中国澳门贩茶运到印尼，紧接着又进入中国内地贩茶到欧洲销售，茶产业开始成为国际产业。15 世纪至 17 世纪，中国茶大量进入西欧，并在 1650 年由荷兰商团运到了美国，中国茶输出出现高峰。中国与英国的近代大宗直接贸易品是红茶，这种商品在当时不比后来美国的可口可乐影响小。对于这个影响巨大的贸易产品，以往估计过低。红茶是英国和西方国家的必需品，基于普洱茶发酵技术的砖茶则是牧业民族的必需品。

1784 年，美国第一条来华商船"中国皇后号"到中国，采购的主要商品就是茶叶。从 17 世纪到 19 世纪，中国一直是世界茶叶的最大供应商，一直到 19 世纪后期东印度公司将中国茶引种到印度与斯里兰卡，中国茶叶生产贸易的自然垄断才告结束。

茶的陆地输出，重要的路径之一是茶马古道，这就造成了西南丝路和草原丝路的多个方向：一是内向，循着澜沧江的源头方向，通过"跑马溜溜"的康定的川康道向西藏地区；一是内向再外向，由湘鄂赣交界辗转向北方草原。在中国北方，晋陕商帮把茶叶生意做到了原中俄边境的"买卖城"也即今日的恰克图，再从伊尔库茨克、新西伯利亚一直到彼得堡和欧洲，这条茶叶贸易路线被称为万里茶道。这条路其实是同云贵茶道相连的。云贵马帮自然也会辗转南下，与东南亚地区发生茶与茶之外的贸易联系。这在中国作家艾芜的《南行记》里有出色的描写。有意思的是，在欧亚许多国家的语言里，Cair 都是直译，如俄语、蒙古语、印度语和欧洲的多种语言，可见这种商品具有独特性。因此，明代以后也可以说是丝绸、瓷器和茶交相辉映的丝路贸易时代。

丝绸的抢手决定了它是历史上的一种长盛不衰的商品，贯穿了丝路贸易几千年。因此，我们可以说，丝绸流转的渠道、路径以及交易环节与方式有变化，但不能轻易地说丝路贸易有繁荣期和衰落期，更不能说丝绸之路有开放期和闭塞期。

在中国的周边贸易史里，游牧民族提供的主要是马匹，而中原提供的主要是丝绢。这些丝绢除了他们自用，有很多进入转手贸易的多个环节。香料是丝绸、瓷器与茶叶风靡世界的伴随品，多数是高档消费品，也有些是日常生活中的调味品。西来的安息香是一种树脂，在汉代输入中国，隋唐以后也从南洋诸国经海上输入中国，被称为南香。龙涎香是抹香鲸的分泌物，也来自海上。它们都是彼时丝路上炙手可热的重要商品。

对于丝路贸易持续的历史表现，似乎有一些似是而非的说法：一是中国古代的丝绸贸易是以朝贡贸易的形式进行的，并没有很大的主动性。二是中国的历史版图结构发生周期变化，丝路贸易也就出现衰落。这些认识并不全面。古丝路贸易是多层次、多链条、多民族、多国家地区的贸易，具有连续中转的显著特点，需要更多地按从中心到周边的同心圆结构来考察，并不能完全拘泥于直线思考。

在古代中国，由于五服制度的深远影响，朝贡贸易确乎是一个重要的形式。不难从二十四史的诸多记载中得出这个结论。然而不论是中国还是外国，古史记载的大多是当政者的政治经济活动，很少涉及民间。事实上，在任何情况下，最先发育的还是民间的社会贸易。这完全可以从张骞第二次出使西域带来的信息中得到印证。先有市场考察，后有官方跟进和道路的认定。如果我们说，古丝路是从张骞时代正式开通的，自无不可，但说是张骞时代才出现的，并不准确。有朝贡贸易形式，但民间贸易仍是主流。这不仅能从盛唐时期的长安西市胡商与唐商共处一市中看得出来，也可以从两宋的榷场和泉州设立市舶司得到证实。即使是在郑和之后东南地区出现海禁，海上贸易也并没有停顿。郑和的余部有很多转向了民间贸易和跨海转口贸易，马尼拉—盖普贸易就是福建商人主动开发的丝路贸易。这些贸易持续了数百年，并形成了闽粤之人下南洋的历史浪潮。完全可以说，随着时间的推移，民间贸易越来越繁盛，尤其是瓷器和茶叶成为丝路商品之后，朝贡贸易渐次退出主流，成为次要的形式。

丝路贸易是古代国际贸易，既不能从某一个点来判断它的盛衰，也不能从古代国家版图的变化判断其盛衰的周期，应当从网络结构中寻找它的发展脉络。在古代中国，历代王朝的历史影响不尽相同，官方在丝路上的影响半径也不一样，但不论是怎样一种状况，丝路仍然在各族商人的脚下延伸。历史上许多少数民族建立的地方政权，也先后成为丝路贸易的主要推手，而这一切并不会完全记录在视野并不完整的中国史籍里。

张骞、班超与甘英

张骞毕竟是中国通西域的第一人。对于张骞的丰功伟绩，《史记》中有与时代平行的很高评价。但司马迁没有为他单独作传，其主要事迹见于《史记·大宛列传》。班固的《后汉书》为张骞、李广立了传，其主要资料还是来自《史记》。人们很熟悉那首略有哀怨的北方民歌《苏武牧羊》，它对汉代的另一位出使者给出了同样的赞美，对他的北海羁留经历和持节不失的风骨称赞不已，但歌里更多的是"白发娘盼儿归"的民间情愫。苏武的精神与张骞的略同，但其历史功绩与张骞"凿空"西域的历史功绩还是不能相比的。司马迁用"凿空"一词总评张骞的业绩，是对张骞的毅力和超人的努力的概括。

张骞第一次出使，"以郎应募"，完全是自愿的，出使规模也不小。他道经匈奴，被匈奴羁留软禁了10年，匈奴甚至让他娶了一位妻子，还生了几个孩子，目的当然是消磨其志，让他打消西行的念头。"然骞持汉节不失"，一直留存信念，他与匈奴上层周旋，使得匈奴人放松对他的监视，允许他举家西迁，恐怕也不那么简单。他不仅要带上妻子和儿女，还要带上他的副使堂邑父和其他部属，继续他的西向大宛、康居、月氏之行。在回途中，为避匈奴游骑，张骞转道昆仑山与祁连山间的羌中之地，但还是被匈奴抓捕了。要不是一年后匈奴陷入内部混乱，他也很难有机会回到汉廷。张骞第一次出使历经13载，百余人的使团，只剩下他的助手堂邑父和他的妻子。堂邑父是西域人，熟悉情况；张骞的妻子是匈奴人，甚至不会是一般出身。堂邑父熟悉地理地形而且能骑善射，"穷急射禽兽给食"，免去了饥渴与迷路的威胁。但若不是张骞妻子深明大义而且能够与张骞相濡以沫，甚至鼓励、支持与直接帮助他，张骞也很难完成自己的使命。张骞在公元前139年出使，10年陷匈奴营，在大月氏待了一年，公元前126年回到长安。

这不禁使人想到，不辱使命的不仅是张骞，还有当时同行的属于"敌国"出身的张骞妻子。堂邑父归来后受封了，但张骞的妻子并没有下文。是司马迁遗漏了吗？没有。司马迁写《史记》惜墨如金，要言不烦，多用白描，他受了腐刑的个人遭遇都没有记述，却不忘在《史记》中带上"其妻归"这么一笔，多少也透露出他的人文胸怀和了不起的"春秋笔法"。否则，张骞的妻子是谁，又有什么样的生活背景，也就真的隐没了。但也因为只能点这么一笔，我们也无法知道她的名字和家事。按照匈奴的习俗，无论出于什么原因，哪怕只是因为恐惧，张骞的匈奴妻子是可以断然离去而再嫁的。匈奴并不讲究三从四德，相反地可以一嫁再嫁。从张骞的匈奴妻子身上，我们可以想象她的不同凡响的品格，能够感知这位出自游牧民族的善良女性如何以大局为重，又如何能为爱情、亲情和自己的选择献出自己美好的年华。

这也颇使人想到，相濡以沫的爱有伟大的感召力，张骞的人格也有伟大的感召力。《史记·大宛列传》对他的德才评价，也是古人物传记中高规格的："骞为人疆力，宽大信人。"九字评价掷地有声。这样一个有毅力、有魅力的外交人物深得各方爱戴,甚至由此形成了自身与国家的品牌,以至于"其后使往者皆称博望侯,以为质于外国,外国由此信之"。张骞的人格魅力也是他的匈奴妻子的一种精神力量。他们对共同事业的认同理解同样能够创造出"与子同归"的奇迹。

　　张骞的墓园在汉中固始县,那里也应当有张骞妻子和堂邑父的衣冠冢或者塑像。张骞的匈奴妻子是张骞通西域的一个精神动力。古丝路的正式开通,一半功劳归张骞,一半应记在这位可敬的少数民族女性身上。史料中并没有她的姓名,更没有提到张骞在西域出生的儿女,他们是与父母一同回到长安,还是途中冻饿而亡,或者被寄养在西域哪个牛棚羊圈里,我们今天已经无法去推测,但张骞和他的妻子为了丝路使命,牺牲了人生最宝贵的一切,是谁也明白的。事实上,古丝路的开拓者也不仅是汉朝人,还有大量的包括匈奴人在内的异族人士。后来的中亚粟特商人、阿拉伯商人都是其中的一员。"共商共建共享",不仅是今日丝路建设的精髓,也是古代丝路人一以贯之的精神。

　　在古代丝绸之路的舞台背景里,人们对毅然西行北上的汉唐女性给予了足够的关注,从远嫁乌孙的细君公主、解忧公主及解忧的陪嫁冯嫽,到北周的大义公主,再到唐朝的金城公主、文成公主,每个人身上都有美丽动人的故事。汉武帝的姐姐南宫公主其实也是和亲女性中的一员。南宫公主远嫁时武帝尚未成年,想来姐弟情深难分难舍,留下了抹不去的记忆。但和亲女性中最撩动人心绪的还是出塞的王昭君。在中国的四大美女中,她的故事最多。据学者考证,历代流传下来的歌咏昭君的古诗就有700多首,民间传说也有40多种,其中不乏李白、杜甫的诗歌作品。一直到宋元时代,还有王安石与耶律楚材的昭君诗。但李白、杜甫的有关作品,是借香草美人以诉说不遇,多少带有为昭君鸣不平也为自己鸣不平的色彩。王安石与耶律楚材的昭君诗倒是脱离了"怨词"格调,是从大处着眼的咏史之作。

　　古人和今人如何解读王昭君,确乎是个问题。传说中昭君以绝世才貌入选深宫,由于不愿行贿画工毛延寿,画容被点上了黑痣,入宫许多年,没有见到皇上。她既不愿意做"白头宫女"了此残生,也不眷恋宫廷生活,在南匈奴呼韩邪单于请求和亲时也就毅然主动请行。昭君的新婚生活应当是美满的,但好景不长,只过了一年多,正值壮年的呼韩邪单于辞世,从此厄运降临,而制造厄运的仍是那位汉元帝。昭君上表请归汉,元帝"敕令从胡俗",即让她按照"妻后母""报寡嫂"的风俗,改嫁呼韩邪的长子复株累。如果仅从匈奴的风俗来讲,这种选择也可以理解,但呼韩邪单于和昭君所生的儿子伊图智伢师却被他的同父异母兄长复株累处死，这无疑是对昭君最大的打击。公元前20年，复株累单于死去，一年后昭君也谢世了，这时她才刚满30岁。但匈奴人记得她，不仅为她举行了最隆重的葬礼，还按照汉人的风俗为她修建了高大的坟墓。匈奴人和后来的蒙古人一般是不修坟墓的，昭君是个特例。昭君坟能够保存2000多年而且她一直为后人所凭吊，也是一个特例。

昭君出塞是怎样的一条路线？若从至今矗立在呼和浩特黑河畔的昭君坟看，当时应当走的黄河风陵渡，但这个推测又犯了从农耕者的角度考虑的毛病。她和亲走的是秦始皇的直道，中转点应当是汉九原郡。然后她们通过石门与石门障，走向百里之外的南单于草原王庭。这条道路是草原丝路北路的中道稒阳道。当时的东道经由雁门关与大同的杀虎口或得胜口北去大漠。西道或在狼山，霍去病的"封狼居胥"，远在北方的几百公里之外。

对王昭君和和亲公主们的评价，人们更多着眼于她们个人的际遇，但王昭君在远嫁匈奴的十多年里，以"阏氏"的特殊地位维护了边城晏闭、牛马布野的清平局面，这是对各民族和谐共处的一种贡献。除此之外还有开发丝路贸易品牌的一种更为特殊的贡献。和亲远嫁是一种民族联姻，同时也是一种高层次的文化交流。随同她们北上西去的有当时汉民族的风俗文化，还有大量的丝绸和中原的工艺品。这种自然的物质文化交流，是丝绸之路上的香花异草。且不说文成公主与松赞干布的婚姻为雪域高原丝绸之路带去了什么，从汉代开始的和亲，每一次陪嫁少不了双方甚至第三方的产品，它们通过来贺的使节传到远方。

与王昭君和亲背景有关，公元前51年南匈奴呼韩邪单于率部内附。单于每次入朝汉都有赠礼。公元前1年，汉送给单于丝绸衣袍370袭，锦帛3万匹，絮也即丝绵3万斤。在东汉光武帝时，也一次赠单于锦绣1万匹、彩缯1千匹，还赠给其家属和臣僚，而且"岁以为常"。这些丝绸产品一部分被用了，一部分进入了草原丝路的贸易中。历史民族之间分分合合并不奇怪，它们更多地成为丝路商品文化交流的重要力量。

甚至，人们对著名的李广将军的孙子李陵将军的遭遇也有另一种评价。汉武帝杀了他的全家，李陵即使想归也归不得。他滞留在匈奴的势力范围里，加入了后来的黠嘎斯，而黠嘎斯正是今日吉尔吉斯（柯尔克孜）民族的源头之一。柯尔克孜流传的被誉为中亚荷马史诗的《玛纳斯》中有父子几代血染沙场的情节。像李陵这样的历史人物进入其他民族，并不完全是悲剧，他带去的同样是中原的文化。

在汉代，人们对陆地路线的开发，有比较主动的意识。张骞首次出使目的地明确，主要是中亚地区。虽然他更多的是背负汉武帝给予他的重大政治使命，但不能磨灭他为丝路正式开通所做的贡献。就说那位大名鼎鼎的哥伦布，其实也不是奔着发现新大陆去的，但他发现了新大陆。有这一点也就足够了。

张骞第一次通西域，对大月氏迁居的确切方位并不十分了解。他从长安出发一路向西，经过陇西也就是还没有进入河西走廊就被匈奴人扣留了十年。与匈奴妻子一同设法离开后，他首先到了大宛，然后又到了康居。康居人送他到了大月氏，但这时的大月氏已经占有了大夏，他便到大夏古都巴尔克住了一年多。他是如何进入大宛的？又是如何回到长安的？由于匈奴势力当时已经进入伊犁河谷，而匈奴的临时同盟乌孙定都于伊塞克湖东南的赤谷城，因此只能从天山南道取道疏勒，又从塔克拉玛干沙漠南缘归来。而他第二次出使乌孙，很可能是由今温宿西北越过别迭里山口到赤谷城，并由塔拉斯河通向大宛康居，大体路线走向更多偏于草原之路。

公元前61年，汉王朝任命郑吉为西域都护，并在乌垒城（今新疆轮台县）设立都护府，巴尔喀什湖以东以南进入汉朝版图，大宛、乌孙也在都护统属之下，这条道路从此趋向于稳定。公元前36年，西域副校尉陈汤在都护甘延寿支持下，借汉元帝名义征发十五国兵和车师戊己校尉、屯田卒共4万人，击灭西匈奴，道路更加畅通。一直到东汉初班超通西域，汉廷仍然是把这条道路的经略作为重点。到这个时期，一个经由南道和北道多路通向中亚、西亚诸国的古代丝绸贸易圈开始出现。

张骞第一次通西域，返回的路线是取道塔里木盆地之南经羌中回长安。这一方面是为了尽力避开匈奴游骑，另一方面则是由于大月氏占领了大夏，由阿姆河上游以南的巴尔克回国是更好的选择。张骞的多道行程丰富了他对丝路地理结构的认识。他区分了葱岭以西的两个丝路地理单元：一是由南疆直接进入大夏、安息，即今天的阿富汗北部转向伊朗东北部；一是经由天山以南的北疆地区直接进入乌孙、大宛、康居，即今天的中亚各国。他第二次出使西域，分遣副使到大宛、康居、大夏、安息乃至身毒，完全确定了亚欧大陆通道的最主要干道的地理方位。因此《汉书·西域传》说"自玉门、阳关出西域有两道。从鄯善傍南山北，波河西行至莎车，为南道，南道西逾葱岭则出大月氏、安息。自车师前王庭随北山，波河西行至疏勒，为北道，北道西逾葱岭则出大宛、康居、奄蔡焉"，是准确的。

在汉代，区分这两条或三条路线在当时和后来都是十分重要的。新北道的方向是西北，即经过阿姆河下游进入里海地区伏尔加河流域。奄蔡也即后来中国史书所记的聊国或柳国，因为那时的伏尔加河下游也称柳河。这条北道与北方草原丝路在阿尔泰地区交会，同时也是后来北匈奴西走乌孙、康居进入南欧的道路。考虑到古代的国际和族际间贸易常常采取连环接力式的间接形式，由河西走廊通向天山以北一直到黑海西北的物流通道，其实是与后来欧洲的汉萨同盟东向贸易方向是一致的。北道直接进入月氏部族占据的大夏，与东波斯相接。南道既可以到印度，又可以到西亚。在张骞通西域之后，一个完整的古代经济贸易圈全面形成了。

张骞历尽艰难回到汉廷，被拜为太中大夫，并在元朔六年（前123）被封为博望侯，但翌年又以卫尉之职与李广出兵右北平，"军失亡多"，以当斩罪"赎为庶人"。面对这种变故，他并没有心如死灰。官场失意的张骞依然心向西北，数次建议出使乌孙，并再一次被拜为中郎将，二次出使西域诸国，不仅密切了与乌孙的关系，还分遣副使出使了大宛、康居、大夏、安息、身毒等国，打通了丝绸之路。心思缜密的张骞，还由大夏市场上见到的蜀布与邛杖，推测西南地区也有一条贸易通道，最终推动了西南地区的再开发。因此，他是中国古代全方位规划和全面开拓陆上丝绸之路的绝无仅有的人。

张骞之后，丝绸之路上出现了很多杰出人物，他们在陆上丝绸之路建功立业，但并不意味着他们只看到了陆地。历史有时就是这样吊诡。张骞的后继者班超的副使甘英最远到达了条支。这个条支是何地，历来众说纷纭，有美索不达米亚地区说，还有阿拉伯半岛说，也有安纳托利亚说和亚历山大港说。如果是安纳托利亚地区，他应当进入了大秦即东罗马，而班超给他的任务之一也是出使大秦。如果是美索不达米亚地区，则很难直接面临地中海。因此最大的可能是与阿拉伯半岛相对的波斯湾附近的亚历山大里亚。不管怎么说，他曾在地中海边驻足，并有过渡海的计划，只因当地人对他说，渡海，顺风来回三个月，逆风需要两年，需要准备三年的给养，使他最终打消了横穿地中海的念头。

条支人这么讲出海，有人用当地商人出于对丝绸贸易的自然垄断心理有意诓他来解释。顺风逆风之说，似乎不是横渡地中海的状态，因为地中海少有信风，横渡也不需要两三年的时间。还有，张骞发现西南丝绸之路在先，东西汉立朝时间相距不远，海上的路径不可能没有信息流传。只是甘英没有航海的经历，也没有事先准备，也就只能望洋兴叹，原路返回。若是一往无前横渡海洋，历史也许会重新写过。

班超是汉代班氏家族杰出的一员，其长兄就是《后汉书》的总撰班固，他妹妹是汉代著名才女班昭。班家是战国时楚国的贵族，楚亡后被发配到北方的马邑，也就是今天临近雁门关的朔州。这个家族有些神秘，不仅文人辈出，还很善于经商，与草原的游牧人做牛马羊的大生意，丝绸产品也必然是他们的商业筹码。班家的商业影响大到可以谋划朝廷对匈奴的外交与军事活动。汉高祖刘邦在位时，曾经策划里应外合合围匈奴，但没有成功，后来就发生了汉高祖白登之围的历史一幕。班氏家族实际上就是联络汉代丝路商贸活动的跨域商贾，对汉初经济的恢复和绢马贸易有直接的贡献。班家是楚令尹子文的子孙。子文据说是由一双母虎奶过的，有着虎图腾背景，以武功用事，以文立业。后来班固成为兰台令史，受诏撰史，家学渊源使然。若非他精通历史，拥有大批秘籍，是难以编撰汉书的。而班超投笔从戎经略西域，也未必只是一种书生意气。他的家族与楚王族及商王朝有着亲缘关系，北迁之后又与西北部落联系紧密，在贩马经商的活动中，了解了前丝路的诸多信息。班超的儿子班勇所著《西域记》，也成为《后汉书·西域传》的素材依据。甚至，班姓家族的族源也有可考究的地方。除了以《易经》"班马屯如"凯旋之师为姓，"班""巴"一音之转，都有虎虎生威的意思。至今，大巴山地区尚把老虎称为"老巴子"或者"老班子"。也就是说，若说班家在商代前后与西域和西南西北有着广泛关联，未必不可想象。

班超文武兼修，担任西域长史，经略西域。他将重点放在社会政治的关系协调上，行事比张骞还要明快，敢作敢为，快刀斩乱麻地处理了一些突发事件。

甘英是班超的副使，作为副手，甘英关注的重心是开拓商路贸易，并于公元97年出使大秦。

公元前67年，波斯使节首次出使中国，中国与当时西亚最强大的国家已经建立直接的联系。在甘英及之后，中国与罗马也实现了贸易接触，虽然这种贸易更多地通过安息即波斯等来完成。

甘英是哪里人，未及细究，但甘这个姓最早有可能起源于《甘誓》中的诸侯甘国，或者就是古代的陕北甘泉地区，因此他也有可能是西部人。甘英在事实上承担着丝路贸易的更多具体事务，虽然未能渡海，但历史功绩同样是伟大的。在当时，他是中国官员中走得最远的人，在世界上也一时无两，是最有效率的丝路贸易的开拓者。

汉代的西亚丝路

两汉以及魏晋是一个风云激荡的时期,也是丝路贸易似乎模糊但其实同样清晰地进入人们视野的时期。这个时期中国从动乱再次走向统一,丝路贸易方兴未艾,总体上依然处于大开放的状态。这种开放状态可以从嘉峪关魏晋时代墓葬里发现的砖画像得到印证。砖画中有农耕图、采桑图、武士出征图,还有骆驼客,经济形态和居民生活形态呈现多元特征。

在张骞和甘英出使西域之后,中国人对西方的地理认识发生了质的飞跃,从早期的戎狄和蛮夷之辨到对古代具体国家的识别,而这也是同古代民族国家的发展走势具有同步性的。由于丝路向西延伸辐射,也由于张骞、班超和甘英的亲历,中国对陆上古丝路沿线国家的地理、社会和经济的认知更加清晰。重要的国家,在西边的是康居、奄蔡、大夏、大月氏、罽宾、安息、条支、乌弋山离、大秦,在南边的是身毒也即印度。这些古代国家,基本上贯穿了通向中亚、西亚的丝路干线和主要贸易中转地以及目的地,它们与匈奴、乌孙、大宛等草原部族国家以天山为界,南北分道,一路西去。

康居北邻伊犁河谷的乌孙,原在锡尔河北游牧,后扩展到锡尔河南也就是唐代很著名的粟特人的地方,具体位置在今天山南道的吉尔吉斯高山草原和撒马尔罕谷地东部。康居是中国汉初中亚地区中西部的国家和地区名,与后来的哈萨克族源之一的乌孙相对,核心区域在后来有名的大宛。康居也像匈奴一样,一开始五单于并立,分为5个部落小王。这些部落小王有的在唐代演化为"昭武九姓"国里的史国、何国、安国和火寻等。康居约有60万人口,一度与寄居康居的西匈奴郅支单于联姻,西匈奴灭亡后又与汉通好,成为丝绸之路南道重要的贸易中介。粟特人在唐代成为丝绸贸易中转的主力商团。奄蔡在康居西北,东汉时又被称为阿兰、阿聊兰、聊国,是一个居住在伏尔加河下游的碧眼金发的游牧部族,在蒙古人建立钦察汗国的时候,参与了蒙古西征。在聊国之北还有一个严国,分布在现今的卡马河流域,那里是古代的一个皮毛贸易中心,因此,康居和阿聊兰、严国之间也自然存在着通向草原丝路的贸易通道。

大月氏西迁,辗转进入阿姆河北岸,依旧是一个拥有40万人口的游牧大国。其西通安息,北接康居,南连罽宾,国势很盛。大月氏进入大夏地区的时间是公元前126年,即汉武帝元朔三年。在公元前255年的时候,希腊将军狄奥多特入据巴克特里亚,因此这里也有希腊化的吐火罗称谓,但在中国史书上一直被称为大夏。大月氏进入大夏故地，主要在今阿富汗境内，成为后来贵霜王朝兴起的主要地区之一。大月氏虽然婉拒了汉朝出击西匈奴的约请，但最终与其建立了越来越密切的通商关系。后来的贵霜王朝与罗马商业关系也很密切，除了比较曲折的陆上道路外，许多罗马的货物在埃及进入红海，运到大月氏后再转运到中国。这条海陆相连的通道大约是当时中国与罗马贸易的一个典型通道，也是印度所讲"香料之路"的原型。在这里，以大月氏、贵霜为区域中心，建立了丝路商品转运中心，在大的地理走向上，与今日的中巴经济走廊的流通基本功能有点相近。

罽宾在喀布尔河下游和克什米尔地区，地处南道商路要冲，是中国商人进入南亚的必经之地，也是西亚和中亚商人南下和东进的必经之地。塞人在公元前2世纪最后一次迁徙，是由月氏人连续性地西迁和南下引起的。张骞从大月氏返回汉廷不久，塞人从马累和赫拉特一线进入安息的锡斯坦，并陆续到达印度河中游和次大陆的西海岸，也有一部分朔流北上到达克什米尔，建立了罽宾国。《汉书》记有其国王的名字，译音乌头劳。从汉武帝开始，罽宾就与中国有密切来往，经由陀历道，也就是著名的悬度和大小"头痛之山""赤土、身热之阪"和"三池"等，有一千多公里的路程。在丝绸之路上，罽宾人主要担当运输和护送的重要角色。这里也是巴克特里亚希腊城主与塞迦贵族激烈争斗的地区，希腊王族与塞迦贵族前后轮流统治这个地区，在公元1世纪并入贵霜帝国，仍然与中国保持着贸易上的联系与合作。

罽宾国的丝路地位不可小觑。罽是一种高值毛纺织品，价值与当时的中华锦绣几乎同等。至今，产于克什米尔的羊绒披肩仍是世界名品。开司米的织物的定名也来自克什米尔。开司米也称罽，是西域毡罽文化的最高境界。《晋纪》和《邺中记》里曾把罽分为班罽、绛罽、紫青罽、豹头罽、鹿子罽和花纹罽等。公元199年汉高祖刘邦因为罽的奢贵而下令，一般士商不许穿用锦绣绮罽等。罽宾的国名来自贩罽的商人，这个国家将他们尊为宾，显然是一种特别的重视。

在中国两汉时期，地处西亚的安息和条支的丝路影响最大。前者由于出产安息香而闻名，后者却是一个具有亚历山大里亚名头的半自治商业城邦。公元前248年，地处里海东南的帕提亚在阿塞西的带领下，发动了起义，建立了安息国。罗马人称之为帕提亚，中国人仍称之为安息。安息全盛时疆域北至里海，南抵波斯湾，东接大夏，西到幼发拉底河。这是一个农业大国，居民善于经商。张骞第二次出使西域，其副使前往安息国都盘兜城，安息王曾经派出2万骑兵在东部边界木鹿迎接。汉使返回，安息也派使者到长安并带去鸵鸟卵和罗马的魔术师眩人，此后两国使节和商贾往来不断。中国的丝绸和铁器通过安息商人远销西亚和罗马，各国的珠宝、香料、象牙和皮毛从安息输入中国。一百多年后，安息分为两个部分，地处东部的锡斯坦别称乌弋山离，是从南道进入条支所要经过的地区，但曲折较多。

上文提到，条支在哪里众说纷纭，最普遍的说法是，条支是中国对安提阿克王国的简译安条克。似乎有两个安提阿克或安条克，一个在地中海滨，一个在波斯湾的两河出口。亚历山大东进时在那里也建立了一座亚历山大里亚城，公元前166年塞琉西王朝的安提阿克四世重建新城，取名安提阿克。20多年后一位阿拉伯酋长据城独立，不久又归属安息，但依旧具有城邦的半独立状态。甘英出使大秦，取道条支。这个条支周围40余里，三面环海，只有西北向的陆路通道，通向安息的贸易重镇泰西封。东向从海上连接印度的大港巴里格柴，西面连接厄立特里亚也即红海的港口。无论从城邦与市场的半独立地位还是海陆交通位势上看，安提阿克四世重建的新城安提阿克就是条支的可能性最大。而且，这也符合当时厄立特里亚海上贸易的历史状态。

甘英没有到达埃及，这是个历史遗憾。当时的中国人已经开通了北部湾的海上丝绸之路，直到南洋，但受条件和信息所限，在海上不可能走得太远。甘英是一位古代的商务外交官，他虽然不是商人，但携带的信息量大，也足够权威。

东罗马一直被称作大秦，但之前也有犁鞬或犁靬的称谓，后来也被称为拂菻。前后称呼的差异，有多种原因，或者是用不同的地名和某种显著的特点指代罗马。历史上的罗马扩张速度很快，但边缘地区一直不很稳定，加上亚历山大留下的遗产太过丰富，许多与希腊、罗马有关系的西亚和南亚结合部的政权像走马灯一样轮转，使许多历史地名纷乱。犁靬指代罗马，但主要应指古波斯的亚历山大里亚，或者是包括埃及亚历山大里亚在内的所有亚历山大里亚。西汉人知道他们，最先是从与西匈奴人作战中知悉，他们的骑兵中有一支手持盾牌列出鱼鳞阵的罗马步兵。据说他们是罗马统帅克拉苏战败后失散而无法回家的兵士。

对罗马，中国也有拂菻或蒲琳的称呼，但那是指东罗马，就是拜占庭。拜占庭是对罗马新都君士坦丁堡的统称。南北朝北魏还有普岚和伏卢尼的称呼，转自波斯人对拜占庭的叫法。对东西罗马多样的称呼，反映了丝路往来纵横交错的状态。

在汉代，中国与西罗马直接间接地建立联系，带动了欧亚的大片区域融入了跨国商品交流和文化交流的大潮。

首先是东方的丝绸和漆器，与西方的由畜产衍生的加工品发生大规模对流，此外还有后来居上的"中国铁"，再后来则是"中国雪"，即与火药制作有关的硝石等。《史记·大宛列传》记载，从大宛以西直到安息，原来"皆无丝漆，不知铸钱器"，西去的汉使包括"亡卒"，传授了铸铁技术。什么是大宛的货币呢？一是马匹，一是中国的丝绸。在当时，丝绸是最大的大宗商品，也是最有价值的实物货币。从汉代的贸易来说，朝贡贸易和使节贸易是一种创牌的形式，大多数场合，官办的贸易队伍与随后跟进的多边民间贸易呈现出一种混合的商业色彩。这也是历史上时有出现的难以考证的一些胡商充任使节的原因。西方的商业一开始就带有非官方色彩。汉武帝置西域四郡，促进了丝路的通畅，每年都有大型的贸易使团西去，并有民间商团跟进，和西部的塞人、大月氏人、希腊人、波斯人、印度人等进行多元商品交换。混合跟进的丝路贸易形式，已经全方位地出现在锡尔河与阿姆河，跨越伊朗高原、北印度和两河流域，进入地中海的东缘，并与罗马商人相遇。骆驼发挥了关键作用，居于社会底层的骆驼客同样建立了默默无闻的伟大功勋。

中国丝绸的最大消费者是罗马人。在罗马共和末期，凯撒大帝穿着丝绸衣袍出现在剧场，引来一片惊呼。自那以后，丝绸成为罗马人的时尚。西方出现了持续不断的丝绸热，一直没有消退，以至后来帝国的提庇留皇帝不得不发出一道禁令，禁止男子穿丝绸。但这道禁令遏制不了人们消费丝绸的普遍欲望。锦衣绣服成为富贵的象征，也成为基督教堂的幕帘。波斯人还发明了再加工的缕金工艺，买来中国的丝缣，加入金丝，这或许就是波斯缕金丝绸的起源。在公元后的几个世纪里，罗马城内持续很长时间出现丝绸专卖市场，这个市场在古罗马城的托斯卡区。公元2世纪，随着罗马帝国版图的扩张，英伦岛也出现了丝绸热。到公元4世纪，罗马的历史学家马赛里努斯这样讲："过去我国仅贵族才能穿着丝绸服装，现在则各阶层人都普遍穿着，连搬运夫和公差也不例外。"

当然，毡氍在西亚和草原是普遍存在的，只是它更多适用于寒凉干燥地区，因此在南方不很流行。但它是由西向东对冲中国丝绸的一种重要的产品。最原始的是草原丝路上的皮毛，伏尔加流域的古严国和阿聊兰是欧亚皮毛的集散中心，因此通向伏尔加河流域的道路也被欧洲学者称为皮毛之路。在李白的诗歌里有"五花马，千金裘"的描写。但毛皮只是畜产品中的初级产品，出自阿拉伯语的氍毹也即旃檀或者毡毯，是一种深加工产品。粗的毛毡可以做帐篷，细的可以制地毯。古代中国称之为氍毹或塌登，而塌登也出自波斯语，其中月氏氍毹最有名。毡氍中可以穿用的是绒毛织物。在《说文》中解作"西胡毳布"，斜织的则在《天工开物》中被称为斜褐或绒褐。毛织品是游牧民族的特产。安息有五色罽，罗马也有氍毹罽帐。《三国志》中提到，大秦氍毹罽帐，"其色又鲜于海东诸国所作也"。《魏略》中说，"大秦国以羊毳木皮野丝作氍毹之属，有五色九色"，还有"水羊毛"织成的"海西布"，也就是后来的呢绒。

马匹的东来是丝路上可与丝绸贸易媲美的一幕，甚至造就了千古流传的《天马歌》。汉武帝是一位军事战略家，《天马歌》大概是他唯一的有名文学作品。马匹之于中国，不仅是稀缺的运力，也决定了保卫家园的战力。汉武帝刘彻梦寐以求的就是获得中亚的良马。乌孙马最先被称为天马，细君公主西嫁乌孙，乌孙以一千匹马为聘礼，这是中亚良马大规模输入的一次。后来李广利又从大宛获得数千匹大宛马，乌孙马被改称西极马，天马的称谓落在大宛马的头上。但从总体上看，西极马也好，天马也好，大多都归于后来所讲的汗血种。引进马是关键，繁衍和饲养更是关键，因此人们看到苜蓿草引进的一幕，也看到暴利长在敦煌南湖套养天马的一幕。暴利长这个人从名字上判断也是西域人士，暴利长套养天马，应当是西来马本土化的一个象征。东汉时月氏马也进入中土。《北堂书钞》借外域人的口吻说，天下有三众，中国为人众，大秦为宝众，月氏为马众。虽然作者并没有着眼于东西商业的比较，但道出了马的贵重。

中国从国外引入动植物，汉代是第一个高潮，由此开始，一大批西来的冠以胡字头的瓜果以及经济作物和蔬菜陆续进入中国。比如葡萄的叫法译自东伊朗语，安石榴来自大宛的安国，红花原产于罽宾。有的因为历史的原因，胡字头消失了，如黄瓜、香菜、大蒜、核桃、蚕豆、豌豆、芝麻、姜等，它们都有这样的引进历史和本土化的历史。这些植物有的糖分较高，有的有辛辣和香料的特征。这些引进，后世都归于张骞，那是不可能的，张骞只是中国睁眼看古代世界并考察古代世界的第一人。张骞推开了古代西方的大门，中国商品的输出和众多的引进，归根结底还靠民间。

相对来说，中国冶锻铁器的技术西传更为重要。虽然西亚首先进入铁器时代，但在很长时间里进步不大。就拿兵器来讲，陈汤在公元前1世纪看到的"胡兵"，原先是"兵刃朴钝，弓弩不利，今闻颇得汉巧"（《后汉书·陈汤传》）。也就是说，他们引进了中国的淬火技术。中国的铁质武器在战国时期就普遍使用，汉代出现了低硅灰口铁和球墨铸铁技术，铸铁脱碳、生铁锻钢比欧洲早了一千多年。因此，"中国铁"在罗马时代就闻名世界。安息的马累是中国铁器的集散地。中国铁制兵器传入中亚，再传至罗马和俄罗斯。中国当时还有一种铜锌镍合金，被称为白铜，被用来制作箭头，是一种"秘密武器"。这种白铜也被波斯人和阿拉伯人称作中国石。

穿井术是中国的独创。不仅是直井，在汉武帝时关中还出现了井下通水的龙首井，这应当是中国新疆和中亚坎儿井的第一个来源。会不会穿井，不仅涉及农业、牧业，也关系到干旱地区战争的胜负。《史记·大宛列传》中记载了那则耐人寻味的"战争故事"，说李广利的军队与大宛贵族起了冲突，围攻贵山城，贵山城里无井，吃水全靠城外的河流，于是李广利断其流。守城者大为恐慌，准备求和。李广利得到情报，说贵山城内新近来了懂得穿井的"秦人"，于是答应了议和的要求。穿井避免了一场战争。

但是，令今人感慨更多的是丝路上一直持续的文化艺术的交流。在贵霜王朝迦腻色伽王当政时，贵霜王朝与中国西部毗邻的地区进入了犍陀罗艺术形成的最后阶段，并对中国产生了伴随佛家东传而来的持久文化影响。犍陀罗艺术是印度艺术、希腊艺术、中国西部艺术和中亚大月氏艺术甚至古塞人艺术相互影响的文化宝藏，希腊文化在这里沉积，佛教艺术又在吸收创新中覆盖其上，并夹杂着中亚的多种文化，潜移默化地改变、丰富着东方的文化。

这些艺术主要体现在绘画、雕刻、建筑和工艺美术四个方面，其中主要的又是绘画、雕刻，显示出印度早期的佛教文化与希腊文化在表现方式上的结合渗透。这种渗透变化比较明显，比如，佛教早期重修为，未必有偶像崇拜倾向，更未必有雕塑，但进入犍陀罗地区以后，一切都发生了变化。佛教为了传播，不仅出现了希腊神话似的佛本生故事，发展出后世的变文，还大量地借鉴希腊、罗马的文化传播方式，出现了壁画和雕塑的具象，更加直观地表现了佛教的教义和理念。也许是地理环境和文化环境的关系，希腊雕塑在这里发生内容、形式和材料上的变化，产生了连着山体的巨大雕塑如巴米扬大佛，以及中国西部和内地的石窟艺术和石雕、泥塑。总体上看，希腊文化传播进入后期，开始发生传播的碎片化，写实风格渐渐消失，代之而起的是逐渐本土化的佛教人物的化身形象。然而，也不能低估已经融入西部文化的西来文化元素产生的张力。神格化中人体的半裸以及随着丝路开通延伸出现的新艺术形象，如石狮子、麒麟和忍冬图案，显示了东西文化的新的交融。绘画中常见到的人兽翅膀，似乎需要具体分析。人像有翅膀，显然受西方文化与宗教理念的影响，但陆地动物有翅膀，则在中国古老的《山海经》里寻常可见，并不都能拿来说事。倒是半裸人物形象的不时出现，多半显示了文化多元杂陈的异质。例如20世纪60年代济源西汉晚期墓出土的绿釉质陶树底座上有裸体人，新疆和田也出现过有裸体人的陶片,连云港的摩崖石刻也有裸体力士,南阳画像石还有裸体舞的石雕。这不能不说其中有西方雕塑元素的影响。狮子于公元前后在欧洲、西亚有分布,作为珍奇异兽进入中国,很快成为中国石雕的母题,用来镇宅。麒麟则被吸收为龙生的九子之一。来自中亚和印度的忍冬花纹最早出现在汉墓壁画里和此后的石窟装饰里,也成为中国常见的纹饰。

在汉代,音乐尤其是乐器的引入最明显,虽然种类不敌后来的隋唐,但情况也是颇为可观。比如琵琶,晋以前被称作"批把",古人考证,推曰批,引曰把。一般认为唐以前的琵琶,不管是曲项琵琶还是五弦都来自胡中或北地,就连被称为阮咸的弹拨乐器,汉代也叫"秦汉子",多少也有些西来的影子。因为琵琶最早是一种马上乐器,与出自西亚、中亚以及中国新疆的弹拨乐器有亲缘关系。四弦流行于古波斯,五弦流行于古印度,这在敦煌壁画和云岗石刻里都可看到。著名的一件曲项琵琶流失日本,保存在奈良的正仓院。

觱篥也出自天竺,来自中亚,传入龟兹,是一种簧管乐,原来是一种惊马的吹器,应当与塔吉克人的鹰笛、骨笛有联系,汉代传入内地。笛子来自羌人,后来改为竹制。在汉代,由于蔡文姬的《胡笳十八拍》而广为人知的胡笳,最初是匈奴人卷芦苇叶放牧的把戏,被称为吹鞭;后来以羊角为管,芦为哨,被称为胡笳。在汉代,胡笳传入内地作为军乐器,东汉以后流传有《笳吹乐章》。

与胡笳有密切关系的是胡角。胡角是羌族用牛角制作的吹乐器,由张骞路经羌中带入汉地。胡角原名拔逻回,也是一种军用的号角,但也可以吹奏。张骞带回一种《摩诃兜勒》曲,由李延年创制新曲。汉末建安七子之一曹植自撰胡角三曲。魏晋后留下的曲目,有《出关》《入关》《出塞》《入塞》《望行人》《折杨柳》等十种,大概是军乐曲和送行迎宾曲。这种长角号也可能是后世喇嘛教仪式中使用的长号原型。

汉乐府中的《鼓吹曲》来自西域,一直保留到隋唐。《鼓吹曲》与中亚民族的乐曲是怎样一种流变关系,很值得研究。西部的舞蹈在汉代也陆续传入。人们常讲唐代的胡旋舞,其实在汉代已经有了,《舞赋》中有"浮腾累跪"的描写。至于古代的西方魔术以及人兽搏斗,都被列入了中国古代的"百戏"之中。《魏略》记载,大秦幻人能口中吐火,和川剧中的吐火应当源出一流。《后汉书》载:"永宁元年,掸国王雍由调复遣使者诣阙朝贺,献乐及幻人,能变化吐火,自支解,易牛马头。又善跳丸,数乃至千。自言我海西人。海西即大秦也,掸国西南通大秦。"这些杂技表演在汉画刻像里有大量反映。在东汉末期,汉灵帝全面掀起了一股胡风,胡服、胡帐、胡床、胡食、胡笛、胡舞、胡箜篌,成为上层社会的主流文化生活景观，而裸体舞的流行，则从另一面显示了文化交流中的五彩纷呈。

南亚的丝路循环

在中国汉代丝路贸易中，地处南亚的印度是一个非常重要的环节，同克什米尔地区的陀历道和中国西南的博南道形成了陆上丝路贸易的循环圈。在陆上丝路贸易的循环圈之外，还有一个更大的海陆相因的贸易循环圈，历史上被称为厄立特里亚环海贸易。

厄立特里亚也就是红海，因此厄立特里亚贸易也可以说是红海贸易或者印度洋贸易。厄立特里亚环海贸易西边经由阿拉伯湾连接着红海与波斯湾，经由陆上到达地中海，与历史悠长的地中海贸易相遇，东边则经由孟加拉湾、锡兰山（今斯里兰卡）、大小巽他和满喇加（今马六甲）连通中国南海，或到广州，或到泉州，形成了最初的海上丝路航线。在海上，菲律宾的马尼拉、爪哇、锡兰山，印度的古里，以及亚丁和厄立特里亚港口，一直都是海上贸易的重要节点，而印度半岛的古里、柯枝都是彼时重要的转口贸易港口。

应当说，世界上发生最早、持续时间最长的还是地中海贸易。但地中海属于陆间海。位于亚非欧之间的地中海东西长约4000公里，南北最宽处约为1800公里，面积约251万平方公里，西经直布罗陀海峡直通大西洋，东部是达达尼尔海峡、马尔马拉海峡与伊斯坦布尔海峡，连接黑海，东南则经过苏伊士半岛出红海，沟通印度洋。在丝路开通以前，丝绸已经进入地中海，成为地中海贸易的一景。由于那时苏伊士地峡尚未开通，丝路不能从海上直接连通，要想走海路，最好的选择是经由红海。在长期的考察中，希腊人和阿拉伯人发现，印度洋季风是有规律的，在一定的季节里，商船可以经由厄立特里亚的港口，出亚丁，到波斯湾和阿拉伯海，沿着印度半岛的西海岸和南海岸，再经孟加拉湾和南洋群岛国家到中国。这条海上航路，或者以印度南部的城邦为中转站，到中国的广州，或者连接中国西南陆上丝绸之路，形成古代"一带一路"的大循环。那时，阿拉伯人使用的是单桅帆船，后来逐步被中国的大船所替代。

厄立特里亚贸易是地中海贸易的延伸，但有自身的独立意义。这条海上丝路一直延续到宋、元、明，在清代以后也并没有大的变化，是海上经久不变的传统贸易路线。从某种意义上讲，后来的"大航海"，开始是基于中世纪后期凡特贸易也即中东贸易受阻，而处于资本主义发展前期的欧洲国家急于打开新的东方贸易路径，从而寻找新的贸易出路。因此黎凡特贸易多少有点冷清，苏伊士运河开通之后，才再次焕发活力。

在中国汉代，印度和南亚次大陆在丝路贸易中的地位已经开始显化。中印之间有经由喜马拉雅山南麓的多条陆上通道，有经由印度洋的海上通道，还有经由喜马拉雅山的山间通道，这些通道是古丝绸之路的生命线。中国为什么要重视中巴经济走廊的建设，印度为什么重提香料之路，并且希望加快与阿富汗和伊朗的海陆连通，这里都有丝路贸易挥之不去的历史背景。

印度是 Sindhu 的译音，由信度河或曰印度河得名。印度也称天竺或婆罗门，婆罗门是印度教取代佛教以后的叫法。古代印度的经济地理中心主要在恒河和印度河一线，无论是早期还是在后来的元朝，印度与中亚和西亚地区都有着密切的联系。

印度和中国的新疆地区交通极早。公元前5世纪，波斯的阿赫曼尼德王朝入居粟特地区和巴克特里亚、旁遮普地区，就曾多次向葱岭以东地区派出商队，商队中就有印度商人。公元前3世纪阿育王治下的孔雀王朝时期，印度商人更是经常往来于印度河至中国的崎岖道路上。《佛祖统记》第35卷记载了一位名叫迦叶摩腾的僧侣向汉明帝介绍早期佛教向中国传播的历史，说阿育王时期有舍利佛塔48000座，其中在中国有19座。虽然在中国的比例不大，但显示了佛教进入中国的早期历史。尤其是关于古于阗建立方国的历史传说，更有些耐人寻味。大约公元前3世纪也即中国战国后期，于阗地区还是空白，一位王子瞿萨旦那从中国内地率领1万移民到达于阗河流域。不久后，阿育王的一位大臣耶舍也带领7000印度人翻越雪山到达于阗。双方有所争执，划地而居，但最终实现联合，耶舍成为国相。《大唐三藏慈恩法师传》也采信了这个说法，并说这位耶舍是阿育王的一位王子，不知何因，出走呾叉始罗国，带领逐水草而居的游牧部落，开始居于于阗西部的子合地区。

古于阗建国，当以中国内地的氏族为主，加入了不少印度移民。这部分氏族居民，很有可能来自羌中或者甘肃的陇南，那里至今还有氏族的遗民和曾经建立的方国旧地。西汉末年，于阗人口达到近2万，比传说中建国时的人口略有增加。对中印早期交通与丝路贸易史来讲，于阗建国无疑是一个重大的历史事件，它在丝路南道具有枢纽地位。

但是，"大南道"、罽宾道的这种贸易联系毕竟受限于险恶的交通，这对到西土取经的人或许是意志的磨砺，但对大规模的商业往来并不有利。因此，后来喀什噶尔地区的区位优势凸显了，中印和西南亚的商人，大多经过塔什库尔干西出明铁盖山口,沿喷赤河上游继续西行南下,这就形成了一条经典的道路。

汉以后,西出印度和西亚的商道主要方向是昆都士或巴尔克方向。这条道路后来被统称为中印雪山南道,是汉代以后中印陆上中转贸易的枢纽道路。沿着这条道路可到达安息,一直西行到地中海东岸,也可以东南转向恒河流域和喜马拉雅山南麓,进入与中国西南地区博南道对接的中缅孟印传统商道,还可以北上喜马拉雅中部通道,与中国的雪域高原丝绸之路对接。喜马拉雅山南麓的尼泊尔正是释迦牟尼的诞生地和佛教文化的原生地,因此这条路也是中国僧侣去西天取经的经典道路。

由此可以看出,中印之间有一个陆上丝路贸易的循环圈,这个循环圈有两个地理地缘特点:一是以喜马拉雅山为核,形成商贸与文化的橄榄型的循环流转环带;二是橄榄的两端都可以东西辐射,形成一个丝路商贸文化的开放系统。这个系统看似复杂,但通道线路明确,无论是中国还是印度,都可以经由喜马拉雅山的两端和中间的通道,实现彼此连接,双双向西亚和东南亚地区放射。这是中国建设中巴经济走廊和提出建设中缅孟印经济走廊的历史经济地缘依据,也是印度提出既"向东看"又"向西看"的历史经济地缘依据,同时还是一位学者在 2015 年提出建立跨喜马拉雅山经济区构想的历史经济地缘依据。

对于这种历史经济地缘依据,2000 年前的中国人和希腊、罗马人都有明确的认识。居住在埃及的希腊地理学家托勒密在其著作《地理学》中讲,从一些到过赛里斯国的人那里知道,"不仅有一条路通过石塔到巴克特里亚,而且有一条路可通印度华氏城"。华氏城的希腊名字叫巴林波特拉。华氏城是一个重要的丝路历史节点城市。西方古地理学家认为,这条从西向东再南下的道路就是亚历山大东进并被迫中途驻足的道路。中国的《后汉书·西域传》中也明确地讲,当时的印度是一个大的地理名称,"从月氏、高附国以西,南至西海,东至磐起国,皆身毒之地"。《后汉书》对印度的描述,也说明中国和印度之间不仅贸易频繁,交易的商品种类也很多。其中所谓南至西海云云,大概是那时的中国人对西海的大的方向定位,并不专指地中海,而是西边的海和洋。

在汉代,中印陆上贸易是通过三条道路实现的,雪域高原道具有明显的辗转沟通性,中印雪山道和西南博南道直接贯通。张骞第二次出使西域,发现西南丝路的存在,得知四川的蜀布与邛杖可经印度销到大夏,也就根据地理方位的判断,得出印度当在邛西之南的结论。此后汉朝加大了西南开发的力度,先后拓展了经由滇西、腾越、伊洛瓦底江地区通向印度的商路。这条商路河谷纵横,一般要通过缅甸北部的伊洛瓦底江和弥诺江也即亲敦江伸向阿萨姆,连接恒河流域的市场，同时这也是小乘佛教传播的路线。《纪古滇说原集》记有一种传说，称阿育王的一个儿子曾经率众到过大理及楚雄的金马、碧鸡一带，返国时受阻于哀牢，留居在滇。云南也还有战国时入滇的庄蹻晚年崇信佛法，迁居弥渡红崖的说法。虽然只是传闻，但反映了中印佛教文化在中国西南地区交流的古老状态。缅甸和泰国都有佛教传统，而且以小乘佛教为主。中国西南地区的佛教普遍尊崇骑象的普贤菩萨，也有小乘佛教的影子，所以传说里还是有历史的某种文化背景。在公元3世纪，也有一批四川僧侣去西南取经。这件事记录在义净和尚的《大唐西域求法高僧传》里，说是从那烂陀寺向东到鹿苑寺不远的地方，有一座支那寺庙，相传是笈多室利王专为支那国和尚修建的。这些支那和尚有20余人，经由蜀中到达印度。在印度的诗史里，云南的昆明就是支那和尚的所在地。

应当说，中缅印道与中国西南丝路博南道的对接，远远早于张骞的时代，大约在庄蹻入滇的时代也即公元前3世纪，而庄蹻入滇本身也是西南丝路通过沅江与长江流域实现连通的极为重要的历史环节。几千年来，这条道路与经由蜀道的商路并存，形成了由川东、湘西各自入滇的商路，并把黔滇连接起来，形成了长达数千里的微丝路。

云南李家山24号春秋汉墓曾经出土一颗蚀花肉红石髓珠，一度被误认为玛瑙，为公元前3世纪印度河流域的产品。这种特殊工艺的珠饰，在汉代从印度输入中国。著名的晋宁石寨山发现的大量环纹贝币，来自印度洋深海，反映了中印之间的早期货币流通。

中缅印道上民族众多，社会发展水平悬殊，更适合灵活的民间贸易，因此出现了历史悠久的马帮经济和坝子模式。云南地区在历史上也是七彩纷呈，贸易处于分散状态。历史上西南丝路的开发，经历了较长的过程。西汉兴师动众，但未能确保官方西南丝路的完全畅通。进入东汉，道路有了大的改善，尤其是在设立哀牢、博南二县和设置方圆数千里的永昌郡以后，商队越过了澜沧江和高黎贡山，阿萨姆的印度移民也进入了永昌郡，中国、缅甸和印度的经济文化联系进一步紧密起来。

在《后汉书》和《魏略》里，也有对孟加拉的明确记载，指出在天竺东南3000余里，有一个车离国，"列城数十，皆称王。大月氏伐之，遂臣服焉"。这个"大月氏伐之"，从方位上不对头，当是误传误记。但记载中这个车离国的人"乘象、骆驼，往来邻国。有寇，乘象以战"，基本准确。那时的腾越是乘象之国，往南的地区更是如此。对孟加拉，汉代中国人更多的时候称之为磐起国或者磐越，称其王为汉越王。对这个地区也有称为高达的，泛指孟加拉临海地区。《魏略》中讲，这里的人个子不算高，与益州也即四川的中国人相近。

根据汉魏时期有限的地理风物资料，公元前后中缅孟印道的轮廓也还是清晰的。四川商人或者当地的马帮，从今天云南永平县的博南山启程，渡过澜沧江，经过时称隽唐的保山坝子，西越高黎贡山垭口，沿着亲敦江走向阿萨姆，再南下孟加拉的达卡地区，经恒河河口溯流而上，经过巴特那的"华氏城"、开瑙季的"曲女城"，到达印度的另一个古代文化中心马土腊，再北上印度河流域，穿过今天巴基斯坦与阿富汗传统的开伯尔贸易山口，直达巴克特里亚，或者继续西行。开伯尔贸易山口是一个三岔路口，南来北去的印度商队和东来西去的中国商队在此再次相遇，既可以继续前行，也可以重新组合，向西向南开始新的旅程。值得一提的是，在这条异常活跃的陆上丝路大动脉上，商品流通呈现多方向对流，转口也频繁，既有大量的流向西亚和地中海的丝绸，也有西亚和地中海流向南亚的"回头货"。根据《厄立特里亚航海记》的记叙，在那时，由中国进入希腊罗马的"生丝、丝线、丝织品由巴克特里亚经陆路运到八格里柴，或由恒河经水路运到泰米尔邦"。这似乎不合物流求近避远的一般逻辑，但在市场杠杆的撬动下，确乎就是这样。

在中印贸易的陆上循环圈的外层，还有一个更大的贸易环，这就是厄立特里亚环海贸易。厄立特里亚环海贸易是古代海上丝绸之路的原型和框架定型。《厄立特里亚航海记》是佚名古希腊船长留下的。他以亲历者的身份记叙了海上丝路的基本状态，揭示了其与中印贸易有关，同时也是围绕印度洋贸易的更大的宏观线路结构。

显然，在2000多年前不断升温的中国与罗马互为最终目的地的跨洲贸易中，罗马曾经处于相对被动的地位。在一个时期里，希腊、罗马传统的海上贸易优势在陆路贸易中丧失殆尽，面对着西亚、中亚和南亚的无数中介和转口商人，手足无措，而国内的丝绸消费一浪高过一浪，财力的紧张可想而知。罗马军队虽然一度攻陷西亚最大的商业城市泰西封，但终究占据不了丝绸之路漫长的陆上道路，因此不得不在调整税收政策的同时，把眼光投向埃及和埃及南边的红海，探寻与中国的直接贸易道路。那时并没有苏伊士运河，而西奈半岛还是沙丘连绵的空旷牧地，唯一的办法就是发挥罗马直接控制的埃及亚历山大里亚的全部功能和较近的红海的航运功能。从水路上看，尼罗河的上源是白尼罗河与青尼罗河，西边连接着后来的苏丹地区，东边则是古代的努比亚地区即现在的埃塞俄比亚。埃塞俄比亚高原东部靠近红海的，就是对于罗马至为关键的厄立特里亚，包括现在的吉布提地区。红海狭长但有着与地中海同样的气候，可以由埃及进入，也可以从西奈半岛的地峡和曼德海峡切入。红海的南出口是著名的亚丁湾，厄立特里亚沿岸的祖拉湾有着当地最大的海港阿杜利，隔海就是大秦控制的地区。一时间，阿杜利的繁荣使很多人误以为这里成了罗马的新首都。

在公元1世纪，阿杜利又成为这里新兴的阿克苏姆国的贸易中心，船只可以由此直接航行到印度西海岸的柯枝与古里，还可以到达南印度的黄支和歌营的古代港口，自然也可以行至南中国海。

罗马人的计划并不错，这条航路虽然不能代替陆上丝绸之路的全部功能，也有一定的交通瓶颈，但毕竟是一种新的探索。只是，这条厄立特里亚航路一开始就面临着两个难题。一是海风海浪。罗马及周边的商船只适应地中海与红海相对风平浪静的航行条件。很长时间里地中海航海技术比较落后，船只进入印度洋以后，风浪要比地中海大得多，适应地中海的船只不是在所有季节都可以在印度洋航行，即便后来出现了三桅帆船，仍有很大的安全问题。二是西罗马对红海航道的控制能力。西罗马不久之后解体，东罗马更多转向黑海贸易路线。因此，对于罗马来讲，并未能充分利用这条海上路线。在很长时间里，这条海路成为后起的阿拉伯商业冒险家和优秀水手们的乐园。一直到《一千零一夜》述说的航海历史故事里，那位出自亚丁的水手辛巴达依然驾驶着一只单桅帆船，独自航行在印度洋。

海风海浪的问题，经过水手们的摸索，最终解决了，他们根据印度洋信风来临的周期决定东航还是西航。但涉及商船大小和技术性能的问题，一时半会儿解决不了。因此，虽然计划不错，但对于罗马来说，实现大规模印度洋贸易还是不现实。

在这个节骨眼上，中国的商船出场了。

中国的大舶在后来的郑和时代也叫宝船，吨位大，设备全，一般具有7张帆，也就是多桅帆船。这种帆船出现在三国时代的东吴。东吴的造船技术在当时的世界上无出其右。大舶是民间的说法，不见于官方文献，但服虔的《通俗文》说"吴曰艑，晋曰舶"，艑舶其实是一回事，"长二十丈，载六七百人是也"。有了这种大舶，再加上东南沿海的航海人才，以及中国人对罗盘的运用和对星空的精确定位能力，中国人从三国时代就脱离了近海航行的初级阶段。这不仅为后来的宋元航海和郑和航海打下了基础，也直接地促进了厄立特里亚环海贸易的发展。

公元226年，孙权派康泰、朱应出使扶南，到达了马来半岛的克拉地峡，走访了许多东南亚国家。他们对厄立特里亚印度洋贸易有所认知,决意继续西行。康泰的一位副手过去到过南印度的黄支、歌营,知道从那里乘大舶,张七个帆,顺着风,走一个多月就可以到达大秦,于是开始了经由南印度前往罗马的航行。中国大舶的目的地就是厄立特里亚的阿杜利港。康泰的远航拉开了厄立特里亚环海贸易最为壮观的一幕。从此,中国帆船可以往返于广州、交州和东南沿海,有力地推动了厄立特里亚环海贸易的发展。

中国大舶进入厄立特里亚环海贸易航程,带动了海上沿线国家的跨国海上和陆上贸易。线路延长了,贸易半径扩大了,近到南亚,远到北非,如苏丹、埃塞俄比亚,都成为中国大舶停靠的地区。在这些地区也都发现了同时期中国文物。原产于埃塞俄比亚和索马里的长颈鹿被视为麒麟而隆重地进入中国,也是在此前后。

在魏晋时期,中国与罗马贸易没有实现直接对接有两个重要原因:一是不久之后西罗马消亡,东罗马建立,罗马政治、经济和文化中心移向了欧亚交界处的安纳托利亚半岛,进入了拜占庭时代,而中国短命的西晋王朝也因为"八王之乱"走向了崩溃;二是罗马中心的东移和紧接着中国南北朝的出现,使草原丝路再一次突现经济地缘的重要性,厄立特里亚环海贸易也就随之节奏渐缓。但是,厄立特里亚环海贸易并没有停止,只是主导权逐步转入阿拉伯商人和因商兴起的阿克苏姆王国手中。从中国的南朝一直到唐宋元和明初,厄立特里亚环海贸易运转了又一个千年,其航路终于成为古代海上丝路的中心。

也要看到,无论是海路贸易还是陆路贸易,中国与罗马的交往还是拉近了。据中国史书记载,公元166年,罗马皇帝马可·奥里略·安东尼的使节经由日南登岸,到洛阳进谒,使者带来象牙、犀角奥、玳瑁,两国"始乃一通"。这件事似乎不见于罗马史籍,而且使节所带的国礼也没有大秦特色,因此很多学者怀疑,这是否是一次语言不通条件下的罗马商人活动。随着时间的推移,公元284年,晋武帝司马炎太康五年,大秦使节正式登场了,带来了罗马的宫香纸。这个场景的出现并不偶然,乃是之前三国时代的东吴船队直接加入厄立特里亚环海贸易的结果。孙权栽树,司马炎乘凉。中国与罗马直接贸易的大幕从此还是开启了,中国与罗马的直接海上交往也开始了。罗马与中国北朝有交往,与南朝也有交往,甚至与地处西部的前凉地方政权也有交往。在东晋穆帝、哀帝之交,中国与拜占庭有过使节往来。北魏同样接待过普岚(东罗马)的使者。东晋与东罗马的使节往来发生在朱里安在位时代。从公元3世纪到7世纪,拂菻、波斯使节从海上或者陆上出使中国多有记载,而西方的景教、摩尼教甚至犹太教也随之进入中国。

南北朝丝路和隋炀帝的"会展"

汉代通西域和三国时期出现大舶,为盛唐和宋元明陆上丝路和海上丝路前后进入第二鼎盛期做了各种准备。但进一步的丝路联通,则与三国之后的几个重要朝代的推进分不开。尤其是南北朝和紧随其后的短暂的隋朝,为丝路贸易的再次大发展做了极为重要的铺垫。

一般认为,在国家处于分裂状态下,丝路贸易和相应的文化交流必然停滞,但这只是一个表象,也只是局部,文明交流的步伐仍然在更多的地方迈进。有意思的是,暂时的停滞不仅是再次活跃的"过门儿",有时候也会出现丝路贸易更大的边际效应。比如中国的南北朝时期,不仅出现了汉代以来最大的民族融合,也出现了丝路贸易和丝路文化交流的始所未料的一轮大发展。

中国北朝崛起经过了几个回合。从鲜卑族走出山林,填补匈奴西去留下的空白,建都平城,迁都洛阳开始,每一阶段都是文化开放的结果。这种文化开放,不仅仅是对先进的汉文化的接纳,也是对东西方文化的接纳。

在北魏兴起的过程中,鲜卑虽然和柔然有冲突,但鲜卑出身草原的背景和对草原丝路的天然亲和能力,无疑缓和了这种冲突。东罗马重心向东方移动,也促使它对草原丝路产生更大兴趣,它们前后出现在草原舞台上继续推进丝路贸易。北魏拥有从河西走廊和祁连山进入沙漠绿洲再进入丝路的空间,而丝路石窟的开凿、西域高僧的陆续东来,都是丝路发育的重要标志。

在东晋十六国时代,河西走廊就有5个地方政权,其中凉州是一个重要的汉文化中心和权力交替中心,对河西走廊的社会经济产生影响,也影响到南北朝的政权运作。陈寅恪先生在《隋唐制度渊源略论稿》中讲:"西晋永嘉之乱,中原魏晋以降之文化转移保存于凉州一隅,至北魏取凉州,而河西文化遂输入于魏。"中原文化进入河西走廊,那里的人们对汉代开通的丝绸之路看得更真切,那里形成的贸易力量也不会小。前凉立国不久,就与东罗马建立了联系,罗马的一对"并人高"的金瓶从陆路运到凉州,这不仅预示着陆上丝路没有衰退,反而表明其更引人注目。

东罗马与北魏开展大规模的直接贸易的时间是公元456年,交易中心仍旧是安提阿克,但偏北的草原丝路也再次兴旺起来。黑海北岸的刻赤曾经出土北魏时的中国丝绸,说明东罗马的商人由此东来,沿着伏尔加河与里海北部的草原路径获得丝绸。草原丝路和河西走廊丝路同时运转，有效地抵消了波斯商人的自然垄断力。在 5 世纪中期，东罗马与波斯萨珊进一步达成一纸和平协议，这两条丝路同时进入了新的繁荣期。

南朝也没有闲着，宋、齐、梁、陈尽管各自时间都不长，但也在海上丝路的开拓上做出了努力。尤其是陈朝的一代雄主陈霸先，在未登位之前，不仅协同粤西的少数民族首领冼夫人经略海南岛等出海口一线，还出任过广州太守，为海上丝路的持续发展尽了很大的力，从而也为广州作为海上丝路的重要基地再次夯实基础，并为后来盛唐以广州为中心的海上转口贸易走向第一鼎盛期创造了新条件。

南北朝海陆丝路的进一步发育，主要有这样两个重大成果：一是中国养蚕和丝绸技术西传；二是玻璃制造技术和金银器工艺技术东传中国。它们的共同特点是技术的相互传递和对流，因此在东西文化交流史上具有划时代的意义。

中国养蚕技术和丝绸技术首先是在西域 36 国开始传播，尤其是在适于发展桑麻种植的地区首先出现，包括丝绸南路的绿洲地带，如鄯善、精绝、于阗等方国。此后的传播路线和途径也是比较明确的，一直向西到达安纳托利亚地区。在伊斯坦布尔东南 200 公里处，至今还有一座又名丝绸城的布尔萨古城，那里就是中国古代丝绸西传的一个重要节点，也是安纳托利亚半岛最早引进中国技术养蚕缫丝、生产丝绸的地方之一。

有一些说法比较流行，其中之一就是于阗王尉迟舍耶迎娶了一位东国公主，那位东国公主将蚕种和桑籽藏在木杖和帽子里带去，于阗从此有了蚕桑业。对于这个传说，玄奘深信不疑。《大唐西域记》里记载，他亲自看到了鹿射伽蓝即鹿射寺故地的古桑树。这座鹿射寺也被称为蚕神庙。他说，"昔者此国未知桑蚕，闻东国有也，命使以求。时东国君秘而不赐，严敕关防无令桑蚕种出也"，于是转而求婚于东国，并在迎娶东国公主前，致信于公主，讲述了于阗素无丝绵蚕桑的情况，可以带来，可以"自为裳服"。聪明的公主"密求其种，以桑蚕之子置帽絮中"，"遂入瞿萨旦那国"。春天到来，"乃植其桑，蚕月既临，复事采养"。一开始桑叶不够，辅之其他树叶，后来"桑树连荫，王妃乃刻石为制，不令伤杀，蚕蛾飞尽乃得治茧"。鹿射寺故地的古桑树正是古蚕桑留种的地方。

东国是什么国，最有可能的是鄯善或者精绝，也有可能是没有并入古于阗国时代的纡弥国。20 世纪，斯坦因曾经在古纡弥境内的丹丹乌里克遗址发现过"传丝公主"木版画，也在罗布泊南缘的精绝国遗址发现过 4 世纪时期的桑树，应当是有力的佐证。因此这个说法具有很大的真实性。桑树的种植在汉魏时期的鄯善已经普遍，于阗成为桑蚕的重要产地完全有可能。斯坦因在其《古代和田》一书中记录，走近丹丹乌里克遗址，哪里有建筑遗留，哪里就有枯桑的遗存。这样的景观一直向东延伸到尼雅。印度的著名史诗《罗摩衍那》里也提到过一个"茧国"，从地理方位和历史联系来讲，指的应当就是于阗。在5世纪前后，不仅丝路南道有蚕桑业和丝绸业，中道的高昌、龟兹和疏勒也都有了发达的蚕桑丝绸业，龟兹锦的名声并不亚于波斯锦。

但是，养蚕丝绸技术的传播不会停留在西域36国，这种技术从这里继续西传，进入西亚和安纳托利亚半岛。波斯锦的出现，不能视为丝绸的简单再加工。在波斯语中，有一种轻如罗纱的丝绸名称发音同"越"，另一种双面锦缎名称发音略同"诺"，波斯所产的越诺布已有波斯"国产化"的特征，而安纳托利亚半岛的萨布尔城的出现，进一步表明了桑蚕技术入欧的明确地理走向。蚕桑丝绸技术主要由中国的西域36国传入中亚的费尔干纳盆地，再传入波斯，进入欧洲。

值得一提的是，在中国南北朝时期发生的丝绸技术传播，还具有西传后技术对流互补的特点。在梁朝，白匈奴人首次把波斯锦作为礼品带到了建康（今南京），此后波斯锦一度风行于中亚和中国的西部地区。这种商品对流影响到中国的纺织技术，甚至直接影响到中国锦工艺的发展，包括提花技术的发展。

在养蚕丝绸技术的传播中，波斯成为中国之外的新的丝绸制造大国，印度也逐步改变了基于野生蚕抽丝的落后技术。这无疑会进一步刺激罗马发展丝绸业的欲望。拜占庭的历史学家普罗科匹厄斯在其《哥特战纪》中记载，从印度到东罗马的两个僧侣，充当了罗马查士丁尼大帝的"经济间谍"，辗转前往中国直接取得蚕种，藏在竹杖里带入罗马，蚕丝业就此引入西方。记载说蚕种是从赛里达获得的，这个赛里达指的是中亚地区，是赛里斯的另一种称呼。应当说，在15世纪之前，西方丝绸的主要生产地区是西亚和罗马；17世纪初，法国的里昂也成为丝绸纺织重镇。在明治维新以后，日本丝绸产业迅速发展，生丝出口一度超过中国。

印度在历史上不仅是佛教东传的起点，也是中国丝绸之路海陆贸易的重要中介。在那时，印度僧侣来华是寻常事情，尤其是在6世纪中叶的中国南北朝时期，北朝佛教发展处于石窟修造的第一高潮期，西来僧侣一般会受到特殊的礼遇。只是不知这两位僧侣是从海路来还是从陆路来，但从陆路来获得蚕种的可能性更大。只是僧侣们也是只知其一，不知其二，他们毕竟不知稼穑，不知道纤维完整的蚕丝只能在出蛾之前获得。蛾子咬破茧子再抽丝，生丝纤维必然是短的，自然纺不出高质量丝绸，因此蚕种流出去了，但想要获得高档丝绸和生丝，还得从中国进口。还有一个问题，西方的桑树不同于中国，被称为黑桑，饲养出来的蚕吐出的丝质量不高。一直到18世纪引入东方的白桑，生丝质量才得到提高。

丝绸制造本身就是一个相互衔接的产业链，有种植、养殖、加工和纺织制造、后加工等诸多环节。在丝绸纺织中，生丝的质量是最重要的。就是在工业革命之后，丝绸纺织开始出现在更多地区，中国生丝依然是最上乘的原料。从最早的出现在三国时代的永安丝，到明清之际的湖丝，再到民国初年的粤丝，都是不同时代的抢手产品。一直到19世纪初，中国生丝出口数量和口碑都仍居世界第一。在清末民初，珠三角与长三角到处都有发达的桑蚕业。一直到20世纪30年代世界经济出现大萧条，中国的丝业才进入了相对衰落期。

在中国，玻璃制品曾是价格高于其他珠宝玉石的珍奇品。中国是不是世界上较早制造玻璃的国家，似乎有争议。在中国西周早期墓中确实发现过一枚白色玻璃珠料，后来也出现过西周时代的玻璃管，但西周是从中国西部进入中原的，因此玻璃的来源在哪里，还是一个问题。这种玻璃制品经鉴定属于铅钡玻璃，与古埃及的钠钙玻璃不是一个技术系统，别说是色彩，透明度也不够。

河西走廊作为陆上丝绸之路的咽喉通道，也是玻璃技术传入的通道，相比之下，海路更多地成为玻璃进口通道。由于南北朝总体上呈现诸多政权并立的特点，丝路贸易也呈现出多渠道扩张态势。中国史籍中记载，中国人向粟特人学习彩色玻璃的制造，大约是公元424年。

彩色玻璃并不代表所有的玻璃工艺种类，但应当是当时最高级别的。彩色玻璃制造的引进，打破了一直笼罩在玻璃制品之上的神秘感，也使它最终成为一般商品。按照这个时间，至少是来自埃及的比较先进的钠钙玻璃制造技术进入了中国，改变了玻璃贸易的格局。在北魏之前，高档玻璃制品或由陆路进来，或由海上舶来，其中有不少来自罗马和更早的地中海周边国家。

古代中国的玻璃制造业一直不很发达，一是受限于中国建筑的传统的土木结构，不会引发大规模制造；二是由于中国人对自然形态的玉石珠宝的青睐，使人造的玻璃丧失了早先的珍宝地位。但是，好的玻璃工艺品还是稀罕之物，因此，在643年拜占庭首次派出使者到达长安见唐太宗时，依然带来了玻璃。

在南北朝时期，中国与波斯的往来也进入了密集期。公元5世纪后，罗马从事实上承认了波斯在东方贸易中的中转地位，因此中国与波斯使节往来，商队络绎。随着陆上丝路贸易新格局的形成，大批的带有萨珊王朝风格的金银器和其他工艺品进入中国。萨珊的金币也在中国的许多地区流通。萨珊金银器制作工艺与中国传统工艺不断融合，形成了令世人瞩目的工艺传统。

从汉武帝在河西走廊置四郡以来，河西走廊的武威就成为西部商业重镇，到了隋唐，已经是"凉州旌旗十万家"的全国少有的大城市。武威北临巴丹吉林沙漠，生态原本脆弱，人口载荷过多和石羊河系水资源有限，制约了它的持续发展。张掖却有发展的后劲。发源于祁连山的中国第二大内陆河黑河也即古弱水贯穿其间。其南有祁连，北有龙首、合黎，沃野百里，是河西走廊的黄金地区。这里是大月氏的故地，西端临近的酒泉则与汉代著名的少年将军霍去病盛名相关联。敦煌的藏经洞与敦煌壁画是丝路最重要的文化遗产。河西走廊从隋唐起就有"陇右富庶之地"之称，从武威、张掖、酒泉到敦煌，长达近千公里，加上八百里秦川，是中国汉唐时期仅次于中原的经济文化第二核心区域。从古代到现在，说张掖是金张掖，敦煌是金敦煌，甚至说河西走廊是金走廊，陆上丝绸之路是金丝路。

隋唐时期，丝路的持续繁盛决定了以长安与洛阳为中心，以古凉州、古扬州为两翼的格局。后者是对应着那时内陆开放和临海开放的两个主要国际贸易节点城市。由扬州面向太平洋西通地中海的海上丝路主轴线，至今并没有大的变化；由古凉州从陆上一路向西，其实就是今日第二座亚欧大陆桥的古代版。隋唐运河以东西向为主，扬州既是运河的枢纽城市，也同东海相邻，是无可替代的东部经济中心。随着东西运河的湮没，南北大运河延伸发育，加上近代经济中心向海岸一线移动，扬州也就成为北向元大都，南接苏、杭的另一条功能不减，但以漕运、盐运为主的南北大运河中心城市，同时也承担着转口功能。

公元7世纪初，那位历史名声并不太好的隋炀帝，在大业五年（609）经略西域，走的就是积石峡与大通河流域的传统道路。《资治通鉴》记载，他在燕支山也即张掖的山丹，大会西域高昌、伊吾等二十七国王与使臣，"武威、张掖士女盛饰纵观"，"佩金玉，被锦罽，焚香奏乐，歌舞喧噪"，"骑乘嗔咽，周亘数十里"，"奏九部乐，及鱼龙戏"，誉为一时盛观。可谓是会展的古代先驱。

在此之前，为了廓清祁连山南的游牧部族干扰，隋炀帝西征青海，大破吐谷浑。在山丹大会结束返回的路上，隋师遭遇一场暴风雪，士卒伤亡近半，连同行的后宫嫔妃，"或狼狈相失，与军士杂宿山间，九月，癸未，车驾入西京"。从当时的大形势来看，这是隋文帝抗击突厥内侵战争的延续，与隋朝取得丝绸之路贸易主导权有着深层的关系。山丹大会之后，隋在张掖设立贸易市场，"自是西域诸胡，往来相继"，"所经郡县，皆送迎招待"。在吐谷浑军败伏俟城之后，隋朝又置鄯善、且末、西海、河源四郡，直接恢复了对西域地区的管理，使丝路交通通畅。隋炀帝的努力取得了效果。他在西巡中派云骑尉李昱出使波斯，波斯迅即回使隋朝。公元476年和公元518年，关于波斯使者到中国的明确记载较多，甚至还有一大批犹太人进入中国的记录，但大批犹太人进入中国的时间是公元640年。

隋炀帝西巡有点戏剧性，但不能以戏剧视之。他在河西走廊的一幕体现了他的理想。山丹大会有传统的会盟诸侯的意思。隋炀帝在客观上促进了丝绸之路的再次全程贯通，为后来唐朝的丝路贸易奠定了基础。即便是隋炀帝主持开凿和拓宽运河，其实也推动了丝路贸易。没有贯通东西的运河，扬州不可能繁荣，海上和陆上丝路贸易也不会全方位发展。

《隋书》中还记载，主事常骏、王君政海上出使赤土，"其王遣使婆罗门鸠摩罗以舶三十艘来迎"。赤土据考证在今马来西亚南部。这也是隋炀帝时代的事。把他的东巡扬州乐而忘返，只归咎为享乐，并说他在那里为部下谋杀，死后不能归葬，完全是天谴，多少有些不公平。平心而论，丝路在盛唐再次全面开通，波斯以东的贸易通道进一步打通，隋炀帝是有大功之人。隋炀帝开拓丝路，为唐太宗盛唐大开放气象开了头，也为唐太宗由于丝路繁荣而得来"天可汗"头衔做了铺垫。只是隋炀帝不懂得把握节奏，连年征战，终于使已经绷得很紧的社会矛盾的弓弦断了。

丝路贸易的盛唐气象

丝路贸易在中国盛唐时代达到了汉以来的第一个高峰，丝路文化交流和丝路文明的融合也达到汉以来的第一个高峰。

中国盛唐幅员广大，如果加上"昭武九姓"羁縻州，西至中亚的大部分地区，西北至叶尼塞河上游地区都在唐的直接影响范围之内。陆上丝绸之路的全部网络节点渐次打通，市场前移，出现东西向贸易史无前例的大通畅。甚至在一段时间里，在包括羁縻州的经济管理大格局里，实现了与西亚和东罗马的直接贸易。中亚北部的碎叶城，是那时草原丝路与沙漠绿洲交汇的最大商业节点。与克什米尔交界地区的陀历道，则是隋唐以来佛教僧侣东来西往多次取经的繁忙路径。由葱岭一直向西，陆上丝路的交易前锋进入汉代的康居即吉尔吉斯高原和费尔干纳盆地的大部分地区。

这样一种前所未有的丝路贸易格局，使盛唐的丝路贸易呈现繁荣景象的同时，也维持了很长一段时间的边境和平。天宝初期，西向的丝路畅通，北向的商路也建立了与尚在蒙古高原的回纥部落的"绢马互市"。绢马互市贸易制度在唐代首开先河，宋明一直沿用，从一个侧面推动了草原丝路的运转。诚然，唐与回纥的绢马互市，价格比不平衡：一般是四五十匹绢换一头马，这引起了唐王朝的财政赤字，唐朝欠回纥价绢，最高时曾达到108万匹，一直到回纥分裂后才偿清。然而唐朝接受这样的贸易状态，是有原因的——主要是基于回纥军协助平息安史之乱。回纥商人将绢马互市中得到的巨量丝绢贩运到中亚和西亚，也将西亚和地中海的商品运到东方，在事实上又加速了丝路上的商品流转。

唐代陆海丝路贸易开启了中国陶瓷贸易的第一幕。虽然唐代中国的瓷器还没有进入完全成熟的阶段，一直到宋代发现高岭土中国瓷器才算步入了高峰，但在中国的瓷器发展历史上，唐代的陶瓷工艺，除了赫赫有名的唐三彩，"南青北白"也开始成为新起的外销商品，并在此后各代的工艺演进中进一步得到提升。

"南青北白"概括了那时瓷器产品工艺的地理分布，同时也标志了瓷器出口的地理侧重。阿拉伯人阿布·法德尔·贝哈基在其写于公元1059年的著作里，提到了早期中国瓷器运往阿拔斯王朝首都巴格达的情况。那一批瓷器是经由陆路的驼队运去的，是当时的呼罗珊（也即前文讲到的巴克特里亚地区）总督向哈里发哈伦·拉希德进献的贡品，其中有20件中国宫廷御用瓷器，还有2000件民用瓷器。碗、杯、盏、瓶、壶一应俱全，"这在哈里发的宫廷里是从未见到过的"。其实，大约从9世纪的唐末期，中国瓷器已经大量输入阿拉伯国家，阿拉伯地理学家伊本·法基在其成书于公元903年的《地理志》里，将中国丝、中国瓷器和中国灯并列为三大名牌商品。他们把瓷器、镔铁当作中国与阿拉伯国家之间不可缺少的贸易商品。有趣的是，一位伊斯兰诗人因为其喂养的一只公羊撞碎了他所珍藏的中国瓷，竟然在诗歌中追念"纹饰中凝结着非凡才智的中国瓷碗"。9世纪的阿拉伯人讲到瓷器如数家珍，能够细致地分辨黄釉、褐釉，白瓷、青瓷。在11世纪，青瓷还得到一个阿拉伯别名"古尔"，古尔人（指东伊朗、阿富汗和中亚五河流域的人）最喜欢的瓷器就是中国青瓷。

唐代的"南青北白"开了宋瓷的先声，无论是陆上还是海上，到处都有唐代瓷器的踪迹。现代考古者发现，从南海、印度洋一线到阿拉伯半岛的巴林和位于北非的埃及，出土文物中既有唐三彩，也有大量唐代越窑的青瓷碎片。从陆路的巴基斯坦到伊朗、伊拉克，也出土了大量的唐代长沙铜官窑、越窑以及宋初邢窑的瓷器。唐代与五代的瓷器生产，在中国北方主要在河南、河北，在中国南方主要在浙江沿海与广东"珠三角"地区。北方陶瓷主要依靠陆路转运，南方陶瓷则多由明州（在今宁波）和广州转运。

唐代的外销陶瓷产地主要分布在广东和浙江沿海，浙江有慈溪的越窑，福建有南安的青瓷窑。外销瓷以明州、越州（在今绍兴）为主，分销日本、朝鲜、东南亚各国和印度、阿拉伯半岛、伊朗、伊拉克、叙利亚、埃及、东非。埃及和伊朗曾经先后仿制华瓷，但釉色、胎质、纹饰和数量都无法比得上华瓷。伊拉克萨玛拉的陶瓷一度进行了工艺改革，萨玛拉成为西亚最先进的陶瓷制造业集聚地。

陶瓷工艺的输出在公元10世纪，埃及、叙利亚、伊拉克和伊朗出现了中国青瓷、白瓷和黄釉瓷的仿制品，甚至连中国的传统图案也在稍后一些时候进入了伊朗工匠的创作视野。

唐代丝路联通的宏大气象，也聚焦在彼时的长安城和西方的罗马。丝路造就了古代世界最大的商流、物流、人流、信息流和文化流，也造就了许多繁华的商业城市。这些城市有的后来衰落了，有的至今是商业重镇。前者如中国古代的楼兰、凉州，中亚的图兰和西亚的泰西封，以及许许多多以亚历山大里亚命名的城市；后者如中国的西安、广州以及后来的伊斯坦布尔和罗马等。每一座丝路城市都是一个具有自身商业和文化价值的文明坐标。

古代长安是丝路城市里多种文明交织互融的一座大城，闪现着古代商业文明的光辉。中国唐代长安有形市场分为东西两块，东市相当于今天的内需市场，西市则有外需市场的鲜明特征。六品官管理的"平准署"保障公平交易，七品行政级别的"市署"负责物价平抑、质量监督与交易时间。唐人韦述在其《西京杂记》里这样讲：西市在隋代已经经历了百年，叫作利民市，后来因为避唐太宗李世民讳，改名为金市，一直到朱温代唐才步入衰落。西市不仅是当时世界上最大的丝绸交易市场，还有因为丝绸交易而生的各种服务行业，其中有许多由西域胡商执业，如"波斯邸"、牙行、质店和胡女当垆卖酒的酒家。李白《少年行》中的"武陵年少金市东"，歌咏了西市繁华不尽的一幕。广州是海上丝路贸易的重要集散地，中国的丝绸、瓷器和西亚的香料、珠宝在这里流转，再加上"烟花三月"的古扬州和"旌旗十万家"的古凉州，总体上勾勒出盛唐时代丝路繁忙的景象。若不是唐朝后来发生"天宝之乱"，这种陆海丝路南北东西全方位开放的景象还会持续再长一段时间。

由于丝路贸易大潮再起，居于北方高原的回纥民族与居于中亚地区的粟特民族再次成为东方贸易的主要中介力量，而粟特民族就是"昭武九姓"国的民族来源。"昭武九姓"与同时期的"回纥九姓"一样，是一种历史丝路现象，并由此形成了互相联系的历史人文状态，他们或者作为丝路贸易的独立的中介力量，承担着继续打通东西贸易和文化交流的使命，或者进入、定居中国内地，成为文化大开放中民族文化融合的重要因素，从而使盛唐的社会文化呈现出史无前例的斑斓色彩。

"昭武九姓"国计有安国、石国、史国、何国、曹国、火寻国、米国、康国、戊地国。安国约在今乌兹别克斯坦布哈拉；石国在乌兹别克斯坦塔什干；史国又称羯霜那或拓羯，在今乌兹别克斯坦沙赫里萨布兹地区；康国在乌兹别克斯坦撒马尔罕；何国在撒马尔罕西北；曹国在乌腊提尤别（在今塔吉克斯坦）。他们先后进入丝路商业大潮，在隋唐以后的陆上丝路贸易中发挥了中流砥柱的作用。

对于"昭武九姓"，有人认为他们来自河西走廊张掖地区的昭武，但那里只是上述国家的商人侨居集聚的地方，一如敦煌的中原移民村落和长安胡商集聚的大社区。"昭武九姓"中的很多人因为丝路贸易留居中国。昭武是他们在河西走廊的集聚区，长安是更大的集聚区。粟特民族多出武士，但更多出现的是施婆迤这样的胡商大贾。许多人在唐朝担任了重要的军政职务，晚唐拜相的就有毕、白、曹、罗等"藩姓人"。唐代后期的一位宰相毕诚，就是毕国人的后裔。毕国素有商都之称，其商人行踪遍及河西与关中。杜甫有诗云："花门腾绝漠，拓羯渡临洮。"花门指回鹘，拓羯则指粟特武士。

长安还有大量的来自高丽、百济、新罗和日本的留学生，最多时有8000人。波斯人和阿曼人也有不少集中在长安。有统计分析说，当时长安人口约为100万，各国侨民和外籍居民约占2%至5%。许多人在中国置有房屋田业。公元787年有过一次"检括"调查，在长安拥有田宅的侨民竟有4000人之多。

海路上的广州也是这样，因为丝路商务，先后定居在广州的阿拉伯商人达到20万人以上，而广州的清真怀圣寺，既可以礼拜，又具有珠江海岸灯塔功能，是广州成为古代国际化城市的标志。

唐代留居中国的各国移民有多种身份和社会层次，有贵族子弟，有因各种原因无法归去的使者、职业武士、僧侣、画工与乐人，但最多的是商人。贵族人士如波斯王子俾路斯和其子泥涅斯，以及突厥处罗可汗的次子阿史那杜尔，后来还有勃律国王苏失利芝、护密国王罗真檀以及陀拔王子。乐人如琵琶妙手曹妙达的后裔曹保一家三代，以及玄宗时代的康昆仑。他们对中国的贸易往来和社会文化习俗产生了重大影响，并不同程度地接受了中国典章制度和风物感染，习用唐朝衣冠礼仪，甚至与中国人通婚。其中的好学者还参加了进士考试，如留居广州的大食国人李彦昇被举荐到京师，在公元848年高中进士。

不独在长安，在丝绸之路的要道上，多国居民共居一城或相与为邻的情况比比皆是。最典型的是河西走廊西的石城镇（亦称典合城，粟特语也称弩之城）和楚河流域的碎叶城。石城镇是康国大首领康艳典始建的，那里原为鄯善国旧地，隶沙州，后来建立的蒲桃城和萨毗城，成为康国人的移民区。公元679年，安西都护王方翼改建了碎叶新城，"四面十二门"，完全仿照了长安的形制，《大唐西域记》说"诸国胡商杂居"。碎叶向西600里则是唐将高仙芝败于大食骑兵的怛罗斯城。怛罗斯城是塔拉斯河畔的丝路商业中心，玄奘取经时路过，那里的300户中国人服饰虽然已经突厥化，但仍保留中国语言习俗。

在唐代，丝路文化流动频繁。长安出现了浓厚的西域艺术风尚。唐代音乐在继承传统的基础上，广泛吸收西北少数民族和邻近国家的声乐和器乐，由九部增为十部，其中龟兹乐成为当时的流行音乐。龟兹乐来自北印度，是与佛教平行东传的新的音乐元素。与龟兹乐一同东来的歌舞有健舞、软舞、花舞、马舞以及胡旋舞，甚至还有来自更远国家的阿连舞、拂菻舞、拓枝舞。拂菻舞来自东罗马，拓枝舞来自石国，胡旋舞来自康国，阿连舞则来自更古老的曾经居住在里海沿岸的萨尔马提人的故乡。胡旋舞并不是一般以为的引足旋转，而是立在小圆球上旋转，难度很高。

在绘画方面，中西交流同样密切。中国造纸术的西传为波斯细密画和安纳托利亚以西的伊斯兰国家的绘画创造了条件，由罗马和印度传入中国的阴影晕染技巧也对中国绘画产生了影响。这种画法在中国南北朝至初唐时期也被称为凹凸画法，主要见于佛画。梁朝的名家张僧繇长于壁画与佛像，但在山水画中独创了没骨法。唐代的吴道子所画人物眼眸可随观者转动，当与凹凸画法有关联。当时的长安还有一批于阗画家，如尉迟乙僧、尉迟拔质那父子，他们都是西来画法的传播者。

天宝之际，胡骑、胡衣、胡妆、胡食、胡技蔚然成风。波斯的贯头衫、折襟衣，吐火罗人的小袖袍、小口裤，中印度的披肩，还有来自萨珊波斯的"步摇"耳环流行朝野。开元以后，《新唐书·舆服志》说"贵人御馔，尽供胡食"，就连被称为"击鞠"的波罗球戏，也即后来的打马球，也由中亚传入长安。唐玄宗是击鞠发烧友，宫廷内外出现了击鞠热。

但是，盛唐的丝路气象并不只是体现于中亚之风濡染着社会生活，中国与东罗马、阿拉伯的交流进一步密切也影响到彼时的国际关系。

先说罗马。从643年拜占庭首次派出使者到达长安诣见唐太宗，到742年最后一次派出访唐使节，100年里共有7次，其中大约有三次带有基督教会色彩。这时的东罗马国势衰微，拜占庭所属亚洲领土已经落入阿拉伯人之手，只有僧侣才有可能穿越西亚到达中国。667年，拜占庭又被阿拉伯人围困，拜占庭的使者再次出现在长安，颇有请求支援的意思。但一方面中亚形势有变，另一方面拜占庭与阿拉伯阿巴斯大食王朝的斗争互有输赢，因此唐王朝并没有表明态度。而在这个时期里，唐朝与拜占庭还是有人员往来的。《旧唐书》对罗马都城记录的细节真切，唐朝与东罗马之间的贸易并没有因为大食的崛起而中断。唐朝与东罗马之间的贸易在一段时间里主要通过草原丝绸之路进行。据10世纪末阿拉伯学者伊本·纳丁记载，当时黑海与里海有个可萨王国，属于突厥系但信奉犹太教。伊本·纳丁认为可萨突厥人懂得中国话，并且使用中国的宫廷礼仪，甚至用唐代的节度使称呼王国的地方官吏。他们很可能是回纥西去的一支，充当了草原丝路贸易的新的中介。

恒罗斯之战后，阿拉伯大食进入中亚，处于扩张期，但与唐总体上处于均势。天宝之乱后，回纥的强盛也抑制了大食的进一步东进，唐与阿拉伯大食更多地成为贸易伙伴关系。从此以后，在陆路上，阿拉伯商人代替中亚的粟特人成为丝路贸易的主要力量；在海路上，阿拉伯商团也成为丝路贸易的中坚。中国与阿拉伯的贸易揭开了影响深远的一页。

大食也称大石，来自古波斯语。公元651年波斯末王去世，阿拉伯商人的影响遍及西亚。由于丝路贸易的长期影响，阿拉伯大食与中国从一开始就实行友好贸易来往。从公元651年大食使节首次进入长安开始，此后的近150年里，共有39批大食使节来到长安。最先到中国的是白衣大食的使者，代表的是伍麦叶王朝。紧接着是代替伍麦叶王朝的阿拔斯王朝的使者，被称为黑衣大食。由于唐朝与阿拉伯大食关系总体友好，因此恒罗斯之战的阴影淡化，被俘的唐朝士兵受到优待，而士兵里的造纸工匠也帮助阿拉伯人在撒马尔罕建立了第一个造纸厂，造纸技术由是传入西亚。中国的丝织技术、瓷器彩绘设计技术也进入阿拉伯国家。在阿拔斯王朝的首都库法，有许多中国丝绸工匠和金银匠在阿拉伯作坊里工作。

在唐代，中国与印度及南亚国家的经济关系也有长足的发展。经中国青海入吐蕃、尼泊尔到中印度的道路正式开通。这条道路被称为吐蕃泥婆罗道或中印藏道，也就是雪域高原丝绸之路。

雪域高原丝绸之路的进一步开通与文成公主下嫁松赞干布有直接关系，也与尼泊尔的赤贞公主同嫁松赞干布分不开。文成公主进藏开辟了从青海日月山到拉萨的入藏道路，赤贞公主入藏开辟了从加德满都谷地通向藏南的商路，长安到拉萨、拉萨到加德满都再到印度的道路开始畅通。内地的丝绸、食盐、马匹和西藏的羊毛被源源不断输往印度，印度的毛织品也进入了西藏。

在中国隋唐时代，印度在地理上分为东、南、西、北、中五天竺，其中中天竺国就是佛祖故里摩揭陀。五天竺分别与唐朝互通使节。中天竺摩揭陀国王尸罗逸多在公元641年派使者到长安，668年五天竺国都派使者与唐通好。

中国使者三次出使印度，这位使者就是王玄策。第一次出使，王玄策作为朝散大夫李仪表的副使，第二次、第三次王玄策担任了正使。公元643年，王玄策一行22人从吐蕃泥婆罗道入印度，同年底到达中天竺摩揭陀国曲女城，返回时在王舍城凿石为铭，又在摩诃菩提寺立碑记事，历时三年回到长安。李仪表、王玄策第一次出使摩揭陀国时，受到摩揭陀国王隆重接待，带回了摹写的弥勒像。第二次出使，是应另一位迦摩缕波国王童子王（尸摩鸠）之请，将玄奘会同道士蔡晃等译出的老子梵文《道德经》送给了童子王。童子王的王国在今印度阿萨姆邦，那里至今还有中国道教的文化痕迹。

王玄策第二次出使时，摩揭陀因老王去世而发生了内乱，行程出现波折，但在泥婆罗国和迦摩缕波国王童子王的帮助下终于顺利成行。657年王玄策第三次出使，主要是奉太宗之命到摩诃菩提寺护送佛袈裟。王舍城有块佛袈裟石，传说佛陀就浴，衣服被灵鹫衔去，落地化为佛袈裟石。王玄策的三次使印，与当时的佛教东传以及玄奘取经相关。这种双向交流，应当是文化交流的一个成功范例。

王玄策使印，主要是在中印度、东印度、迦毕试和尼泊尔地区，加深了古代中国人对印度文明的了解。

无独有偶的是，最早访问泥婆罗也即尼泊尔的是晋代的僧侣法显。那时的泥婆罗道还没有开通，他从克什米尔的陀历道进入北印度，又由北印度进入尼泊尔南部，朝拜了释迦牟尼的诞生地蓝毗尼园和释迦牟尼涅槃处的娑罗林。当时的尼泊尔从属于吐蕃，王玄策一行受到尼泊尔王隆重的接待。尼泊尔王那陵提婆在王玄策第二次使印时派使者到长安给唐太宗送去菠菜和酢菜。这是菠菜和酢菜首次输入中国。

从李仪表、王玄策出使尼泊尔和印度开始，西天取经人多了一条道路，许多中国高僧从这里直奔释迦牟尼的诞生地、摩诃菩提寺和那烂陀寺。一位叫道方的僧人曾到摩诃菩提寺留学，做了寺主。另一位僧人玄照两次往返，有一次历时5个月回到洛阳。这条路虽然要历经高海拔地区，毕竟是中国到印度的捷径。

佛教东传

在作为文化特别是宗教文化交流意义上的古丝路上，佛教东传是一个意义非凡的历史大事件。在东来传经和西去取经的路上行走着许多著名的佛门弟子。

中国本土的宗教是道教，虽然有儒释道三教的说法，但那也许是从教化的意识形态意义上讲的。儒教无论如何不是一种宗教，但它可以渗透到各种宗教里，形成新的特色，比如在汉传佛教的发展中出现了由达摩祖师开创但由中国历代文人追随的佛教禅宗。

中国宗教的历史博物馆在西部，那里是世界上所有主要宗教最先出现或者衰落的地方。出现这样一种文化现象，是同丝绸之路的文化交流功能相一致的。在丝路上，今来古往的人们在掂量有形商品的价值的同时，也会对彼此的精神生产做出历史的价值判断。

在公元前4世纪的前丝路上，中国西部流行的是原始宗教，此后祆教即琐罗亚斯德教开始进入。从公元1世纪起佛教进入中国西部，首先形成了于阗、龟兹、高昌等区域性佛教文化中心，一路向东传播。6世纪摩尼教（元代也称也里可温教）和景教（基督教聂斯脱利派）也开始进入，但它们的传播链条有长有短，在东方传播链最长的是佛教。这与东方文化对佛教的接纳性有关，也与一直与丝路同行的佛门弟子们的努力有关。

隋唐前后，的确出现了许多佛教杰出人物。在东来的佛教僧侣中，有东晋的龟兹高僧鸠摩罗什、罽宾人佛陀耶舍、北天竺的驮跋陀罗（觉贤）、南天竺的达摩笈多等等，从汉到隋，计有92人。在西去的佛教僧侣中，最著名的有朱士行、惠生、法显、宝云、玄奘、义净，此外还有东渡的鉴真，以及使者宋云，等等。鸠摩罗什、真谛与玄奘并称三大译经家。菩提达摩是中国禅宗创始人，是南印度人，他从海路登陆广州，据说与梁武帝谈得不投机，"一苇渡江"，到了洛阳和登封的少林寺，演绎了"面壁九年"的禅宗故事。

据《历代求法翻经录》记载，从西晋开始到唐代，从陆上或海上到印度和西南亚国家取经的僧人多达190多人。东晋之后，西到印度取经的中国僧人数超过了来华译经的国外僧侣，法显与玄奘是其中最具代表性的人物。

在唐代，最后一个有记载的取经人是悟空。悟空原姓车，曾任别将，有武功，唐玄宗时伴送外国使团回国，753年到达犍陀罗（白沙瓦），半路生病，27

岁时在犍陀罗出家，法号法界。44岁时往游中天竺，又经吐火罗、疏勒、于阗、安西、焉耆和北庭地区回到长安。吴承恩为孙行者取名孙悟空，也许是受到车悟空的启发。

在众多的取经人中，隋代的法显和尚是有记载的第一人。法显原姓龚，是山西襄垣人，公元399年到印度取经时，已经是65岁高龄。路经张掖时差点被当作奸细砍头，但遇难呈祥，西行的队伍从4人扩大到11人。公元402年，法显一行越过葱岭，过新头河，到乌苌国，再南下北印度富楼沙佛教中心。同行者有的翻雪山时病故，有的返回中国，法显则继续前行，二渡新头河并曲折进入中印度，开始了周游印度的生活。他身边唯一的同伴后来留在印度。他开始了独自旅行，一直到达恒河三角洲的泰姆鲁克，两年后搭乘一艘商船前往斯里兰卡，观看了斯里兰卡僧侣出佛牙的法会，取得《弥沙塞律》等四部佛经，然后转乘另一艘能够载客200人的大商船开始了归国的行程。中途遇到暴风雨，补得了船漏，却迷失了方向，海上漂流百日才到达爪哇。在爪哇休整了5个月，又转搭另一艘商船去广州，再次途遭暴风雨，失去航向。船上的商人信仰婆罗门教，由于宗教信仰的偏见，他们差点以船载沙门不吉祥为由将法显留在路经的小岛上，但他终于幸免。在粮食与淡水将尽之时，商船靠岸，法显上岸询问，竟然是到了青岛崂山。法显终于归国了。65岁出行，归来时78岁，13年里游历了30多个国家和地区，《佛国记》载："顾寻所经，不觉心动汗流。"一年后，法显到南京与驮跋陀罗合译经书6部42卷，五年后到了荆州（江陵）并终老于此。法显是一个伟大的文化使者，他所经历的磨难，要比后来的玄奘还要惊心动魄。他不仅是佛教人士中名声卓著的取经人，也是他们当中海、陆丝路全程都走过的第一人。

法显著有《佛国记》。《佛国记》生动地记述了他长途跋涉的行程、细节与感受。在西去取经的途中，路经鄯善故国，路有白骨，天无飞鸟，但路迹依稀可辨，其情其景，让人有一种沧桑感，也能反映出丝路的变化与行路人的艰难。

南北朝时期，北魏胡太后也派出惠生西行取经。惠生与敦煌人宋云同行，路线与法显略有差别，是从青海直趋南疆再到达犍陀罗。这同北魏政权的势力抵达青海有关，同时也说明，通向西域的陆上丝绸之路不止一条，除了我们惯常认为的河西走廊，还有祁连山南的青海走廊。这条走廊其实更古老，至少在隋炀帝时期，众多的西行人从这里走过，入藏或者去西域。这一条通向敦煌与西部地区的重要通道在张掖与河西走廊交汇了，这既是世界申遗大会确定的天山长安路网的走向，也是兰新高铁行驶的方向。随惠生西行的宋云，著有《魏国以西十一国事》，原文已经逸散，有《宋云行记》，在《洛阳珈蓝记》中有引用，能一窥晋代陆上丝路的地理轨迹。

再后200多年，便是玄奘取经。凭借《西游记》，唐僧取经的故事妇孺皆知。为了塑造唐僧历经磨难一往无前的形象，吴承恩在《西游记》中对玄奘的身世作了艺术化处理，说他还在襁褓之中就随父母出行，几遭奸人灭门，幸亏母亲急中生智，将他放入木盆里让他随水而去。他随着木盆飘到金山寺被法明和尚救起，长大剃度，成为一代高僧。玄奘年幼时有无这样的经历，不得而知，但更多的考据表明，他出生在书香世家。其祖上大约是东汉太监乱政时凛然自请入狱的陈寔。祖父陈康曾为北齐的国子监博士。父亲陈惠在隋初任江陵县令，后来也辞官归隐，潜心儒学。玄奘原名陈祎，为河南偃师猴氏镇人。其二哥陈素早年在洛阳净土寺出家，号长捷法师，也有僧名。可见玄奘是个儒释皆通的人物。

玄奘取经的直接原因是当时佛教界对同一经典歧义百出，这同对经文的理解有关，也同经卷大乘小乘来源混杂有关。一般认为，公元3世纪前，西域各国以小乘佛教为主，贵霜王朝兴起后，大乘佛教也开始兴起。朱士行西行于阗，所教梵文经本90卷是小乘经文，法显西行时于阗已经流行大乘佛教。因此到天竺"留学"自然是玄奘的选择。但他一开始就面临着特殊的旅行环境。贞观初年唐朝国势未稳，东突厥颉利可汗和突利可汗突然背约，兵临渭水，唐太宗被迫设了疑兵之计，并许以金帛，订立了"渭水之盟"。这种变化影响到边塞，在较长时间里边塞实行控制人员流动的禁关政策，而非后来的大开放。僧侣外出，必须有"公验"，这种"公验"徒有名目，一般是拿不到的，立意西行，只能冒险闯关。

当玄奘混入饥民队伍到达凉州时，都督李大亮禁止他出关，他不得不滞留在凉州清应寺。天无绝人之路，清应寺主持惠威秘密派弟子以护送玄奘回长安为名，送他绕道西行，辗转到达了酒泉瓜州。但这时李大亮的追捕文书也到了，只是第一个见到文书的是笃信佛教的州吏李昌，李昌被玄奘的精神所感动，毁书放行。这时又恰逢一个名叫石盘陀的西域人，他激昂慷慨，表示愿做向导，送玄奘通过五座烽火台。但石盘陀只是一时兴起，真要继续前行，又百般踌躇起来，他假手一老者出面，说前路不可测，沙流掩路，几无幸存者。谁知玄奘心执意坚，听后仍不为所动。老者也被感动了，便用自己的一匹走过15次伊吾道的红马与玄奘的白马相换。老马识途，为他引路。因此，唐僧取经也还不是一路上只有白龙马为伴，还有一匹枣红马。而那位石盘陀极有可能是猪八戒的人物原型，但远不如猪八戒那么可爱，他不仅二三其意，一直惦念着自己的"高老庄"，而且居然在情急之下，用刀威逼玄奘回头。玄奘依然不为所动，二人便在玉门关前分了手。河西走廊至今有高老庄的地名，这也是一种处理素材的技巧。玄奘独自上路，沿着马迹与枯骨的指引前进。在第一座烽火台白墩子，他又被校尉王祥的部下扣留了。王祥也是佛教徒，他也被玄奘的勇往直前所感动，便指点了一条绕行其余烽火台的捷径。那时的烽火台设计路线与水源密切关联，不熟悉水源也就意味着死亡，因此烽火台是无法避开的。这样日伏夜行，玄奘终于走到令人闻之色变的莫贺延碛，也即俗称魔鬼城的雅丹地貌地区。玄奘和老者换给他的枣红老马终于胜利了。当他独自一人在一个凌晨抵达高昌王城的时候，他受到笃信佛教的高昌国王鞠文泰燃灯迎候的礼遇。鞠文泰很欣赏玄奘，希望玄奘留下做他的国师，甚至也不无威胁地说，要么留，要么送回长安。玄奘为此绝食了四日。鞠文泰看到玄奘心意已决，只好以取经归来为高昌讲经三年为条件，送玄奘继续西行。二人还结拜为兄弟。这无疑是玄奘取经途中的一个转折点。

此后，他沿天山南道西行，过龟兹到碎叶（吉尔吉斯斯坦托克马克西南），见到西突厥的肆叶护可汗，而肆叶护可汗是鞠文泰的姻亲，给他以关照。但这条路究竟是怎么走的，依然不清晰。因为还有玄奘经过"悬度"一说，那无疑是归来时的道路。他到达楚河流域的碎叶，方向上绕了路，但可以曲折南行。玄奘经由碎叶到达康国即费尔干纳盆地，大体也说明了路途的曲折。康国的居民大多信奉拜火教也即袄教，一开始并不欢迎他，但聆听玄奘传经后态度发生变化，并从此也开始接触并接受了佛教。

玄奘离开长安的第五个年头到达了目的地那烂陀寺。他拜已经106岁的戒贤法师为师。当时那烂陀寺是印度佛学最高学府，建寺已经700年。戒贤法师精通瑜伽、识因明、声明之学。玄奘在这里学习了5年，接着遍走印度东西南北，寻访佛迹，博采众经，继续他的"游学"之路。他几乎走遍了五天竺，最东到了阿萨姆的迦摩缕波国，接着南下建志补罗国（康契普腊姆），再转入西印度，寻访阿旃陀佛迹，又经信德北上旁遮普。他到过当时的伊烂钵伐多国、萨罗国、安达罗国、驮那羯磔迦国等，在位于今日印度北部蒙吉尔的伊烂钵伐多国停留了两年，悉心研究"摄政法论""诚实论"，然后重返那烂陀寺，但不久又去低罗择迦寺，学习"多部三藏"和因明学、声明学。这是当时最高的佛学境界，也是唐三藏称呼的由来。

两年后玄奘又回到那烂陀寺。此时的玄奘已是学富五车，学问达到连师傅戒贤都佩服的水平，因此赢得印度僧众的赞誉。戒贤法师令其主持那烂陀寺的讲座。玄奘用印度语开讲经义，论述精微，说理畅达，名扬全印，并受到中印度戒日王的重视。玄奘曾向戒日王介绍唐朝，并谈到《秦王破阵乐》。戒日王在曲女城特为玄奘举行了五年一次的第六次"无遮大会"，到会的有18个国王和僧侣三千众，婆罗门和其他宗教也有两千人众参加。

贞观十七年（643）春天，在离开长安14年之后，玄奘带着多年收集的佛经佛像，启程回国。这次，他已经完全熟悉了印中地理路经北印度的全部路径，并没有循着原路回国，而是抄了一条近路，即从时称摩揭陀的印度河上游回到于阗。这次他走的是地处南疆的"大南道"，所谓渡过"悬度"，也在此时。

玄奘归来，此时的大唐国势已是如日中天，但玄奘毕竟是偷渡出国的，于是他在于阗上表李世民，请西域商人马玄智随商队前去长安请还。半年多后，唐太宗的赦令终于到了，不但同意玄奘归国，还下令沿途为他提供方便。喜出望外的玄奘辞别于阗王，欣然走向长安，在贞观十八年（644）秋天进入阳关，贞观十九年（645）正月二十四日到达长安。此时正好是他出发后的第十七个年头。当时负责迎候的官员没料到玄奘归心似箭，要马不停蹄地直接入城，他们准备好的仪式都没用上。长安百姓自发迎候，从西郊到朱雀门，挤得水泄不通，以致玄奘无法直接进城，不得不在郊外的驿站停留一晚。长安市集也因此停市五日。这一盛举，千古罕见。贞观十九年，玄奘在洛阳见到唐太宗，这两位年纪相仿的僧俗领袖很有些惺惺相惜，他们长谈了一个多时辰。唐太宗认定玄奘有宰辅之才，劝其还俗做官，玄奘却请求唐太宗支持译经，唐太宗感叹地说，出家乃大丈夫事，非将相所能为也。玄奘在高宗麟德元年（664）在坊州（在今陕西黄陵县）圆寂，高宗也叹息，"朕失国宝矣"，并宣布罢朝数日，前后5次下诏。葬礼当夜，自发守灵者3万人。

玄奘译经是在唐太宗为其母亲修建的弘福寺开始的，工程浩大，前后译经数量为佛教界之最。但他的最大成就是成书于贞观二十年（646）的《大唐西域记》12卷，该书记述了他历时17年行程5万里亲历的110个国家和从传闻中知道的28个城邦、国家和地区，并对其地理位置、山川地形、城镇都邑、道路关隘及人文历史都做了记载，真切地反映了唐代丝绸之路的主要交通路线，被后世译成多种文字，至今仍是研究中亚、南亚和中西交通史的信史资料。

由于《大唐西域记》的权威性，它成了后来探险家的指南，比如英联邦印度政府派出的匈牙利籍的斯坦因，1900年和1901年进入策勒的丹丹乌里克遗址和尼丰的民雅遗址，并曾把寻找《大唐西域记》中提到的媲摩古城当成第一任务，最终没有结果。玄奘当年从于阗去尼壤（尼雅），路过并访问过这座古城。玄奘记录的媲摩古城的确切位置究竟在哪里，迄今并无定论，但1929年中国著名考古学者黄文弼的《塔里木盆地考古记》和1990年与中法考察队一道进入丹丹乌里克的学者卫炳华，似乎更倾向于如今公路两侧的古佛教圣地达玛沟和丹丹乌里克一线。

玄奘西行的路线，从总体上看，是天山道，绕行碎叶古城、怛罗斯古城（即今哈萨克斯坦的江布尔），以及乌兹别克的塔什干（赭时）、撒马尔罕（康国）、沙赫里萨布兹（羯霜那，即史国）、铁门（恰克恰里山口），转东南方向渡妫水（阿姆河），进入吐火罗斯坦至印度，到曲女城、那烂陀寺，然后绕行印度东西海岸一周。归来时，溯恒河西北行，再渡印度河上游，经今阿富汗喀布尔河流域进入谜罗川（瓦罕走廊），翻越葱岭（帕米尔），到揭盘陀（塔什库尔干），经乌铩（莎车）、佉沙（疏勒）、斫句迦（叶城）到瞿萨旦那（和田）、尼壤（民丰尼雅）、折摩驮那（且末）、纳缚波（楼兰），再到敦煌，走的是标准的南大道。

从旅行的角度看，玄奘虽然没有像他的前辈法显一样，从陆路去，从海路归，但走过了当时陆路上的所有路径，进入了塔里木盆地腹地。唐初的天山北路还没有完全打通，他的目的地是南亚，否则也无须绕那么大的一个圈。回国的时候却要进入当时还有较大绿洲的沙漠腹地。通过玄奘和法显的来去行程，我们不仅可以大体勾勒出西域从北到南的几个环形旅行圈，或者说是走向不同但内部相互连通的相对的半闭环，同时也可以了解塔里木盆地的沧桑变化。

媲摩古城如此难寻，一是因为沙进人退，原来的绿洲已经大多被沙掩埋；二是因为和田地区的行政地理发生历史变化。在南北朝之前，媲摩是纡弥国的故城，纡弥国是比古于阗还要强盛的方国。据史书记载，纡弥国当时有人口20040人，胜兵3553人；古于阗国只有19300人口，胜兵2400人。《汉书·西域传》记载，纡弥南与渠勒（策勒）、东北同龟兹（库车）、西北和姑墨相接，西距于阗390里。这个纡弥在历代有不同的称呼，如纡米、宁弥、捍摩等，在唐代称为媲摩，都是同一个地方的不同音译。西汉昭帝时，纡弥国的太子赖丹曾经担任过汉廷的校尉，管理过轮台、渠犁等地的屯田事宜。但在南北朝时期，纡弥战败，并入于阗，因此《魏略·西藏传》中记载，小宛、精绝、米兰属于鄯善国，而藏户、纡弥、渠勒、皮穴等国并属于阗。玄奘到媲摩也即纡弥故城时，这里已是于阗的属地，其地在今策勒、于田之间，一直延伸到瓦石峡。这里是大乘佛教的先锋，寺庙拥有远近闻名的雕檀佛像，吸引着僧俗佛家弟子们。

在那个时代，和田地区的绿洲断续相连，水资源并不贫乏。据推算，古于阗的白玉河年径流量为20亿立方米，黑玉河为21亿立方米，而克里雅河的年径流量也有12亿立方米。和田河每年10月至来年4月有时出现断流，丰水年份可以穿越大漠流入塔里木河。克里雅河也断续连通塔里木河。这不仅是沙漠绿洲胡杨林沿河生长的前提，也是桑蚕业发展的基本条件。

最早西行取经的是三国魏朝时代的朱士行，北魏时代出家人用的是俗姓，一直到公元376年释道安的时代有了沙门戒律，僧侣们才有了佛号。公元260年，朱士行前往西域。他走得不远，但也穿越了沙漠与戈壁，到达于阗。彼时大乘佛经是于阗的秘密，朱士行在那里生活了20年，才取得王宫里的梵文经文原本，但无法带回中原。他的一位弟子在西晋太康三年（282）将经本送到洛阳，而朱士行则留在于阗，80岁圆寂。

在玄奘之后，济南人（一说范阳人）义净"仰法显之雅操，慕玄奘之高风"，于公元671年从扬州到广州，随舶南行，20天到达苏门答腊的巨港（室利佛逝），停留半年研习"声明"。在室利佛逝国王的支持下，义净乘船经古卑、吉打，到达胡格利河口的耽摩立底国，学习梵语一年，后继续西行，到达摩诃菩提寺，历遍佛教圣迹，在那烂陀寺研究佛学10年，兼习印度医术。他一度又回到室利佛逝宣扬佛法。义净于689年回到广州，695年到洛阳，共得经律400部，舍利子300粒。义净编辑了国内第一部梵文字典《梵语千字文》，著有《南海寄归内法传》，其书一如《大唐西域记》，是古代了解东南亚各国的指南。

佛教东传中土最初的时间，一般认为是东汉，洛阳白马寺是最早的规模寺院，但也不能忽视伴随丝路贸易辗转东来的西南路线。公元1世纪中叶，佛教，主要是小乘佛教传入四川峨眉，尊普贤菩萨信仰，峨眉普光殿就是在那时建立的。普贤菩萨骑一尊白象，与中南半岛多象的自然生活状态更接近。峨眉山作为佛教南支集中地区，历经各代，香火不断，建寺150多座。

唐代天宝年间，最值得一提的是鉴真（688~763）东渡日本传授戒律一事。当时的日本佛教戒律不完备，733年，日本僧人普照随遣唐使入唐，访求十年，遂请鉴真东渡。鉴真六次东渡，历12年，于753年11月16日再次扬帆出海，于12月20日抵达日本萨摩，754年在日本东大寺先后为圣武天皇、皇太后、皇子和400余位僧人授戒。

在丝路上，文化交流特别是宗教文化交流当然不只是佛教，由于丝路的连接，多种文化与多种宗教相互对流，也可谓百花齐放百家争鸣，这是丝路历史文化包容性的最大体现。在佛教东传期间，东西方的各种宗教都在丝路上竞争与表演，形成一连串令人眼花缭乱的景象。

东方基督教也称聂斯脱里教，是罗马教廷长期排斥的一个分支，唐代前进入中国。西安至今保存的大秦景教流行中国碑，是1626年在周至县发现的。碑文里称耶和华为阿罗诃，或是称谓不同，或是不同语言的转译。新疆米兰绘有基督壁画的寺院，大约是最早的中国教堂。聂斯脱里教与罗马教廷本是同根同源。据考证，耶稣在受难之前，就让多马派出70个"福音使者"取道安纳托利亚半岛的乌尔法，不断向东传播基督教义。他们用的语言是耶稣日常讲的阿拉姆语。景教先在波斯产生影响，4世纪时希腊教士聂斯脱里出现，使它从此独立发展。从今天的眼光来看，聂斯脱里是当时日益趋向于保守的基督教的改革派，但无疑也是最接近基督教原始教义的耶稣的后继者，他不主张独身，更多关注的是医病疗疾，却被罗马教廷视为异端。后来罗马教廷把他们的东扩希望寄托在东方基督徒身上而未能如愿。其实东方基督徒就是被它们排挤的聂斯脱里教教徒。

从唐朝到元朝，聂斯脱里教一直在中国迁延不绝，在中国北方尤其是成吉思汗尚未统一蒙古时的西部部落形成一时无两的影响，信息传到西方教廷。由西欧的封建领主和骑士发动的东征在陷入困境之后，他们突然想起本是同根生的聂斯脱里教，却不想时移世易，再也接不上头。

景教传播利用了佛法的外衣和犍陀罗美术，与西突厥人的早期信仰有关。据说当初粟特地区流行瘟疫，基督徒便在他们的额上刺十字施行放血疗法以传教。隋初突厥人混居中原，景教也就陆续进入内地。

聂斯脱里教也称为大秦景教，大秦指罗马，景一般解作"大"或"明"。史载中国第一个景教徒阿罗本，在长安出现的时间是公元635年，唐太宗下令准予其传教并在长安义宁坊营造"波斯寺"，时间是638年。一开始只拥有教徒21人，称为"波斯僧"。不久波斯灭亡，这个说法又容易同起源于波斯的祆教和摩尼教相混淆，因此，在744年较大数量的景教徒进入长安以后，翌年即改"波斯寺"为大秦寺，恢复了它的本来面目。

聂斯脱里基督教在中原存在的时间约有250年，9世纪走向衰落，但在11世纪的蒙古汪古部和12世纪的蒙古克烈部、乃蛮部仍然流行。克烈部的首领王罕是聂斯脱里教信徒，这也是长老约翰传说的由来之一。德国传教士约翰到元朝欲续前缘，一开始以为拔都的儿子皈依了基督教，到后得知并非事实，于是又把希望寄托在贵由汗的出自克烈部又是王罕侄女的母亲身上。当然还有另一个由来，那就是西辽的耶律大石击败了塞尔柱突厥，震动了欧洲。罗马教廷认为，这位大石的国家里有不少景教徒，他本人也许是传说中的约翰长老，很可能是帮助西欧封建领主和骑士夺回耶路撒冷的潜在盟友，于是教皇亚历山大三世向葛儿汗耶律大石致函求援。

在蒙元帝国建立后期，聂斯脱里基督教在元帝国里仍旧有很大的生存发展空间，许多景教徒分布在支尼（大同）、大都（北京）、喀什和唐古特（宁夏与河西走廊），信徒最多达到二三万人，总数超不过二十万。聂斯脱里教派在元代，应该说是广义基督教的第二次入华，明代基督教第三次入华，才是罗马教廷的正宗，而利玛窦是其中的代表人物。

拜火教也即祆教和火教，主旨是宣扬光明与黑暗的斗争。其庙宇在河西走廊与西域石窟多有发现，如武威的马蹄寺就是其中一个。现代考古学者从西部的许多石窟与寺庙里鉴别分离出祆教遗址，这是一件颇有意义的工作，再次证明了中华文化的多样性、包容性是由来已久的。中国历史文化虽然有儒释道相互融合的特质，但也给了其他文化以容身之地。

祆教在公元6世纪由波斯人琐罗亚斯德创立，因此又称琐罗亚斯德教。琐罗亚斯德教流行于伊朗，并在公元前6世纪大流士一世时被定为波斯国教。公元226年的波斯萨珊王朝也以拜火教为国教。南北朝时琐罗亚斯德教进入中国。北魏灵太后就笃信胡天神、马资达神，在安阳出土的祆教文物有北齐石阙遗物等。在隋代，朝廷曾设七品"萨保"管理其众。萨保也有商队首领的意思，可见这是丝路贸易的文化衍生物。唐代的长安就有5座祆祠，管理品级最高是四品。会昌灭佛，殃及祆教，但祆教在西北地区仍然流行，在现在的伊朗和印度的孟买地区，至今仍有一些信众。

摩尼教是3世纪时波斯人摩尼创立的，据说摩尼到过北印度和中国西部，在277年被波斯王萨普尔一世处死。摩尼教被波斯当局视为异端，其信徒远走中亚和印度，并进入中国，传入的时间节点是694年。摩尼教在5世纪前后流行于地中海，7世纪后期传入中国，主要路线是从波斯到吐火罗。摩尼僧曾担任回鹘国策顾问，一度形成很大势力，在最盛时进入了岭南地区，因此摩尼教虽然在唐末衰落，但在福建和西北仍有流传。其寺庙统称大云光明寺，信众白衣白冠。摩尼教与后来的有神秘性的明教有没有关联，朱元璋的明国号是否来自明教，没有考据。一般认为，从五代起就流行的摩尼教，已经混合了佛教、道教的因素，甚至把五斗米道的张角视为创始教主，但又将"牟尼"奉为光明之神，是一个比较复杂的民间信仰。教首称"魔头""魔王""魔母"，又多素食，因此又有"食菜事魔教"之称。似摩尼这样的连母国也不容的宗教，能在中国流行二三百年，可见唐代文化开放的宽容度。

印度教也即婆罗门教在古代中国不多见，这大约是种姓制度与中国国情不合，难以流传的缘故。但是，婆罗门教在中国并非没有一点踪迹，关于孙行者的一些议论就有涉及。至少我们从法显和尚归国商船途中遇险在崂山登岸的一幕里看到，同行的船主就是婆罗门教的信徒，印度人来华是生意交往，其中也会带来婆罗门教的一些宗教因素。

伊斯兰教的创立者穆罕默德从公元610年就开始传教，622年由麦加出走麦地那，扩大了伊斯兰教的影响，630年再次征服麦加，建立伊斯兰国家。穆罕默德对他的门徒说："要寻求学问，即使它远在中国。"伊斯兰教创立不久，就开始了在中国的传播，除了陆路，便是海路，最早的时间在隋初。伊斯兰教进入中国最早的地点是处于海上丝路重镇的泉州和广州，但也有陆上丝路的多条路径。时间主要在8世纪初，10世纪进入高潮。明人何乔远在其《闽书·方域志》中记述了灵山圣墓，就是那时从麦地那来华传教的两个伊斯兰圣徒的墓葬。据《天方正学》一书所收的《旺各斯大人墓志》载，旺各斯623年来华护送《可兰经》，受到唐太宗的重视，在长安、江宁、广州建立了大清真寺。广州的圣怀寺就是在唐朝创建的。圣怀寺目前的位置在闹市中，但在唐代，无疑会在珠江岸边。那一座白色的高塔巍立一千多年，既是宣礼塔，也是航海的灯塔，无言地记录着海上丝路的历史繁忙与荣耀。

此外，中国史籍明确记载，公元640年，一大批犹太人进入中国，古老的犹太教也随之进入中国。

最早的海上丝路

海上丝绸之路源远流长。在宗教文化交流史上，唐玄奘是陆路去陆路回；隋代的法显是陆路去海路回；唐代的义净大师，是从广州出发，海路去海路回。他们的佛事经历不只具有宗教文化上的重大意义，也从另一个侧面见证了古代丝路总体上从海陆连通亚历山大里亚。在这个整体的丝路体系里，至少在南北朝与隋唐之后，海上陆上的丝路各领一半风骚。

一般认为，中国的大规模航海是从明成祖时的郑和开始的，但郑和航海意味着，在西方大航海之前，海上丝路的发展已经进入成熟的阶段，而海上丝路的开发与开辟远远早于这个时期。

毋庸说，地中海的贸易是海上贸易的源头，并由此出现了"蓝色文明"的说法。最早的地中海贸易主角是生产紫红布的腓尼基人，由他们派生出有名的海港城市迦太基，以及后来希腊、罗马的贸易和马其顿帝国以埃及为首的亚历山大里亚海陆贸易城市系统。但在这之后不久，东方人也并没有闲着，公元前221年秦始皇统一六国之后，中国的航海时代正式开启了。第一幕场景就是《史记》记载的徐福出海。

对于徐福出海，一般以神仙方士的活动视之，尤其是附丽于秦始皇寻求长生之药的动机，而又无可考徐福一行的下落，于是徐福出海便成为历代人们茶余饭后的历史谈资。日本曾有徐福东渡东瀛的说法，但其说风行恰是日本侵华并宣扬"大东亚共荣"的历史时期。近年来，学者的研究著作渐多，其中有些是日籍学者，他们甚至认为具有茶色瞳孔的日本人多半是徐福的后裔，而日本民族30%有秦汉人的历史血缘。徐福据说是琅琊赣榆人，是鬼谷子的关门弟子，主修气功、修仙及武术和海事，出道的时间在公元前2世纪中，时间上是与秦始皇时代相吻合的。公元前219年，秦始皇遣徐福入海无果，9年后又令其入海求仙，并带去童男童女以及工匠、射手。一说徐福在九州岛登陆，为日本土著带去农耕、捕鱼和制盐技术，被尊为"司农耕神"和"医药神"，至今在登陆的和歌山县和佐贺一带被作为神来祭祀。徐福到没到过日本，随他一同出海的童男童女最终到了哪里，人们还在研究。日本前首相羽田孜也曾经说过他的祖先姓秦，而羽田与秦发音相同。徐福研究再次升温会有什么结果，姑且不去管它，但徐福出海一事，对于海上丝路的开发来讲，已经足够了。

有一个很大的历史常识误解，那就是什么是"方士"。士的地位在中国的春秋战国很明确，至少是那种有文化和有一定经济地位及价值观的知识人群。但"方"呢？似乎指的是到处游走要上天的一批幻想家，甚至几同于后来的道家。"方"字的来源意味着他们不仅具有到处旅行的早期地理学家的身份，也具有中国最初航海者的身份。《说文》中"方"字的一义是"并船也"。"方"是渡船的载体方式，也就是把小船编结成大船。为什么要并船呢？是因为要出海，适应更大的风浪。中国古代对船只的称呼，最早是舟，基本上是一个小船的象形字。而"方"的结果是大船的出现。"方"在这里也是一个动词，因此在汉语语言体系里，方式、方法、方程，都是由此而来的派生词。方阵和方略以及方正，前者反映了组织结构与变换的适应性，后者则是指定位的精确。方及方士人群的出现且引起人们的注意，并不是因为他们能掐会算（掐算其实是人类最早学会的利用自体功能的计算方式），而是因为他们精于定位，特别是在茫茫大海上的定位。方士们不仅会编并船只，也懂得观察星图位置，懂得风向气候，或者会有最早的水罗盘秘不示人的绝技，这也就造成了笼罩在方士们身上的团团迷雾。所谓海上三仙山，蓬莱、方丈和瀛洲，也与当时神秘的海市蜃楼现象有关，但它不是暗示而是明示着海外的地理存在。寻找这个地理存在，是秦代中国航海的真正动力。

蓬莱属于古莱州，后来蓬莱角也叫登州，大概取登船渡海之意。蓬是船上的蓬室或者原始鼓风的船帆，瀛洲则是已知和未知的海上陆地，它们的古代命名，并不能用神话一听了之。

古代中国人并不坐井观天，认为"大瀛海环其外"，视野是极为开阔的。汉初的经济学家桑弘羊讲到秦国，称其"欲达九州而方瀛海"，那一个"方"字用得极为准确，作为汉代最有见识的学者而非纯粹的官僚，他明白方士与航海的直接关系。

秦统一六国之后，公元前219年秦始皇东巡琅琊也即今日青岛之南，首次组织了浩大的"海外求仙"活动。公元前215年又东巡到碣石，派燕人卢生、侯公、韩终、石生两批方士携物入海，这就是《史记·秦始皇本纪》里明确记载的"三十二年，始皇之碣石，使燕人卢生求羡门、高誓。刻碣石门"。这样看来，大的入海活动至少有三次。碣石具体是哪里，有多种说法，但既以"门"来名之，它就不仅是海边带有苍苔的巨石，应当还有船行锚地与通道。近年来，在秦皇岛发现秦代咸阳宫才有可能使用的夔纹大瓦当，因此《史记》的记载不虚。在古代的条件下，渤海湾是最适于航海的地区，那里岛屿众多，受台风影响比较小，又有海市蜃楼，给人以天上人间遐想的空间。所谓求仙云云，历来被人视为迷信，累及秦代的航海就这样失去了光彩。其实，地中海的航海也带有许多神话，求长生也一直是其一种追求，这就如炼丹术与炼金术曾经是宋元丝路上流传的热门秘籍，谁又能将它们排除在早期的文化活动之外。

在秦始皇的时代，像徐福这样的方士有很多。至少在现今秦皇岛一带的山海交界处，也即古文献记载的商人发祥的孤竹国，还有卢生等一批人。他们是中国航海事业最早的探路者。在渤海湾一线的黄骅、青岛，似乎都有秦始皇巡视和徐福渡海的传说遗迹。这些传说并非全是空穴来风。考古工作者在黄骅的一个土城开展探查，这座土城东西长570米，是否是他们期望的徐福出海处的一个后勤基地遗址，需要过硬的考古证据来揭示。

如果说，徐福和卢生的出海是中国海上丝路探索和经略的第一回，而且主要在渤海、黄海与东海地区，那么在100多年后的汉武时代，"续集"已经奇迹般地出现在南海。从三国时代起，艑与舶出现了，最大的舶可以乘搭700多人。

舶来自于艑，艑又来自于哪里？从三国上溯到秦代，时间约为600年，已经足够让最早的"方"演变为"艑"而至于"舶"。中国人在三国时代就进入了厄立特里亚红海贸易，与西罗马实现贸易的近乎直接对接，无疑是因为中国人拥有了七张帆的大舶。艑与舶的航海技术，令方士们走得更远。

翻开《史记·货殖列传》，有"番禺，亦其一都会也，珠玑、犀、玳瑁、果、布之凑"的明确记载。海上贸易的"都会"番禺赫然出现，可以说是与陆上丝路通道同时启动。但是，鉴于当时的技术条件已经成熟，对海上地理逐步有了认识，海上丝路的开发也就箭在弦上了。海上丝路的开发具有两个特点。其一是由近及远，一开始主要在南海和印度洋的边缘地区。因此我们从《汉书·地理志》里看到，在公元前111年至公元前87年，汉武帝派遣专属于"黄门"近侍的"译者"，招聘"应募者"组成官方船队，带着"黄金杂缯"，从当时广东的徐闻、合浦三汊港和日南（在今越南中部）出海，沿着中南半岛，到泰国、马来西亚、缅甸，最后抵达"己程不国"（今斯里兰卡）返程。全程有5000海里。这是亚洲内陆与海洋的经济文化交流有文字记载之始。其二是，中国的出海通道从北部湾向珠江口逐步东移，出现了北海合浦港群和更大半径的徐闻、合浦、日南港群，番禺则是主要的交易市场。在魏晋南北朝时期，广州已经发展为繁华热闹的大港，《晋书》中有"广州包出大海，珍异所出，一箧之宝，可资数世"的叙述，在南北朝的刘宋时代则是海舶每岁数至，"舟舶继路，商使交属"。

但是，汉代海上丝路的途程与最远目的地，要比《汉书·地理志》记录的那次"黄门""大组团"还要走得远。从那次"黄门"募队之后，见于《汉书·地理志》记录的远航路线是从北部湾出发，穿马六甲海峡进入孟加拉湾，到达印度半岛南部的"黄支国"，也即今日印度泰米尔纳德邦的康契普腊姆，即到达了南印度的港口。到了唐代，中国船直接到波斯湾，达到了当时能够到达的最远里程。

在唐代，每年经由这条航线到达广州的阿拉伯商船就有4000多艘。中国船的吨位大，或许数量没有这么多，但也不会相差很多。因为唐代的造船业规模巨大，一年能造"浮海大船"500艘。一位从阿曼起航到达广州的阿拉伯商人苏莱曼·丹吉尔，在其写于651年的《中印游记》中说，与用椰索固定船板单薄的阿拉伯双桅船相比，中国船既大又很坚固，用铁钉铆接，抗风暴的能力更强，吃水也较深，因此要在较大的波斯湾西拉夫港口装货卸货。为什么要在西拉夫装货卸货？因为在波斯湾的顶端有一个叫作陀尔达的峡口，小船可以通过，中国大船不能出入，阿曼和巴士拉等口岸的货物都事先运到西拉夫，然后装到中国船上。

中国帆船运量大，所纳的过境税也很可观，比如，在南印度的古里港，一艘中国船一般要纳1000个迪尔汉银币，而其他各种船只要1到10个。中国船的纳税水平是其他国家船的100倍以上，可见它的载货数量和货物价值有多惊人。

唐代中国船通常载货600吨，长达20丈，被人称为苍舶。《一切经音义》曰："大者受万斛。"朝鲜半岛和马来半岛的商人都乐于乘搭中国船。在那时，中国各港口来往的外国商船名号繁多，包括南海舶（东南亚船）、番舶（唐代藩国船）、昆仑舶（马来船）、波斯舶（阿拉伯西亚船）、婆罗门舶（印度船）、狮子国舶（斯里兰卡船）等。中国的大舶和苍舶最令人瞩目。

在中国唐代，由广州到波斯湾的汉航线最繁忙。在这条海路上，流转着中国的丝绸、陶瓷、镔铁、麝香、纸张、葛布和外国的香料、犀角、珍珠、珊瑚、棉布等，有不少是由中国船承运，也有不少由波斯舶承运。这种双向的海上贸易和运输，形成了公元6世纪前后印度洋上的一大景观。甚至可以由此得出一个历史判断和结论，那就是隋唐以降，古代的海上丝绸之路是由中国人和阿拉伯人互动和主导的。

波斯舶其实也是阿拉伯舶。元稹《和乐天送客游岭南二十韵》自注说："南方呼波斯为舶主。"如此称呼的原因，一是来到交州与广州的阿拉伯船一般都叫波斯舶；二是中国船也常常雇佣波斯人或阿拉伯人当船长；三是唐初波斯帝国消亡，阿拉伯人成为西亚的主要商业力量，阿曼和西拉夫都在巴士拉总督的统治之下，因此，巴士拉船、阿曼船、西拉夫船乃至亚丁船统统称波斯舶。这些波斯舶沿着中国帆船西去的航线来到中国的港口，广州是主要的抛锚地。中国人贾耽在8世纪末曾经记录了中国帆船的路线，半个世纪后阿拉伯的伊本·郭大贝在《省道志》里也记录了一位犹太商人从波斯湾到中国东南海港和朝鲜半岛新罗的航程。这本《省道志》列举了当时中国的海港：龙景（在今越南灵江口）、广府（广州）、越府（明州，今宁波）、江都（扬州）。还实测了时间距离：从交州到广州4日，从广州到明州8日，从明州到扬州6日。这些地方都是唐代海上丝路的重要节点城市。西来的阿拉伯商人或者在交州和广州登岸，或北上明州、江都，从明州收购越窑的青瓷，并从扬州溯江而上进入四川盆地。

中国的海外贸易主要通过阿拉伯商团进行。中国船队和阿拉伯商团是海上丝绸之路的最大商业力量。这种情况一直持续到16世纪，近1000年。其中的传奇人物辛伯达就是海上丝绸之路的阿拉伯水手形象。在中国的方志和正史里，也不乏对阿拉伯商人的记载,如泉州大贾蒲寿庚等,反映了阿拉伯商人的巨大影响。

《新唐书》对当时长达1.4万公里的航线,即广州通海夷道有详尽记录。唐代的海船从广州的南海神庙启程,经南海过新加坡海峡,横跨印度洋,直至波斯湾。这个航程,从三国东吴康泰首航波斯湾和红海的航线开始,经隋唐进一步定型,远远超过了汉武时代航行到南印度古里港口的距离。

在一段时间里,波斯湾的西拉夫港和中国的港口互为航运目的地,但具有持久广泛影响的还是广州。雷州半岛的徐闻与北海市的合浦,一直是广州海上贸易的侧翼,龙景、越府则是广州的姊妹港。广州的出口产品结构更完整,进口产品更多样化,丝绸、瓷器、茶叶、香料等的大宗商品都在这里流转。

但是,隋唐海上丝路的发育点不只在广州,在东南沿海以及靠海地区,至少还有更多影响久远的古代海上丝路贸易中心。宁波(古明州)兼得江河湖海之利,贯穿南北的大运河使之获得广阔的内陆腹地,南至闽广,东入日本,北进朝鲜半岛,"商舶往来,物货丰衍"。上海未开埠前的中国东部海上丝路的起始港在福建。福州地处闽江下游,扼海峡而成为海上丝路的必经之地,在明代被确定为内陆与琉球商品往来的最近港口和唯一合法口岸。公元14世纪,郑和下西洋,福州是其重要驻舶地。清康熙在1684年设立的第一个海关是福州的闽海关,至今那里还有关于海上丝路的遗迹,如闽安歧东古渡、淮安窑古渡、淮安接官道等。明代的漳州也是国际大港,从月港出发的商船东达日本,南通菲律宾、马六甲,与马尼拉—盖普贸易航线连接,构成了当时比较完整的东方航路。漳州窑出口的陶瓷产品在东南亚和欧洲时有发现,证明了这条海上丝路的长久存在。历史上最著名的世界第一大港泉州刺桐港,更是宋元时代的海上骄傲。泉州的灵山圣墓和清净寺也是昔日阿拉伯人来华经商的文化遗迹。泉州人至今还保留着开早市的习惯,这与丝路繁荣的历史有关。进入明代以后,泉州以及福建沿海港口,更多的是主动"走出去",并开创了著名的马尼拉—盖普转口贸易,大批福建商人与欧洲商人在马尼拉进行规模商品交换,产品涉及陶瓷、丝绸、茶叶和用来计价的白银。

海上丝路的核心辐射区不仅在沿海,靠海的大工商城市如隋唐时代的扬州,因运河漕运而兴,也成为南北物资的集散地。扬州在阿拉伯古语里的称呼是"坎茨"。唐代扬州是双重城市格局,即蜀冈上的"衙城"与蜀冈下运河两岸的"罗城",行政与商业分开,犹如今天的老城区与新开发区。扬州是当时中国最大的陶瓷集散地,来自全国不同窑口的陶瓷产品在扬州集散,转运他地或直销海外。1996年在印尼勿里洞岛附近发现阿拉伯古代"黑石号"沉船，打捞出6万件中国瓷器，它们均来自9世纪中国各瓷器窑口。专家们普遍认为，这艘沉船从扬州解缆出发，目的地是波斯湾的古代贸易港口西拉夫。

在中国的南北朝时期，南京即古建康也成为海陆丝路从东海走向东北亚、从南海走向波斯湾的贸易中枢。自中国三国时代的东吴开始，中国东南部造船业和航海业迅速发展，航线北通朝鲜半岛和日本，南到中国台湾与南海诸地。南京不仅是后来郑和下西洋的策源地，也是郑和航海的大本营和人生归属的象征之地。永乐皇帝为了表彰他的功勋，在南京修建了天妃宫、净海寺，那里至今留有当时的官办造船厂龙江宝船厂遗迹。

隋唐时代海上丝绸之路的发育与发展，还体现在管理创新之中。唐代首设市舶或互市舶，这应当是宋元时代市舶司的滥觞。由于国际商船众多，也由于港口贸易在一个阶段里处于自发状态，难免鱼龙混杂，一些不法商人和流浪水手寻衅抢劫、杀人越货，海上和内地的盗匪也趁势劫掠，扬州和广州都发生过一些悲剧事件。在扬州，田神功率众抢劫，许多阿拉伯和波斯胡商遇害，波及各方人士上千人。在广州，不法外商与海上盗匪相勾结，呼啸而来，攻占市场，焚烧仓库，殃及民宅，造成了很大的社会问题。879年黄巢攻占广州，不分青红皂白报复屠杀，10多万人死于非命，其中有许多是阿拉伯和波斯富户。那时的广州房屋大多是用木头与篷席建筑的，很容易发生火灾，一旦失火或者被焚，就会引起很大的混乱。于是朝廷决定派驻市舶使强化管理。市舶使由朝廷派出宦官直任，权位很高，最后高到与岭南节度使可以平起平坐，互不隶属。柳宗元在其《岭南节度飨军堂记》中说："由流求、诃陵、西抵大夏、康居，环水而国，以百数，则统于押藩舶使焉。"押藩舶使负责对进口货物的保管、征购和抽税。外国商船入境，货物统一保管，长达6个月，如同今日的保税区。等到季风期一过，进入商品集中销售阶段，先按30%的比例抽取关税，再将货物发还给货主，进行交易，有效地避免了偷漏税，保证了货物的安全。30%的关税似乎颇高，但比起货物的绝对价值，其利润仍然是惊人的。因此，广州的外商趋之若鹜，甚至还有来自中亚的陆路商人远赴广州参加交易。

唐朝的对外开放是史无前例的，对外关系也十分广泛，除了与当时著名的欧亚贸易大国建立持久的贸易联系外，与东南亚的小国家以及非洲的古代国家都建立了不同程度的国家联系和人文联系。在外交关系上，拂菻使节数次来朝，非洲最早的来唐使者来自厄立特里亚贸易的西方终点国，如阿杜利港所在的埃塞俄比亚的阿克苏姆王国，当时叫摩陵国。此后还有殊奈。这个殊奈位于今索马里南部，是中国人最早知道的黑人国家，离交趾3个月的航海里程。殊奈使者曾经先到广州，后至长安，受到热情的接待。段成式在其《酉阳杂俎》里提到索马里有两个古国，一个叫仍建，也就是殊奈，另一个是拔拔力，靠近亚丁湾，大约在今索马里和吉布提交界地区。仍建是索马里班图黑人的地方，所谓唐代的昆仑黑人主要指殊奈人。唐人小说中的虬髯客应当是东南半岛的波斯和阿拉伯人。从小说中的某些细节判断，虬髯客有来往中国的大胡商的身份，能在海外起事，其势不小。当时的中国人能够确切地区分黑人民族与闪含民族，也能明确地区分他们的地理分布。

唐朝与印度尼西亚地区联系更紧密。苏门答腊的室利佛逝（巨港）王不仅保护和赞助了海上取经的义净和尚，也同诃陵（爪哇）国多次派出使者来到中国。在东南亚的群岛地区和马来半岛，由于丝路贸易的繁荣，东西人员流动异常频繁，波斯人、阿拉伯人、印度人与马来人、中国人交错居住，形成了独具特色的南洋文化，也形成了多宗教多人种交融的历史景观。

中国与斯里兰卡在唐代已经建交。670年，斯里兰卡国王海它达它派使者来华。斯里兰卡唐称狮子国、狮子洲，或称僧迦罗。阿拉伯人称其为新檀或锡兰。海道取经的中国僧侣都要到这个佛国朝拜佛牙。北天竺人不空金刚幼年随叔父移居中国，741年乘搭昆仑舶到印度和斯里兰卡，又遍历了印度，746年回到长安，带回了狮子国王尸罗迷迦的国书。这位不空金刚还为唐玄宗灌了顶。

唐代的杜环曾经作为哈里发使团的随员，到了摩邻国，也即埃塞俄比亚的阿克苏姆王国，他见识了当时基督徒与阿拉伯人关于埃及等地保持贸易稳定的谈判，经过了基督教、伊斯兰教和原始宗教并存的多宗教地区。但他最重要的见闻是在埃及。他的《经行记》仍旧沿用了汉以来对罗马的称呼大秦，并记录了源自希腊的开颅医疗技术。《经行记》后来散失，其中一定会有关于东西方文化交流的更有价值的内容。

欧亚科技传播与日本的唐风

唐代丝路科技文化交流可圈可点。在西亚、南亚和欧洲的方向上，重点体现在天文历法、医学、建筑、造船、造纸、制糖等加工制造技术方面。中国道教的炼丹术传入西方，也奠定了古代和近代化学的发展基础，而源于希腊的西方医疗技术随着阿拉伯商人的东来进入中国，形成丝路文明交流的新的景观。

天文历法与数学有紧密联系，也与遍布世界各地的占星术、阴阳风水学以及各种算经有关。中国的天文历法和各种观星测天的官方机构有一个不成文的传统，那就是大量吸纳各方异人包括来自东西方的异族人士，在用人方面几乎是百无禁忌。印度人、阿拉伯人、欧洲人、中国人组成的天文机构队伍，形成文化领域的一大特色。

唐代大量输入了印度、阿拉伯和拜占庭的天文科技知识，包括印度婆罗门天文的"观星明"。唐初侨居长安的印度天文世家有迦叶、瞿昙和俱摩罗，迦叶氏担任了右骁骑将军知太史事等职务，瞿昙氏则一家四代任职于司天监，前后有100多年。他们先后编制了经纬历、光宅历等，编制和翻译的天竺历和九执历也具有很大的参考价值。一行和尚编制的大衍历颁布以后，九执历等印度历法仍是隋唐制定历法的重要参照。

印度的占星术也经由中亚传入中国，吐火罗是主要的传播中转地。粟特语即吐火罗语在当时几乎是中亚的一种国际语言，不仅用在商业记事上，也用在占星历法中，比如七曜日中的日、月、火、水、木、金、土就来自粟特语。

唐代的医学很发达。孙思邈是唐代中国医学的代表人物，但人们似乎更注意吸取印度和拜占庭乃至希腊的医学精华。唐人杜华游历埃及时注意到大秦医生善于治疗眼病和痢疾，并有开颅"取虫"的外科技术。大秦医生从景教传入中国就随之东来，已经成为民间医疗的一个部分。相传高宗曾有一过性失明，经御医秦鸣鹤刺百会、脑户后，眼疾痊愈。这个方法就来自景教医生或杜环所记的"能开脑出虫以愈目眚"的技术。"取虫"是古代语言，但外科疗法在一些时候还是很管用的。希腊的医术从犍陀罗地区经由景教徒传入中土，丰富了中国的医术，一些名目繁多的毒剂与解毒剂很多也来自西方。鸦片的传入，也是在这个时期。印度的眼科技术大约也来自古希腊。古代人眼睛卫生水平不高，失明患者尤多，唐代诗人刘禹锡大约也有眼疾，受惠于印度僧带来的眼科治疗。他在《赠眼医婆罗门僧》诗中感慨："三秋伤望眼，终日哭途穷。两目今先暗，中年似老翁。看朱渐成碧，羞目不禁风。师有金篦术，如何为发蒙。"义净曾在印度学佛也学医，同时在印度传授中国的针灸、艾灸和中药的炮制方法。

中国的《千金要方》中有阿拉伯医方传入的记载，多为香料药，有炉甘石、乳香、没药、安息香、芦荟、小茴香、巴旦杏等；印度传入中国的有胡椒、补骨脂、月桂等。

中国的建筑中也渗入了国外的元素，如石窟和舍利塔。七级浮屠、九级浮屠等，都来自东传的佛教，它影响了中国的寺庙建筑和城市建筑。

在食品工艺方面，主要是制糖。南北朝时中国南方已经开始用甘蔗制糖，但质量不如印度，其中的关键在于固体石蜜（即乳糖）的制作和使用。公元647年，北印度摩揭陀华氏城使者到长安，向唐太宗介绍印度的砂糖，唐太宗很快派人去学习，大约10年之后，学会了固体石蜜的制作，《新唐书》载，所得砂糖"色味逾西域远甚"。

造船，中国一直走在前面，但在具体工艺技术方面，要想建成经得起风浪的大舶，除了要有七张帆的风动力，还要有牢固的船体。铁匝桐油是一种技术，但铁容易锈蚀，因此如何拼合船体，依然是一个重要的工艺环节。中国船保有自己的优势，在用料和制板以及船型的设计上有独到之处，也善于吸收其他海上民族的造船技巧。

从远古时代起，用织物纤维缝绑船体的技术一直在传承，阿曼船用棕榈纤维捆扎，用油灰塞堵船缝，这是继独木舟时代海船制造的基本模式。后来出现椰索捆扎，造出了单桅帆船，但船体材料五花八门。这种造船工艺其实是阿曼船制造所独有的技术。昆仑舶也大体如此。所谓昆仑舶，是流行于中南半岛和非洲东海岸的船型，因为那里的居民肤色较深，在唐代被统称为昆仑，喻其为居住在既远又高的海崖上的人。那里地处热带，棕榈椰索并不缺少，但缺少铁钉，因此以椰索绑合比较普遍。这种船遇到风浪也不会散架，但渗漏严重。当时的中国船以樟木、柯木为上，使用桐油，用桄榔树皮纤维绑合船体，再加上铁匝，也就既坚固又能防水。桄榔树皮纤维"得水则柔韧"，这种方法后来被广泛运用到中国造船的工艺里。到了10世纪，改用藤条茜草捆扎，遇水膨胀，彻底解决了渗漏问题，从而也造出了成本更低、载重量更大的中国海船。

但是，在隋唐时期，真正值得一提的是炼丹术对近代化学发展的贡献。

在公元2世纪的汉代，中国的炼丹术就发展了，这同古代中国人崇尚黄老之术的社会风气大盛是一致的。炼丹家们将炼丹术分为外丹与内丹，内丹主要讲气功，外丹则是点石成金，黄白之术，虽然其中有求财的妄念，但各种元素的组合配置，开始接近最初的化学。西汉之初，外丹分为以丹砂炼金的一派和以汞为主要材料兼炼金银的一派，后者的代表人物就是主持编写了《淮南子》的淮南王刘安。后来还有以铅为主料或以铜、铁、锡为主料的流派，涉及了许多化学元素。

中国的炼丹术一开始就是独立发展的，并且比罗马时代的埃及炼丹术早一个多世纪。在公元3世纪末与4世纪初，中国的一位著名的炼丹家葛洪推动炼丹试验进入活跃期，那个时期也是埃及玻璃制造工艺技术传入中国的时期。炼丹和玻璃制造虽然不是一码事，但都涉及化学和熔炼，而且炼金和熔炼玻璃，最终的世俗目标都是财富，因此作为一种奇巧异技，很有可能私下进行不断的交流。炼丹和炼金术以及中国的丹书就有可能传入埃及。在唐代，炼丹成为一种风气，除了豪门大户请来炼丹的道士设坛开炉，药金药料也公开进入市场。《太平广记》就记有一位炼丹家王四郎开设店铺，专门向胡商高价销售药料之事。有需求便有市场，这些胡商高价购买炼丹炼金的药料，并不是自己要用，大抵要通过陆路或者海路运往西亚和埃及，因此从原料传播的方向上看，炼丹和炼金术传播指向了西方。

事实上，阿拉伯或者埃及的炼丹家与中国的炼丹家也有相同之处，那就是葛洪的《抱朴子·黄白篇》所言"不但长生，又可以作黄金"。但他们更重视于"作黄金"，而这也是西方对内丹不感兴趣同时把炼丹术称为炼金术的原因。他们的一位著名的古代炼丹家拉齐曾经指出，一些药料如黄铜和硇砂来自中国，他的著作《秘典》在1167年被译成拉丁文，标志着中国的炼丹术正式传向欧洲。

炼丹术在阿拉伯世界和欧洲的发展路线与中国或有不同，他们更注重现实的财富回报，比如硝石可以熔化辰砂中的氧化铁，硝和醋酸混合可以提高溶解能力，一些盐类与金属可以发生置换反应等等。正是这样一些基本的原理，令西方的炼金术渐渐剥去了神秘的外衣，走向了近代化学。

这似乎也提出一些思考：第一，神秘是科学幼年的特质，但又是科学发展的桎梏，如果科学一直在神秘中兜圈子，科学也就不会出现。第二，科学的理念需要传播，更需要在传播中接力与移植，一旦去粗取精，去伪存真，科学的幼芽就会长成参天的大树。此外，科学的发展也离不开无处不在的市场，如果没有盛唐丝路的开放市场，现代化学学科的出现，或许会晚上几个世纪。

科学如此，广义的文化更是如此。比如，道教与佛教的传播，本身是对世界与人生的一种思考，但作为文化形态的道教和佛教，会带来强大的世俗物质文化与精神文化，出现对社会文明发展的始所未料的巨大推动力。

盛唐的市场开放，也就是丝绸之路的大开发。当唐人忙忙碌碌地为西亚接着又是欧洲不断地输送丝路商品和同他们交换自己的科学理念、操作技术的同时，也不会漏掉直接面对的近邻，包括朝鲜半岛国家和一衣带水的日本。只是由于共居东亚，历史人文联系和物质文化的联系更早更密切，在习以为常中对它的记忆也更容易被淡化。

日本的唐风与朝鲜半岛的汉风，似乎比中华本土还要浓重，这是古代丝绸之路的又一条风景线。唐代已经成熟的典章文化与精神文化的输入，是处在东北亚丝路末梢的日本文化的显著特色和一个重要的来源。

美国的亨廷顿在其《文明的冲突与世界秩序的重建》中曾经列出古代世界的七大文明板块，对非洲文明有些保留，但单独地列出了日本文明。固然，每个国家都有属于自己的文明，更细致地研究它们同样有价值，但是只看到眼前的"流"而看不到历史中的"源"，如果不是对历史的近视，那就不会有对历史的考量。这也正像他在该书中只看到现代的地缘冲突而看不到阿拉伯文明对历史的贡献，从而认为不值得将其列入文明板块方阵，最终还是因为摆脱不了对地缘政治的思考。

在历史上不论是东南亚还是一衣带水的日本，都有大量的移民文化涌入。它们通过丝绸之路文化的传导，获得更多的营养。日本民族无疑是一个善于学习的民族，即便在20世纪以后，依然还在考虑要不要"脱亚入欧"，但在过去的世纪里，日本首先关心的是古丝绸之路吹来的汉风与唐风。

日本与中国的丝路联系开始于2000年前。据《后汉书》记载，公元57年，倭奴国有使者来华，汉光武帝赐予"汉倭奴国王"的金印，至今作为国宝收藏在九州福冈市的博物馆里。从汉开始，这种关系基本没有改变。这个时期是日本的古坟时期，出土文物中有一些带有鲜明的中国风格，包括壁画、铜镜和盔甲。到了中国的隋代，日本出现推动日本全面学习中国文化的圣德太子，首次派出遣隋使，后来则是陆续派出遣唐使。这种官方活动在中国明代持续进行，但愈到后来愈多地转向对中国古物的购买与收藏。

圣德太子时期留下的经典文化遗产是始建于隋炀帝大业三年（607）的奈良木结构法隆寺建筑群，这个时期的木结构建筑在中国无存，唐中晚期的只有3座，而日本保留了20多座。法隆寺的四方形木塔和八角圆堂是建筑孤品。法隆寺曾经收藏的11件国宝，有4件来自唐朝。奈良的正仓院拥有的9000件文物更是再现了中国盛唐的风采，其中有遣唐使们带回的一批乐器，有的已经是孤品，如唐代从西域引进的曲柄五弦琵琶以及皇帝赐给翰林学士的"红牙尺"和已经失传的硬芯毛笔，都是唐代的传世绝品。这些都是中日文化交流的历史见证。

在唐代，中日频繁来往的不仅是遣唐使，还有大批的留学生，其中有的在中国做了官，如阿倍仲麻吕就是日本奈良时代的遣唐留学生。公元717年，他出仕于唐，753年东归，遇风暴漂至越南，复至长安，任左散骑常侍与镇南都护，后改名晁衡，殁于中国。阿倍仲麻吕有诗名，与王维、李白友善，互有赠诗。在日本遣唐使和留学生来到唐朝的同时，中国的工匠也纷纷东渡。随同鉴真和尚东渡的扬州工匠就有20多人。奈良唐招提寺里的金堂就是中国工匠的作品，佛殿里卢舍那佛是现存的最大干漆造像。

盛唐的书画艺术也在日本留下深刻的印记。日本保留了中国罕见的早期书法作品，如隋代智永和尚的《真草千字文》，这是他草书800卷千字文真迹中的一卷，也是被后来的遣唐使带回到日本仅存的一卷。还有一些壁画与古画，或来自唐朝或有唐代中国画的遗风。唐瓷器的东传也是中日交流的题中应有之义，日本曾经出土唐代长沙窑的釉下彩绘瓷和唐三彩，还出土了邢窑白瓷、越窑青瓷。唐三彩进入日本后也出现了"奈良三彩"。

佛教东传的终点是日本。佛教传入日本并得到发展，是盛唐丝路的一大成果。佛教东渡的代表人物是上文提到的鉴真和尚。鉴真是日本律宗的创始者，本姓淳于，扬州江阳县人，14岁出家，22岁受具足戒，寻游两京，遍研三藏，后到扬州大明寺专研戒律。唐天宝年间应日僧普照等邀请东渡，但屡受挫折，曾遇风漂至海南，到了广州。公元753年第6次航行，同比丘法进、尼智首、优婆塞潘仙童等东渡日本九州南部的萨摩秋妻屋浦。第二年由一同东渡的工匠在奈良东大寺建立戒坛院，传授戒法。公元759年，建筑唐招提寺，传布律宗，并将中国的建筑、雕塑和汉方医药系统介绍到日本，在日传有《鉴真上人秘方》。日本的传统建筑以木结构为主，布局精致，是唐风的遗留。在日常起居中即便是日本特色的榻榻米，也来自中国的席地而坐。

此后，中日之间佛教僧侣来往络绎不绝，到了唐中晚期，密宗与佛像也开始传入日本。这段时间在日本是平安时代。密宗的源头在中天竺，而那时的中天竺佛教里有浓厚的婆罗门色彩，形成一种新的密宗。这种密宗先由三位印度僧善无畏、金刚智和不空带入中国，形成了同西藏密宗包括欢喜佛有所不同的"唐密"，接着又由遣唐使团中的僧侣空海和最澄带到日本。空海留学长安青龙寺，回日本创立真言宗；最澄留学浙江天台国清寺，回国创立天台宗，都有神秘主义的色彩。天台宗的大雄宝殿内外有别，内阵供奉五大明王，塑像狰狞，外人是见不到的。这种神秘的布置在今日中国的天台国清寺里也看不到。那位空海还从唐朝带去一些文物，如唐代肖像画大师李真所画的《真言五祖像》以及另外的表现了密宗观念的巨幅曼陀罗像，但现存的是日本的摹本。在空海所立的教王护国寺里，还有曼陀罗雕塑像，反映了晚唐密宗寺庙雕像的水平和密宗的神祇面貌。密宗的佛是秘不示人的，但完整地保留在日本的密宗寺庙里。

中日的文化交流在方式上前后有变化。在唐初，朝鲜半岛的高丽、新罗、百济发生大的冲突，危及唐代北方安定，唐朝应邀保卫朝鲜半岛国家的地位参战，唐太宗发起五次东征。在朝鲜半岛陷入内战状态中时，日本倭国也欲一探唐朝虚实，派兵进入百济，结果在唐将刘仁轨的打击下，白江口一役被焚舟400艘，受到沉重打击。日本自知不是对手，转变策略派出大量遣唐使，来自民间的僧侣和平民身份的留学生进入使团，开始向中国学习。据统计，从公元630年到839年的200多年里，日本派出的遣唐使团有16个，平均10年多点就有一次。最后一次是894年，那时中国已经开始进入唐朝末期，国内秩序出现混乱。

在隋唐时代，日本来华交流者以官方为主，宋代之后，遣使不再多见。但这并不意味着交流中断。在宋太祖陈桥兵变和平接管皇权之后，这种交流开始更多地以佛学交流的民间形式出现。一方面，日本在大量接受中国文化以后开始进入较为独立的发展期，僧侣出面既可以收到进一步吸收中国文化的效果，又可以保全日本的面子，似乎更合乎日本当政者的策略选择；另一方面是日本的僧侣地位上升，甚至可以左右日本朝野的社会走向，加上日本本身也进入历史上相对封闭的平安后期，中日交流出现了新特点。到了元代，由于元军实施渡海远征计划最终失利，中国与日本进入史上首个紧张期，一直等到明朝建立以后，遣使才再次出现在中国，但不久之后派出遣明使的活动也再次中断。更多的是从永乐时期就出现的日本武士、浪人与中国沿海商盗的频频勾结，形成危害中国海疆和沿海内陆的巨大海患，从日本一面来看，多少有些火力侦察的味道。

抗倭成为明代后期的大事，同时也在客观上深刻地影响了中国此后几百年对外开放的政策选择。也就是说，如果明代一直坚持郑和航海的国策，零星的倭寇根本翻不起大浪；但郑和死后，短见的保守派得势，被动地实行海禁，国内的民间贸易力量转化为消极力量，形成了一直到明末迁延不绝的海患。

不管怎么说，在宋代，中日以双方高僧大德为主线的文化交流还是颇有成效的。日本京都的清凉寺里收藏的北宋时代的《十六罗汉像》和京都人和寺里收藏的《龙雀明王像》，都对日本画风的变化产生了影响。进入南宋，由于日本与南宋共同先后面对金国与蒙古崛起的压力，双方关系进入了新的阶段。日本内部发生战乱，禅宗从中国进入日本，鉴真时代的奈良东大寺又被焚毁，造成了日本社会对盛唐中日文化交流的追忆思潮。以重建东大寺为契机，中国的宁波工匠再次来到日本，使日本建筑文化出现创新，"唐样"复归并有新的发展。

在南宋时代，中国的高僧再次像鉴真一样，前往日本传经，如兰溪的僧侣道隆，被尊为国师，对日本的国策产生了一定影响。例如忽必烈远征日本时，是抗是降，日本朝野莫衷一是，这些中国僧侣站在抵抗派的一边，有邻国来的文化权威们支持，又有本国抗元派的力主，再加上台风的"保佑"，也就造成日本历史上的一个奇迹。

中国南宋时期对应着日本的镰仓时代，著名的镰仓大铜佛就具有明显的南宋造像风格，说明那时的中日文化交流不仅依然密切，也是继隋唐以来的第二个文化交流的高峰。

第三辑

丝路第二高潮

宋代的"多国"丝路演绎

　　中国 12 世纪前后是一个地方割据、多区域政权并存的时期。因为赵匡胤继承的是五代十国的底子，版图本来就不大，他又从自身陈桥兵变黄袍加身的经验出发，由衷地赞同亲信大臣赵普"半部论语治天下"的治理之道，上演了"杯酒释兵权"的一幕。文治有余而武治不足，因此他非但无法像隋唐开国者那样再次统一中国，甚至无力收回后晋皇帝石敬瑭割让给辽的燕云十六州。两宋的辖区越来越小，最终是康王渡江，首都让与金朝而南宋亡于元。

　　有些学者很欣赏两宋，大概是因为两宋是一个文化大国，甚至经济也很繁荣。评判一个朝代的历史，虽然不能一眚掩功，但也不能一俊遮丑。所幸这是中华民族统治者内部权力再分配的事，所以也还能说得过去。

　　从丝路文明发展的角度看，公元 10 世纪前后中国的"分治"状态，也造成了一种扑朔迷离的状况，似乎隋唐以来丝绸之路八面来风的景象不再，或者至少是线条不那么清晰。但是，如果从区域政权并存的总体看，事实并非如此。在 10 世纪前后，中国的东南西北存在着许多强盛的地方政权，除了在蒙古高原骤然崛起的成吉思汗，第一拨争雄逐鹿的是契丹辽、满族金和党项羌人的西夏，此外还有地处西疆的哈拉汗国、分裂为高昌与河西的回鹘地方政权，以及唐末崛起的段氏大理和正在实行藏传佛教改革的西藏地区。

　　它们在相互间的争锋和谈判中始终没有忘记一件事，那就是尽力扩大自身在丝绸之路上的影响，甚至为了这一点，有时也会罢兵休战。历史上辽国最终同意与北宋缔结"澶渊之盟"并相互间保持了近百年的和平状态，应当与辽每年获得大量丝绢不无关系。

契丹崛起于西辽河，公元916年耶律阿保机称帝，一开始的国号是大契丹，938年改为大辽。辽的西境直到叶尼塞河上游，与西突厥、沙陀、黠嘎斯以及高昌回鹘和哈拉汗国相邻，南到今白洋淀一线。契丹人从牧牛与简单农业起，但又从学习汉文化与发展商业手工业开始强盛。辽在上京临潢府时期就非常重视跨地域商业交换，设立了榷场。高昌、龟兹、于阗以及河西走廊的商人云集，还要每三年一次遣使进贡。丝路上流转的珠玉、香料、铁器、皮毛和怕里可（琉璃）等，都流向了临潢府。原来通向草原和天山南北的传统丝路几乎全被大辽接管。辽还与中亚国家有定期的商队贸易。因为回鹘的中转商贩数量多，他们在安置汉人工匠的汉城里建立回鹘营。这些回鹘商人循着晚唐和五代的老的商业关系来往于宋辽之间，形成了新的商业网。辽的对外贸易远到西亚和印度，阿拉伯的医药传入辽国，印度的梵僧也去到辽国。辽迁都上京，不仅因为10世纪北方气候变冷需要南下，最主要的目的和原因是燕山地区是多民族文化交汇区，是隋唐之后丝绸之路新的枢纽。佛教传入了，景教徒也来了，契丹文化一如汉文化，甚至你有的我有，你没有的我还有。

辽在陆上丝路的影响，一时间风头盖过了大宋，他们沿着北方草原丝路，生意做到了伏尔加河流域，刚刚兴起的俄罗斯人不知有宋，唯知契丹。伏尔加河的下诺夫哥罗德有契丹街、契丹城，在他们的市场印象里，契丹就是中国，因此在俄罗斯语言里，中国就叫契丹。

辽未亡于宋，全仗丝路给予的力量。亡于金，则是因为后者也大体上走了一条与辽同样的崛起之路。只是刚走出山林的完颜阿骨打毕竟来得仓促，没有更多的时间酝酿崛起，成熟度也差一些，只知道连环铁骑向南冲击，在把辽上京改换为金中都之后又复迁都汴京，形成与南宋的对峙，但在它代辽和攻宋的前后过程中，也受惠于丝路的通达。

公元1122年，辽天祚帝在金兵的进逼下西走天德军（河套地区），耶律阿保机的8世孙耶律大石被俘后逃出金营，在1124年自立为王，带着200铁骑进入黠嘎斯地区，再败后回军北庭（今新疆吉木萨尔县）召集旧部。由于金兵紧追不舍，只能假道高昌，分兵西进，先后收服了哈拉汗国和撒马尔罕的花剌子模王，于1131年正式称帝。耶律大石通晓契丹文与汉文，上契丹号为葛儿汗（普天下之王），上汉号为天佑皇帝，中国史书称之为西辽，阿拉伯史家称之为哈拉契丹（黑契丹）。1133年，大石东归，在楚河南岸的八拉沙衮建立新都虎思斡耳朵（坚固的帐城）。同年东征金国，但没有结果，于是倾力征讨河中地区并大败兴起不久的塞尔柱突厥军。1143年大石去世时，西辽已经成为东起阿尔泰山，西至咸海北的大国。

西辽沿用辽宋的制度，北枢密院不理民事，南枢密院不主兵事，分工明确。对收复的地区，派遣监国，并不干涉各汗国的行政。西辽的税制以丁为户，农业征收为什一税，其货币"康国铜宝"和"感天元宝"完全用汉字标识。大石也是个佛教徒，但对伊斯兰教和基督景教也很包容。大石的西走是形势使然，当时的西方和东方都知道葛儿汗，后来随同成吉思汗西征的耶律楚材也感叹地说："大石颇尚文教，西域至今思之。"

大石治理下的中国西部和中亚丝路经济繁荣。据应召西去的长春真人邱处机记载，撒马尔罕的丝织业、制陶业和造纸业十分发达，"满城铜器如金器"，瓷器有仿照定窑的，都是汉人工匠所造。汉族工匠、官员人数众多，丝路人员的流动也进入了活跃期。由于西辽大石身体力行的提倡，汉语言一度成为西辽的官方语言和中亚的通行语言之一，与西亚国家的来往文书一般用波斯语文，与东部的回鹘人交流则用回鹘文，汉文字代替了契丹文字。

由于西夏的一切毁于成吉思汗的铁骑，除了零散的西夏文书，能够概括西夏丝路活动的信史资料不多，但从其版图区位判断，它北接大漠与居延海，南据敦煌与甘南藏区，西出阳关，东达陇东，基本上囊括了河西走廊和黄河中游的所有丝路要津。西夏立国200多年，与宋时而对峙，时而言和，也与丝路贸易带来的利益密切相关。

居延的哈拉古城是一个证明。"哈拉"是蒙古语，意思是黑，黑城子埋藏着西夏时代丝路的秘密。尤其是西夏文的破译，基本要靠黑城子发现的西夏文字典。为什么当时要有汉文和西夏文的对译字典？因为双方要做生意。

黑城子城墙结构基本完好，并没有举行过大型的考古发掘活动，被尘沙掩埋的街衢和高耸的佛塔及城边的穆斯林礼拜堂遗迹还在，沿城墙根的沙丘下还可以赫然看到高度风化的人的肋骨，或者就是当年殉城者的遗骨。瓷器碎片的瓷面光亮如新，明黄釉带有褐色纹案的西夏瓷散布在废墟里。当年破城者是用黄沙湮了弱水，水断了，城也就破了，从此黑城子变成黄沙漫天中的一座集体坟墓。兴亡更替在胡杨身上刻上了记号，它因水而生，因水而亡，即便是倒了，也要伸出它的手臂和手指，指向远方的丝绸世界。

成吉思汗之所以西征花剌子模后回军先灭西夏，最主要的原因是它在丝路上一夫当关的战略位置，以致蒙古大军必须先拔除之而后快。黑城子陷落后，那里设置了一个护路的亦集乃军路。成吉思汗为什么不先攻宋而非要踏平西夏？说西夏与辽结盟、蒙古使者被杀是借口，子无罪而怀璧其罪才是真的。这块璧就是丝路贸易的"和氏璧"。其时，西夏占据了丝路东端的所有，西到敦煌，南到甘南，北至居延，是一个大的平行四边形，西夏不灭，蒙古部落连半条丝绸之路都不会拥有，所谓西征，根本就没有可能。

西夏能够立国不是偶然的。在农业资源上，它占有了两个塞上江南，粮草充足，且有稳定的灌溉之利，不惧天灾；它还是直接控制了敦煌与居延，成为东西丝路的最大受益者。党项是羌人族系，自然要以夏为国号，其200多年的历史，见证并直接参与了13世纪前后丝路的辉煌。

当时在中国西部边陲，还有处于分散状态的回鹘和名动一时的哈拉汗国。哈拉汗国出现在9世纪末，一开始的中心在碎叶城和怛罗斯，即楚河流域七河地区，因为实行的是当时中亚游牧部落国家习见的"双王制"，属于突厥葛罗禄民族包括回鹘、突骑施余部在内的臣民，主要驻在碎叶城。具有更多回鹘血统的副王公驼汗一开始驻在怛罗斯，公元893年怛罗斯落入萨曼王朝之手，公驼汗入据喀什噶尔。

哈拉可汗名字前，常常冠有突厥语"桃花石"的名衔，意思是东方古国与中国之王。在中亚和突厥人当时的概念里，中国分为三个自然板块，上部在东，宋朝自然是"桃花石"的主体，中部是契丹，下部是卜儿罕（今新疆喀什噶尔）。还有一种表述，由于契丹国势日盛，代表了古代中国威名赫赫的秦，而宋朝成为"摩秦"，占据楚河流域的狮子博格拉汗自然也自视为东方古国与中国之王，其所铸造的钱币上明确地标识了"桃花石博格拉汗"的尊号。入据喀什噶尔的公驼汗与狮子博格拉汗有冲突，但在这一点上并没有异议。他们当时信奉的是萨满教和摩尼教，但10世纪后成为较早信奉伊斯兰教的汗国。10世纪末，于阗与哈拉汗国发生了长达24年的宗教战争，以于阗失败而告终，并入哈拉汗国，伊斯兰教也就正式进入了中国的南疆。

哈拉汗国成为10世纪陆上丝路重镇，从喀什到于阗再到敦煌，再次成为丝路贸易的一条大动脉，而于阗是中亚各国与宋王朝直接贸易的中转。在961年到1124年的近200年里，于阗向宋廷进贡就有38次之多。当时的南道道路，从撒马尔罕东来进入疏勒（喀什），14日可到于阗，50天后可以进入沙洲敦煌，而敦煌是通向宋、辽、西夏的交汇点。当时的西夏，皇帝也拥有汉名和西域名，如"唐家子汗"和"桃花石汗"。在宋代，从敦煌酒泉进入兴庆府（今银川）

需要40天，到汴梁还需辗转一个多月。

高昌回鹘也是唐宋丝路必经的桥梁，龟兹在962年到1196年与宋廷通贡24次；契丹与西亚的使者来往，也要通过高昌与龟兹。这个时期的高昌和龟兹基本上是多民族杂居，但在地方管理上属于回鹘地方政权，回鹘人以及入于回鹘的多民族商人担负起中国东部与西部中亚甚至西亚国家的丝路连通重任。

南诏于公元八九世纪兴起于云南，与印度、缅甸和中国的西藏地区联系紧密。密宗佛教首先进入段氏大理，在蒙氏时代进一步兴盛，大理国因尊崇佛教，故有"妙香国"之称。

从契丹、西夏、金和哈拉汗国之间的商业关系，以及他们与北宋、南宋之间错综复杂的商业联系，同样可以看到丝路连通亚历山大里亚的总格局：向西的三条丝路主干道都是通畅的。人们后来产生陆路闭塞的某些错觉，无非有两个原因：一是只从直接贸易甚至完全以朝贡贸易的频次来判断丝路贸易的影响半径，二是只从宋朝的正统视角考察丝路贸易文化交流的运作状态，难免以偏概全。事实上，北宋、南宋时期的地方政权都从不同的区域方位和方向，进一步推动了丝路文明的发展，并且做出了各自的杰出贡献。在这里，契丹尤为突出，因此中亚、西亚和欧洲各国将其看作那个时期中国的代表，也完全合乎丝路贸易发展的逻辑。

然而，这是不是说，宋朝在丝路开拓中的贡献不值得强调了？并非如此。纵观宋朝，虽然没有汉的冲天一飞，开辟了丝路发展的新纪元，也没有像盛唐一样，在海陆连通亚历山大里亚全方位中掀起丝路发展的第一次高潮，但其对丝路发展的贡献依然重大。从较大的方面来讲，至少有以下四个成就：一是继续了丝绸贸易的辉煌；二是推出中国的创新产品，在丝绸品牌之外，正式确立了华瓷的世界地位，并为茶叶贸易的到来做好了国内产品创新的准备；三是继续经略中国的海上领土，为中国自身的海权贸易打下基础；四是进一步加强了与东北亚、东南亚古代国家的经济文化联系，为元代以及明代的第二次丝路高潮做出了各方面的准备。

宋代，不论是北方的榷场贸易、辗转在隋唐陆上丝路上的驼队贸易，还是海上贸易，出口的大宗货物依然是丝帛、瓷器和金银、铜钱、铅锡等。其中丝帛数量最多，这一方面是因为它的国际市场需求大，能够支撑对外贸易；另一方面因为它的价值高，有声誉，可以充当硬通货，形成持续的市场效应。宋朝政府把丝绸视为战略性物资，鼓励出口丝绸。丝绸出口还可以平衡贸易。南宋时期，由于进口香料过多，金银等货币等价物出超，于是改用丝帛、锦绮换取香料。这些措施极大地改善了财政，也成倍地促进了丝绸的外销。

宋朝接待外来使臣，也用丝绸作为国礼：一次拂秣使者来华，赠送丝帛 200 匹；高棉的地方使者进献，因为来礼贵重，回礼红色罗绢 1000 匹、绯色绢 100 匹。宋代的丝绸行销范围很广，从东北亚的日本和新罗，到东南亚的占城、真腊、菲律宾的吕宋、马来半岛、印尼的三佛齐、渤泥等 20 多个地方，再到斯里兰卡的锡兰山、印度的南毗和古里，一直到南太平洋的帝汶、伊朗的霍尔木兹、也门的亚丁、埃及的杜米亚特和摩洛哥的丹吉尔，都形成了繁荣的丝绸市场。在那个时期，泉州出产的丝绸和苏州、杭州的五色缎还出现在坦桑尼亚的沿海地区。

从隋唐一路走来，宋代的瓷器生产进入了高峰时期，其工艺水平高，窑口遍布南北方，所谓钧、汝、哥、定，"北白南青"的制造格局陆续臻于完善。景德镇高岭土的发现，在胎质材料上给出了陶瓷业的第一个科技标准，一改隋唐以来西亚仿制华瓷的格局，使华瓷再次登上陶瓷业的世界顶峰。宋代著名的越窑、龙泉窑、景德镇窑以及关中的耀州窑、北方的磁州窑出产的瓷器，或从广州，或从泉州，运往世界各地。

宋代的青瓷在欧洲被叫作萨拉丁，因为他们最初的青瓷知识是从埃及的阿尤布苏丹萨拉丁那里得来的。传奇人物与传奇瓷器的相遇，形成了巨大的品牌效应，中国的青瓷不仅成为宋徽宗眼里的艺术奇品，也成为阿拉伯上层和欧洲贵族追逐的商品。

丝绸、瓷器也成为中国出口商品最美妙的一种组合，不仅价值巨大，而且美学内涵丰富，同时也是船运的最佳商品配伍。宋船虽然也很巨大，但客户众多，每人所占的仓位也不过数尺，如何在咫尺之间实现运载价值最大化，也就成为大的学问。丝绸与瓷器的组合无论从安全性上还是价值形态上都能满足商业的要求，因此，许多返航的商船，既是瓷器船也是丝绸船，这大约也是人们在古航道上常常发现遇险的沉船伴有大量瓷器的缘故。

宋代以后，由于中国瓷器大量进入丝路贸易市场，产品逐渐出现分化，精者益精，成为各国贵族千金难买的观赏品和收藏品，与稀世珠宝同列；但中国瓷器也慢慢成为一般人珍爱的生活用品。瓷器是自新石器彩陶产生以来最伟大的工艺创造，极大地提高了人们生活的条件与质量，同时也美化了人们的生活，带动了民生产业的发展。在世界上的许多地区，人们为拥有中国瓷器而感到满足。在中国的南海邻居菲律宾，很久以前，许多家庭平素将瓷器埋藏在地下，有节庆才取出一用，所以偶有出土，几乎是全新和完整的。在十二三世纪的时候，埃及也曾出现瓷器装饰的艺术，人们有时将中国瓷器，主要是盘、碟、碗等镶嵌在门上或墙壁上。

瓷业的大发展也带动了茶文化在中国的蔓延与风行。从唐代陆羽开始，茶文化的经典理论和煎茶饮茶的规范出现了，品好茶也需要好茶具，瓷器的百花齐放特别是建盏的出现，使瓷器在上到士大夫下到市井人物的斗茶活动中一展其容。建盏出自福建建阳，所产兔毫盏有俗称油滴的鹧鸪斑点花纹，是斗茶者的所爱，也得到阿拉伯商人的赞赏，认为"中国所称的建瓷，尤其别致"。由盏及茶，中国茶叶也开始为外国人所知晓。明以后，中国瓷器又上一个台阶，中国的茶叶开始风行于世界。

南宋偏安于江南一隅，对陆上丝路的贡献不算大，但对海上丝路的开拓贡献是非常巨大的。南宋从公元1127年开始到公元1279年结束，不算很长，但在海上贸易中做出的努力是显著的。一是继三国孙权之后着力经略中国的海上领土，为中国自身的海权贸易打下基础。二是继续强化船队建设。三是完善唐末在广州建立的市舶司制度，在泉州建立了市舶司，并摒弃了唐代皇室内监直接受理关务的弊政，首次引进了留华的国际商人充任管理者。这些举措，提高了丝路贸易的效率，同时也为元代的丝路高峰奠定了坚实的基础。

公元1171年，南宋在江南立足稍稳，也就加强了海上领土建设。泉州知府汪大猷派出数千士兵驻守澎湖湾，一年后进驻台湾，再次开府建牙。这不仅推动了中国政府对台湾地区的有效行政管理，也进一步畅通了航路。中国的海上丝路贸易多点推进，在传统的广州之外，东部沿海地区先后出现了泉州、明州等大的港口。其中，泉州发展成为元代和当时世界的第一大港——刺桐港。

从13世纪起，中国和印度之间的海上交通线上，来往行驶的基本是中国的帆船与大舶，并且不时延长到波斯湾和红海，在新的格局下继续推进厄立特里亚贸易。从总体来看，中国商船经南海直航印度洋的为多，一般情况下，仍然沿袭唐以来雇佣外籍船长的传统办法，这有利于通译和诸多海上的联系。这种国际化的管理经营特点往往被研究者忽略，并拿来作为中国人并没有参与直接海上贸易的例证，这是有失偏颇的。中国船从三国时代开始，经历隋唐，到了宋代已经基本定型。元代是"拿来主义"，更大规模地投入使用并推行国际人才管理。当时阿拉伯人看到的13世纪末14世纪初的元代中国帆船，也就是宋代特别是南宋的帆船。

根据有关记载，帆船首先是有编队，大船或曰舶，中型的是柴水船，小的是摆渡的八橹船。宋元时，中国的大帆船比隋唐又有进步，小些的有3张帆，大的有12张帆,这种巨型海船有4层甲板,通常拥有50多个甚至100个舱室。中帆船不是广州造就是泉州造,每只船可载600名水手、400名士兵,并且随附3只小艇。配置士兵是为了防海盗,其中有弓箭手、盾牌手和发射火箭的弩手。船大,安全系数高,所以外商最喜欢租用。这些船大多是官船,但也有私船,官船出租要"依例抽之",也就是按规定价值分成,颇有一套规矩。

唐代市舶司使由宫廷太监充任,除了管理市场,主要还是便于皇宫征收奇货。南宋从在泉州建立市舶司开始,不仅同唐朝一样,实行地方行政与市场管理分离,同时任命专业人士担任市舶司使。而且,用人不拘一格,由留居南宋的阿拉伯大商人蒲寿庚来担任市舶司使。这种人才开放的突破,不仅保证了市舶司职能的到位和正常运转,而且形成了管理机构相对稳定的长效机制。元朝攻破南宋,顺利接收泉州市舶司,并且继续让蒲寿庚担任市舶司使。当然,让蒲寿庚继续担任市舶司使是有条件的,为了表达对元朝新政权的效忠,蒲寿庚杀了宋室皇族。为了这件事,很多反元之士认为他的人品有问题,也欲诛之而后快。

宋室南迁,其实已由内陆为主的国家政权转变为面向海洋的更加外向的中国古代政权,因此,在其150多年的统治中,南宋朝政更多地开展海上外交,除了加强与琉球群岛的互动外,还与东南亚国家及东北亚国家如日本建立了相对更紧密的关系。

元代丝路高峰

丝路发展的极盛期在元代。这个极盛期不是偶然出现的,是汉和隋唐以来包括南宋丝路发展积累的结果。元代丝路高峰的出现有中国内部和外部重要的地缘经济发展变化背景,也有各种物质条件趋于更加成熟的准备。这是丝路文明发展进入划时代的前夜,充满了偶发性也充满了必然性。

元代丝路高峰出现的中国内部发展变化背景,一是中国在蒙古人的崛起中出现了新的版图统一;二是从宋代开始的政治、经济、文化中心出现了北移,先是汴京,后是北方的大都,视野更加开阔。元代丝路高峰出现的中国外部发展变化背景,一是在四大汗国相继建立和演变中,出现了东亚与西亚的道路直接连通亚历山大里亚;二是欧洲开始进入中世纪,各种时代变化正在呼唤着文化潜流的新冲击。此外则是文化传播进入新的活跃期,而亚洲两端人的大流动带动了文化的大流动和商品的大流动。

蒙古帝国横跨欧亚，时间并不很长，但带来的历史感觉是全新的。1218年，成吉思汗进行了第一次西征，灭亡了里海之东锡尔河以南的花剌子模，并征服了里海和咸海以北的康里地区。成吉思汗殁于回师途中的鄂尔多斯台地。1235年到1244年，成吉思汗的孙子拔都和将军速不台发动第二次西征，克钦察，平莫斯科公国进入东南欧。1253年到1260年，在宪宗蒙哥统治时期，拖雷的第六子旭烈兀进行了第三次西征，占领了里海和两河，进入了伊朗和叙利亚，如果没有埃及的穆斯林马木鲁克王朝抵御，或者还会进入地中海。蒙古大军的屠杀与对城市的破坏是显而易见的，而在这种龙卷风式的横扫中也改变了旧有的一切。在三次西征陆续建立的四大汗国各自独立之前，元帝国与其维持着一种相互的政治、经济、文化联系，形成了新的交通格局，这种格局在后来很长一段时间里还在继续发挥作用，并由此出现了遍布欧亚许多地区的驿站制度和商道。在驿站发展的最盛期，正式的驿站有1519个，备有马车4000辆。纵横交错的交通线路，为此后的丝路贸易提供了更为直接方便的条件。元的驿站遍及全境，但最发达的路线在通往哈拉和林、上都、大都的一线上，覆盖了草原丝路和绿洲之路。2016年在今内蒙古乌拉特中旗烂营盘发现的驿站遗址就与元驿站有关，虽然其交通活跃期在清代，但处在北到哈拉和林、东到大都的交通线上。

　　帝国一开始的政治、经济、文化中心在哈拉和林，在今蒙古国乌兰巴托附近。这是窝阔台时代新建的国际商业都市。哈拉和林不但有众多的被迁徙来或者经商的西亚人和中亚人，包括阿拉伯人、波斯人，还有匈牙利人、俄罗斯人甚至意大利人、犹太人、英国人、法国人。比如一位叫巴希尔的英国人因为精通数国语言，充当了可汗的翻译；来自巴黎的女子帕格特成为蒙古皇妃的贴身侍女；著名的马可·波罗父、子、叔三人就是跋涉东来的意大利商人。

　　中国南北朝宋元之后，草原丝路成为丝绸之路的主要路径，这主要是因为从那以后的多数时间里，中国的政治、经济、文化中心向北移。出现在中国东部的连接南北经济带的京杭大运河，使流通的主渠道由南向北，经济重心必然北移，跨国跨地区的贸易重心也随之移向北方。到了民国初年也都是这样的格局。或者说，宋元以后，南北格局替代东西格局，带来了北方商业的繁荣，丝绸、元青瓷器与粮食杂货随着南北漕运的发达流向北方，或流向南方进入海上贸易。到了明代，在明成祖死后，草原丝路的主导权仍然掌握在北元手里，但北京的历史经济功能定位了，昔日的长安与东都洛阳几乎被边缘化，而这也是前后600多年西京长安丝路贸易中心不再的原因。但是，西向丝路贸易不再繁荣，不是说丝路贸易中断了，而是转移了，中心转向草原，转向大都，海上则转向了东南泉州的刺桐港。

这里有一个重要的历史着眼点，那就是观察与研究的视野有多宽。一部中国史从一开始就是一部多民族共存亡共荣辱的历史，全方位地考察历史丝绸之路，要从历史多民族共同发展的多维视角来考察。这样一来，目光自然就不会仅仅局限于秦汉隋唐某一个时代的辉煌。中国的丝路辉煌不仅包括少数民族入主的时代，如元帝国时代、清帝国时代，也包括宋、金、辽那样一个"三国"时代，而且那个时代还是丝路文明最耀眼的时代。

忽必烈在滦河的源头闪电河建设了上都，那是一座特色鲜明的国际商业城市，规模宏大。上都在内蒙古锡林郭勒盟正蓝旗金莲川，那里山川合围，视野开阔，有草地有河流还有森林，每到初夏还可以看到遍野开放的金莲花，它是一种很珍贵的花茶饮材。上都是由忽必烈的谋臣刘秉忠设计的，完全采用了八卦的形制，分为外城、皇城与宫城，八角有八座佛寺，大安阁则坐北向南。在皇宫遗址里，尚有石砌的宫墙，有某种欧化风格的盥洗室遗留，也有中国式的碾坊，总体上具有中原建筑风格，但也有西亚和欧洲元素。上都宫城有草原气息，也有后来大都的影子，其中有游猎的御苑，有专门的工匠区，有市场，但似乎不是东西市而是南北市，这是与汉唐长安不同的地方。不论是哈拉和林还是上都，都是元代前期丝绸之路的草原起点和终点，也是当时世界上最伟大的城市。回看历史，位于内蒙古正蓝旗金莲川草原上的被弧形闪电河围绕的元上都，宫城西边的市场建筑面积是宫城的十多倍。作为丝绸之路在东方的中心，那里集聚了规模巨大的国际商人群体。来自亚欧的昔日的贵族官吏、传教士、建筑师、医生、乐师以及画工和金银工匠，组合成新的繁荣的市场画面。那位无人不晓的马可·波罗在这里住过，他的《马可·波罗游记》首先记录了北方草原丝路的繁华。

草原丝绸之路重心向燕山南移，与昔日的丝绸之路干道进一步合理组合，一种范围更大的丝路系统更显清晰：北上蒙古高原贝加尔湖和南俄罗斯草原与欧洲，西去中亚的察合台汗国和西亚的伊利汗国，昔日是条条大路通罗马，今日却是座座驿站通大都。大都、中都与上都便与古老的草原丝路叠印在一起。

在这个新的道路连通亚历山大里亚的丝路格局里，有两个重要的变化不能不提：一个是多种原因造成的史无前例的人员流动，一个是京杭大运河的开凿与连通。前者形成了多种文化的直接交流，后者却在南宋海上丝路的开拓基础上进一步将其推上了顶峰。草原丝路的极盛期与京杭大运河的开通和繁荣直接相关。在隋唐时期，运河是东西向的，一应货物和物资都要经由长江与黄河之间的运河网走向洛阳，再进入长安，因此洛阳必然成为汉唐的东都，那时洛阳的水运比什么时候都发达。《清明上河图》展现的一幕，是运河走向在演变中带来繁荣的一幕。在南宋和元以后，中国政治、经济、文化中心向南北两端转移，这使得运河由东向西转变为由南向北和由北向南成为一种必要，而著名的水利专家郭守敬等发挥了重要的作用。

诚然，京杭大运河并没有直通泉州，最远可以辗转到达宁波，这同当时的技术条件限制有关。但浙闽之间纵横交错的海陆交通弥补了这个局限。南宋小朝廷在偏安中的努力开发奠定了泉州的外贸地位，广州加上泉州，元代的影响世界贸易的进出口格局也就形成了。明初的郑和航海，虽然起点不在泉州，但泉州不仅是其主要的航海基地，也是批量货物转销基地。大批的航海人才在这里涌现，不仅造成了日后数百万闽商下南洋的盛观，也直接导致在彼时官方视野之外持续了几乎百年的马尼拉—盖普贸易的出现。

中国的大运河体系历经演变，演变的轨迹同中国隋唐以后政治、经济、文化中心向北转移的轨迹是一致的。从历史上看，大运河也是一条国内微丝路，形成了彼时中国最大最重要的经济发展带。现在，随着运河的近代物流功能的减弱，其经济地位也在下降。运河功能的衰落，并不完全是一些段落已经不连续，而是用进废退使然，近代海运的发展也使它失去了南北物流大动脉的地位，铁路的兴起，进一步减弱了它盛极一时的运输功能。尽管目前在江浙地区的运河段落还在发挥作用，但它更多的是成为活体文化遗产。

元代是陆海丝路大兴的时代，也是草原丝路与海上丝路、草原丝路与沙漠绿洲丝路、草原丝路与西南丝路交相辉映的时代。

京杭大运河是与北方草原丝路直接相关的。京杭大运河的漕运主要是南粮北运，但对海陆丝路贸易的盘活与贯通，更是功德无量。元代设置上都与大都，虽然有多种考虑，但从经济角度讲，上都更偏重陆上丝路贸易，而大都要与海上贸易间接联通，这个格局是十分明显的。近代以来，陆上的草原丝路主要是原为张库大道现在是中俄蒙交通走廊和山海关交通走廊的走向，京杭大运河则是河江海陆联动走廊。张库大道是20世纪20年代建设的，是近代中国公路建设最早出现的成果，也是清末"走西口"的方向。要种地的去河套，上库伦的要经商，此外还有一条一直向西、经过著名的居延海的西延线，是草原丝路的重要轨迹线，也是拟议的中俄高铁的一个重要方向。

元代的海陆丝路贸易是全方位的。它给定了今日中国丝路六大或者八大通道的现代框架，也给出了海上丝路的主要线条。《马可·波罗游记》记载了他回程的路线选择，在他参与护送阔阔真公主也即西方所称的柯察琴公主下嫁伊利汗的回程中，一开始计划西行陆路，但路上有些不太平，于是改由海路，从泉州起身跨洋西行。由此可见，那时的陆路与海路形成了一个闭环，这是元朝带给丝路世界的见面礼物。

伊利汗国的称号是元世祖忽必烈封给的，意为蒙古大汗的西亚波斯首领，后来奉行什叶派伊斯兰教，逐渐独立于元朝。在旭烈兀西征的时候，就随军带去许多天文历算人才，主要服务于军事活动。伊利汗建国之后，他们与波斯及阿拉伯的同行在一起筹建了大不里士马拉格天文台，集中了更多中国、波斯、阿拉伯和希伯来的天文历算者，并建立了藏书40万卷的图书馆。筹建者中有一位叫傅蛮子的中国道士，曾经在忽必烈朝做过秘书少监。这些中西学者在1272年共同完成的《伊利汗天文表》，在天文学史上具有里程碑意义。伊利汗国也是元朝纸币体系传向西亚走向欧洲的重要试行地区，还是最早实行驿传制度的西亚国家，对丝路贸易和丝路文化交流影响深远。新建立的蒙古汗国与当地文化的融合，最终结果是东方的文化基因融入西亚和欧洲，形成了或以伊斯兰文化为主体，或以东正教为优势的历史状态。在元朝的分等制度中，尽力发挥了阿拉伯人等的色目文化体系和北方汉人文化体系的优势，通过丝绸之路实现欧亚文化的大传播和大交流。一面继续引进西方国家文化，一面输出东方的先进科技知识与基本理念，为欧洲的文艺复兴和科技的飞跃开启了大门。

这是一个熙熙攘攘甚至是瞬息万变的混乱时代，同时也是丝路文明升华的时代，在人类文明史上占有重要地位。

钦察汗国的主要臣民是居住在里海、黑海以北的库曼人，俄罗斯人也称其为波罗伏齐人，是12世纪随同耶律大石前后西迁的库曼奚族。他们带去了契丹文化和奚族化的蒙古文化，汉文化也随之而来。有趣的是，中国丝织技术传到波斯，创新出波斯金锦技术，回流到契丹地区，库曼奚族又把它带到了黑海北部的库曼草原，辗转流行到北欧和西欧。从此以后，俄罗斯和欧洲的贵族服装金丝闪亮，成为华贵的标志。元代的纸币也在钦察汗国和俄罗斯地区流行。1253年，为了寻找东方的"约翰长老"，法王派出的方济各教士陆白鲁克前往哈喇和林，途径俄罗斯和钦察汗国的时候，见到了印有颜色的加了印章的皮革币。纸币的印制，很可能是中国雕版印刷西传的第一种实际运用。

元代从海上丝绸之路和陆上丝绸之路运销海外的丝绸、瓷器，比宋代有增无减，驿路畅通，海船船队规模更大。元代的丝绸和瓷器，大都从泉州外运，花色品种繁多，绢分细绢、红绢、小红绢、山红绢、红绿绢、五色绢、花宣绢、狗迹绢等。绫有水绫、诸色绫，锻有龙缎、青缎、草金缎、五色缎、锦缎，锦有花锦、建宁锦、丹山锦，丝有白丝、红丝、青丝、南北丝和各种丝绸布。这些丝织品风行世界各地，东至菲律宾，南至印度、斯里兰卡，西到亚丁、麦加、埃及和摩洛哥的丹吉尔以及东非的季风贸易终端地区。

元代的瓷器工艺达到了历史的高峰，进入元青花的时代。元青花的出现，反映了中国瓷器在艺术风格、制作设计及绘画方面的新成就，同时也是在世界范围里选择资源优化组合的成功范例，由东非引入的苏麻离青颜料提供了更好的色泽选择。元青花工艺达到了国际化瓷器产品的最高境界。为了适应外销，元代的青花窑口首创了产品定制，根据客户的需求生产不同图案、不同用途、不同规格的器型。

宋元的外销瓷器，海上丝路沿线都有大量发现，保存数量大、窑口类型多、谱系比较完整且有存世绝品的，当数菲律宾的马尼拉。保存元青花数量大、器型完善的遗存，有伊朗北部的阿德比尔神庙和土耳其伊斯坦布尔的塞拉里奥老皇宫。阿德比尔神庙是萨法维朝的祖庙，16世纪修缮时1600件中国瓷器被作为献品赠给神庙，其中有宋明以后的瓷器，极其珍贵的元青花就有37件。塞拉里奥老皇宫现在也叫托普卡皮·萨莱伊博物馆，宫里的厨房、库房和地窖里存有8000件中国瓷器，其中元明青花2600件。展出的青花巨盘及碗的器型适用于突厥皇室帐式宫廷宴会，有的上面绘有突厥和伊斯兰风格的图案，应当是从中国定制的舶来品。在元代，伊利汗国是中国瓷器的窗口，通向欧亚非三大洲的中国帆船，是中国瓷器的流动市场。宋元以来的中国瓷器残留也揭开了湮没已久的非洲古文明。哪里有大量瓷器遗存的出现，哪里就有过市场的喧嚣和文明晃动的身影。

但是，丝绸、瓷器只是古代中国文明的一种外化和显化，在丝绸、瓷器温润闪亮的光泽里，展现和潜藏着东西方文化交汇的湍流。元代输入中国的阿拉伯的科技文化林林总总至少有五六个大项，中国传入阿拉伯并走向世界的科技成果，除了著名的四大发明，还有更多。择其要者，首先是历朝历代都非常重视的天文历法。阿拉伯和中国的天文历法学者在元代有过密切的同事关系，而耶律楚材和波斯人扎马拉丁以及阿拉伯人爱薛、郭守敬等都是其中的代表性人物。蒙古初兴，一开始采用的是金人重修的大明历，耶律楚材两次修历，使用了撒马尔罕天文台的观察仪器，他与阿拉伯的天文学者经常交换意见，也很注意研究伊斯兰的天文历法。忽必烈登上汗位前后，不仅在汉人主持的天文机构之外设立回回司天台，还从波斯征召了颇有盛名的扎马拉丁，请他编制万年历，并在大都建立了观象台。1274 年，汉回两个天文台合并，翌年由郭守敬主持修编授时历。1281 年授时历颁布，与地球绕太阳一周的周期只差 26 秒。800 年前的历法精度达到这个水平，显然是多方合作的结果。

13 世纪的中国数学一直走在世界前面。中国数学家秦九韶被誉为那个世纪最伟大的五位数学家之一。但中国数学也吸收了西亚和欧洲的成果。阿拉伯数码在中国得到流传，欧几里得《几何原理》也进入了大汗的宫廷。中国的算术如十进位计数法、四则运算法、分数和分数运算法，还有九宫格等，不仅很早就传入印度，还陆续传入伊斯兰国家。

在医药方面，回族药物在元代享有很高的声誉。《回回药方》是当时的阿拉伯药典。阿拉伯人爱薛，除了掌管天文历法外，也掌管了宫廷的医药司，这个医药司后来改为广惠司。他的同样懂得医学的妻子还主持了有关阿拉伯医药的京师医药院。与此同时，中国的医学著作也成为阿拉伯医生的参阅书。孙思邈的《千金要方》在元代被翻译为波斯文。一部中国医学百科全书《伊利汗的中国科学宝藏》也在 1313 年问世，内容涉及脉学、解剖学、胚胎学、妇科学、药物学以及脉经等。

在造型艺术方面，一方面西亚国家持续不断地仿制中国的瓷器和丝织品，另一方面中国工匠也不断吸收异域的艺术。在元代，不仅中国的水墨画出现在伊朗的画坛上，动物花卉、波纹、云纹以及龙凤寿桃也开始出现在西亚，就连一向被视为画忌的人物肖像题材也偶尔出现。一段时间里，一如唐人艺术里充满了胡人气质，西亚国家的上流社会里也弥漫着中国的服饰风尚。元代的宫廷里，特设了回族乐队，他们在演奏蒙古乐的同时，常常会演奏《伉里》和《清泉当当》等回族乐曲。

阿拉伯商团与蒲寿庚

在蒙古大军三次西征中，大批西亚和中亚的上层人士、商业人士和工匠移居东方，其中以阿拉伯人为多。他们或者在中国从事贸易、手工业和农业，或者成为中间层管理者。他们与很早就频繁出入于沿海港口，尤其是在泉州、广州、明州、杭州的阿拉伯商人，一同留居在中国，以中国为家，世代通婚繁衍。他们使用汉语，但保持着伊斯兰化的阿拉伯文化传统与波斯文化传统。他们常用的姓氏，有着西亚穆斯林姓名的某个音节特征，例如纳、速、剌、丁、哈、闪、马、穆、白等。他们带来了伊斯兰文化,也带来了西亚的工艺技术,丰富了中国的文化系统。他们当中涌现出许多杰出的人物,如出自布哈拉的赛典赤(贵族的意思)瞻思丁,曾经担任过燕京宣抚使和云南行省平章政事,即云南地方最高行政长官。瞻思丁在云南提倡礼仪,推广桑麻种植,对伊斯兰教与儒学的传播都有很大的贡献。再如不忽木和巎巎、回回父子,其先祖是中亚康里部落首领,或担任忽必烈朝的吏部尚书,或为元代书法大家。巎巎、回回堪称元代"双璧"。元代诗人萨都刺更是工诗善书,有很高的文名。此外还有丁鹤年、丁野夫、高克恭,都是一时之翘楚,为中华文化的发展做出了贡献。

在元人的地理概念里,西域几乎囊括东起唐古特,西至东欧北非的更为广阔的地区。关于西域的人种和宗教信仰,出现了"色目人"这一更大的概念。粗略地统计,当时来华的色目人不少于20种。在色目人中,尤以阿拉伯人为多。他们深受中国文化的熏陶,有入仕于元朝的,但最多的是商者,包括留居中国的坐商和奔波于陆上海上的行商,他们形成了庞大的阿拉伯商团。

由于经商,留居中国的中亚和西亚的商人形成大分散小聚集的状态。13世纪来自摩洛哥的旅行家伊本·贝图在其《中国游记》中说:"中国各城市中,都有伊斯兰教徒居住区,筑有清真寺作为礼拜之所。"穆斯林商人到中国经商,可随意住宿在那些定居当地的穆斯林商人家中或旅舍中,招待极为周到,旅客钱财货物受到妥善保管。

宋元之交,中国的东南沿海是阿拉伯商人的集中地,以泉州、广州为最。泉州的对外贸易一直由当地的阿拉伯富商运作管理,在南宋末期和忽必烈时代是蒲氏家族,后来是伯彦平章。

对蒲氏家族的来历有不同说法:一种说法是来自南蕃,"富甲两广",是为占城说;一种说法是来自西域陆路。宋人岳珂的《程史》对广州蒲氏家族有记载,日本学者桑原路藏在其《蒲寿庚考》中说,《程史》中的广州蒲姓就是当今散居在南海、黄埔、白云与番禺、顺德、潮州等地的蒲氏一族,并说他们在元末明初分为"八房",即八个分支。《蒲寿庚考》认定了蒲氏家族的阿拉伯来源,主张占城(越南北部)说。但中国学者陈鸿钧研究了《南海甘蕉蒲氏家谱》,主张西域入华说,并说蒲氏家族是先侨居山东而后入粤,入粤时间当在南宋时期。《南海甘蕉蒲氏家谱》记载,其一世祖是玛呿阿,由二世祖海达迎养,居于玳瑁巷,三世祖阿呪咾叮也居住在玳瑁巷,寿毓则居住在宜人巷,即今怀圣寺光塔附近,因此又引出怀圣寺光塔为蒲氏倡建的说法。但怀圣寺始建于唐,或者光塔建于宋,是后来增建的。总之是事关海港灯塔,没有财力是办不到的,而宜人的女子封号是从宋政和年间开始的。据有关考证表明，蒲的五世祖已经很发达了，二世祖海达的官位也已经做得不小，在南宋担任"广东常平盐茶司提举，管军千户侯"，掌管盐仓茶库，行保卫和平抑盐茶物价的市场职责。由此可见，海达已经开始了家族亦官亦商的事业，这是当年色目人在华的典型事业道路，也显示了海达的能力。

蒲寿庚是海达家族的哪一支，又是怎么到的泉州，似乎还没有明确的线索，但明代何乔远的《闽书》肯定的记载是："蒲寿庚，其先西域人，总诸蕃互市，居广州，至寿庚开宗，徙于泉。"按照这个说法，他很可能是海达的一个儿子，随着海达任职广州，落户于广州。而蒲寿庚兄弟二人，一到梅州做官，一到泉州提举市舶司。

蒲寿庚在任职泉州市舶司提举或市舶司使的同时，还兼有招抚使的头衔，担负军事保卫的使命。而他得到这双份职务应当在南宋后期。蒲寿庚拥有海防力量，数次击退海盗对泉州港的侵扰，深得宋廷的信任。他还熟悉对外贸易，因此掌管泉州市舶司 30 年，最后升任福建安抚沿海都制置使的高位，兼提举市舶司。1276 年底，元军前锋抵泉州，蒲寿庚面临艰难的抉择——如果依然拥宋，从正统观念来看，必然是死节，但泉州的市舶将毁于一旦，要想恢复还不知到什么时候。他决定降元并留用。1278 年，蒲寿庚协助元朝平定了东南沿海海患，升任福建行省中书左丞相，正二品，到达他的事业高峰。

蒲寿庚弃宋降元，是同当时的泉州知府田真子一道决策的，其代价就是对泉州的宋宗室和其他拒降派大动干戈。这是后世对他臧否不休的最大原因。蒲寿庚降元后，泉州港得以保全，刺桐港在元代得到了大发展。

蒲寿庚有兄弟，兄长叫蒲寿宬，善诗文，有《心泉学诗稿》6 卷，南宋末期任广东梅州知府达 7 年之久。是这位兄长建议蒲寿庚弃宋拥元的，也是这位兄长协助蒲寿庚平息海上的一些事端，维持了泉州贸易的秩序并因此得到元朝的器重。蒲寿宬晚年隐居泉州的法石山，自称处士，有儒家和道家风范。蒲寿庚亦武亦商，是那个混乱时代最需要的铁腕人物，因为海路贸易比陆路贸易风险还要大，海盗出没是寻常可见之事，必须要有熟悉情况又善决断的干才才能稳住阵脚。

元末泉州发生过动乱，长达 10 年。泉州、兴化二府一度陷入混乱，这是泉州走出极盛期的开始，一直到郑和下西洋时海路秩序才有所好转。

泉州市舶司的第二任长官依然是阿拉伯人，这个阿拉伯人是艾卜伯克·乌马尔，也就是伯颜平章。伯颜平章是艾卜伯克·乌马尔的另一个官衔称呼。

1952年，在泉州旧城墙东南隅曾经发现一通阴刻阿拉伯文墓石，文字大意是赛典赤杜安沙卒于伊斯兰历702年即公元1302年，赛典赤·杜安沙的父亲是原籍布哈拉的赛典赤·乌马尔的儿子。碑文讲到，艾卜伯克·乌马尔的父亲是咸阳王。咸阳王是谁？从有关赛典赤·瞻斯丁的历史资料看，瞻斯丁在蒙古军西征时，率几千部属投向蒙古一方，因此受到蒙古人的器重，主理燕京后又受命出任云南的最高行政长官，而在主政云南前被元朝封为咸阳王，因此杜安沙是瞻斯丁的儿子无疑。那么，艾卜伯克·乌马尔和杜安沙又是什么关系呢？碑文并没有直接讲，但可以判别，艾卜伯克·乌马尔即伯颜平章有可能是杜安沙的子辈，或者说杜安沙是同艾卜伯克·乌马尔一起到泉州的一个族内长辈。这个关系在阿拉伯人拉施德丁的《史集》中也有记载："赛典赤·瞻斯丁的儿子纳速拉丁，有一个儿子艾卜伯克，又称伯颜平章，曾任中国刺桐港提举市舶司的要职。"杜安沙与纳速拉丁也许是一个人，也许不是，但杜安沙是瞻斯丁的子辈，伯颜平章是瞻斯丁的孙辈，大体是可以肯定的。这位杜安沙居留泉州并老死于泉州，成为泉州丁氏家谱的一世祖。

泉州的阿拉伯人很多，阿拉伯商人的财势、商势很大，在唐以后其人数一度超过广州，因此，无论是南宋还是元朝，陆续引入有阿拉伯商人背景的人来做管理，也实属必然。他们耳听八方，通晓商路信息，熟悉市场行情，也知道商路的安全所在，是市舶司长官的不二人选。

早在南朝，泉州已经成为与广州直接联系的姊妹海港城市。在陈文帝时期，曾经有位从印度来华的高僧真谛，乘小舶到泉州转大船回国，但被当地人挽留，于是又乘船回到广州，想从广州回国。真谛因为圆寂于广州而最终没有成行。他在广州和泉州之间随意转换船只，可见这两个海港城市的海路来往是很方便的。广州有数量众多的阿拉伯商人，泉州同样不少，他们之间的商业联系是很紧密的。尤其是在黄巢攻入广州之后，许多阿拉伯商人迁移到泉州，泉州一时成为超越广州的丝路大港，成为阿拉伯商人最大的聚集地。

不仅泉州，杭州、扬州等大的城市也是阿拉伯商人和商团的聚集地。泉州法石山发现过一通元代阿拉伯人的墓碑，墓里埋葬的是阿拉伯郭氏的一位远祖，系从杭州迁来的商人，在当时颇有商业势力。明代田汝成的《西湖游览志》中说，杭州的穆斯林最早是随宋室南渡的"西域夷人"，"元时内附者，又往往编管江、浙、闽、广之间，而杭州尤夥，号色目种"。他们由满喇（宗教首领）统属。1924年杭州拆城墙，曾经发现过天方（麦加）先哲卜合提亚的墓葬。最早出现在南宋的扬州东关外的墓园，也曾发现穆罕默德的16世孙普哈丁的墓葬。

普哈丁 13 世纪来扬州宣教,死后葬在扬州。

在元大都和大运河沿线,也都有阿拉伯商人分布,有较大的穆斯林集聚区和大的清真寺。北京的牛街礼拜寺,似在北宋创建,但元初由来自中亚的伊斯兰教士掌教,其墓葬至今在寺内。元代的牛街是大都商业重地,北京城的城墙有几度变化,牛街的位置一直不变。

从元朝起,中国的回族正式形成。明朝开国元勋有很多来自回族,如常遇春等都是朱元璋手下的大将,连历史知名度很高的敢于和皇帝抗争的海瑞,其祖先也都是阿拉伯族裔。朱元璋的一些主力部队是回族,朱元璋的经济人才库里也少不了回族商人。

诚然,汉人甚至南人里也有不少经邦济世人才为当局者所用。元代的海外贸易一般由官方出船,由商家自行经营,官方抽取利润的七成,类似后世的租赁承包,许多汉族海商家族奋身投入航海贸易,成功者还被委以高位。最典型的就是浙江的杨氏家族三代。第一代杨发被委任为浙东西市舶总司司事,管理内外大小商港。杨发的儿子杨梓年轻时就商通日本、朝鲜和南洋诸地,商脉甚广,受封为安抚总司和杭州路总管,成为地方大员。杨发的孙子杨枢 19 岁就参与厄立特里亚印度洋贸易,伊利汗国合赞汗的使者那怀到中国觐见元成宗,返回时乘的就是杨枢的商舶,一路风雨,两年后抵达忽鲁谟斯(霍尔木兹海峡)。

元代也是个宗教多元开放的时代,特别是色目人种类众多,在事实上带来宗教文化的多元化。在唐代,佛教东来,各种宗教也纷纷进入中国。9 世纪唐武宗灭佛,其他宗教也受到牵连,景教和摩尼教一度在中国绝迹。到了 11 世纪,由于新兴的契丹容许基督教聂斯脱里派存在,蒙古的汪古部和克烈部地区也开始流行景教,景教在中国北方再次抬头。这种情况引起基督教世界的高度关注。首先是草原丝路上的亚美尼亚王得到信息,他派使晋谒罗马教皇尤琴三世的时候,最早宣传了东方的约翰王和长老国,认为这个约翰王和长老国,可以协助罗马教廷战胜穆斯林。这个东方的约翰王和长老国的存在实际上是个代数题,一会儿指向 12 世纪的西辽大石政权,一会儿又是 13 世纪蒙古克烈部,在 14 世纪又说是蒙古汪古部。元朝建立以后景教再度流行,于是他们又把目光扫向了蒙古大汗,三次派出基督教士,风尘仆仆地来到蒙古的哈拉和林。

第一次是 1245 年,教皇英诺森四世派出方济各会教士勃朗·嘉宾,见到了贵由汗。第二次派出的是多明我会的教士阿西林和朗久姆,也都不得要领而归。第三次是 1253 年,法国国王派出方济各教士卢白鲁克,他从黑海方向前往哈拉和林,并写有《行记》。他在《行记》里说,中国北方至少有 15 个城市有景教,东起唐古特（西夏地区），北起汗八里（北京）都有教区。北京的琉璃河就有十字寺。十字教徽的四角刻有叙利亚文字。十字寺是唐代兴建的，元顺帝重修。在蒙古时代，镇江、扬州、杭州、泉州、温州也有景教，信众总数上万。景教，元代也称为也里可温教，也里可温来自上帝"阿拉"或者大唐景教碑中所记的"阿罗钶"，同僧、道、答失蛮（穆斯林）并列。在元初，也里可温也特指蒙古汪古部。卢白鲁克见到了蒙哥汗，总算得到了回书，但罗马基督教进入中国的进程缓慢。

元代的景教徒主要从事经商，其商业势力主要在北方，而且以放高利贷者为多。比如在1287年前往伊利汗国又充当过出使罗马教廷使节的苏马，就是景教徒商人昔班的儿子。他与山西霍山汪古部的另一位景教徒从霍山出发，一路西去前往耶路撒冷，到达伊利汗国，并担任了伊利汗国派往罗马教廷的使者。这位苏马也写有游记，详细记述了自己的欧洲见闻，他的游记是研究13世纪欧洲的重要材料。

苏马是有记载的写有游记的中国景教徒陆上进入罗马的第一人，只是他身上携带的中国文化基因太少了，且又没有返回中国，因此对中国的文化影响不大。他后来入居伊拉克，1294年去世于巴格达。

继卢白鲁克之后，方济各教士孟高维诺受罗马教皇委派，于1289年到中国建立教区，担任了第一任主教，这是罗马基督教入华之始。孟高维诺此前曾在伊利汗国首都大不里士主持过教务，对东方有所了解。他带着教皇致忽必烈汗的信，经伊朗取印度海道到达大都。孟高维诺到中国时年事已高，81岁时死于大都。在他留下的信札里，谈到大汗很宽容但始终不答应改宗基督教。他曾经在大都建立了第一座基督教堂，信教者最多时上万，但受到景教徒的离间，最终只有6000人。

孟高维诺在中国传教期间，还有一位意大利籍的方济各会的苦行僧鄂多里克辗转来到中国，比起前者，他并不算是负有使命的基督教士，而更像是一位职业旅行家。他从安纳托利亚的君士坦丁堡出发到伊利汗国的大不里士和波斯湾的霍尔木兹，入海至印度，又历经斯里兰卡、苏门答腊、爪哇、婆罗洲、越南，在广州登陆，再到泉州、福州，跨越仙霞岭到金华，循钱塘江至杭州，到南京、扬州，入大运河，到达大都。这条路线是当年由海上到大都的经典路线。鄂多里克走走停停，一共用了9年时间，1325年到达大都。他在大都住了3年，1328年返回意大利。返程是陆路，经黄河河套、甘肃，进入已经正式列入中国行政版图的西藏拉萨，又返到传统的丝路南道进入阿富汗地区到达大不里士，并从君士坦丁堡回到意大利。他到中国比马可·波罗晚了50多年，马可·波罗是1271年开始成行的，所走路线与前者正好相反。马可·波罗是陆路来海路归，鄂多里克是海路来陆路归。陆路的具体路线也有差异。他们都是经历陆海丝路全程的古代意大利人。马可·波罗是商人身份，鄂多里克是僧侣身份。鄂多里克也同马可·波罗一样，回国后向别人叙述，又经一位名叫海立·格拉茨的作家笔录修饰，出了一本《鄂多里克东游录》。他与马可·波罗被并称为欧洲中世纪四大游历家，后两位是伊本·贝图达和尼哥罗·康梯。

《鄂多里克东游录》对大都、广州记录颇详，一路见闻比他的方济格会前辈卢白鲁克客观得多。他说，广州之大无人敢信，中国的城市比欧洲最大的城市要雄伟得多。他在大都的宫廷里见到了欧洲的萨克森人，但他也不忘宣扬基督教。据他自己说，他还曾经在杭州的灵隐寺与中国的佛教徒辩论人的生死轮回问题。

1338年，元朝与罗马教廷之间发生了一件不大不小的事，那就是元顺帝派出混合使团带着致教皇的信由陆路前往意大利，其中有侍者阿兰，阿兰大约是位皈依的基督教徒。信函内容是修好问候，并没有多少实质性的内容。唯一实质性的请求就是"购求西方良马，及日没处之珍宝"。元顺帝派出混合使团自然受到教廷的欢迎，使团成员游历了威尼斯、佛罗伦萨等地，不久后与教皇派出的回访使节前往君士坦丁堡，取道黑海陆路，在1341年抵达察合台汗国，再由哈密回到大都。他们走过的路线，也是那时的陆上经典路线之一，即草原丝绸之路。这条丝路已经是东西方习以为常的陆路，以至那时欧洲的地图不仅标出了行走的路线，也画有驼队行进的图案。

元顺帝举行了盛大的迎接仪式，甚至仪式中有十字架引导和唱诗班的场面，但这未必是元朝将要改宗罗马基督教的征兆，因为这位亡国之君似乎是个对各色宗教都很狂热的人物。在他的治下，藏传密宗也在大都如火如荼，大行其道，宫里宫外"双修"成风，密宗的喇嘛还被尊为国师。元顺帝时代的元帝国其实已经成为世界宗教的最大表演场，除了摩尼教权势不怎么大，其他宗教各由自便，让人眼花缭乱。罗马教廷的使者在大都留居了4年，据说在留居期间还与犹太教徒进行了一场辩论，当然也少不了与早已被他们革出教门的聂斯脱里派继续发生摩擦。

应当说，伊斯兰文化入华，其宗教活动与经济文化活动是相表里的，对丝路贸易和丝路文化交流的贡献也是立体的，因此相互之间具有极大的可容性和由此而来的文化包容性，但罗马基督教入华，主要是基于政治目的，从顶层设计和具体操作上都指向了正在崛起的伊斯兰力量。西欧的封建领主和骑士对地中海东岸国家发动战争，其实是所谓"文明冲突"的古代版，罗马教廷一直不忘东方的约翰王和长老国，既不是要与聂斯脱里派和解，也不是要元帝国出面来调停，多少有点要把"文明冲突"进行到底的意思。这与一向具有宗教文化多元气质的元帝国，自然很不对路。因此，罗马教廷费了九牛二虎的力气，还是很难达到目的。

从科技文化传播的角度讲，基督教入华也是内容单一，是线性的，一切只为传播宗教理念和寻求联盟，缺乏对贸易、对科技文化相互直接交流的热诚。他们虽然也知道中国的丝绸、瓷器，知道东方的智慧和创造，但教会更关心的是宗教本身和宗教带来的政治战略利益。中国的"四大发明"在宋元时代就已经形成了大气候，但基督教士们茫然无知，在《行记》里依然将东方看成到处存在着"狗头人"的落后世界。

马可·波罗和伊本·贝图达

"马可·波罗游记"似乎是一个常识性的老话题，但在世界舆论场里也是历久弥新的焦点话题。在一些人看来，否定《马可·波罗游记》的真实性就意味着丝绸之路有虚幻的一面。美国的学者伍德，不以这位同样是白皮肤的前辈旅行家兼商业同胞为骄傲，而是千方百计地去证伪，要把马可·波罗说成是"百万先生"和吹牛大王。他对比马可·波罗还早50多年来华的鄂多里克及其《东游录》没有兴趣，却对并不负担基督教传播使命的马可·波罗充满了怀疑，搅起了一桩不大不小的关于马可·波罗的公案。不久后有一位同样是美国人的贝尔格林先生，索性迈开双脚，重走了一遍丝绸之路。他不仅还原了事实的真相，还通过对浩瀚如烟的资料的检索和对意大利早期历史学家论述的研究，得出了马可·波罗是比哥伦布更早也更伟大的世界级旅行探险家的结论。贝尔格林参阅了6种语言资料，写出了被更多人认为是有关马可·波罗话题的最完美的作品。人们对这位年过六旬、长着一大把络腮胡子的执着于真相的美国传记作家充满敬意。在此前后，还有一位约翰·曼工程师，也曾沿着马可·波罗的足迹，从塔什库尔干出发到元上都，并以"工程师"的眼光对忽必烈宫殿进行了测算与电脑复原。他也对《马可·波罗游记》的诞生、流传和版本的嬗变进行了细致的研究，记录在《元上都、马可·波罗以及欧洲对东方的发现》一书中。

马可·波罗是1271年11月开始他的东方之行的，1275年5月到达元上都，走了将近4年。马可·波罗的时代是丝绸之路发展的鼎盛时代,元朝和四大汗国的建立,在客观上打通了丝绸之路几乎所有的经脉,其贸易影响,引得赫赫有名的威尼斯商人都要冒险东来,父辈来了不过瘾,儿子随父叔第二次来华,寻找通向东方的丝路贸易的商业源头。尽管那时还没有出现丝绸之路的概念,但《马可·波罗游记》中记述的见闻,要比美丽的丝绸带去的信息多得多。透过马可·波罗的经历,人们看到的是彼时丝路巨大的商业吸引力,看到的是多民族经济的交易图和多种文明的交流图。正像贝林格尔所言,马可·波罗的行程完全超越了时空界限。贝尔格林在《马可·波罗》中说,沿着位于遥远的帕米尔高原边际的丝绸之路,"来到一个原始的世界,那里他接触到一些似乎还停留在史前时期、没有任何发展变化的人和社会。但到了中国,历史似乎推进了数百年,马可发现自己来到一个有着先进技术和文化的理想社会"。"马可到过很多很多这样的地方,虽然他始终认为自己是一个专门从事织物、宝石、香料贸易的商人,但实际上,他可以算得上是文艺复兴前乃至以后一段时期内,传播世界各民族文化与知识的使者。他通过对自己经历的记述引领东西方不断向未来迈进。"

马可·波罗心目中的未来是什么?"马可·波罗心目中的未来是要通过人们的不断旅行、永不中断的贸易往来及使用多种语言进行沟通和交流来实现,而不应该像在中世纪那样彼此隔绝。在这个世界里,基督徒可以和穆斯林、佛教徒以及任何一个掌握贸易要领的人做生意,而且在这个世界里,即便是强大统一的元朝政府与来自不同文化背景的个人进行接触和融合,也是为了一个共同的人类理想","作为商人,马可认为商业贸易是各国交往的核心内容,它能超越不同政治制度和宗教信仰的限制"。

那么,伍德为什么在1995年偏要否认马可·波罗游历事实的存在呢?贝尔格林说,问题不在几个细节,而是因为马可·波罗是第一个站在东方立场,带有东方文化思维,从东方的视角叙述东方繁荣的西方人。西方反对文化歧视,但在一些人那里是有限度的,你弱,他会发出居高临下的几声怜悯,但你曾经和现在强大,你就是非偷即盗。那么,对于这个在外漂泊24年连家乡话都说不好的游子,最好的办法是把他说成骗子和"百万先生"。这就是某些学者的道德与评价底线。

马可·波罗的中国游是不虚此行的,他不是游山逛景,而是完全融入了古代中国社会,融入了丝绸之路。然而,马可·波罗在中国的注意力并没有集中在丝绸上,因为那时并未出现丝绸之路的概念,也因为他们并不是丝绸商人。

出于珠宝商人的本能，他们将注意力更多地集中在珠宝和香料上。他和他的父亲与叔父回到威尼斯的时候，虽然穿的是红绿相间的绸缎蒙古大袍，但那是因为这种大袍便于携带珠宝。

但马可·波罗也不是一个普通的珠宝商人。在中国，马可·波罗走的地方可真不少，都与商路有关，而且带着元朝政府的一些商业使命，走西南，到东南，范围之广，连元代的一般官员都做不到。这自然会被质疑者拿来说事。质疑者或许根本不懂元朝。在元代，色目人是受重用的。元初云南的地方行政长官就是西来的色目人瞻思丁，而且很有政誉。因为他们一般与当地人没有更多的利益交集，又有商业头脑，所以让一位远道而来的威尼斯商人做税收督查之类的临时事务，未必不是一个聪明的选择。那时的官员，也不会有终身制，无非是当几回差，跑几回腿，清代的"奴才"们就是这样，而元代就更寻常。

另一个重大的质疑是马可·波罗一行既然在中国居住多年，为什么说回家就回家？不仅成为年方17岁的蒙古公主柯察琴远嫁伊利汗国的护送团成员，还有忽必烈汗赐给他的金牌和蒙古公主送给他的头戴？这其中除了有机缘凑巧的因素外，也是因为他来自西方到过西亚，经过时间考验又是局外人，并对旅途与伊利汗国都不陌生。

值得一提的是，蒙古公主柯察琴远嫁伊利汗国，元史中有明确记载。这样一件皇家大事，马可·波罗再能编，也很难编出来。即便是道听途说，再把自己摆了进去，又怎么能为自己设计了一去一回严丝合缝的海陆行程，并且没有任何明显的地标误差？这一点，恐怕现代人都难以做到。

马可·波罗17岁踏上陆上丝绸之路，42岁回到威尼斯，所有的青春年华都献给了东方。他原本计划从海路到中国，因为误了船期，便从如今伊朗的霍尔木兹一路东行，完全按照传统陆上丝路的南道路线取道元大都。期间在如今阿富汗的巴达赫商地区养病一年，而那里临近唐玄奘西天取经归来时经过的大小勃律或曰悬度地区，按现在的大致位置，他是要经过海拔4000米以上的瓦罕走廊。他走的是"大南道"，由此可见，在元代，草原丝路大通，而"大南道"依然是重要的通道。马可·波罗一行在辗转进入河西走廊之后，一路沿贺兰山西麓北上，经河套地区进入闪电河畔的上都城。

在这个巨大的东方市场里，刚刚长出柔软的络腮胡子的马可·波罗住了不短的时日。为什么到了上都，马可·波罗却不像那些比他早一点到来的欧洲传教士那样，直奔当时的另一个政治中心哈拉和林？因为他不是说客与传教士，他只是一个普通的商人，他不关心宫廷的争斗与罗马教廷的意图，他喜欢这里的市场气息。正是这样一种基于商业的本真,使他慢慢进入忽必烈的视野,也使他重点记述了上都,而不是充满政治是非的哈拉和林。

马可·波罗从陆路来从海路归,回程时间是在1291年初,是随下嫁伊利汗阿鲁浑的柯察琴公主西归的,那位柯察琴公主也即《元史》所记的阔阔真公主。他们最初的计划是走陆路,对马可·波罗来说,毕竟轻车熟路,但陆路发生了战事,他们不得不选择海路。送亲使团从泉州出发,经南海,过马六甲、锡兰山、印度,到达霍尔木兹,在完成了使命后回到自己的家乡。马可·波罗对海上的见闻记述与对中国内地的记述重点有些不一样,道听途说的奇闻轶事比较多,这或许与他沿途一过而非长期居留有关,但那些奇闻逸事诸如面包树、矮子国、土人的食人风俗乃至海盗,都有一定的历史依据,所记航线更是准确无误。

最重要的是,马可·波罗是古代第一位也是唯一一位"一带一路"水陆全程都亲身经历过的全方位的践行者。他不是法显和鄂多里克那样的苦行僧,也不是单纯的驮夫或水手,而是一位具有古代商业眼光的名副其实的商业旅行家。他不仅给西方带去在那时很难得到的东方经济信息,包括驿站制度、印刷、造船等,甚至还带去了当时的新货币,如盐币、茶币和被称为"飞钱""交子"的纸币。威尼斯作为中世纪西方的主要商埠,彼时并没有发达的金融业,这种闻所未闻的货币新理念无疑是一种新事物,甚至是否间接地影响了西方的商业革命,也未可知。马可·波罗后来曾经为威尼斯而战并入狱,在狱中与一位有名的传记作家合作写出《马可·波罗游记》。那位曾经写过欧洲伟人传的传记作家,会不会完全忠实地记录马可·波罗的回忆,有没有一点写作中的渲染,不得而知,但游记大的框架、大的地理坐标和多数大事件是真确的。细节真实其实最能检验真伪,在《马可·波罗游记》叙述的见闻里,弥漫着浸泡感,连中国的年俗都记述得异常生动和精准,并没有道听途说或者到此一游的肤浅。

马可·波罗是一个杰出的丝路践行者,他是世界上最早、最完整地记录陆上丝绸之路和海上丝绸之路的西方人。在2000年的丝绸之路贸易交通史上,他同中国的张骞、郑和东西辉映,是主动见证、参与和推进丝路贸易文化沟通的历史巨星。马可·波罗独一无二地描述了他所亲自经历的陆上丝绸之路和海上丝绸之路的明确地理坐标和陆海循环路线,这些地理坐标与循环路线,从今天来看都是准确无误的。相比之下,晚生于马可·波罗250多年的哥伦布,至死都把加勒比海的古巴当成中国的一个省,马可·波罗可从来没有犯过如此低级的地理错误。威尼斯的学者赖麦锡在1559年就高度评价了马可·波罗,认为他比哥伦布更伟大。其实他或许也比发现和命名丝绸之路的李希霍芬更有成就。李希霍芬发现了陆上丝绸之路，马可·波罗却更早地走上了丝绸之路，而且是海陆双程。

《马可·波罗游记》的版本和译本多达199种，其影响是广泛深远的，其间充溢的大量东方信息已经在潜移默化中形成传播冲击力。这种冲击力比任何单一的思考都更有穿透性。

马可·波罗去世20年后，上文提到的伊斯兰海上旅行家伊本·贝图达（1314~1377）也从海上到了中国。伊本·贝图达出生于北非摩洛哥港口城市丹吉尔，其出发地也是那里。伊本·贝图达前后在印度、马尔代夫旅居了一些时日，最后到达中国的广州与泉州，据说见过元顺帝。伊本·贝图达从1325年开始游历三大洲，按生卒年月计算，出游时年方11岁，想必也是随长辈出游。据他在1355年定稿的《游记》所记，其游历历时30年，行程12万公里。他在中国住的时间不长，1346年夏天到达泉州，在中国近半年的旅行里，对见闻印象深刻。他认为中国灌溉技术发达，小麦种植广泛，这说明他到过中国北方内地。他还说，中国的瓷器技术首屈一指，糖产量也多过当时的埃及，而丝绸生产普遍得连平民都可穿用。令他更加惊奇的是，中国人居然用一种叫煤的石头做燃料，这是他从来没有见到过的。凭着旅行家独特的敏感与见多识广的比较，他能从许多现象里感知中国文化的本质，他认为"中国人是各民族中手艺最高明和富有艺术才华的人"。他对中国绘画情有独钟，不吝赞美，认为"中国人在这方面的才能是非凡的，世界上没有一个民族——不管是基督徒还是非基督徒，能与之相比"。这位伊本·贝图达生平还多次到过麦加、埃及。伊本·贝图达是一位对伊斯兰世界、东罗马的基督教世界、印度婆罗门文化世界、黑非洲文化世界以及元代中国文化世界，都接触过且都有感性和理性认知的一位职业旅行家，是见证海陆丝路并真正可与马可·波罗比肩的杰出人物。

其实，阿拉伯世界里，还有一位更"著名"的航海旅行家——"辛巴达"。"辛巴达"是一名勇敢而见多识广的水手，是《一千零一夜》中的一个大主角。据说他有阿曼水手原型，这位名扬海上的水手是孤胆英雄，曾经驾驶着一条单桅帆船，出没在茫茫的大海里，从红海和波斯湾走向印度洋，又从马六甲走向中国的广州。阿曼有传说，说他最后定居落脚在广州，但《一千零一夜》中似乎没有这样的情节。如果是附丽，其实也合理，别说"辛巴达"这样的水手，那个时代有多少阿拉伯水手到过广州。或者实有其人其事，或者是阿拉伯水手和希腊船长们具象的集中，他们专注于海上的事业和战胜海上的各种险阻，没有时间与机会留下片言只语的记述，只能活跃在人们的传说和经典文学作品里。

马可·波罗当然也不会是第一个到达东方的西方人，至少他的父亲与叔父是第二次携他来到中国的。在上都，他也见到了不少欧洲人，但他是留下比较系统的记录和比较客观和准确的中国信息的西方第一人。在马可·波罗之前，除了上文提到的鄂多里克，为了寻找东方的基督教徒，一位名叫约翰的基督教方济各会修士和另一名多明我会葡萄牙修士劳伦斯，也于1245年4月启程，分别取道北方草原和西亚方向前往中国。约翰就是前面提到的那位卢白鲁克，或者称为博朗·嘉宾，这是同一个人的出生地与本名的不同称谓，就像中国人称韩愈为韩昌黎一样。那位劳伦斯只在亚美尼亚地区见到了蒙古将军拜柱，无功而返，约翰却到达了金帐汗国的首都撒莱，被拔都送往蒙古高原，参观贵由汗的即位大典。他的第一段行程是从里昂经波希米亚、西里西亚、波兰和已经沦为战争废墟的克拉科夫到达撒莱的。第二段行程是经咸海之北到阿尔泰山再到杭爱山地区，这也是后世草原丝路的走向之一。约翰的使命也没有完成，连蒙古都城哈拉和林都没去，只是带回"贵由宫廷里有聂斯脱里派基督教徒，以及贵由之母唆鲁和帖尼别吉是聂斯脱里派基督教徒"的信息，此外则是令人惊讶的一些文字记载，说"脸长得像狗一样的人住在大洋岸边的荒野中"，他的同伴也宣称，在东方见到的是"狗头人身人"和一种依靠食物气味生存的"帕罗西人"。

1253年，另一名生于卢白鲁克的威廉从君士坦丁堡到黑海，沿着上一个卢白鲁克的道路到达哈拉和林，见到了蒙哥大汗，得到的大汗答复是："神的手上有不同的手指，他指引我们的方式是不同的。"实际上是拒绝了教皇要求蒙古皈依基督教的请求。威廉要比约翰强得多，他注意到哈拉和林不仅有工匠区、僧侣区，还有欧洲的商人匠人区，此外还有10座佛寺、2座清真寺和1座聂斯脱里派基督教堂。可见元代中国的信仰是自由和多元的。哈拉和林是蒙古帝国的第一个都城，地处窝阔台与拖雷的封地（兀鲁斯）之间，斡难河河谷的一块高地上，丝路草原通道也通向那里。忽必烈建立上都又建了大都，哈拉和林才衰落了。据考证，哈拉和林有四座城门，东边是谷物市场，西边是牛市，南边是牛与车市，北边是马市，主建筑是中原风格，甚至宫殿前立有赑屃。威廉在哈拉和林住了一段时间，传教的成果是给6个幼童洗礼和使1人改宗罗马基督教，此外没有更大的收获。

很显然，马可·波罗之行虽然比他们晚了18年，但其进入的目的、方式、路途和居住的时间以及经历之丰富、见识之广，是前者完全不能望其项背的。

他的游记更接近于信史和元代中国的全镜头,而约翰和威廉们走的只是草原丝路的两点一线。

马可·波罗是位有血有肉的西方汉子,他壮年时回到威尼斯,不久后就参加了保卫威尼斯商业权益和商业独立的一场战争。也许是海陆丝路的经历磨砺,也许是看到了元朝对各种商业权益的包容与贸易的自由,他勇敢地拿起剑来,加入了对抗商业武装垄断者的战斗,还用从中国学来或听来的火弩,击退了敌人的战船,但终因寡不敌众,被捕入狱。在狱中,他遇到了那位著名的传记作家,从而有了《马可·波罗游记》。马可·波罗为什么不自己写而请人捉刀呢?一是机缘巧合,二是毕竟他少小离家,恐怕拉丁文的写作水平也不会比蒙古语、汉语的水平高到哪里去,而那位传记作家的母语也非拉丁语,因此原作不是拉丁语文。但叙述的有关细节,马可·波罗并不是信口讲起,为了记忆的准确,他曾经让家人把他从东方带回的记事资料送到狱中,可见他是十分认真的。

马可·波罗的杭州之行是《马可·波罗游记》最精彩细微的章节,没有长时间的生活浸泡是写不出来的。杭州和上都、大都一样,大约是每个来华的色目人必去的地方,否则就可以视其没有到过中国。四川、云南又是当时重要的盐路和茶路,这样的税赋重地既然有瞻思丁如此重要的色目人去主理,自然也少不了像马可·波罗这样深谙税赋之道的欧洲色目人去帮办巡查。事实上,他的游记还是有重点的,一些更复杂和他认为次要的事情并没有收入书中。

中国探险家汪大渊及其《岛夷志略》

在郑和之前70多年,马可·波罗之后60年和伊本·贝图达之后15年左右,有一个完全土生土长的中国平民探险家汪大渊,独自两次完成了西到直布罗陀、南到澳大利亚的远航。他与伊本·贝图达相向而行,也与马可·波罗的海上归路的大部分路线相向而行,但走得更远,一直走到了非洲西北的马格里布地区,因此是一个更为传奇式的人物。

汪大渊,字焕章,据考生于1304年,但这与他1330年首次从泉州出海的20岁年纪对不上。但不管是考证出了问题,还是其他别的因素,汪大渊两次出海,大的方向路线基本一致,经海南岛、占城、马六甲、爪哇、苏门答腊、缅甸、印度、波斯、阿拉伯、埃及,横渡地中海到达摩洛哥,从摩洛哥再回埃及,出红海到索马里、莫桑比克,渡过印度洋经斯里兰卡、爪哇、苏门答腊,再到澳大利亚,返回到加里曼丹、菲律宾,然后返回泉州。第一次历时5年。1337年,他再次乘船从泉州出发,用了两年时间旧地重游并走了一些新的地方,然后返回中国。他据自己的游历考察和见闻,写成了地理游记专著《岛夷志略》,记述了220个国家和地区,其中99个国家和地区记录较详,有亲身经历,其他一带而过。说《岛夷志略》是中国第一部具有明确地理坐标和航行区域概念的地理著作,并不为过。

当然,由于他是泛海而行,涉及的国家和地区主要是其港口和邻近地区,称"岛夷"而不称"大陆",当是那时还未出现几大洲的地理命名,而以中国为中心,去看周边的大小陆地,乃是时人普遍的观念。因此,说是志略,其实就是列国志。这部志略有点有线,还有对各地重要物产的记录,比如他在索马里和摩加迪沙海岸见到了被称为青蒙石的钴料,它就是著名的制造青花瓷器的苏麻离青颜料。苏麻离青,按今天的音译也可以叫作索马里青,因为它主要产自索马里。没有苏麻离青,青花也就没有那么雅致艳丽的图案色彩,明初中国人之所以专门开辟了摩加迪沙和布拉瓦的航线,也是因为苏麻离青是相对大宗的贸易商品。索马里缘何一直海事发达,甚至后来盛产海盗,与此很有关系。从唐末宋元一直到郑和下西洋,索马里都是中国帆船抛锚的地方。由此向南的整个东非地区,也是如此重要的商业带。对于商人来讲,观光并不是第一需求,赚钱的贸易才是驱动他们走向远方的力量。

对汪大渊及其《岛夷志略》的历史评价和他的身世之谜,研究者看法大致相同。从历史地理学的专业角度看,《岛夷志略》自然不会也不可能像《水经注》那样从容细致,但它具有更为开阔的国际视野。研究者肯定了该书的两大贡献,一是在世界历史上第一次记载了东非桑给巴尔的方位,二是在中国的航海者中首次使用了东洋和西洋的区分概念。如果仅是这样,也算不得成果巨大,但汪大渊游历之远,涉猎之广,中国无出其右者,当时世界上也无出其右者。比如,汪大渊曾进入柬埔寨内地游览过吴哥窟,并称其为桑香佛舍,这大约是最早报道吴哥窟的。要知道,他出去的时候只有20岁,人生刚开始,阅历并不丰富。他的求知欲和朝气,只有马可·波罗、伊本·贝图达还有中国历史资料中有记载的杨枢等青少年航海家可以媲美。

汪大渊和他的《岛夷志略》至少有以下可以定论的贡献:

一是对海外市场和金融货币进行了比较研究。从《岛夷志略》所记内容看,他很熟悉丝路上的商品,包括珠宝类、香料类、药物类、皮货类、绸布类和贵重木材等,瓷器、铁器就更不用讲了。他也注意各国商人的交易细节,如与当地坐商议价本地商品,再同舶商也就是船上的商人准价,然后再决定收购。《岛夷志略》对各方的货币使用和相互折算多有记录。首先是"西洋诸番国，铸为大小金钱（金币）使用，与中国铜钱异"，"舶人兴贩，往往金银与之贸易"。古代的汇率即不同地区货币的折算率也不一样。比如，元朝的中统钞交子1两折安南铜钱67个，10两折乌爹国（缅甸）银钱2钱8分。在暹罗和北溜（马尔代夫）一带流通的贝币，居然也有10两中统钞折合11520枚的比率。这一方面暗示了他的工作与询价和计算账目的文书之事多少有关，另一方面也显示了他细致入微的观察力，具有古代世界贸易史和金融史的独特价值。

二是补填了许多古代地理空白。《岛夷志略》记述了亚、非、大洋洲古代国家与地区，其中有许多是第一次见诸中国著录。有的地区因为"无所产而舶也不至"，有的是避风的港湾，只记地名，所记"皆身所游览，耳目所亲见，传说之事则不记焉"。游览也即调查，既见且闻，讲得很有分寸。有些记录也有奇幻的色彩，初到异国，哪里又不会感到新奇。《岛夷志略》并非世界地理全书，有详有略，是汪大渊应做能做之事。

三是关注航海安全。从这点看，他又超越了一般地理学家的思维，具有航海人的综合素质。他叙述占城、暹罗、龙牙门和昆仑人（主要是索马里人）"不事耕种，专尚寇掠"，并非是对一般风俗进行研究，而意在贸易的安全。该书对南洋群岛的龙牙门特点记述道："门以单（淡）马锡番两山，橡胶若龙牙状，中有水道以间之。"商船经过这里，需要"架箭棚，张布幕"，防备海盗。

四是首次私人关注华人同胞的处境和命运。《岛夷志略》记载，龙牙门"男女兼中国人居之，多椎髻，穿短布衫，系青布梢"。他们与泉州商人往来通商，那大约是一批南宋亡国后的遗民与移民。对当时世界华人的分布，汪大渊特别留意，他不仅记载了印度东海岸沙里八丹（纳加帕塔姆）刻有"咸淳三年（1267）八月华工"字样的砖塔，还记载了波斯马鲁涧（伊朗西北靠近阿塞拜疆的马腊格）的陈姓华人酋长，并说他是中国的临漳人。这位陈姓华人酋长应当是伊利汗国的一位留守将军。汪大渊未必亲自到过马鲁涧，但在与马鲁涧人交谈中得到的信息还是比较准确的。

汪大渊广泛的社会关注感说明他不是一个俗人，而具有强烈的探险精神，也有求知欲、社会关怀和人文精神。他并不在意世界上的各种人事更替和权力游戏，注意的是社会生活的细节。但他究竟是怎样一个人物，家世如何，为何年方20岁就远航出海，至今还是难解的谜。也许他的出海是经商活动，也许他就是一位海上游人，但有古代地理学者的风范，或者他的家族里有悠久的海上经商和远航的历史。总之他不是随便搭上哪一只西去的商船，没有目标地漂泊。

他似乎另有自己心中的使命。在元代，出海并不难，商船上各种人才都要有——有的要带货上船，合伙经商，有的是代理经营，有的则要打工。他在《岛夷志略》里一直没有暴露自己的身份，多半是因为在士人看来，讲自己经商是难以启齿的，而他最初出海的兴趣也未必真的在商业上。

他是江西南昌人，关于他的生辰与身世，人们知道得并不多，但又不是无迹可寻。南昌临近鄱阳湖，是当时全国最大的一个造船基地。西江也即鄱阳，那里的水师有名，楼船也有名，三国时代，东吴周瑜的水师大营就驻扎在那里的柴桑（九江），唐代的大船也出自那里。宋朝的岳飞受命去打杨幺，杨幺的楼船大到可乘千人。汪大渊熟悉造船业，对大船的航海用途也不会陌生，"冠年尝两附舶东西洋"。南昌的地方志缺少关于他的记载，那是因为他终身未仕，算不得乡绅，又没有富比王侯，难入史家和修志人的法眼。似汪大渊这般被地方志漏掉的人应当比比皆是，但一位意气风发的任侠少年，年方20岁开始航海生涯，不止一次地附船出海，在今天也很罕见。

汪大渊第一次附舶远航是在1330年，从泉州港出发，历时5年。他到达过阿拉伯航海旅行家伊本·贝图达的家乡，但无缘与后者邂逅，因为那时汪大渊20多岁，而伊本·贝图达大约只有16岁。如果伊本·贝图达早生几年，他们或许能在路上相逢相识，留给后世更多的想象。汪大渊和伊本·贝图达先后相向而行，反映了一种历史的萌动，那就是在哥伦布揭开大航海序幕之前，14世纪的世界已经闻到了大航海的气息。这应当是大航海的前奏。

汪大渊和伊本·贝图达都是哥伦布们的前辈，而且是不带任何征服欲望的大航海家。

1337年冬，汪大渊归国不久后，一颗不安分而充满激情的心又飞到了海上，他再次从泉州出发，1339年夏秋之交返回中国，历时两年多。此时，他正值"三十而立"的年华，可惜元朝宫廷内乱不止，开始走向没落，他本人又属于第四等级的南人，再加上元代科举废弛，进身官场的仕路不通，因而他空有壮怀，也不能像明代的郑和一样终生投入航海事业。

在元末，危机四伏的元朝已经无力再现商船来往于大洋之间的盛景。倘若汪大渊的路子颇顺，又赶上了明初永乐帝的好时光，也许是另一番光景。

有考证说，根据为《岛夷志略》作序的张翥的生卒年月和汪大渊在至顺元年（1330）漂洋出海的时间来判断，《岛夷志略》的刻印不会晚于1348年。汪大渊两度航海并自己动手很快完成了这部地理志，应当是前无古人之举。八九年时间里能够完成两次海上远行，说明他没有拘泥于商事的羁绊。因此他和伊本·贝图达一样，是一位值得敬仰的职业旅行学者，也是元代海上丝绸之路兴旺发达的历史见证者，是那个时代连续考察"丝路地理"的杰出的践行人。他与伊本·贝图达堪称异国双璧，永远在远海的天幕上，发出温润的光泽。

从《岛夷志略》成书后再没有汪大渊远航记录的情况看，汪大渊并不是完全以航海贩货为生的职业商人，而是有附带目的的海上考察者，因此是一位名副其实的民间地理学者。但另一方面也给人们留下一个更大的谜：他怎么在《岛夷志略》成书之后就消失了呢？以至于我们可以考证他的生年，却不知他的卒年，更不知他葬在哪里。

他看上去又是一个很普通的读书人，但从其性格来看，也非程朱理学所能束缚之辈。他自述与当时的儒学大家和诗坛领袖虞集唱和，但虞集的诗歌集并未收入，是散失还是虞集不收，其实那并不重要。虞集是一位高产诗人，又是一位理学家，对汪大渊的经历有所猎奇，并不一定能认识到他的价值。虞集是元初学者，字伯生，人称邵安先生，祖籍四川仁寿，后迁今江西崇仁。元成宗和仁宗、泰定帝时先后任国子助学、翰林直学士和国子祭酒，晚年告病回到江西。虞集生于1272年，殁于1348年，1330年汪大渊出海凡7年多，归来时应当与告老还乡的虞集是半个缘分的忘年交。虞集放下理学家的架子，能够抽空见见名不见经传的汪大渊，已经是对他青眼有加了。

《岛夷志略》的作序者是另一位曾经官至河南省平章政事并参与修撰宋、辽、金史的诗人张翥。张翥比虞集有眼光，他在序言中说："焕章（注意是称'字'，以示尊重）将归，复刊于西江，以广其传，故予序之。"看来张翥认为该书是有传播价值的。但张翥毕竟也是见理不见物的诗人兼理学家，因此对《岛夷志略》所记各国的评论是"环海于外，气偏于物，而寒燠殊候，材质异赋，固其理也"。张翥（1287～1368）出生在昆明晋宁，世称蜕庵先生。"气偏于物"，是他对海外贸易物化特点的褒贬，"固其理也"又表达了他对海外商业的理解。看来，他能为《岛夷志略》作序，不只是表示对汪大渊的器重，也有作为理学家对开放理解的一面，这是难能可贵的。

汪大渊第一次附舶远航的路线经由海南岛、古占城、马六甲、爪哇岛、苏门答腊、缅甸、印度、波斯、阿拉伯半岛、埃及，横渡地中海到达西北非的摩洛哥，再回到埃及，接着南出波斯湾与红海，到了索马里，沿东非海岸，向南一直到达莫桑比克，又横渡印度洋，回到斯里兰卡、苏门答腊，再南行到澳洲。澳洲是他的一个航行终点。因此从某种意义上讲，汪大渊的附舶远航，也是"发现新大陆"的另一幕。这片澳洲大陆被当时中国商人称为"绝岛"。

对于汪大渊到过澳洲,也有表示怀疑的。从苏门答腊到澳洲大陆并不是很远,而且他在《岛夷志略》中记载了一位泉州吴姓商人住在古里地闷(东帝汶),其实那里已经临近澳洲。

对于汪大渊的澳洲之行,西方学者似乎也有些讳莫如深,因为两百多年以后,他们的库克船长才声称发现了它,而在那时,澳洲不仅有数量颇多的毛利人,还有中国人。在元代,中国将澳洲称为罗挚斯,把如今的达尔文港地区称为麻那里。可见南太平洋在那时,就是海上丝绸之路连通亚历山大里亚覆盖的地区。

中国人首先发现澳洲大陆,有《岛夷志略》为证,也有欧洲人的研究为证。一位退休的英国海军军官加文·孟泽斯曾经从1424年的一张海图开始,潜心研究了15年时间,并写出了《1424年:中国人发现世界》一书。对于加文·孟泽斯的结论,另一位西方的海事工程师赛德里克·贝尔通过对新西兰历史的研究考察,得出进一步的结论:早在1000多年前,已有中国航船到达新西兰。他在新西兰南岛发现30处中国人的遗址。他利用扫描仪器,还发现在基督城植物公园儿童游乐场附近,曾经有过一个"中国城",环绕公园的河道是中国人引来爱翁河水修建的。他还考证说,在利铁尔顿海港还有另一座城堡,在摩尔拉齐有被海啸冲上悬崖的沉船,那是一只中国帆船。他甚至通过DNA技术证明,有些毛利人有中国人的血统。赛德里克·贝尔是一位专业工程师,在英国曾经花费10多年时间追寻古罗马的英伦遗迹,也曾对中国与罗马建筑技术进行过比较研究。

汪大渊《岛夷志略》对海上丝路的记述相对简明客观。他的远航活动并没有任何功利目的,也没有任何事后的大事渲染,他的旅行揭示了一个事实,那就是中国人对东半球,对当时海上丝绸之路的多种走向,有清晰透彻的了解,既不事夸大和炫耀,也不会沉默,这是中国航海人的真实品格。他连续不断地走了当时海上丝绸之路的所有历程,却以一种平和之心看待世界。在历史的丝绸之路上,一定还有很多的汪大渊,他们是中世纪人类文明信息的传布者,是丝路贸易开拓者,却不是丝路财富的占有者。

汪大渊的两次附舶远航,证明了他自身的价值,也证明了海上丝绸之路有着超乎我们想象的最大历史半径。在元代,海上丝绸之路已经是世界性的全方位成熟的丝绸之路,不仅连接起南洋群岛,连接起印度与阿拉伯世界,也顺畅地连接了地中海的贸易链,一直伸向了西北非、东非、东南非与大洋洲。在那时,这条丝路已经是万舶齐发的人们熟识的商路。

在古代中国，像汪大渊一样的旅行家多得数不过来，有迹可循或留有著作的也不少。除了隋代的僧侣法显，唐代的玄奘、义净和东渡传经的鉴真，以及三国时代的朱士行等，还有一位唐代的俗家贵族子弟杜环，而杜环当是另一个有专门记叙作品的非商人旅行家，他比汪大渊还要早600多年游历地中海与北非、东非，我们应当还原他当年的风采。

杜环是中国最早有记录到过埃及的唐人。当时埃及的阿拉伯名称是勿斯离，意思是非洲的东方，与指称北非西方的马格里布地区在地理概念上相对。勿斯离也称马什里克，但所指范围更大，包括了叙利亚、伊拉克和埃及。

杜环也很传奇，他是唐代名臣杜佑的族子，因此很可能是唐将高仙芝属下驻守西域的军中文官。751年即唐天宝十年，他随高仙芝西行，在怛罗斯战役中被大食军队俘虏。怛罗斯战役的一个特点是双方交战，但唐与大食的国家关系并未因此破裂。阿拉伯与唐朝的贸易往来密切，有大批的阿拉伯商人从海路进入广州与泉州，唐朝被俘的军士里有大量的工艺人才，他们又是阿拉伯大食所亟须的，因此受到了优待，有的随军服务，有的被送到大食的首都库法，安置在不同的机构里。杜环在阿拉伯贵族巡游机构里工作了将近12年，他从而走遍了阿拉伯大食国家所属的领地，对波斯、叙利亚和埃及，都有比较深的了解。

杜环所撰写的《经行记》记录的主要是大食见闻。原书已经佚失，不能观其全书之貌，甚为可惜，今人只能从《通典》中保留的1511个字看到一些细节和概貌。杜环《经行记》的残文里，显示他从耶路撒冷出发，到一个叫摩邻的国家，这个摩邻国就是厄立特里亚的阿克西姆王国，因为该国崇信海神摩邻，遂传为国号。摩邻国在红海，到了红海，也就离波斯湾不远了。762年他从海路搭乘商船回到了中国，那大约是阿拉伯人对他工作的回报。

杜环所游限于阿拉伯国家范围，但他曾经驻扎在楚河流域的怛罗斯，在大食都城生活了10多年，并去过埃及，因此对中亚、西亚和地中海周边并不陌生。他回国的道路是海路，因此也可以说，他是当时特殊条件下，海陆丝路都走过的一个人，是中国隋唐见证丝路交通的重要历史人物。他的活动半径不比后来的马可·波罗和伊本·贝图达小，时间也至少早了600年。

海上丝路之魂郑和

不知为什么，郑和也被列入中国古代地理学家之列，并被"质疑"缘何没有哥伦布般的地理大发现。郑和在《明史》有传。为宦官作传，很少见，可见他对历史的重要性。郑和七下西洋的细节更多见诸跟随他出海的部下的记载，如马欢的《瀛涯胜览》、费信的《星槎胜览》和巩珍的《西洋番国志》等。多部明清小说对他也有生动描述，因此郑和的大名是家喻户晓的。

郑和是海上丝路发展高峰中的标志性人物。他出生在云南晋宁一个穆斯林家族里，这个家族是随同元初纳速拉丁和瞻斯丁先后成为云贵地区最高行政长官而长居云南的。郑和原姓马，小字三保，有保家祈福之义。他11岁时因元明政权更替而没入宫中，16岁时见到燕王朱棣并成为他的贴身护卫。郑和有武功有韬略，深得后来成为成祖皇帝的朱棣的信任。他之所以被明成祖改赐郑姓，缘于两个说法：一是宫廷里素有马不入殿的忌讳；二是他参加郑村发生的战役，以和取胜，"三保"便改称"三宝"。老子说："吾有三宝，持而宝之。"《孟子·尽心下》则说："诸侯之宝三：土地、人民、政事。"以家国情怀为先，寄托了明成祖对郑和的期许。

郑和下西洋历时28年，始于1405年，时年他45岁，正值壮年。郑和前六次航海是在永乐朝，最后一次是在宣德朝。其实还有一次，他是奉命到旧港封印花，因为没有涉及更多的贸易活动，时间又短，因此没有算在内。郑和下西洋，第一次是1405年至1407年，到达占城、暹罗（泰国）、爪哇、满加剌（孟加拉）和印度的古里（科泽科德）、溜山（马尔代夫）、忽鲁谟斯（霍尔木兹）、阿丹（亚丁）、天方（吉达）。第二次是1407年底至1409年中，到达暹罗、爪哇、锡兰山、古里。第三次是1409年底至1411年中，到达暹罗、爪哇、古里和天方。第四次是1413年底至1415年中，到达爪哇、苏门答腊、古里、忽鲁谟斯、比剌（莫桑比克港）、孙剌（索法拉港）、木骨都束（摩加迪沙）、卜拉瓦（布拉瓦）、麻林等。第五次是1417年底至1419年中，伴送十五国使臣返国，最远到达忽鲁谟斯和阿丹、麻林、卜拉瓦。第六次是1421年至1422年，随送十六国使臣返国，到达忽鲁谟斯、阿丹、木骨都束、卜拉瓦和溜山。1431年宣德皇帝派他出海，是他在海上丝绸之路航行的最远也是最后一次。他一直沿红海北上至西奈半岛附近，到了30个国家。需要特别提起的是，《郑和航海图》是世界现存最早的航海图集，在这个航海图集里，明确标明了南沙、西沙、中沙等群岛，分别为万生石塘屿、石塘、石星石塘。

几乎是两年一次的远航周期，每次准备半年，节奏十分明快。其中有要赶印度洋信风的原因，因此每次出发都是冬天，归来则是秋后，很有规律。贸易、外交甚至海上安全，集于郑和一身。主要的随员，除了副使王景弘，还有费信、马欢等一班通译和助手。他的水手阵容庞大，算上保卫士兵，足有27000人。郑和的宝船队载去各种丝绸瓷器、贵重药材和铜铁器皿，运回各种香料、珍宝、棉布、琉璃和苏麻离青等重要颜料和材料，同时有效地巩固了明朝的对外关系，扩大了海上丝路的文化交流。

郑和在七下西洋中表现出的大勇大智，"以德睦邻""厚往薄来""与天下共享太平之福"，显示了中华文化固有的魅力与风度，也体现了郑和这个名字的内涵。朱棣在位的22年里，亚非古国使者来华318批次，文莱、满加剌、苏禄、古麻剌国四国先后有7位国王来华，有3位病逝于中国并留下遗嘱托葬中国，至今德州、泉州都有他们绵延不绝的后代。在东南亚的一些国家，冠以"三宝"的山城、港口、街道、庙宇、水井、石碑很多，这样大的国际影响在历史上并不多见。

郑和的精力过人，七次下西洋，中间几乎没有多少休整的时间，他殚精竭虑，积劳成疾，在前往印度的航海途中与世长辞，享年62岁。郑和葬于印度，位于南京牛首山南麓的郑和墓是他的衣冠冢。在牛首山有后建的郑和纪念馆，馆址有出海祭祀妈祖的天妃庙。他的大半生几乎是在船上度过的，海洋成就了他的事业，也融入他的生命，他魂归宝船起锚的太仓浏河港，也归向了海洋，他是真正的海上丝路之魂。

郑和七下西洋厥功至伟。他的航海路线是众所周知的，因为有20幅航海图留存下来，马欢等人的著作也详细记载了他们所到的30多个国家和地区的情况。他的宝船队的单船吨位和总体规模是当时世界最大的。大小海船200余艘，其中宝船63艘，长达138米，宽50至60米。他率领的是满载着丝绸、茶叶、瓷器和香料等各色商品的超级船队。这样规模和有节律的贸易活动，西来商船队难以匹敌，后来的西方航海家的探险活动更是相形见绌。哥伦布第一次远航时，只有3艘轻帆船和78名水手，最大的圣玛利亚号为250吨位；规模最大的第二次，船员2500人，17艘船，人员规模不及郑和船队的十分之一。而达·伽马和麦哲伦的船队分别为160人和265人。在郑和始航的87年后，哥伦布于1492年横渡大西洋；92年后的1497年，达·伽马绕过好望角，沿着郑和之路到达印度西海岸；过了116年，麦哲伦才完成他的环球旅行。郑和航海比他们领先了近1个世纪。

郑和的宝船队反映了中国当时无出其右的造船技术和商船队的规模。明代的话本小说也描写了这样的盛观：有宝船，即载运珍贵货物的主船，又称宝舟、龙船，还有马船、粮船、坐船、战船，总体功能齐全。密封隔仓的技术，为当时世界造船业所瞩目。宝船的长度接近现代的万吨轮，适合在东南沿海的深水港停泊，载重量约为1500吨。最大的是九桅船，主要在南京的龙江船厂、太仓刘家港以及浙江、福建、湖广的船厂制造。关于这种宝船，巩珍的《西洋番国志》自序里说，其"体势巍然，巨无与敌，篷帆锚舵，非二三百人莫能举动"。相比之下，15世纪初，欧洲才出现三桅船，16世纪才出现备有全套索具的被称为卡拉克的较大帆船，并被认为是中世纪帆船制造的最大革新。15世纪中叶，热那亚制造的帆船大部分是1000吨，最大不超过1400吨；一直到1490年的时候，威尼斯帆船的平均吨位一般是600吨，最大吨位1200吨；而16世纪葡萄牙称雄一时的船队，吨位通常也只有800吨左右。彼时西班牙、法国和英国的造船业正在奋起直追，16世纪中才达到1000吨以上。

郑和船队的规模也无与匹敌，仅主船即宝船，动辄40艘，最多达到63艘。第一次出航，大小船只千艘，奉使出行人员为27870人，最后一次为27550人。郑和的船队不仅使阿拉伯航海人耳目一新，在亚丁从事厄立特里亚贸易的威尼斯商人中也引起了震动，并由此推动了世界造船业的发展，四桅帆船和弧线船型此后才在欧洲普遍出现。

关于明成祖支持郑和航海的动机，长期流传一种说法，有人认为，他出海是奉有寻找建文帝的密诏，这多半是好事文人的猜测。一些研究者却予以采信，无非是要竭力贬低郑和下西洋的价值。即便永乐皇帝一开始有过这样的念头，其实也是极为次要的，甚至这会不会是统一群臣意见，让保守的户部官吏们闭嘴的策略，也未可知。一个捕风捉影跑到爪哇国的无为之君也实在不值得这样兴师动众，更何况郑和的船队起运的是无数的商品宝物，执行的是贸易、外交和清除明初流散在外的海盗的综合任务，哪里有关于追踪建文帝下落的更多史实呢？

郑和七下西洋可以划分为三个阶段。如果第一个阶段是前三次，从一开始贸易交换就是主线。第二个阶段是中间的两次，贸易更是主旋律。第三个阶段即最后的两次，更多担负外交使命，前后随送两批40多国的使节回国，但贸易交换活动从未停止过。因此，郑和下西洋是世界历史上最大的集中的商贸活动和外交活动，这是确定无疑的。

如果有什么需要今天寻思的，那就是郑和的商贸活动具有明显的官方色彩，最大的商业股东就是朝廷，但那又是受制于中国历史体制条件下的特定现象。中国的对外商贸活动从一开始就与西方民间散在的商业形式有所不同，但这并不是说，官方完全垄断了外贸，阿拉伯商人在华的贸易风生水起，其实已经否定了官方垄断的结论。且不说，郑和的国际贸易前后两端有没有更为广阔的二级市场的支持，与此同时，民间贸易也毫不逊色，这一点，将在后文马尼拉—盖普贸易的专节里再去阐述。

任何一个国家都希望扩大自身的影响，只要是通过平等贸易而不是抢夺征伐，就完全可以区分航海贸易的性质。如果一定要比较，那位后来的哥伦布又算什么？是黄金白银的疯狂掠夺者，抑或是如近人研究得出的结论那样，索性是为了转移葡萄牙人殖民西非的视线，编造了一个向西可以找到中国的故事？复杂的历史要用复杂的眼光去看，这不会贬低他人也贬低不了自己。

也有人说，郑和七下西洋入不敷出，总体经济效应不理想，在成祖皇帝驾崩后，用费浩大成为海禁派叫停大规模航海的理由。历史确有其事，但那又多半是斯人已逝的马后炮。例如，在1465年和1487年间，兵部侍郎刘大夏焚毁了有关郑和出海的文献，但那已是那位二次复辟的英宗晚年和成化初年的事了。兵部侍郎要拿郑和说事，无非是因为他没有本领弥平东南沿海出现的海盗，那其实关系到明清以来海上开放与海禁迁延不决的一场大争论。七下西洋的浩大远航没有持续进行，说小了是一时未能出现可以接续的压轴人物，说大了则是明代陷入自给自足的农业经济怪圈。明朝的商品经济有所发展，但还不足以出现维持和扩大更大规模海外交换的根本动力。但郑和终究是大海天幕上光彩照人、永不坠落的一颗北极星，斗转星移，他也会在时代的变换中不断地闪耀。

刘大夏焚毁了有关郑和出海的文献档案，却焚毁不了人们心目中"三宝太监"的形象。"三宝太监"是宣德皇帝给郑和的专谥，也是中国民间对他持续了数百年的亲切、充满敬佩之情的尊称。他的功绩在生前生后都得到了完全肯定。

郑和能够持续不断地远航，并非偶然。他有阿拉伯血统，他的祖父与父亲也都去过阿拉伯半岛的麦加，而那时到麦加的路线主要依靠海路，因此他有各方面的家学渊源和知识储备。中国先进的造船技术、航海技术、海图与指南罗盘，又为他提供了必要的技术条件。许多学者指出，郑和船队使用了领先于世界的"路标导航""天文导航"和罗盘导航推算作业，"必达其所"。更重要的是，中国从汉代开始就是世界上的航海大国。汉代主要沿着中南半岛进入马六甲。从隋唐到宋元，中国与阿拉伯世界的双向航海活动一直没有停顿过，而且走得更远。唐宋时代的广州已经成为阿拉伯商团与中国海上贸易的重要目的地，从广州经南海和印度洋的航线定型，并由此持续不断地对接了著名的厄立特里亚印度洋贸易，而印度则是厄立特里亚贸易和中国西南丝路贸易交汇的国家。连续几个世纪的厄立特里亚贸易为郑和航海活动大爆发积累了足够的能量，使他能够远行到红海，与"蓝色文明"的另一个发源地地中海隔西奈半岛而相望。

在苏伊士运河开通之前，那里是海陆贸易的交汇点。

郑和为什么到了红海而没有进入地中海？首先是因为那时离苏伊士运河开通的时间还很早，一个庞大的船队主帅不可能随意弃舟登岸，而更重要的是当时中东地区的形势有变，也只能就此打住。应当说，苏伊士运河是丝绸之路海陆沟通的第一个人工杰作，但那不是郑和所能考虑的，他走的是从中国"三国"时代就已经逐步成熟的海上航线，与哥伦布的误打误撞不可相提并论。他之所以没有像后来的哥伦布和达·伽马一样去环球探险，一是因为他从事的是胸有成竹、驾轻就熟的海上贸易活动，不需要付出更大的风险成本，各种商业利益在平等贸易中就可以实现；二是中国人的传统思维依然囿于"天圆地方"之中，也不会出现寻找"新大陆"的殖民意识。初衷与目标不同，背景不同，起点和落脚点也就不相同。

关于郑和七下西洋为何没有地理大发现的问题，从另一个角度也很好解释。地理大发现是西方的视角与说法，并不代表那里发现的是无主的土地，因此只能说是一种殖民的语言概念。西方学界不是一直在争论哥伦布发现的新大陆，究竟有50万还是1000万原住民吗？从全球文明风尚的地理角度讲，要说发现，只能说一些人后知后觉而已。汪大渊也到过大洋洲，他并没有以大洋洲第一任总督自居。库克船长"发现"大洋洲，也只能说是西方殖民开始的一个情节，在原住民看来，那就是占领。用这样的概念去拿郑和与哥伦布做比较，实在是不懂得中国人航海与西方人航海的根本区别。哥伦布"发现"美洲，完全是误打误撞，他带着西班牙国王给中国皇帝的信，却不知中国在哪里，如果真的找到了中国，难道也会说是发现了新大陆吗？

关于对郑和的争论，还包括他下西洋中发生的规模并不算大的战争。一是锡兰山之战。当时锡兰山处于僧迦、泰米尔和阿拉伯人三方割据状态，其中一位名叫亚烈苦奈尔的国王令其子向郑和索要财物，并要夺取船上的货物，郑和率领船队提前离开。在郑和船队从印度西南的古里贸易归来时，亚烈苦奈尔假意邀请郑和到他的王宫，但暗中发兵5万，截断郑和的退路，欲抓郑和。郑和识破后，一方面派人抄小路回船队报信，一方面乘着王宫空虚，率领不多的卫士奇袭王宫。船队也打败了偷袭者，亚烈苦奈尔束手就擒。但明世祖最终还是释放了被俘的亚烈苦奈尔，令其返国。这件事在中国的史书史料和所立的"天妃应灵之记碑"中都有明确记载。

另一场大的战斗是打击为患南海和印度洋海上商道以及中国沿海城镇的"海盗王"陈祖义。陈祖义原籍广东潮州，洪武年间在家乡犯法，全家逃到马六甲海峡的旧港（今印尼巨港），他成为成员过万、战船百艘的海盗团伙头目。陈祖义以抢劫过往商船为业，遭其劫掠的商船有上万艘。陈祖义还劫掠了中国50多个沿海城镇，并篡夺了渤林邦国的王位，要挟南海周边的国家向其纳贡。对这个危害海上商路的大海盗，明太祖朱元璋曾昭告悬赏白银50万两将其抓捕归案，明世祖朱棣的悬赏进一步提到750万两，而那时明朝每年的财政收入也只有1200万两。郑和第一次到旧港就奉明世祖之命，伺机剿灭陈祖义，但由于其势力盘根错节，他没有立即动手。从波斯湾返航旧港，他先派人对陈祖义招安，劝其弃恶从善。陈祖义表面答应，暗中召集人马夜袭郑和船队，但早有准备的郑和在一位旧港施姓华领的协助下，全歼海盗5000人，生擒了陈祖义并押解他回国。永乐皇帝下令将陈祖义斩首示众。剿灭陈祖义是一次极其重要和成功的维护海上贸易安全的行动。如果把这样的根除中国海盗的行动都要说成是郑和好战，恐怕今天的索马里海盗也不用去打击了。

毋庸说，郑和率领的商船队是当时世界上最大的，中国的海军也是当时世界上最强的。有人曾经做过海上力量的历史对比：公元前480年希腊海军最强，1433年中国的海军最强，1815年后是英国皇家海军，1941年是日本海军，1945年美国海军才开始称霸海上。但郑和的强大海军，履行的是保卫海上贸易安全的使命，他从来没有滥杀无辜。

在永乐前后，海上丝绸之路十分活跃。在明代的大部分时间里，陆上丝路也是畅通的。由于明朝开国后的战略重点放在征伐北元残部方面，明成祖先后举行了几次北征。明朝初年的势力一直到达了黑龙江两岸，朝廷还在东北亚地区设立奴尔干都司，因此一时顾不过来对西域的经略。当时的西域，在蒙古察合台汗国的基础上，分为东西二部，东察合台也即别失八里（故城在今新疆吉木萨尔境内），西察合台占有阿姆河以北地区，为突厥化的蒙古贵族帖木儿家族所统治，《明史》称为撒马尔罕国。帖木儿是西察合台国王的女婿，生于1336年。他早年在征战锡斯坦时负伤，腿脚留下残疾，因此得到了"拐子帖木儿"的绰号。帖木儿向西一直打到伊朗，震动天方，1397年占有呼罗珊，长驻哈烈（今阿富汗赫拉特），这就是《明史》中知名的哈烈国的由来。哈烈国包括了撒马尔罕地区和东伊朗呼罗珊地区，一时成为地跨中亚西亚的大帝国，与新兴的明帝国东西相对。彼时的东察合台是一个"灰色地带"，明朝对它没有恢复有效的行政控制。帖木儿1405年意欲东征中国，病逝于途中。

哈烈国与中国的关系时松时紧，在初期比较微妙。但在帖木儿死后，其第四子沙哈鲁据哈烈独立并废黜帖木儿孙子哈里勒之后，情况有所变化。有意思的是，此时的哈烈国无论从皇位继承的位序还是方式上，都与明朝相似，都是开国者的第四子废黜了开国者的孙辈。从沙哈鲁开始，哈烈国与明关系稳定，中国与西亚的丝路交通再次畅通。1408 年，永乐帝派出的都指挥使白阿尔忻台和礼科给事中傅安代表明朝祭奠哈烈国故王，祝贺新王登基，并对沙哈鲁叔侄的关系进行调停。从此，撒马尔罕间或一两年派使到中国"通贡"。白阿尔忻台也像当年的甘英一样，开展了对西域旧地的经略，西域旧地的酋长们随同哈烈使者前往中国内地。对于这种西至东伊朗的商路再次畅通，《明史·哈烈传》中有明确记载："至是诸国使并至，皆序哈烈于首。"

从 1413 年之后，西亚地区方国林立，称王的多达 150 多个，都以哈烈使者为首，前后来到明朝。通贡贸易者不绝于道，元之后丝路贸易再度中兴。不仅哈烈诸国，连波斯湾、阿拉伯半岛诸国也先后派使来华，实现了海陆循环的大对接。

在 1406 年前后，郑和的宝船队已经多次往返天方（麦加），鲁迷国（摩洛哥）也首次派出使者到达北京。这个使团人数多达 77 人，由摩洛哥到麦加天方朝圣的商队充任，是一个标准的商贸使团。鲁迷国商贸使团来华，显示了亚非之间海陆丝路的进一步畅通，郑和七下西洋同陆上丝路开拓实现了海陆循环。那时的天方尚在埃及马木鲁克的治下，从此以后，由通贡贸易带动，撒马尔罕、设拉子、天方乃至埃及、鲁迷国的商队定期进入河西走廊，出现了繁盛一时的西部的绢马贸易和茶马贸易。天方的商队到万历年间都一直未断东行，鲁迷国的商使至少五次较大规模地进入河西走廊。长颈鹿也即麒麟再次出现在中国，中国的丝绸、青花瓷器、铁器再次批量进入地中海。

明初，陆路与海上郑和遥相呼应的人物是时任吏部员外郎的陈诚和太监李达、鲁安、郭敬，后来还有太监李贵。陈诚三次出使西亚。第一次是 1413 年到 1415 年，远至设拉子，中亚各国都派出使臣随其到访中国。第二次是 1416 年，据波斯《沙哈鲁史》记载，哈烈使团随陈诚在 1417 年来华。伊斯法罕和设拉子在 1419 年也派使者送来狮子、豹子和良马。第三次是 1420 年，主要是陪送哈烈、撒马尔罕、巴达克的使者还国。设拉子的使者到了北京，竟然乐不思蜀，久居不归，一直到朱棣死后才回到设拉子。陈诚第一次出使归来，与李暹合撰上下两卷《西域行程记》，记载了包括东西察合台全境的 17 个主要国家和地区的风土人情。

马尼拉—盖普民间贸易

郑和的巨大影响以及明后期实行海禁的历史事实,导致一种历史错觉,那就是,中国从来就只有官方的朝贡贸易,而没有民间的对外贸易。造成这种错觉的原因很复杂,一是中国儒学传统中"市农工商"的排序,长期影响到对商业的评价。司马迁的《史记》里能有《货殖列传》已经是太史公眼光独到,而其后的各种官方史籍,几乎排斥了对工商人物的记载,除非他们有过红顶商人的作用,但也臧否不一,因此大量的事实湮没在历史的岁月里。即使郑和这样杰出的官方人物,也难免遭受贸易档案被毁的命运。二是民间贸易包括对外贸易一直大量存在,但只散见于茶余饭后传阅的笔记甚至话本小说里,所谓正史不载,难入史官的法眼。第三,也是更重要的一点,由于抑商观念的流行和对商业对外开放的反向操作,明清后期的海禁,不仅造成了中国海外贸易的被动,也将蓬勃发展的民间海上贸易打入冷册。事实上即使出现了海禁,民间的海外贸易也都一直在持续发展,甚至以转口贸易的方式登上了新的高峰。这个高峰就是马尼拉—盖普贸易。

为什么叫作马尼拉—盖普贸易?它与丝路贸易和中国明清的对外贸易是什么关系?马尼拉是转口地,盖普船是从郑和宝船演变而来的中国大商船,马尼拉—盖普贸易所包含的新的丝路贸易形式和内容,有以下三个特点:一是完全民间性的。中国商人以闽商为主,粤商特别是潮商也不少,外商一开始是素有"海上马车夫"之称的新起的荷兰商人,后来是葡萄牙商人。马尼拉只是一个市场,中国的盖普帆船运来中国的丝绸、瓷器与茶叶,在马尼拉市场与荷兰商人、葡萄牙商人实现以白银为支付货币的民间商业交换,这就是马尼拉—盖普贸易的全部含义。二是具有转口性。既然朝廷实行海禁,后来清代也实行了广州一口通商,民间贸易由所谓"十三行"代理,闽商特别是泉州商人一时间没有了商路,也就转移"阵地",操舟扬帆到马尼拉,在马尼拉做起转口生意。甚至可以这样判断,郑和时期不下数万名水手和商人,在郑和离世后,有的转行,有一批人留在海上丝路沿途的城市,或者回乡后脱离原职,自组贸易船队,在新的贸易形势下继续推进郑和开创的事业。三是更为重要的一点,那就是在海禁时期,泉州一时没有用武之地了,第三地贸易成为中国商人的首选。这种转战马尼拉的第三地贸易,有后世的"自由港"性质,不会受到明廷的节制,税收少,似乎明显地具有"走私"的特点和暗流涌动的贸易特征。这一个由海禁而来的商业怪圈，引发了明清之交更为复杂的问题，也给马尼拉—盖普贸易蒙上了一种说不清楚的异样色彩。

但是，《明史》并没有对这种海上贸易做正面反映，甚至更多地是从反面着眼，从明晚期海盗的横行以及倭寇沿海的劫掠来反映海禁后的沿海秩序，留给后世的是并不太平的印象。但这一切并不能湮没丝路贸易继续繁荣的事实。史书说不清楚的，反映社会生活的话本小说能说清楚。著名的话本小说《三言二拍》，是彼时"新闻报告体"的小说集，其中就有关于海外贸易者的传奇材料。比如一位一文不名的年轻后生，担着市场上几天卖不掉的两筐橘子，愤而附舶出海，想不到连自己都吃伤了的剩橘，居然在一个海岛上卖了一个天价。后生茅塞顿开，开始调查市场，几个往来，发了大财。

因此也可以说，在明清海禁之后，民间贸易成为真正的外贸压舱石。中国商品由盖普大船运往马尼拉，荷兰的"海上马车夫"又把它运往欧洲。马尼拉—盖普贸易延续了几个世纪，丝路商品的流通半径和流通数量，恐怕要比郑和时代贸易的总体规模还要大。

郑和之后，中国海外民间贸易进入了前所未有的大发展时期。也就是说，正规史书缺少记载，不是因为中国的海外贸易在郑和之后结束了，实则是官方贸易转向了民间非官方贸易。这种转变同明代工商业资本主义因素增多的社会发展趋势是一致的。

准确地说，随着郑和的谢世，中国的大规模航海告一段落，但中国与世界的贸易不仅没有结束，反倒又因为郑和航海的巨大影响进入民间，蓬勃地发展起来。其中有变化的只是体制与形式，不变的则是交换交流活动本身。郑和的团队就是种子，走到哪里都会发芽。大规模的官方贸易告一段落之际，更大规模的民间对外贸易兴起。这就是我们需要重视研究以闽商为代表的盛极一时的马尼拉—盖普贸易的原因。

马尼拉是当时的丝路商品转口贸易基地，而它的兴起也缘于这种持续了几个世纪的马尼拉—盖普贸易的开展。福建商人用大吨位的盖普船运去丝绸、茶叶、瓷器和香料一应商品，与西方商人在马尼拉发生频繁的交换。在马尼拉—盖普转口贸易中，闽商和欧洲商人的交易是直接的。闽商带来大量丝绸、瓷器、茶叶和中国的沉香、漆器等，西方商人则用来自美洲的廉价白银支付，以致后者白银出超，而东印度公司随后使出了贩卖鸦片的伎俩。用鸦片来对冲丝绸商品带来的丰厚利润，这实在是人类商业史上的耻辱。

为什么一些西方史家从来不愿痛快地承认由鸦片倾销引起的鸦片战争，而要把鸦片战争婉称为白银战争呢?那或许就是一个说起来口羞的"秘密"。但不管怎么说,这是丝路贸易史上抹不去的污点。

马尼拉—盖普贸易中的品牌商品依然是中国丝绸,此外的一个大亮点就是明代的青花瓷器。青花瓷是以钴为呈色剂的,苏麻离青就是当时最好的钴剂原料。元青花以景德镇为代表,到了明代,青花进入了全盛期,青花瓷代替宋以来的龙泉青瓷成为外销瓷市场的第一品牌。永乐和宣德朝的青花登峰造极,瓷器产品广泛使用苏麻离青,发色鲜明艳丽,釉质稳定,其价值高过黄金。

在明代,输往伊斯兰国家的青花一般具有中东风格,有的还有阿拉伯文字。双耳瓶则有伊朗的古瓶造型风格,明显地带有定制的特点。

由于马尼拉—盖普贸易的对象渐渐扩大到更多的欧洲商人,带有欧洲风格的瓷器也开始出现了。青花瓷风行世界,也进一步带动了世界瓷业的发展,西亚、欧洲各国陆续引进中国的烧窑技术,西方也出现了"山寨产品"。例如16世纪的阿拔斯王朝前后从中国招聘了数百名瓷器工人,其家属也一道去往伊朗,这些工匠大部分留居在伊斯法罕。欧洲的瓷器技术,据说也是威尼斯的一位炼金术士安东尼奥在1470年从阿拉伯人那里再引进的,而中国著名的掐丝珐琅器景泰蓝,既是明代中国的创新产品,也有着西来工艺的印记。掐丝珐琅来自阿拉伯大食窑,佛朗嵌工艺原理则由欧洲输入。这种新产品在中国元代已有萌芽,最早可能由安纳托利亚半岛东传中国,但与马尼拉—盖普贸易及欧洲商人的直接对接不无关系。

繁盛一时的马尼拉—盖普贸易发生在明清交替时期,也可以说是与西方"大航海"同步出现的。如果说发生在西方"大航海"之前的郑和航海,是中国的东南亚贸易与印度洋贸易的全面对接,马尼拉—盖普贸易则是继之而来的新贸易浪潮,郑和培养的大量航海贸易人才为马尼拉—盖普贸易做了准备,大批福建商人活跃在南洋的商业活动中,这些人才资源与技术资源是当时最可宝贵的国际贸易资源。

马尼拉—盖普贸易应运而生。马尼拉—盖普贸易有时也被学者们称为马尼拉帆船贸易或者银丝贸易。

在明代,东南亚诸国定居着大批的阿拉伯商人和开始伊斯兰化的土著人,因此在荷兰商人和葡萄牙商人进入以前,阿拉伯商人仍是闽商的主要交易对象。阿拉伯商人与欧洲商人在换货支付方式上有明显的不同,阿拉伯商人依然沿用传统的换货形式,欧洲商人则更多地需要支付白银。这种不同或许也显示了一种贸易的不平衡状态,因为阿拉伯世界有更多的特色产品来交换,而彼时的欧洲一时还拿不出更多的优势产品，只能用白银支付。

马尼拉—盖普贸易的意义在于：第一，这是一个以民间贸易为主体的跨国贸易，因此也就引进和培育了一批"走出去"的华商市场主体，培育了相对平等交换的市场机制，这无疑给中国艰难缓慢的社会变革制备了引信，是中国的旧民主主义革命获得海外华人和华侨支持的一个重要原因。第二，马尼拉—盖普贸易是海上丝绸之路的延伸和形式变化，不仅在新的形式下延续了郑和下西洋和下南洋的海上贸易，还进一步拓宽了海上丝绸之路的影响范围，是对大航海贸易的一种自发的积极应对。只是后期的明政府和清政府并没有这样的自觉意识，依然沿用完全官办的概念和"兵来将挡，水来土掩"的老办法，据守国门，失去了掌控和推动丝路贸易的大好时机。

在海路贸易上，马尼拉—盖普贸易现象是极不寻常的，不仅体现了中国在海上丝绸之路贸易中的活跃度，也意味着海上丝路持续走向全球。

马尼拉—盖普贸易并不是一种简单的第三地贸易，也不尽是中国的产品从海上大量输出，马尼拉—盖普贸易基本上是一种平等的对称性的贸易。中国的商品大量输出，换回大量白银。后来的交换者，主要是被称为"海上马车夫"的荷兰商人和此后的西班牙商团。中国的交易主体则是闽商与粤商。闽商通过大吨位的盖普船把丝绸、瓷器和茶叶运到马里噜即今天的马尼拉，荷兰商人也把欧洲的工艺产品如钟表、眼镜之类和用来支付的白银运到马尼拉，现货交易。

马尼拉—盖普贸易的贡献还在于，客观上打通了中国到美洲的航线，丝绸之路开始出现环球延伸。因此，马尼拉—盖普贸易也被称作"墨西哥—马尼拉—中国"航线贸易。因此也可以这样说，真正让"地理大发现"结出贸易之果和实现东半球与西半球物质文化大交流的是马尼拉—盖普贸易。马尼拉—盖普贸易的繁荣，让墨西哥西南海岸的一个小渔村阿卡普尔柯—德华雷斯成为中国商品的第一个美洲集散地，从中国经马尼拉到美洲的太平洋航线诞生了。从此以后，美洲正式纳入全球贸易体系，中国商品不仅由这里运往墨西哥城，也运销到秘鲁、中美洲和加勒比诸国。中国商品源源不断地输入美洲，美洲的商品如玉米、马铃薯、番薯以及烟草相继传入中国。

马尼拉—盖普民间贸易也是丝路贸易和文化交流的一个重要历史节点。在丝路发展前期，贸易交换和交流是自发的，在15世纪以后，民间的丝路贸易活跃起来，进入了一个更高级的自觉发展阶段。但对这种自觉，东西方的认知度是不一样的，因此也就出现了主动权的转移以及丝路涡流的近代一幕。

马尼拉—盖普民间贸易对华人的人口分布产生了直接影响，所谓闽人下南洋和此后的鲁人下关东、晋人走西口，都是明清一代经济贸易大戏中的重要情节。情节的连续上演，其实还说明了一种走势，尽管丝路贸易的主动权有所转移，但海陆丝路还是在民间贸易中继续发展。据有关机构统计，在中国东南沿海，曾经居于海上丝路核心区位的泉州，就有分布在世界129个国家和地区的华侨与华人，总数达到720万，这还不包括扎根港澳的70多万人。加起来，超过了已经开始城市化的泉州居民的总数。在东南亚，多代繁衍的华裔很难统计，有近现代明确来源的以千万计。全世界各国各地区分布的华人、华侨多于5000万，他们为所在国的经济发展做出了筚路蓝缕的贡献。

也可以想见，明代随同郑和的27000个出色的水手和出色的商业能手及他们的不少后代，一定会是马尼拉—盖普贸易的主角，至少起到了马尼拉城市发展中流砥柱的作用。

严格地讲，马尼拉—盖普民间丝路贸易是特定历史时期的产物。关于历代的丝路贸易，中国史书记载的往往是与外交和国家行为有关的贸易交往，包括当时习见的通贡贸易，但这种通贡贸易毕竟是有限的，既不能概括榷场贸易，更不能概括由内外商人共同开展的频次、数量巨大的民间贸易。因此，只凭着史书中有限的记载就简单地认为，中国的丝路贸易只具有官方性质，是一种不科学的结论。事实上，仅凭有数的通贡贸易，中国的丝绸、瓷器产生不了那么大的世界影响，李希霍芬也很难提出丝绸之路的历史概念。

但也要看到"通贡"的两面性，它一方面体现了当时的国家关系，一方面又代表着当时商品贸易总体的合规性。明朝后期实行海禁，官方海上丝路贸易也就陷入了困境，意味着从官方到民间，海上贸易在总体上是不合规的，于是随之产生了两种效应：一种效应是海禁并不能真正阻挡民间丝路贸易的持续进行，由规避变化而来的第三地转口贸易也就蓬勃地发展起来，最终形成了规模更大的马尼拉—盖普民间丝路贸易。另一种效应则是这种海外贸易在正常与不正常的边缘区里游走，从而形成民间贸易者与官府的矛盾和对立。民间贸易者为了保护自身的商业利益，要同官府捉迷藏，甚至会建立自己的商业社会，建立自己的商业网络包括自己的武装。在这种情境下，贸易问题开始复杂化，而复杂化最终来自明朝当政者的海禁政策。

在明中期之后，明廷面临的最大也是最头疼的事情，是东南沿海的倭寇问题。倭寇呼啸而来呼啸而去，一如郑和歼灭的海盗王陈祖义，形成很大的难以铲除的势力，严重危害沿海居民的生命安全。

倭寇的基本队伍是日本的流浪武士，是一群依靠打打杀杀吃饭并受雇于人的职业杀手。对于这些毫无道德感的倭寇，必须以牙还牙，以血还血。但是，除了这些倭寇，还有大量的中国海寇掺杂期间，甚至还出现一种奇特的现象——不少倭寇首领是中国人，有的就是亦商亦盗的人物。

明代的倭寇大头目汪直（王直）就是这样一个有争议的人。他起于徽商，墓葬也在徽州，他既是明代东部沿海商团首领，又是倭寇首脑。在他的生涯里，充满了统领民间商人下南洋经商的故事，也满是流窜沿海打杀官府殃及民众的海匪行径，于是他成为朝廷的主要讨伐对象。时任总督胡宗宪和其幕僚徐渭将汪直诱捕入狱，等候朝廷的最后定夺。但胡宗宪同样也是一个性格复杂的人物，因此事情出现了戏剧性变化。胡宗宪对倭事采取的是剿抚并用的混合策略，在他担任浙江巡按御史的时候，他曾经在嘉兴摆下鸿门宴，一次毒杀数百海盗，其中真倭寇并不多，因为真的倭寇并没有动机接受招安，真正希望招安的是有前科的国内海上商人。胡宗宪也是徽州人士，是嘉靖朝进士，大概比较了解汪直，因此对他倾向于招安。但胡宗宪结交权相严嵩父子，政敌颇多，在严嵩倒台之后，他被言官弹劾下狱，并死于狱中。接手浙江巡按御使的王本固也就翻脸杀掉了汪直，一代豪酋如此结束了自己的一生。与汪直一道被处死的还有徐东、陈东等人。值得注意的是，汪直供认的作案动机是"要挟官府，开港通市"，也就是说，他们不满明朝政府的海禁政策，铤而走险，在与官府发生无数次冲突之后，走上了武装对抗的道路。

汪直是个悲剧人物。如果在郑和的时代，他未必会走上海盗的绝路。在他的团伙中，确乎混有不少日本亡命徒和武士浪人及忍者。很难计算究竟有多少倭寇混杂其间，又有多少是被裹挟的内地商民。残忍的倭寇给中国东部造成了巨大的灾难，他们往往是海盗队伍中的一帮敢死队。

在明代中晚期，像汪直这样勾结倭寇亦商亦盗的人物并不少见，其不断坐大的原因是多方面的。由于朝廷实行的是严格的海禁政策，商人及从事桑麻生产与烧窑制瓷的农民和手工业者失去了生计，他们必须自己闯出一条海上生路。但这条海上生路布满暗礁险滩，商盗一体也就成为一种无奈的选择。

著名民族英雄郑成功的父亲郑芝龙其实也有过这样的人生背景。郑芝龙是福建南安人，最早也是参与马尼拉—盖普贸易的一位成功的商人和民间商人头领，并由此获得巨大的财富，为了保护自身的商业利益和打造商业链条，他便在海上起兵，形成了很大的武装势力"十八芝集团"，因此也被称为海盗。这个"十八芝集团"后来分化了，郑芝龙接受明廷的招安，做了都督同知，一个叫刘香的头目却投靠了荷兰人，成为买办。1633年，郑芝龙与明军水师舰队150艘大小战船，在金门岛南的料罗湾对入侵的 13 艘荷兰战船和刘香的 50 艘海盗船发起反击，荷兰战船被击沉 2 艘、焚毁 2 艘、俘获 1 艘，荷兰舰队指挥官被擒，荷兰侵略者和刘香海盗近千人被歼灭，郑芝龙的部下也伤亡了 200 多人。料罗湾之战是明军打败西方殖民者的一次重大胜利，也是晚明与殖民者之间的唯一一次大的海战。不久之后，清军入关。1654 年郑芝龙参与拥立唐王在福州建立南明隆武政权，清兵入闽，晚明颓势已定，他不听郑成功的劝说，不战而降清。但清人并不相信他，在被迁离福建沿海之后最终为清廷所杀。

郑芝龙的起家，是由商及兵；他的败落，也是因为失去了东南的商业联系和自己的武装。他其实也是一位特殊年代有着特殊经历的商界人物，抗击殖民贸易者是他的主流行为，他与郑成功最终父子分野，在今天看来是对国内政见认识不同。在明清之交，像郑芝龙这样的人物并不是极个别的，他们以不同的政治身份和不同的方式介入了明末清初的政治经济历史大事件。

令人多思的是，人们历来都很重视农民起义对社会的推动作用，但从来没有考虑过商人及其群体的社会地位。明末的李自成起义了，可以自称"闯王""闯将"，即便是败于引清入关的吴三桂，也还要完全肯定他的历史业绩。但是，对于诸如郑芝龙、汪直这样的商人，人们的评判却有更多的复杂性。虽然他们有引倭入室的污点，但他们在对抗明朝统治者的不良施政方面，与纯粹的海盗还是有区别的。只因为后者是由商入寇，前者是官逼民反，就有了如此巨大的评价差别。

郑成功收复台湾，其实从另一个侧面来看，也是发生在马尼拉—盖普贸易背景中的极为重要的反殖民贸易战争。马尼拉—盖普贸易的发展前景，引起了西方列强你死我活的竞争。荷兰武装商团并不满足于马尼拉第三地交易，后起的葡萄牙商人也不断地侵蚀前者的商业地盘。西班牙在 16 世纪中叶征服了菲律宾，荷兰与西班牙 1600 年正式开始交战。荷兰人要求进入广东"经商"遭到拒绝，又转向澳门，荷兰人莱依逊率领 15 艘战舰猛攻澳门失败，荷兰将领高文律率残部流窜澎湖并攻占了台湾南部一些地区，据此骚扰泉州、漳州。西班牙人 1626 年也在台湾北部的鸡笼（基隆）、淡水登陆，建筑了圣萨尔瓦多城。1624 年荷兰人逐走了占领鸡笼的西班牙人。这一年明朝也趁势收复了澎湖，生擒了高文律等荷兰军将 12 人，但其残部逃到了台南，并先后在台南等地建立了禾寮港，在一鲲身（今安平）建立了赤嵌城。赤嵌城又称"红毛城"，英译"海地"。1661 年，郑成功派提督黄廷、户官郑泰率领两万水师将士，从地处台南的禾寮港登陆，占领赤嵌城，一举击溃荷兰殖民者从巴达维亚派来的援兵。经过南北两路历时8个月的奋战，荷兰"总督"揆一投降，订立15款条约，撤离台湾。郑成功收复台南，荷兰窃居台湾38年的历史就此结束。

郑成功收复台湾，并非临时动议，他同他的父亲郑芝龙道不相同不相为谋，要把台湾当成反清复明的根据地。郑成功是弘光帝时的监生，赐姓"国姓"，封为延平郡王，但他毕竟生在郑氏家族，对当时海外贸易的大势会有深刻的认识，他的将士多是闽南人，对东海和南海的海事应当十分熟悉。他之所以能够迅速地克敌制胜，不仅缘于他的爱国情操，同时也因为他具有海战的力量。

海禁是一个短视的政策。在隋唐和元代，朝廷对商人是极度宽松的，中国的国力也是强盛的。明代永乐前后是极度开放的，国势日隆；嘉靖前后实行海禁，其实是标志着明王朝的江河日下。丝路贸易的发展规律是改变不了的，主张实行海禁者总是从诸如国库财力不足的小处着眼，看不到财富真正的源头来自民间的开放，导致了国力的衰退乃至东部沿海多年的不安定。后来的清廷大约也看到了这样的弊病，因此在继续实施海禁的同时，也做了诸如"一口通商"这样的改良。

但海禁也罢，"一口通商"也好，最终拗不过马尼拉—盖普民间贸易发展大趋势，这个民间贸易存在了300年，一直到近代还能看到它的影子。它持续不断地写下了海上丝路贸易的重要一章。只是，明代中晚期的中国毕竟错过了包容马尼拉—盖普民间贸易的历史机会，从而失去了继续发展丝路贸易的主动权。

明代的海陆丝路峰谷跌宕，总的来讲，除了海禁的败笔，在很多方面还是取得了成果。主要是，再次实现了海陆丝路的畅通与循环，并引进了玻璃制造的新工艺。从13世纪起，中国已经全面了解了玻璃的化学成分，比如阿拉伯玻璃之所以耐高温是因为加入了南硼砂，等到郑和下西洋，引进烧玻璃人和钠钾玻璃技术，才真正做到了"玻璃顿贱"。钠钾玻璃从公元前3世纪在埃及出现，公元5世纪南北朝第一次从月氏人那里引入，到15世纪普及于中国，整整经历了1800年。由此可见，古代新技术的传播也非易事。西方天文学、数学、地理学、测绘学、生物学、医学、建筑学、物理学和机械工程学也陆续进入中国，而中国科技文化也在许多方面继续影响西方，甚至成为欧洲启蒙运动的物质来源和哲学思想的养料。

在天文方面，首先是清政府根据《西洋新法历书》编制《时宪历》，肯定了西洋历法。其次是天文仪器的引进。在这方面，无论是明代来华的南怀仁、利玛窦、庞迪我，还是清初来华的一部分传教士，他们多数是推动中西文化交流的有功之人。1744年，法国耶稣会士蒋友仁来华介绍日心说，第一次引入哥白尼体系，这对古老的中国是一次很大的撼动。在数学方面，利玛窦和徐光启、李之藻共同翻译《几何原本》和《同文算指》，掀开了欧洲数学传入中国的第一幕。《测量异同》和《勾股义》出现了，三角函数入华了，邓玉涵的《割圆八线表》则是对英国16世纪数学家纳普尔对数表的介绍。阿基米德三大定律也进入中国数学家的圈子里。清康熙年间编辑的《数理精蕴》是那时西洋数学的集大成，对西洋科学颇有兴趣的康熙帝还请法国传教士白晋回到法国，收集科技著作，招募西方科学人士来华。他在畅春园成立算学馆，要求八旗子弟学习算法，多时达到30余人。

西方数学的引进，推动了测绘学的发展。在明代，利玛窦第一次用西法绘制世界地图《山海舆地全图》，在华流传极广，那时已有东西半球的明确概念。1595年利玛窦赠给南昌建安王的《世界图志》，已有欧逻巴、利未亚、亚细亚、南北亚墨利加等大洲分图，所用的都是西方投影测绘技术。五大洲和世界的主要国名一直沿用下来，如亚洲、欧洲、美洲，地中海、大西洋，南极、北极以及罗马、巴布亚、加拿大、古巴等。意大利人艾儒略的《职外方记》则是用中文记述的世界五大洲地理书之一。

康乾时期的中国地理测绘处于科学测绘的初始阶段，朝廷对边疆地理尤其重视。1689年中俄签订《尼布楚条约》时，参加签约的传教士张诚向康熙进呈亚洲地图，廓清了中国东北的地理概念，使《尼布楚条约》成为一个比较合理的条约。此后康熙开始了全国地图的测绘工程，从直隶到东北、山西、陕西、山东、河南、浙江、福建、江南、两广、江西再到四川、云南、西宁、拉萨、台湾以及喀尔喀蒙古，全线展开。从1707年到1717年，10年时间里制作完成了《皇舆全图》。在《皇舆全图》的测绘制作过程中有许多外国传教士参加，这是当时世界上最大也是最细致的测绘制图工程。而在此前后，欧洲地区的精细测绘尚未完成。1756年，乾隆帝派刘统勋等到伊犁测绘，5年后完成了《西域图志》。接着，由法国耶稣会士蒋友仁总编的《乾隆内府地图》面世了。这个又名《乾隆十三排地图》的中国与亚洲地图，每幅铜版印刷100张，总数达10400张。所绘范围西到地中海、波罗的海，北至北冰洋，南到印度洋，是一幅比较完备的亚洲大陆全图。

建筑学、生物学和医学知识也在东西人士的互动研究中加快了对流。圆明园的"大水法"出自意大利来华宫廷画家郎世宁的构思设计，由法国人王致仁督造。"大水法"建筑有意大利式样，又有路易十四时期的法国风格。典型的中国园林中出现凡尔赛的景观和巴洛克风格的宫苑，因此圆明园被称为"万园之园"。郎世宁1715年来到北京,用中国画具、西洋画法画中国题材。"世宁之画本西法而以中法参之",是《石渠宝笈》中对他最中肯的评价。当时的西来画家有一大批,影响了中国画坛的画风,如烘染法、凸凹法的使用,催生了中西杂糅的新画派。

中国的园林和绘画也影响到西方艺术,瓷器工艺美术出现了中西融合,在欧洲形成了兴盛一个世纪的与巴洛克风格迥异的洛克克艺术风格,这种艺术讲求清淡素雅。

中国茶、中国丝绸绣品、瓷器和漆器输出了中国文化元素,影响到西方的上流社会。西洋音乐和乐器进入中国,在乾隆时期的清宫里居然演出过当时风行罗马的皮契尼《赛乞娜》轻歌剧。

希腊的伦理学入华了,中国的四书五经和孔子传记也传向西方。1585年罗马出版了西班牙文的《中华大帝国史》;1655年阿姆斯特丹出版了《中国新地图册》;1734年法国制作了《中国鞑靼西藏全图》,1777年至1783年又出版了12卷本的《中国通史》。中国的《赵氏孤儿》杂剧和《好逑传》也在1732年和1761年分别被翻译到欧洲。《赵氏孤儿》1755年8月在巴黎公演,百科全书派的领军人物伏尔泰特意加上"根据孔子的教导改编成的五幕剧"的提示。

需要提及的是,伴随着丝绸之路蜿蜒曲折的延伸历史,几度期望入华的基督教终于再次叩响了中国的大门,他们中有不少是诸如利玛窦、郎世宁这样对丝路文明发展做出重大贡献的文化人,有的则是职业传教士,有的更复杂一些,如汤若望等。

其中的复杂,并不完全是因为后来屡屡发生的牵动社会的"教案",以及伴随基督教教士来华出现的一些正面的或负面的历史故事。有些历史事实颇为奇特。例如,建立南明政权的弘光帝、隆武帝和永历帝与基督教会都有过密切的联系,这种联系并非来自信仰,而是出于某种政治利害的选择。隆武帝曾经赋诗称赞一位耶稣会教士毕方济是"西域之逸民,中国之高士"。为什么呢?因为他与弘光帝都想通过这位意大利人向占据澳门的葡萄牙人借兵复明,而毕方济也及时前往澳门活动,只是没有实现罢了。弘光帝、隆武帝复明活动先后失败,毕方济又到了永历帝的朝廷里,动员皇室成员信奉天主教,结果上至皇太后、皇后和刚生下的太子,下至50多个嫔妃、40个大臣和众多的太监全部受洗。皇太后教名为烈纳,永历生母马太后教名为玛利亚,皇后教名为亚纳。烈纳太后派出使臣去澳门献祭,葡萄牙总督亲自接待,并赠送100支火枪、300名外国侍卫。永历帝1650年还派出波兰籍神父卜弥格从肇庆起身,由陆路跋涉到伊朗、亚美尼亚。两年后神父转海路到达威尼斯，一直过了3年才得到新教皇亚历山大七世的接见。等到卜弥格从里斯本带着教皇的一纸空文在越南登岸赶回肇庆，永历帝已经逃亡缅甸，卜弥格也最终病逝于百色。

这或许是晚明皇室借重天主教的最后一次企图。在永历帝看来，是急来抱上帝的脚；在罗马教廷看来，即便明朝皇室已是上帝的子民，却山高路远爱莫能助；在澳门的殖民者看来，这样一种风险生意未必合算。南明政权把兴亡更替的希望寄托在上帝身上，无论是上演正剧还是悲剧，也就难免在夕阳西下中落幕了。这场戏，那位曾经当过和尚的明太祖料不到，习惯于搅和政治的传教士也未必看得很清楚。

但那毕竟是历史插曲，并不会损及丝路上发生的正常贸易和文化交流的业绩。丝路将会依照自身的经济和文化交流的地缘规律，继续不断地运转。

四大发明传播路线图

在汉唐到宋元的1000年里，在欧洲的中世纪末期，对丝路文明发展取得突破性进展、起决定作用的是中国四大发明的出现与西传。对于这一点，马克思曾给出了至今仍然权威的评价。他说："火药、指南针、印刷术——这是预告资产阶级社会到来的三大发明。火药把骑士阶层炸得粉碎，指南针打开了世界市场并建立了殖民地，而印刷术则变成了新教的工具，总的来说变成科学复兴的手段，变成对精神发展创造必要前提的最强大的杠杆。"当然还有用纤维制造的纸张，无论是手写还是印刷，它在很长时间里都是重要的信息载体。

丝绸之路上出现了搅动市场神经的四大商品——丝绸、瓷器、茶叶和具有各种功能的香料，同时也出现了预兆未来的四大发明，这是丝路文明发展中最重要的历史成果。当这些发明与创造已经成为人们的常识的时候，我们不妨反向地思考一下，如果没有它们和创造它们的人，今天的人类社会是一种什么样子？也许，我们会像大多数的尼安德特人一样，早就走向了衰亡。

纸张，准确地说是纤维纸张，它的发明是文化传播中最基础的发明。2016年美国的亚历山大·门罗出版了《纸上跟踪》一书，封面上是一个大大的"纸"的汉字。门罗是位汉学家，他比较直观地在他的书里描述了纸张如何改变了一个时代。他追忆了似乎已经模糊了的纸的创造历史和纸对历史的创造，并提出一个鲜明的观点：纸的发明体现了文明的定义"对永恒的追求"。尽管另一种革命性的数字化媒介兴起，纸质书面临前所未有的压力，但因为它可感可触的特性，还没有任何东西取代它的位置。作为一名汉学家，他明确地指出：中国汉代的蔡伦造纸，而邓绥皇后是重要的推广者。在2000多年前，中国是全世界第一个在政府信息传达中使用纸的国家，这使中国的文明得到了长久的传承和延续。纸的普及由宗教传播的需求所推动，尤其是佛教的东传和伊斯兰教的兴起。纸的使用，也使教育普及有了可能，相对于石头、陶板、龟甲、竹木、丝绸、贝叶以及莎草纸、羊皮纸的性能，纸在文明的传播中取得压倒性的胜利。在欧洲，"纸时代"（相对于电子时代）的曙光出现在统治了西班牙的阿拔斯王朝，真正地出现突破是在300年以后。纸推动了欧洲16世纪初马丁·路德的宗教改革，也推动了之后的欧洲文艺复兴。因此，纸是划时代的发明。

蔡伦造纸发生在公元105年，现代考古发现的罗布诺尔古纸、汉代灞桥纸、居延金关纸、扶风中颜纸、敦煌马桥湾纸，都是第一手的资料。在此之前，已有蚕丝制纸，所谓"方絮曰纸"，但仅供杂用，无法书写。"纸"字从丝偏旁，从中可见它与蚕丝的渊源。

一位叫安德莱斯的西方人在1782年就对造纸术西传有概括，但不准确、不完整。他说："中国古代以丝造纸，这种造纸法约在652年传到波斯，706年传到麦加。阿拉伯人以棉带丝并把造纸法传入非洲和西班牙。"路线是对的，但原生技术的来源有误。这就导致西方对造纸技术起源于中国产生模糊说法，一直到1907年斯坦因在敦煌烽燧中掘得汉纸，历史才得到还原。

西汉初期出现的麻质纤维纸比较糙，书写功能不强，到了蔡伦的时代，用树肤、麻头、蔽布、渔网造纸，咸称蔡侯纸。蔡侯纸很快传到葱岭，传入印度。佛教的东传加快了这个过程。一般地说，发生在751年的唐与阿拉伯大食之间的怛罗斯之战是中国造纸技术西传的历史性节点，唐镇西节度使高仙芝率领的唐与中亚石国的联军败于伊本·卡利率领的大食军队，被俘的2万唐军将士里有造纸的工匠，中国造纸由此传向阿拉伯。但是，那时的海路大开，外销纸也是紧俏货，中国工匠由海上流向西亚同样有很大的可能性。

在8世纪，造纸业首先在撒马尔罕地区发展，当时的一位皮货商兼诗人塔利比说，在撒马尔罕的特产中，应该提到的是纸，"纸只产在这里和中国"。接着巴格达也开设了有中国工匠的造纸厂，纸的需求急剧上升，形成西亚的造纸浪潮。随着造纸术传向叙利亚大马士革，其原料和工艺也出现变化，亚麻造纸普遍；造纸术传向埃及，苇子造纸开始出现。纸的生产与应用推动了阿拉伯科学文化的传播，《古兰经》的大量书写和印刷又使伊斯兰教以超乎其他宗教传播的速度走向世界。

830年，巴格达成立了由科学院、图书馆和译学馆组成的"智慧宫"，翻译事业的发展加速了文化的流动。在造纸业高度发达的条件下，亚里士多德和柏拉图的著作被翻译成叙利亚文和阿拉伯文，中国的学者也通过口授等方法，笔录了阿拉伯译本。中国纸、阿拉伯纸最终代替了羊皮纸，为中西文化交流铺平了道路。

9世纪阿拉伯纸开始传入欧洲，传统的说法是经由摩洛哥和西班牙。欧洲人曾经把纸称为大马士革纸，大马士革成为纸的输欧中心。纸还从北非传入西西里，西西里又成为欧洲政府在公文中第一个使用纸的。但是，阿拉伯人从怛罗斯之战中毫无成本地获得了造纸技术，对欧洲却一直保密。由于那时的西班牙在阿拉伯的统治范围下，所以西班牙的造纸中心也就成为后来欧洲的造纸中心。纸的大量生产推动了西班牙的翻译事业，纸成为基督教国家的新工具。虽然13世纪初意大利腓特烈二世根据教皇的旨意抵制阿拉伯纸进口，发出禁用纸张书写公文的命令，但纸的需求有增无减。1276年，意大利出现第一家造纸厂，在14世纪成为欧洲的主要供纸来源。纸张在15世纪最终替代了羊皮纸。但羊皮纸似乎更适用于鹅毛管的欧洲传统书写，纸质较为厚重光滑的意大利纸也就出现了。在14世纪，德意志的科隆、纽伦堡也出现了纸厂，德国的雕版印刷也在纽伦堡出现。谷腾堡用欧洲活字印刷术印《圣经》，以前要用300张羔羊皮，现在成本大大降低，纸张成为一时之选。造纸业以德国为新的中心，向周边传递，从15世纪初到17世纪末，奥地利、波兰、英国、俄罗斯、挪威先后出现造纸厂。

由于西班牙的殖民与传播，美洲也出现了造纸业，美国的费城在1690年开始造纸。澳大利亚1868年开始造纸。造纸技术不断改进，规模扩大，从怛罗斯之战开始计算，造纸技术的传播与改进，整整用了1100多年的时间。

与纸直接相关的是印刷术。欧洲文献最早提到中国印刷术的，首推1550年出版的保罗·约维所写的《世俗史》。保罗充任过驻俄罗斯的使节，提出过中国印刷术是从俄罗斯传入欧洲的观点。但与"交子"的印刷有着直接关系的伊利汗国，在时间上早于16世纪中叶。保罗·约维用信史的形式记录的中国印刷术通过俄罗斯广泛传播，反映了元代印刷术西传的史实。他在《世俗史》中说，他得到过葡萄牙国王赠送给利奥十世教皇的一本中国印刷的书，"因而我们可以很容易相信，早在葡萄牙到达印度以前，塞人（指中亚人）和莫斯科人已经把这种可以无限地促进学问的样本传给了我们"。可以肯定地说，在蒙古建立伊利汗国和钦察汗国的同时，中国的雕版印刷和活字印刷同时传向中亚、西亚和俄罗斯，并进一步传向南欧与北欧。

雕版印刷发源于中国，应当没有什么问题，但活字印刷似乎有争论。很多人认为16世纪谷腾堡发明活字印刷术，但中国北宋年间的毕昇在11世纪中叶已经用胶泥刻字，活版印书。在13世纪的时候，进一步出现了锡活字和木活字，它们要比胶泥刻字更耐用。欧洲谷腾堡的活字印刷的发明，其工艺材料和流程的改进以及工效的提高，是完全应当肯定的，但它的发明是欧洲活字印刷技术思路的第二个源头。据有关研究，谷腾堡曾经在捷克的布拉格居住过，从俄罗斯传到布拉格的活字印刷技术有可能启发了他。近年来韩国学者认为这种印刷术源自朝鲜半岛，问题有些复杂化。但是任何一种发明的源头的认定，大概需要四个条件：一是时间最早，二是原理清晰，三是广泛运用，四是有明显的传播路线。第一、二个条件重要，第三、四个条件更重要。在1298年的时候，中国的一位书商王祯已经运用坊间出现的木活字，印刷了100部6万多字的《大德旌德县志》，时间只用了一个月。木活字印刷在元代的安徽、浙江等地都有出现，而且直接传到回鹘。伯希和在敦煌千佛洞考古，就发现过数百个回鹘文的木刻活字，考定为13世纪的遗存。这些木活字或许是往来在丝路上的各族教士们的遗物，它们很有可能就是欧洲活字印刷的技术思路的来源，即或目前并没有更直接的证据，至少在技术原理上，欧洲要晚上300多年。

雕版印刷的起源更早，因为印刷的发展与造纸技术的发展，最早以对经书数量的需求为前提，一般以取经传经活动频繁的唐代为起始点。中国很早就有甲骨文、金文、石鼓文和与岩画同理的碑刻崖刻，它们大多都属于阴文，并不能广泛流传，印刷术在机理上反其道而行之，并由此产生了真正的经本和书集。在中国南北朝时期，已经出现了阳刻文字，如洛阳老君洞的造像石刻。在汉代还有习见的文书封泥以及道家们的符印，这些都是雕版印刷的最早源头。唐人记载，"玄奘以回锋纸印普贤像，施于四方，每岁五驮无余"，数量很大，也需要很高的雕版印刷技术。这种技术在唐代就传到印度和日本、朝鲜。日本保存了存世最早的木刻《陀罗尼经》。自贞观年间，中国开始印刷佛像与书籍，书商都要有"印纸"作为纳税准印的凭证，可见那时的印刷已经产业化了。伊利汗国的历史学家拉施德丁在《史集》中记录了中国印刷工艺过程：首先要请书法高明的人在木板上书写、校勘，接着要请刻字高手刻好加印封存，并向官府缴纳赋税，用纸拓印。

印刷术发明之后向西亚传播，是在蒙古兴起之后。尤其是"交子"的西传，虽然时间不长，却直接推动了雕版印刷进入西亚。13世纪末，伊利汗国由继承阿巴哈汗的盖喀图汗执政，由于国库空虚，其财政官员伊赛丁·莫扎发提出效仿元朝印刷"交子"。他们详询了当时出使伊利汗国的元朝枢密副使勃罗，在1294年正式发行一如元制的至元宝钞"交子"，上面印着盖喀图汗的喇嘛教名和汉文的"钞"字，这是用雕版印刷的。"交子"的发行只维持了三个月的时间，但这个汉文的"钞"字是中国印刷术传向西亚的确证。中国印刷术传向俄罗斯其实也同"交子"的印刷有关，钦察汗国是传播链条中的一环。

除了印刷"交子"，波斯人一开始并没有用这种技术印刷书籍，而是印刷一种游戏纸牌。这种纸牌也是中国人发明的，但欧洲人像看待纸张一样，也认为是阿拉伯人的发明。纸牌在西亚的流行其实最直观地反映了中国雕版印刷的传播路线，就像后来扑克牌回流到中国的路线一样。纸牌的流行推动了阿拉伯世界和欧洲印刷业的发展，为了保护本地的印刷业，威尼斯市政会议在1441年禁止纸牌进口。这个今天看来可笑的"反倾销措施"提示了另一面，那就是中国的雕版印刷更多地凭借纸牌游戏，在元宋时代迅速地进入了欧洲。

印刷术西传一开始借助娱乐业的发展，其真正的作用和意义，一是宗教文化的传播，如《可兰经》的印刷使伊斯兰教走得更远；二是直接启动了科技传播的枢纽，引发了欧洲的宗教改革、文艺复兴以至20世纪以前的科技创新浪潮。在西亚和欧洲，最早的印刷品除了纸牌就是大批的宗教印刷品，然后才有了书籍的印刷。

在指南针方面，古代中国人很早就发现了磁石和磁石的指极性。中国的道士们也很早在堪舆中运用罗盘来进行地理定位。占星术，是利用天体的相对位置和相对运动来解释或预言人的命运和行为的系统，而利用人工技术和人造磁体实现地理定位，是更为现实的需要。尤其在海上丝路的开拓中，航海罗盘是一种决定性的定位技术，其在古代航海中的原始作用，并不亚于今天的卫星导航。指南针最原始的办法是用针在磁铁上着磁，平置于水平面上观察针尖的磁极指向，一般称为"水罗盘"。

北宋的沈括不仅明白磁石的指极性，还研究认知了地磁偏差。他在《梦溪笔谈》中指出了四种磁针指南的情况，其中最精确的是缕悬法，它既不是水罗盘，也非旱罗盘，是不受空气流动干扰的空中罗盘。沈括的有关研究和原理阐述，是从隋唐甚至南朝航海的实践积累中总结的，也与中国文化中固有的黄帝制作指南车的传说分不开。磁石的指极性，中国人至少在秦汉时代就懂得了，它始于秦始皇"海外求仙"开辟海上航道的漫长历史过程中，最早应用在中国的航海事业里。李约瑟在其《中华科技史》里推测，航海罗盘在中国有可能在9

世纪或 10 世纪已经广泛使用，这是一种比较保守的估计。

从中国目前的文献资料上看，指南针在北宋宣和年间已经被用作航海的惯常技术手段。宋代笔记《萍洲可谈》中讲到，舟师"夜则观星，昼则观日，阴晦观指南针"。宣和五年（1123）徐兢写有《宣和奉使高丽图经》，讲其乘舟出使经历所见："舟行过蓬莱山之后，水深碧，色如玻璃，浪势益大，是夜洋中不可住，惟视星斗前迈，若晦冥则用指南浮针以揆南北。"也就是说，指南针是在天阴浪急的特殊情况下使用的。到了南宋时期，指南针成为主要的航海仪器，所以《诸蕃志》记载："舟舶来往，惟以指南针为则，昼夜守视为谨，毫厘之失，生死系矣。"说明罗盘的运用已经常规化了。

使用罗盘大大提高了航行的安全性和航向定位，它与海图配合使用，成为远航的主要技术手段。罗盘一经华船普遍使用，很快就被阿拉伯航海家所接受，并被称为水手之友。1281 年出版的阿拉伯《商业宝鉴》，已经清楚地讲到罗盘的制作和使用方法。在阿拉伯语中，表示罗盘经度方位的词，就是中国闽南语中的"针"。罗盘还可以用来记程，从而使航海图得以出现和完善。13 世纪出任南宋泉州市舶司提举的一位官员赵汝适已经能够熟练地览视标有航路和"针位"的各国地图。航海者依图计程，而那时的航程、航路也叫"针路"。郑和下西洋，依靠的就是"针路"海图，所以他能够在印度洋上来去自如。

罗盘传到南海、印度洋和波斯湾、红海的沿海国家，与中国船经常停靠那里有关系，也与中国航海人侨居在这些国家沿海城市有关。在那里，汇集着很多来自阿拉伯、威尼斯和热那亚的商人和水手，他们可以从中国航海人那里获得罗盘的知识与航海图。这些航海图在 13 世纪纷纷出现，目前可考的现存海图是 1311 年绘制的，图上标有罗盘方位线和边尺。在 12 世纪时，罗盘也传到地中海，首先使用罗盘的是意大利商船。但一直到 14 世纪末，欧洲使用的罗盘都不如中国商船使用的准确度高。罗盘使航海图的制作进入定量制作阶段，这为后来的大航海做了基础技术准备。

为什么航海罗盘首先出现在中国，而不是以航海民族著称的地中海民族？这似乎是一个令人困惑的问题。其实也很好解释，那就是地中海虽然辽阔，但毕竟是个内海；地中海气候也使地中海的蓝色事业少了一些自然考验，再加上四围港口众多，城邦林立，只要不偏离固定的航线，也就没有太多的迷失方向之忧。中国则不然，东面是茫茫的太平洋，南面是茫茫的印度洋，出海远航，需要更大船舶的同时也需要完备的仪器和设备。因此，航海罗盘首先出现在中国。

中国早期使用的罗盘准确度高，但一般是水罗盘的形式，或把磁针用灯芯草穿起，浮在水面上，或者置于人的指甲盖上，方式比较简单。最准确的就是沈括指出的缕悬法，即将指南针悬在无风处观察。比较完备的罗盘则带有天干地支的刻度，指示的方位更明确。欧洲人做了改进，改用支轴，俗称为"旱罗盘"。中国使用的旱罗盘是从日本辗转引进的。看来，一种技术输出改进后再输回来，创新在不断循环，这也是丝路文化交流的一种可逆性特征。

火药的发明同样具有深刻的世界影响。它的最初出现，与炼丹术与制药有着直接的关系。黑色火药的成分主要是硝石、硫磺和木炭，这是炼丹家们在炼丹时不断试验得出的。8世纪炼丹风气盛行，在炼丹的过程中人们也发现了许多化学物理现象，《真元妙道要略》中就提到"消石伏火"产生氧化的现象。即仅仅用火去炼硝石，火也灭了，加上硫磺和木炭，却燃放出大火，黑火药配方就如此这般诞生了。做什么用呢？自然是做烟火炮仗，代替了原始的爆竹，但也用在战争中。一开始是传统的火攻加入硫磺、木炭与硝。晚唐军阀混战，杀过来杀过去，旷日持久，僵持不下，炼丹家的发明派上了用场。黑火药本身威力不大，但足可以引起大火，烧毁一切，包括战争物资。据《新唐书》记载，第一个把炼丹家们的火药发明用于攻城掠地的人是唐德宗时的淮宁节度使李希烈，他攻入汴梁，自称楚帝，与死守商丘的刘洽大战时，就采用了硫磺火攻，但最终还是败给了刘洽。虽然火攻在三国赤壁之战中也有，但那未必是黑火药。从此以后，火攻军事技术提升，出现了"发机飞火"的抛石机和弩机发射的火箭以及《水浒传》中的"轰天雷""霹雳火"等，这大体上是中国人使用火药火器的例子。在北宋，已有专门的火药作坊，称为"火药窑子作"。金兵围攻汴梁，李纲下令连发"霹雳炮"，曾经打退了金兀术的一次进攻。后来蒙古大军围攻金朝的汴梁城，金兵使用了一种"震天雷"。开封汴梁大概是深受黑火药之害的一座中国城市。此外还有"流星""起火"，各种名目被记载在宋以后出现的各种武林秘籍里。中国武侠小说里"霹雳掌"之类的功夫，都源于火药的应用，在这些武林高手中经常混杂着一些白眉银发的"牛鼻子道人"，他们都应该是会制作和使用火药的炼丹师。

也许是接收了宋金的炼丹军事遗产，后来的蒙古大军是运用黑火药最得心应手的军队，它一靠铁骑速度，二靠抛石火炮，一路征服了大半个亚洲，而最终的结果是，火药连同最早的火器再次传向了西亚。

火药连同火药制造技术传向西亚，应当早于蒙古大军西征。在此前的丝路贸易中，火药的主要成分硝已经输入西亚。对于火药技术的认识，西亚人同中国的炼丹士们一样，也有一个"无心插柳"的过程。西亚盛产硫磺，硫磺有杀虫灭毒效果，但西亚不产硝石，也不知有硝。在丝路贸易中，硝石被引入伊朗，最早是作为治疗癫痫病的药物或者炼丹的药引。硝的主要成分是硝酸钾，呈白色，因此波斯人把它叫作"中国盐"，阿拉伯人把它叫作"中国雪"。硝石也被用到玻璃制造工艺中，因此阿拉伯商人来华大量购买。但它被用来制造火药，则是火药技术传入西亚之后，一开始也只是用于烟花、爆竹的生产。这种烟花、爆竹的生产在中国南北方已经大量出现。比如著名的"契丹花"，我们今天在中国北方还可以见到。河北省蔚县人在过年的时候，用铁水和硫磺、硝石在古城堡的城墙面上燃放一种钢花四溅的焰火，那就是契丹花的遗留。据考，有关阿拉伯文献如《马术与军械》，就载有各种契丹花的配方，其中少不了硫磺、木炭和被称为"中国铁"的铁屑。因此，火药的西传，一开始是用于和平而非出于战争的目的。

即便各种原始的火器如弩机火箭、"霹雳火"出现了，一开始也是用于防卫。因为海路上常有海盗，那时的海盗即使本领高强，也强不过弩机火箭。从这个角度讲，火药和火器的西传具有提高贸易安全程度的作用，并非一开始就用于屠戮。

事实上，在阿拉伯世界里，一直到阿尤布苏丹统治埃及的时候，即13世纪上半叶，阿拉伯国家才明确出现用硝配制火药和将之运用到火器中的记载。从此，无论是东方还是西方，火器时代来临了，战争开始由冷兵器为主转向了热兵器。

对于由火药引出的火器，阿拉伯人并没有按照中国以防卫为主的"火箭弩机"系统思路简单引进，而是更重视沿着进攻性的成吉思汗抛石机系统的思路发展，这种抛石原理与管形火器结合，形成了后世的火炮，从红铜铳、铁炮到佛郎机炮（葡萄牙炮），不一而足，一直到现代炮与火箭的各种结合。

这种思路上的不同是因为中东地区石油丰富，可以制作燃烧力更强的石油抛石机。因此，蒙古大军在围攻襄阳的时候，特意从伊利汗国所在的伊朗请来"回回炮手"阿里海牙和亦思马因。阿拉伯火器后来居上，阿拉伯成为火器传入欧洲的第二个更直接的源头。

关于火药和火器，欧洲人是从阿拉伯人那里获得初步知识的。13世纪下半叶，欧洲出现译自阿拉伯文的拉丁语《制敌燃烧火攻书》，托名希腊人，其实是阿拉伯人翻译的。还有一本《八十八自然实验法》，都是些火药和火器的制作方法说明。但欧洲人真正学会使用火药和火器，是他们与伊斯兰教徒发生大规模冲突之后。马克思所说的火药把骑士阶层炸得粉碎，也就是指热兵器战胜了骑士们的冷兵器。欧洲封建领主和骑士的东征之所以后来无力推进，与火药的出现和西亚人首先使用火器不无关系。

14世纪中叶，法国、英国、德国、意大利都开始使用火药并拥有了自己的铜炮、铁炮。1326年佛罗伦萨制造铁炮和铁炮弹，这是欧洲首批制造的金属管形火器，火药与火器制造开始遍及欧洲。

火药从发明一开始就有两条不同的使用路径：维护和平和成为战争武器。在它更多地成为战争武器的时候，它也轰塌了中世纪的顽固城堡。

汉萨同盟与黎凡特贸易

在世界贸易史上，具有较大影响的，除了中国和中亚商人、西亚商人以及阿拉伯商团直接的丝路互动，还有欧洲商人在丝路上的间接互动，他们还形成了自身完整的商业体系。这个体系就是1367年出现的汉萨同盟和此前此后持续发展的黎凡特贸易。前者是北欧国家发起的主要在欧洲国家之间进行的跨国贸易，以内河交通为主，迂回曲折地与来自中国的北方草原丝绸之路建立了商业联系，后者则是沙漠绿洲丝绸之路的欧洲延伸。因此从广义上讲，它们都是14世纪以后陆上丝绸之路的组成部分。黎凡特贸易是罗马时代丝路贸易的延续。之所以出现"黎凡特贸易"的概念，一是欧洲国家经历了与中东国家的纠纷与协商，它们之间的贸易有所规制化，已经衰落的罗马人认可了中东中转商的商业利益，形成了比较系统的商业规制。二是贸易量和贸易规模进一步增大，商业网络有所固化，形成商业惯性。而这一切又都是在罗马与波斯经历了20年的"丝绸战争"之后，签订有关商业条约后开始的。但这也种下了引起后来"大航海"另辟贸易蹊径的根源。黎凡特贸易经历了全盛期，终于在奥斯曼帝国的崛起中走向式微。这也说明了，战争是贸易的最终天敌和掘墓人，一切战争冲突都会破坏丝路贸易的正常秩序。

汉萨同盟、黎凡特贸易和此前此后的印度洋贸易、马尼拉—盖普贸易以及陆上多条丝路贸易一样，是历史丝路贸易的多声部，它们共同汇入丝路贸易的交响乐之中。发生在不同历史时期和不同核心商圈的诸多历史贸易现象都同海陆丝绸之路贸易有着割不断的联系。

世界上发生时间最早，持续最长的是地中海贸易。地中海属于陆间海。位于亚非欧之间的地中海东西长4000公里，南北宽1800公里，面积250.5万平方公里，西出直布罗陀海峡直通大西洋，东部是达达尼尔海峡、马尔马拉海峡与博斯普鲁斯海峡，连接黑海，东南经苏伊士出红海，沟通印度洋。在前丝路时代，丝绸已经进入地中海，成为地中海贸易的一景。由于那时苏伊士地峡尚未开通，丝路不能从海上直接连通亚历山大里亚，主要是通过陆路辗转进入。阿拉伯人发现，印度洋季风是有规律的，于是开辟了沿印度洋国家的航线，从而出现了从中国汉唐以来的厄立特里亚贸易。这个贸易一开始以印度南部的城邦为中转，连接的是中国西南丝绸之路和印度到广州的海上丝绸之路，嗣后直达广州，形成古代"一带一路"的大循环。因此也可以说，最初的印度洋海路贸易从地中海贸易派生，但地中海贸易最终还是欧亚之间海上丝绸之路的一部分。

地中海贸易虽然有其区域的局限性，但毕竟是欧洲国家包括西亚国家、北非国家和地区的"万商之祖"之地。地中海是商业之海，那里发生多起战争，例如布匿战争、波希战争，这些战争由商业战争之火引起，由商业贸易之"水"浇灭。从腓尼基到迦太基，从希腊到罗马再到埃及，每一个国家的兴衰史都与商业贸易的兴衰掺和在一起。那个希腊哲人创造的"修昔底德陷阱"所引出的后来的各种政治地缘学说，不过只是一种政治包装。

地中海的商人类型众多，有中东的波斯商人和更早的腓尼基商人，有希腊、罗马商人，但后来占主导的还是希腊、罗马和波斯商人。亚历山大建立的连锁亚历山大里亚，是商人们的乐园。随着地中海贸易的发展和演变，也随着罗马帝国的式微，以商业自治为特征的威尼斯商人和热纳亚商人崛起，他们与后起的阿拉伯商人分庭抗礼，几乎垄断了地中海的东西贸易，最终位于地中海西端的半岛国家如葡萄牙、西班牙开始发起"大航海"。

汉萨同盟是另一个贸易路数，是在北欧商人被边缘化后出现的北欧城邦国家组成的具有政治色彩的商业同盟，以北德意志的卢卑克为首。这个同盟最初是卢卑克、汉堡、不莱梅几个城市商人的联合，他们得到执政者的支持，后来参加的城市增加到70多个，最多时达到170个。汉萨同盟被授权拥有武装与金库，甚至有战争与媾和权，一度垄断了波罗的海的贸易，并在从英国到下诺夫哥罗德的广大范围里建立了统一的商站。汉萨同盟的正式建立是在1367年，适当中国元明之交，但它的商业活动与商业流向却早于这个年代。最初的发起者主要是北欧的商人，高大的阿尔卑斯山阻挡了他们通向地中海的商路，但他们又不能坐以待毙，因此他们利用发达的内河水路在西欧到中欧和东欧地区展开了互通有无的贸易。这些商人沿着莱茵河、多瑙河和第聂伯河、伏尔加河，西去东来，与黑海、南俄草原建立曲折的商业网络，一直把商业触角伸向遥远的东方。特别是在中国宋金辽和蒙古的金帐汗国时代，汉萨同盟与北方草原丝路国家建立了多方面的贸易联系。从金帐汗国时代起，人们看到的就是从金帐汗国首都撒莱到阿尔泰再到大都的一条商道。在黑海的亚美尼亚以及阿塞拜疆，他们又与伊利汗国统治下的西亚地区辗转取得商业联系，与中东商人频繁进行贸易但不受中国商品转口贸易的直接制约，形成了一个相对独立的丝路贸易的准系统。

已故美国社会学家珍妮特·阿布卢戈德在其著作里曾经指出，西欧、北欧与中国之间有八条相互重叠的贸易回路，在契丹立国于中国北方的时候，这种商业联系达到了高潮。以契丹指代中国，其实也是这种密切的贸易关系所致。今天，人们在北欧位于莱茵河、多瑙河的一些欧洲国家的夏宫里，经常会看到表现东方人生活的图景作品，其中的人物或者披着发辫，或者髡发，并不都是清人的形象，更多的是契丹人。在汉萨同盟贸易最繁荣的时期里，中国的丝绸、瓷器与茶通过北方草原丝路进入俄罗斯与北欧、西欧。俄罗斯人既是消费者，也成为新的贸易中转商。莱茵河、多瑙河的水路商贸一直延伸到第聂伯河、伏尔加河，形成丝路贸易的新通道。伏尔加河也因连通亚历山大里亚莱茵河、多瑙河而成为水上丝路，流传至今的《伏尔加船夫曲》，便是那个时代里响起的商贸天籁声。

伏尔加河是欧洲第一大河，连接着波罗的海，并通过莫斯科运河连接起莫斯科，通过后来被称为"列宁运河"的人工水系沟通亚速海和黑海。它的主要河港是下诺夫哥罗德、喀山、古比雪夫和伏尔加格勒。彼得大帝为什么先要进入波罗的海而建立彼得堡？叶卡捷琳娜为什么要与土耳其开战？其实都是为了确保控制这条重要的商路。

莫斯科大公国在拔都铁骑的打击下，没有选择鱼死网破的应对办法，转而成为钦察汗国的附庸，避免了玉石俱焚的结果，而且得到了更大的商业回报。一个当时并不十分强大的公国，能在强敌的攻击中生存下来并得到迅速发展与扩张，是同它主动融入元帝国控制下的丝路贸易和汉萨同盟分不开的。

在这里，因茶叶贸易也形成了一条经由中西伯利亚的新丝路，我们称之为北方的"万里茶路"。在中国，开辟万里茶路的是赫赫有名的晋商，在连接北欧、西欧的商道上，最忙碌的是俄罗斯商人。

中国明清之交，茶叶贸易成为北方草原丝绸之路新的一景。茶叶虽然也是具有农业性质的加工制品，但相比丝绸、瓷器而言，它具有更大的市场广谱性。不管有钱无钱，人们都要连续消费，而且英国兴起了持久的红茶文化，茶叶一直是欧洲流行的饮料商品。这种具有持久文化意义的商品，为中国由来已久的茶叶生产带来机会，也为俄罗斯商人带来市场运气。茶在16世纪之后风行欧亚，人们由此开辟出新的商路，这便是万里茶路。

万里茶路是传统草原丝绸之路在更大操作半径中的一道商业风景。特别是清初，清朝领有蒙古高原的几乎全部版图，在正北部与俄罗斯接壤，对俄贸易延伸到蒙古高原的买卖城（恰克图）。那时草原丝路有两个方向，一个方向依然向西，但路线更直接，就是从北京出发，沿燕山、阴山南麓一路西去，经河套地区、巴里坤、哈密、吉木萨尔、伊犁到今哈萨克斯坦的楚河流域，再到里海与黑海。斯文·赫定"亚洲腹地旅行"走的就是这条路线。现在已经开始运行的额济纳旗策克口岸的铁路和继续向哈密延伸的铁路，走的也是这条路线。另一个方向是跨越漠南漠北，或从蒙古国科布尔地区向南俄草原和欧洲方向延伸，或者直接北抵贝加尔湖地区或西北向科布多，形成科布多的砖茶贸易市场。很久以来，俄罗斯有关研究机构一直在寻找一个叫羊楼洞的中国小镇，在他们保存的商业档案里，这里是通向万里茶路的始发站和中国茶的一个流转中心。这个地方在中国湖北省的赤壁市。羊楼洞联结着湖南著名茶产地安化和福建省的崇安，也连接着中国大部分茶叶产地，包括红茶、花茶、绿茶、砖茶的产地。在晋商的惨淡经营下，万里茶路贸易持续了两个世纪。根据《鸦片战争前中国茶叶对外贸易大事记》记载，1727年（清雍正五年），清俄订立《恰克图条约》，中俄茶叶陆路贸易确立，买卖城成为茶叶输俄输欧的最大集散地。这条出现在明朝勃兴于清初，逆长江、渡黄河，或者西向新疆，或者北上库伦（今乌兰巴托）、科布多，并由俄罗斯商人接力，连接汉萨同盟的商路成型了，沿途串起200个城市，在中国知名的城市就有武汉、信阳、安阳、长治、平遥、张家口等。在国外覆盖了欧洲的主要城市，全程13000公里。蒙古国多次提到草原丝路，其实就是北向的这条路。

万里茶路其实有很多条，茶因为对人体有益同时具有一种雅淡的文化气息，所以得到人类的普遍喜爱，也因此可以走到更多的地方。茶是一种草本制品，虽然普通，却具有物质与精神方面的双重功能。因此可以说它是中国人的一种伟大的商品贡献。大概也是因为这个缘故，在斗茶成风的宋代，调茶之人被称为茶博士，而在同一个年代里，居然出现了比一般市舶司还要高出半级的都大提举茶马司。这种茶马司往往设立在陆上丝路的要冲之处，如成都与秦州天水。通向北方的万里茶路上的茶叶贸易，似乎更多依靠市场调节，但买卖城一定也会有类似的市场管理协调机构。

宋之后，茶叶的影响从国内走向国外，掀起了茶旋风，茶路四通八达。在古老的西安就出现了茯茶工场，经由天水穿越河西走廊。四川盆地的成都，成为云南普洱的物流中心，康定的马帮行进在去往雪域高原的丝绸之路上。自然，福建的大红袍和徽州的祁红也会通过徽商运送到广州。茶叶贸易成为丝绸之路上的新景观。

1669年后，随着新航路的开辟，汉萨同盟开始解体，但欧洲与中国的陆路贸易联系始终没有中断。明清之交经由俄罗斯的茶路贸易大开，体现了丝路新的繁荣，也是汉萨同盟的一种延续。

黎凡特贸易即近东贸易，同样是欧洲国家与中东地区的贸易亮点。当时的中东地区广义上有700多万平方公里，人口近亿，历来是欧洲商人的直接贸易方向。由西欧的封建领主和骑士发动的东征胜几回也罢，败几回也罢，中东不安宁，耶路撒冷也不安宁，但商人们要吃饭，要财富，虽然欧洲经济中心后来开始出现逐步向北欧、西欧转移的迹象，但黎凡特贸易依然是欧洲商团与阿拉伯商团跨国贸易的主要市场。尽管欧洲的终极市场目标是东方，但不得不接受阿拉伯的中间商业交换。他们彼此已经习惯黎凡特贸易的模式，终极目标难达到，眼前的目标也很难放弃。黎凡特贸易便从东西罗马时代开始，一直是阿拉伯世界与欧洲贸易的主流模式。

从14世纪起，伊斯兰教内部出现教派分裂。在穆罕默德去世后，内部争取哈里发继承权时，人数较多的一派承认艾卜·伯克尔、欧麦尔、奥斯曼和阿里四大哈里发都是穆罕默德的合法继任者，是为逊尼派；只承认阿里及其后裔为穆罕默德合法继承者并称为伊玛目的一派，是为什叶派。什叶派主要分布在伊朗、伊拉克、巴基斯坦和阿拉伯半岛的西南部。两派对《古兰经》各有自己的解释并各有自己的支派。中国的穆斯林大多属于逊尼派。从那个时候起，欧洲商人在贸易中有意无意利用这种教派矛盾，尽力回旋其间，以达到利益的最大化。因此，黎凡特贸易总体上综合成本高昂，但也还能继续下去。

随着海路贸易在"大航海"后的进一步开通，欧洲商人的目光更多转向海洋贸易，尤其是1453年以后，奥斯曼帝国灭亡了拜占庭并兼并了埃及与北非一些地区，控制了从红海、波斯湾到黑海的通往地中海的商路，黎凡特贸易也随之开始衰落。黎凡特贸易的衰落，并不完全意味着丝路贸易随之衰落，因为一方面，欧洲商人与中国商人的第三地转口贸易马尼拉—盖普贸易出现了，另一方面，从伊朗不花剌到撒马尔罕再到别失八里的商道依然在延续。西方商人依然注视着亚洲的腹地。19世纪，商人们纷纷资助探险家和文化学者进入中亚和中国的西部考察，从而出现了探险热，这些探险家和文化学者首次肯定了陆上古丝路的存在。英、俄等国在西亚和中亚地区不断地进行文化扩张，并在争斗中瓜分势力范围。

汉萨同盟出现的同时，欧洲商路形态也出现了变化：海路上出现了诸如维京人和斯堪的那维亚海盗那样的商业景观；陆路上则由波罗的海抵达亚德里亚海，借助了汉萨同盟的水路运输。

汉萨同盟贸易有多面性。从一个方面讲，它是应对丝路贸易环节繁多、总物流成本高昂的体制变通。在过多交易环节中，物流成本数十倍、近百倍于生产成本，这对北欧和西欧的消费者来说是一场噩梦，因此他们需要另起炉灶，直接融入丝路贸易。从另一个方面讲，汉萨同盟具有一定的政治色彩，拥有武装与金库，甚至有战争与媾和权，开了非商业的商业先例，贸易由地位的平等转化为不平等。这是后来欧洲商业强国将战争与商业捆绑在一起的最初来源。也是因为如此，殖民贸易出现了，商业与鲜血混合在一起，商业开始变形了。

黎凡特贸易也是从欧洲商人视角上看的。但它是彼时跨洲跨国贸易的一种自然和自发的形态。那时又没有WTO一类的世界贸易组织，因此只有在自由选择中完成交易。值得注意的是，近东或者中东，欧洲商人和阿拉伯伊斯兰商人是黎凡特贸易的主角，但不意味着其他民族商人不是重要的角色。在那里，不仅有威尼斯、热纳亚、瑞典、叙利亚、伊拉克和土耳其的商人，还有犹太商人。犹太人以金融业著称，并由此落下高利贷的名声，被纳粹用来作为"排犹"的荒谬理由。但大家都知道，敢于同上帝角力并由此被称为以色列人的犹太人，不仅商智超群，其科技文化和理性思维、形象思维也超群。他们在历史上经历了失国流浪的命运，人口只占世界人口的0.18%，但却拿到了22%的诺贝尔奖。他们在丝绸之路上默默地运筹，对于他们在丝路贡献方面的研究还很不够。

威尼斯商人也是很有名的，这在莎士比亚的《威尼斯商人》里有生动的描述。那位夏洛克是位犹太商人，为了刻画他的贪财，莎翁居然设计了一个他要求债务人割下一磅肉来还债的情节。沙翁的素材也许来自某一个事实，或者更多来自抹黑的笑话与传闻，但不管是出于什么样的人物塑造动机，都从另一个侧面说明了丝路金融对丝路贸易的敏感性。

应当说，中国人对金融业的重要性的认识觉醒得较晚，一直到晋商在万里茶路中完成了原始积累，才开始筹办"票号"。日升昌的大掌柜雷履泰一开始着眼于货款运送的安全性和支付的便利性，最高的目标是"通兑天下"，并没有考虑融资功能，偶有借款，也是借给了朝廷，别说利息，能够收回本金就不错了。

现在，在新丝路贸易的推动下，中国不仅发起成立了亚洲基础设施投资银行，人民币国际化也在稳步推进。2016年4月，对亚洲货币预测最准的荷兰国际集团和澳洲联邦银行认为，中国和中国货币不仅不是干扰之源，反而是定船之锚。人民币国际化进程从2009年开始。2016年英国成为离岸人民币第二大清算中心，份额为6.3%，新加坡为4.6%。英国与中国支付业务的40%以人民币结算。2016年，人民币正式"入篮"，新丝路贸易有了更多选项。

第四辑

丝路涡流与新浪潮

"大航海"与殖民贸易涡流

纸张、印刷术、罗盘与火药是中国对世界历史发展的重要贡献,也是丝路文明发展的巨大里程碑,它划分了中世纪时代和即将到来的资本主义时代,引发了人类社会科技传播革命。这些源自中国的科技革命于今已近乎一种老生常谈,人们更多地将其视为一种可有可无的前历史,而把兴起于欧洲的近代工业革命视为文明的新开端。但是,如果没有源自中国的"四大发明",哪里还会有欧洲的文艺复兴、环球航海呢?

四大发明提供了历史发展动力的几乎全部要素,掀起了传播革命、军事革命和包括能源聚合变化在内的化学动力革命,同时在很多方面给另一个划时代的商业革命即"大航海"准备了基础条件。

哥伦布发现新大陆,第一次扩大了文明的视野和文明发展的半径,同时揭开了"大航海"的序幕。不论我们对哥伦布的航海动机如何评价,他个人的品格又有哪些需要讨论研究,他终究是人类历史上一个不可或缺的人物。不论我们如何回视这段航海的历史,甚至在文明发展的历史天平上评价哥伦布究竟带来了什么,是丝路文明的大潮还是一股必然出现的涡流,这一切已经牢牢地长入了我们的历史。

20世纪90年代埃菲社报道,1990年10月6日,瓜纳阿尼号探险船载着来自25个国家的500名学生,从哥斯达黎加出发,沿着哥伦布发现新大陆的航线,开始了一次航海探险。他们的目的地是哥伦布当年扬帆出发的西班牙加迪斯港，发起者是西班牙全国纪念哥伦布发现美洲500周年委员会。当这些年轻人为了哥伦布发现"新大陆"举行如此盛大的活动之时，不知是否想到，在哥伦布之前，尚有那位发现了"旧大陆"的张骞和扬帆远航的郑和？是否也会有人为他们举行另一次关于"丝绸之路"的远足和纪念呢？

据报载，为了纪念发现新大陆500周年，西班牙还准备好与当年哥伦布使用的三艘木船一样的新船，计划重启一次哥伦布的航程。航程的主持人一开始是哥伦布的17代孙克里斯托鲍尔·哥伦布。时年已经61岁的海军上将克里斯托鲍尔在1991年8月3日准备试航时突遭暗杀，探险计划又落在他38岁的儿子威廉身上。国际航海学会说，重演当年的一幕于1992年开始，在500年前的10月12日这一天，哥伦布抵达美国东海岸。

埃菲社2016年5月29日报道，25年来一直从事哥伦布身世研究的曼努埃尔·罗萨说，哥伦布实际上是波兰裔葡萄牙贵族，真实姓名是塞吉斯蒙多·恩里克，是15世纪被土耳其人打败的波兰国王瓦迪斯瓦夫三世的儿子，逃到葡萄牙马德拉群岛隐居。哥伦布与葡萄牙王室关系密切，并迎娶了葡萄牙的一位女贵族。罗萨撰写的新书《哥伦布：不为人知的故事》是2009年西班牙语版的再续。罗萨依据纹章符号和一些历史记载首次披露哥伦布的真实身份，他认为哥伦布并不是意大利热那亚人，而且他是在无意中发现美洲大陆的。他说他在哥伦布后裔档案里找到了一份能够证明他的论断的文件。他还说，逃亡的波兰王子塞吉斯蒙多死于一次海难的时间，恰恰是热那亚航海家哥伦布抵达葡萄牙的时间，那塞吉斯蒙多就极有可能是诈死而后以哥伦布的面目出现在葡萄牙。他建议葡萄牙国王向西环航寻找通向印度和中国的海路，但没有被采纳，于是他在1485年移居西班牙，在1492年说动西班牙的伊萨伯拉和费迪南，率领三艘船和87名水手，带着致中国皇帝的国书，从巴罗斯港出发了。他到达了巴哈马群岛和古巴、海地，后来又三次西航。哥伦布把古巴误认为是中国的一个省，后来又把他到达的地方误认为是印度，所以他把看到的土著居民称为印第安人。罗萨认为，哥伦布出海，并不是寻找中国，而是策划了一个调虎离山的商业计划。当时的葡萄牙与西班牙竞争激烈，都想独占西非几内亚的黄金贸易，如果声称向西可以找到中国和另一个称之为基瓦的日本黄金岛，将会把西班牙商人吸引过去。这个计划虽然并没有达到全部目的，但西班牙从此开始了对美洲的大规模殖民。哥伦布后来失去葡萄牙王室的信任，但一直以假身份活到去世。

的确，哥伦布向西寻找印度、中国，虽然基于地球是圆的这一科学事实，但毕竟有点匪夷所思，别说欧洲当时著名的托勒密地图已标出世界主要国家的清晰方位，基督教廷所掌握的信息也是明确的。中国在东方，这本不是什么秘密。葡萄牙商人的前锋那时已经到达了马尼拉和中国，他怎么会把加勒比海的岛屿说成是中国的一个省而让人相信呢？

从旧大陆走向新大陆的最早航线要经过加勒比，但并不是随意而至，至少同大西洋的两股洋流有着密切关系，墨西哥湾暖流和北大西洋暖流向北海方向流去，加那利寒流和北赤道暖流则向墨西哥湾流来，而哥伦布的航行正是借助后者抵达巴哈马群岛的。哥伦布后来还有三次航海，他陆续抵达牙买加、波多黎各、多米尼加以及中美洲的洪都拉斯角，这些都是从地中海走向加勒比海的必经海路，但新大陆让他撞着了，于是他也就扬名四海了。

重要的是，哥伦布们带着的一页殖民者的历史便从加勒比海和墨西哥湾翻开了。1517年，在麦哲伦环球航海前两年，斐尔南多·科多瓦的"探险队"从古巴出发，到达中美洲的尤卡坦半岛，探察了整个墨西哥湾西岸。接着就是西班牙贵族科泰斯在尤卡坦登陆，深入墨西哥内地，囚禁了阿兹特克人的部落酋长孟特祖玛，并于1521年征服了墨西哥内地。

不消说，哥伦布的航海活动开阔了人们的海陆视野，并直接带来了跨洋贸易。然而这一切代替不了一个事实：中国也是最早的航海贸易国家，是海上贸易链的缔造者，尽管这个贸易链条由于地理视野的相对局限，延伸的长度不一。中国又因为自身的地大物博和文化传统，并没有强烈的殖民需求和殖民意识，因此，尽管中国人比哥伦布更早地发现过大大小小的"大陆"，却从来没有想过去占领和占有，但由此便认为在长达2000年的洲际贸易中，中国只是一个陆地贸易大国和被动的海上贸易国，并不合乎历史事实。

古代航海贸易主要是由地中海国家、中东国家、中国、东南亚国家和南亚国家共同推进的。从中国的角度讲，海路贸易经历了由近及远的初始阶段，与厄立特里亚贸易也即印度洋贸易实现对接，之后又进入马尼拉—盖普贸易中的定点转口贸易阶段。在漫长的历史进程中，中国与外国的海上贸易一直没有中断。

哥伦布发现"新大陆"的另外的直接结果，一是北美航线开通，掀起一轮自人类走出非洲之后从来没有过的大规模殖民迁移浪潮，美洲大陆诞生了包括美利坚在内的新的国家；二是拉开了遍及亚洲、非洲的殖民贸易序幕。葡萄牙、西班牙与荷兰，形成了殖民贸易的"前三强"，绕开了麻烦不断的中东，直接经由非洲的好望角走向了亚洲。

葡萄牙、西班牙与荷兰的海路贸易新选择，基于两个原因和一个条件。一个原因是新兴的奥斯曼帝国控制了地中海的海陆交通，过境的欧洲商人需要交纳大量的税赋和运费，尤其是陆上的骆驼商队，其起运量小，运输缓慢且安全得不到保证，越来越不适应欧洲市场的需求；另一个原因是拜占庭虽然被奥斯曼帝国灭亡了，但意大利城邦对东西方贸易依然具有传统的垄断性，西欧各国希望找到新的通商路径。一个条件则是在哥伦布之后陆续出现了许多航海探险家：1498年葡萄牙航海家瓦斯科·达·伽马率领4艘船组成的舰队，绕过好望角到达印度的卡里库特。1522年葡萄牙人麦哲伦的舰队又奉西班牙当局之命完成了环球一周的航行。麦哲伦行至菲律宾，因为干涉岛上的内争而被杀，但环海航线打通，新航路开辟，葡萄牙、西班牙的殖民者也就先后踏上了亚洲的殖民贸易之路。

荷兰和葡萄牙人是第一拨。1511年，葡萄牙人占领马六甲，1517年以进贡为名，武装闯入广州，在进贡被明朝拒绝以后，居然在东莞的南头"盖房树栅"，建立营房。这是西方对华正式实施炮舰政策之始。1554年，葡萄牙人以贸易为名，再次进入广东，并在1557年占据了澳门。他们行贿中国官员，在澳门临时立足。明朝此时已面临国内乱局，对此无暇顾及，也就令其渐渐坐大。16世纪中叶西班牙殖民菲律宾，旋即荷兰同西班牙在菲律宾发生了武装冲突。荷兰人不满足于在马尼拉—盖普民间贸易中只扮演"海上马车夫"的角色，开始继葡、西之后武装入侵中国。葡、西、荷殖民"前三强"相互争斗。荷兰要求到中国内地通商的目的没有达到，转而攻击澳门的葡萄牙人。荷兰人攻击澳门没有成功，又转向福建沿海和台湾。荷兰人对台湾的殖民统治一直到郑成功挥师台湾才告结束。

就在葡、西、荷打响殖民贸易战和武装殖民第一枪的时候，后起的殖民大国也坐不住了。1600年，一群商人在英国成立"伦敦商人对东印度贸易公司"也即臭名远扬、劣迹斑斑的东印度公司，通过好望角的东方航路，开始了对亚洲和中国进行更加深入和全面的殖民贸易活动。颇具讽刺意味的是，1620年，英国的尤尼康号商船在澳门海域遇到大风，几乎沉没，最终被中国人救了。中国人明知来者不善，还是毅然实行了人道主义，但这一切并没有换来好的回报，列强以分割肢解中国市场为目标的商战和武力战拉开大幕，逐渐形成了东方殖民的"后三强"英、法、美的殖民角逐乃至八国联军对中国的入侵。

为什么要把美国列入殖民"后三强"？别看它发育得晚，它不仅在美、西殖民战争中取代了西班牙殖民菲律宾的地位，1853年还派出马修·佩里率领的4

船舰队登陆日本的神奈川县久里滨,向日本幕府递交当时美国总统米勒德·菲尔莫尔的"国书",要求后者开放港口,否则就使用武力。这是美国逐步取代英帝国对日本实施影响的开始。后来美国实行"门罗主义",专注于拉美后院,实际上还是意在削弱西班牙人的影响。门罗主义对东方实行了两面政策,但对西太平洋一直给予关注,一直到现在仍旧到处插手,对该地区进行不间断的域外干涉。

17世纪,晚明政府实行海禁,在葡萄牙人占据澳门的既成格局下,曾经在禁止西洋人进入广州的同时,采取了只允许洋商到澳门一地交易的应对措施。西班牙和葡萄牙分别在1646年、1673年和1676年向南明政权和刚刚建立的清朝派出使者,得到的答复仍旧是只允许澳门一口通商。

面对这样的情势,英国从被葡萄牙殖民的印度果阿总督的特许权入手,在1635年派船抵达澳门上岸交易。第二年康汀恩商团又派出约翰·威德尔率领舰队前往中国,并在1637年开始效仿葡萄牙人的做法,炮击虎门,成为继葡萄牙之后第二个以"炮舰政策"推行殖民贸易的西方国家。英国一手炮舰,一手谈判,终于在1678年得到清廷的允许,在厦门设立了商馆,但5年之后因为生意清淡而关闭。在各国商人纷纷进入中国而海禁政策不足以应对越来越复杂的贸易的形势下,清朝在1683年结束了海禁,1685年正式宣布开海贸易,并在广州、福建、浙江和江南四省建立海关,管理对外贸易。

清朝给人的印象,一直是广州一口通商,是为天子南库,其实一开始并非如此。清廷在广州、福建、浙江和江南四省建立海关,标志着清代在初期并没有刻意封闭,与后来的"五口通商",在开放度上也并没有很大的区别。但是,乾隆皇帝在1757年做了一个并不高明的决策,规定只留广州一口通商。厦门作为最早向欧洲批量输出茶叶的港口,其地位被广州取代,当时广州出口的茶叶占到广州出口商品总值的一半。乾隆为什么要这样做?主要基于遏制茶叶走私。但走私减少了,物流成本提高了,原产福建的名牌茶叶,需要在陆路上辗转输广再行出口,价格提高了许多。不在内部管理上做文章,只在开放地区的数量上调整,无论如何是一个懒做法,但是这毕竟是清廷对出口的内部管理,意在控制民间贸易。事实上,即便在颁布广州一口通商之后,厦门的出口贸易也并没有完全陷入停顿。著名的"水下猎宝者"哈彻团队1999年在印尼海域打捞的一艘古沉船"的惺号",就是在1822年从厦门出港的。哈彻在的惺号中打捞了35万件中国瓷器,显示出彼时厦门的外贸规模仍然巨大。

很显然,倘若西方国家只是寻求贸易的机会,广州通商以及此前此后福建、浙江和江南四省事实上的贸易开放，已经可以满足洋商的商业要求。出现依仗武力打开市场的鸦片战争，只能用一个难于忽视的理由去解释，那就是列强要求更多地攫取包括走私在内的巨额利润。这是他们心目中"贸易自由"的底线。但殖民者的胃口之大并不是常人所能想象的，他们最终要蚕食中国，只是中国太大了，谁也很难一口吞下这块肥肉，因此，利益均沾、机会均等就成为西方列强相互勾结又相互争斗的基本策略取向。从此以后，中国再无宁日，并在西方殖民贸易的瓜分下，逐步沦为半殖民地半封建国家。

在这个充满矛盾和转折的时代里，殖民和殖民贸易已经成为西方的商业文化和政治文化特征。在当时，西方已经完成对美洲和非洲的占领和掠夺，美洲的原住民逐步退出历史舞台，非洲则成为他们的海外领地。亚洲的印度也被蚕食，逐渐成为后起的大英帝国的殖民基地，总督制便成为列强殖民的权力象征。东南亚国家无一幸免地成为西方国家的囊中物。即便是中东，也由于奥斯曼帝国的崩溃，陷入了另一种半殖民状态。而中亚地区则陆续成为列强们争相夺取的势力范围，大批的探险家进入亚洲腹地，开始了对亚洲的新一轮挤压。

对于近代贸易的一幕，历史已经做出评价，二战后风起云涌的民族独立和维护国家主权的浪潮也否定和结束了这种巧取豪夺的贸易现象。但对殖民贸易的反思恐怕不会很快结束。旧的殖民贸易结束了，改头换面的贸易出现了，比如动辄"制裁"之类的非商业干预，而战争作为政治手段的继续实则是经济利益的"保镖"，并没有远离世界市场的大门。

无论在中国，还是在世界上的其他地方，炮舰贸易是17世纪以来西方国家乐此不疲的一种常规手段，并成为近二三百年来商业时代的一个特征。在炮舰之下，不仅没有起码的商业平等可言，还形成了吞噬其他国家和民族主权和权利的巨大黑洞。如果说，这种利益驱动的贸易只是资本攫取利润的一种无所不用其极的商业手段，那倒也罢了，但在平等的商业环境里实现商业利益的最大化，应当是贸易的本能，一旦羼杂了非正常贸易因素，也就偏离了贸易的轨道。正像西方一些哲人所言，贸易是避免战争的最佳途径；也正像创立了海权贸易理论的美国战略家马汉所讲，人的天性，更趋向于贸易而不是战争。将炮舰当成推动贸易的一种市场手段，这是殖民贸易的一种惯性。

重要的是，并不是所有的国家和民族都信奉炮舰贸易，炮舰至多是实现贸易安全的辅助手段。在2000多年海陆丝路贸易的历史上，中国一直推动的是和平的贸易，甚至当更多的商业贸易利益被第三方获得时，也认为是正常范围内的事情。令后世瞩目的郑和航海，号称队伍庞大，但并非像有人渲染的那样，船上都是士兵，绝大多数是水手和商业管理人士。

对于16世纪到19世纪殖民贸易涡流究竟应该如何看？其实是非是清楚的。中国是西方殖民贸易的受害者，而受害的根源是不平等。晚清政府腐败无能，没有及时赶上西方工业革命的大潮，其产品体系受制于自给自足的小农经济，这也是中国近代对外贸易的历史软肋。至于"闭关锁国"云云，则要从两面去看：一面是竞争力不足，无力应对世界贸易发展的形势；一面是蜂拥而来的殖民贸易者荷枪实弹，内忧外患交织在一起，也就出现了近代丝路贸易被动的局面。

然而，不平等贸易毕竟也是一种贸易，尽管它已经完全变了形。"大航海"带来了更完整的世界市场，在炮声中，贸易之神还得在痛苦中踟蹰前行。因此，仅从贸易的角度讲，影响未来丝路贸易的非正常因素还会不时闪现，但那只是丝路贸易大潮里的一股涡流。区别丝路贸易的主流和涡流并不难，只要看看它是平等贸易还是强权贸易就分得清楚。17世纪以来西方的炮舰贸易是后者的一个标本。

17世纪的丝路贸易确乎是涡流横溢，一方面出现了世界市场和原始形态的全球化，另一方面全球化发生了变形。尽管我们并不愿意把这种殖民贸易和全球化联系起来，但历史也会在变异中重演。一些异化了的商业行为，不是也会在所谓的政治地缘战略的包装下时隐时现吗？

白银战争还是鸦片战争

对中国来讲，鸦片战争是一场重要的战争。说其重要，不仅因为它是中国古代史与近代史的分界点，也是丝路贸易中殖民贸易涡流的最高点。中国从此开始了艰难的转型，尽管这是一个缓慢的过程，但在历史上仍是一瞬间。西方列强之间的利益纷争导致了第一次世界大战，新兴的美利坚也在20世纪30年代陷入了产品过剩引起的经济危机中。二战之后，民族民主独立运动风起云涌，"平等"又开始回到人们已经快要不认识的世界。

进入21世纪，人们对世界文明的未来都在沉思，丝绸之路这个重要的文明发展概念，虽然在20世纪初才被有心的学者从历史的土壤里发掘出来，但明珠出土，依然光彩照人。人们在不断的研究中恢复记忆：原来，世界文明曾经有过如此清晰和如此诱人的一条进化线。它过去是、现在还会是我们通向未来的必由之路吗？

鸦片战争说来话长，居然与已经持续了400年的马尼拉—盖普贸易有着直接和间接的关系。马尼拉—盖普贸易是西方商界曾经推崇过的民间贸易，但有一个明显的传统交易特点，那就是在贸易中，中国以丝绸、瓷器、茶叶和漆器等为代表的产品仍然居于价值链的顶端，西方国家却一时拿不出像样的对冲商品。交易的一般等价物是什么，便成为一个重要的问题。

以广州的丝绸和生丝贸易为例，一直到20世纪30年代之前，它们还是西方商人追逐的名牌产品。那时的广东已是中国四大蚕茧产区之一，历史上的广东锦以精细著称，甚至有"粤纱，金陵苏杭皆不及"和"广纱甲天下，缎次之"的口碑。据记载，在清光绪年间，广东年生丝出口4万担，约占全国出口的40%。这一时期，桑市、蚕纸市、丝市、绸市，产业细分，仅绸缎的年销量就达150万匹左右。就是在中国丝绸业开始显现疲态的20世纪30年代，其中心产区的顺德，织机也有近万台，桑田面积最大时达到800平方公里。顺德全县90%的人口从事桑蚕生产。而陶瓷的出口也造就了广东佛山著名的石湾陶瓷产业。福建泉州港口从各地云集而来的丝绸和瓷器同样畅销，中国制造不仅支撑了隋唐宋元明以来的港口贸易，也支撑着明中晚期海禁出现后的马尼拉—盖普贸易。中国人扮演着双重市场角色：既是贸易的参与者，也是主流贸易商品的生产者。

马尼拉—盖普贸易具有国内完整的产业网络和便利的物流系统支撑，在事实上形成鲁商、晋商、徽商甚至川商、滇商与闽商、粤商相互联动，国内外贸易一体的格局。明清以来徽商素有"走广"的商业传统，犹如晋商"走西口"一样，他们运来大批的景德镇瓷器和红茶通过广州出口。晚清政府利用"十三行"包揽出口商务，其"天子南库"的垄断地位使广州成为中国首屈一指的国际贸易中心，同时也使马尼拉—盖普贸易得到持续发展的巨大空间。这种海上与陆上丝路结合、国内市场与国际市场联动的格局，从大运河，以及至今蜿蜒在岭南山区的南雄古道、连江古道、梅岭商道，和连接福建沿海的武夷古道就能清楚地显示出来。这种优势一直保持到18世纪末19世纪初，到西方初步完成第一次工业革命，中国市场出现廉价倾销的洋布、洋油、洋火等之后，才宣告结束。

始于近代的由中国皇后号开始的中美贸易是个典型的例子。公元1784年8月28日，在代表当时美国13个州的13声礼炮声中，中国皇后号重帆船在纽约起航，载着花旗参、棉花和皮张，历经188天到达广州黄埔，4个月后返航美国，满载的是中国瓷器、红茶、丝绸，掀起了美国第一次中国热。广彩瓷器风行美国也从此开始。据统计,在1786年至1833年的半个世纪里,美国来华船只总数1104艘,英国是2000多艘,分别是欧洲其他国家的4倍与8倍多。

无论是广州的口岸贸易还是马尼拉—盖普贸易,其规模都如此巨大,对商品制造能力比英美差一大截的葡萄牙、西班牙来讲,能够拿出手的交换物,只有从新大陆和西非获得的白银。

对这样的交换格局,有学者将其概括为"丝绸流向菲律宾,白银流向中国",是一种"银丝贸易"。其结果自然是中国丝绸不断输出,西方的白银连连出超。没有机会从新大陆劫夺更多白银的荷兰商人首先败下阵来,从新大陆获得大量廉价白银的西班牙登场了。据南开大学世界近代史研究中心的韩琦教授研究,西属美洲在那个时期生产了大约10万到13万吨白银,其中80%向美洲之外输出,近一半流入中国。他引用弗兰克在《白银资本》一书中的统计:在1500年到1800年的300年间,欧洲从美洲得到9.8万吨白银,其中5.9万吨留在欧洲,3.9万吨被欧洲商人运到中国,加上西班牙商人从美洲直接运来周转的数量,大约为5万至7万吨。为什么一定要用白银支付呢?因为他们当时拿不出真正能够对冲的商品,交换的一般等价物只能是白银。而且,西方商人用来交换的白银从总体生产成本上讲是低廉的,从白银与黄金的比价上讲,流入中国的白银市场价格要比流入欧洲的贵得多,白银作为商品可以在欧洲贱买,到中国贵卖,两头套利,白银出超也是必然的结果。白银不够,墨西哥的鹰洋也在中国广泛流通使用。银子虽然成为中国的一种重要货币,但它在丝路贸易中扮演的角色,还是一种贵金属。

然而,凡事都有两面。由于白银的出超,它对马尼拉—盖普贸易的主导地位开始动摇。美西战争爆发,美国成为菲律宾新的殖民者,马尼拉—盖普贸易渐趋式微。英帝国则效仿葡萄牙采取边缘跟进政策,先后以不平等条约租借香港,开始了丝路贸易另类的运作。

应当说,随着西方工业化的发展,大英帝国的商业对冲手段要比早期殖民贸易者多得多,洋布、洋面、洋油、洋火开始低价涌进中国,进一步打压和击垮了中国以传统手工业为基础的产业链条。1840年前后,他们一直在琢磨究竟用什么样的办法来对冲和把控这种商业局面,又怎样从对华贸易中攫取更高额的利润。除了用新兴的工业化手段加紧仿造中国丝、中国瓷外,东印度公司想出了尚能说得过去的妙招和一个根本就说不过去的损招。这个妙招是从中国大量引进茶树、茶种和制茶技术到印度。这并不是为了印度的发展,而是为了发展东印度公司控制下的替代产业。茶是西方不可缺少的大众饮料,从英国的下午茶礼俗制度就可以预测英国的茶叶市场销量，但茶钱省下了，丝绸和瓷器依旧需要大量进口，这就需要另一种新的对冲产品。他们诱使印度农民种植罂粟，制成鸦片，对华大量输出。鸦片输入从嘉庆时代就开始了，但每年只有2000箱，到了道光17年，激增至每年39000箱。这个馊主意果然见效——白银开始向英国回流，而且鸦片给中国人带来巨大的灾难。

具有更大讽刺意味的是，由于中国要禁烟，毫无商业道德感的殖民贸易者动用炮舰，发动了鸦片战争。一些西方史家或许是羞于提起英国无良商人对华倾销鸦片之事，就把鸦片战争一直称为白银战争。似乎这样一来，商业乃至社会道德就全部被蒸发掉了，剩下的只有贸易纠纷。

本来是批发毒品抵冲贸易差额甚至是攫取巨额利润，偏偏说是东印度公司为了白银出超而战。这是一种强词夺理和对丝路贸易的亵渎。殖民贸易者的商业道德感远逊于公元116年前后的罗马人，后者虽然因为黄金出超与波斯发生了20年的丝绸战争，却从来没有把那场丝绸战争称为黄金战争。罗马军队把目标指向了抬高丝绸市价的波斯，一度攻陷安息的泰西封和塞琉西，直抵波斯湾，但最终还是从与波斯谈判入手解决问题。东印度公司则雇佣战争机器直接挑起了战争，这比强买强卖欺行霸市还要可恶。

1839年，禁烟派大臣林则徐主持了虎门销烟，在6月3日到25日，陆续焚烧了230多万斤鸦片。英军士兵居然也介入了鸦片贩运。据考证，首次查禁英军贩运鸦片的地点在香港九龙，海门营参将赖恩爵奉林则徐之命实施了巡查。这位赖恩爵后来担任广东水师提督，成为抗英名将。1840年，在美、法的支持下，英军悍然发动战争。因为广州防守严密，英军转攻厦门，在遭到闽浙总督邓廷桢所部迎头痛击后，又转向定海，并且北犯大沽，要挟清廷谈判。在英军的压力下道光皇帝革去林则徐、邓廷桢的职务，派出投降派琦善议和。琦善擅自签订《穿鼻草约》，允割香港。道光一开始并不批准，派出宗室子弟奕山到广州布防。琦善擅撤防务，致使营垒空虚，英军攻陷虎门，提督关天培壮烈殉国。英军炮击广州。奕山订立《广州和约》，但广州民众在三元里奋起抗英，英军被迫退回海上。

1841年8月，英军扩大战争，先后攻陷厦门、定海、宁波，另一位清廷宗室奕经反攻宁波不利，道光再次派出议和人员，但英军继续进犯吴淞，提督陈化成血战牺牲。英军得寸进尺，进犯南京，1842年清廷被迫与英签订了《南京条约》。

《南京条约》最主要的内容是所谓的"五口通商"。但"五口通商"的要害并不是通商，而是要打开侵略中国的更多缺口。比如英国在营口搞起了热闹一时的"牛庄贸易"，不仅直接进入辽西，还从蒙古草原低价掠夺羊毛和皮张。"五口通商"列强最终要的是"治外法权"，其租借地也就在中国沿海重要港口城市出现了。

鸦片战争，清廷完败，但中国并没有输。鸦片战争击醒了中国：一个国家，丢失平等的主权等于灭亡；一个民族，没有自强与自觉开放的延续，也不能自立于世界民族之林。历史逻辑被扭曲，丝绸之路被殖民贸易者毁于一旦。中国进入积弱积贫的状态，先后发生了八国联军进入北京，西太后西狩的震动性的历史事件。日本趁火打劫，甲午海战接踵而来。迟来的维新运动在迂回曲折中前行，再次强国强民的梦想也开始在中国萌芽。

鸦片战争前后发生过两次：第一次为期2年，英国人占领了香港，获得了5个通商港口的贸易特权；1856年第二次鸦片战争爆发，英国人又获得10个港口的贸易特权。英国1844年的一份贸易报告显示，彼时香港的中国人总计1.9万人，多数是码头劳工和各种初级的服务行业从业人员。香港在英国人的手里畸形发展，曾经拥有31座妓院、8个赌场和20个鸦片馆，平均600人一座妓院，3000人一座赌场，不到1000人一座鸦片烟馆。

对于这场鸦片战争的评价，研究者们也有不同的视角。蒋廷黻在其《中国近代史》里这样说："原来英国在华的目的全在通商，做买卖者不分古今中外，均盼时局的安定。我们敢断定：鸦片战争以前，英国全无处心积虑以谋中国的事情。英国的行动就是我们所谓的将就了事，敷衍过去。"

造成鸦片战争和出现复杂的历史评价的根源，有多种：晚清政府在半封闭半开放状态下，对西方列强要求开放市场的目的，在思维和应对上没有足够的准备以及其腐败无能等等，是一个方面；殖民贸易者无视他国领土主权的行径以及贩卖鸦片的商业行为是主要的导火索。如果把鸦片战争看作是一种商业战争，"全无处心积虑以谋中国的事情"，为什么一再动用炮舰呢？要看到，从伊丽莎白一世时代开始，英帝国就有了殖民战争的明规则，他们无条件授权武装商团发起商业和非商业战争。他们用这个规则击败了竞争对手西班牙，也用这个规则构造了"日不落帝国"，自然也会用这个规则叩击中国的大门。正是这样一种战争逻辑，引发了他们所谓的"白银战争"。

中国当时处于前工业化时代，输出的主要是原料和手工业品，与西方列强的掠夺性贸易相比较，具有很明显的非对称性，再加上体制的落后与决策的无能，鸦片战争以清廷失败而告终。之后出现的多方面的"决堤效应"，引出了近百年来一段"落后就要挨打"的屈辱史。

从某种意义上讲，鸦片战争导致中国在具有2000多年历史的海陆丝路贸易中的主动权丧失。西方殖民贸易者要按照他们的强权规则，重新改写丝路文明的历史，用炮舰替代和平，用霸权替代平等，用物质的鸦片和精神的鸦片替代文明的包容。

值得进一步剖析的是，从那时候起，西方形形色色的地缘政治理论出现了。英国地理学家麦金德"大陆岛"和新月形地带理论就是其中的一个。在地理形态上做出"大陆岛"的描绘自无不可，但那显然是为"日不落"的大英帝国提供殖民依据。此后，随着英帝国的相对衰落，美国战略家马汉的"海权论"出现了，意大利军事理论家杜黑的"制空权论"出现了，二战前美国斯皮克曼的"边缘地带论"出现了，之后亨廷顿的"文明冲突论"和布热津斯基的"大棋局论"也出现了，甚至美国丹尼尔的"太空权论"也出现了。老理论新理论贯穿着一条线，为西方的经济扩张和军事扩张即世界霸权提供理论根据。

麦金德生于1861年，死于1947年，主要著作是《历史的地理枢纽》等，其理论核心是谁能统治东欧，谁就能住在心脏地带；谁统治心脏地带，谁就能主宰世界岛；谁统治世界岛，谁就能主宰全世界。他提出内新月地带包括德国、法国、土耳其、印度和中国，外新月地带包括南北美洲、南非洲和澳大利亚等。麦金德理论不仅为英国殖民者侵略中国寻找到地理地缘依据，也成为第一次世界大战爆发的理论支柱。

美国崛起，自然也要在继承麦金德学说的同时改造出一种新的地缘政治指向。斯皮克曼在内新月带上做文章，提出世界岛边缘地带战略概念，即谁控制了边缘地带，谁就控制了欧亚大陆；谁控制了欧亚大陆，谁就控制了世界的命运。布热津斯基在20世纪末，索性提出"大棋局论"，主棋手自然是美国，而参与其中的战略棋手有法、德、俄、中国和印度，此外还有五个地缘政治支轴国家，分别是乌克兰、阿塞拜疆、韩国、土耳其和伊朗。现在，五个地缘政治支轴国家在棋盘上几乎都动了，但动的结果又如何？对美国来讲，并不完全是好消息。亨廷顿的"文明冲突论"则从另一个角度，强调不同文明的冲突，其实也解决不了什么问题，用冲突替代包容，其结果是文明本身的毁灭。

"海权论"是19世纪美国上升时期的战略理论。它的首创者阿尔弗雷德·塞耶·马汉是一位值得尊重的地缘战略学者。人们之所以尊重他，不仅因为他是"海权论"的奠基人，在海洋国家里具有广泛深远的影响，而且因为他对"海权"有着自己独立的理解——在他看来，人天生倾向贸易，战争并非第一选择。他把贸易当作"海权"的真正来源。

马汉的海权理论有其合理内核，反映了美国在上升时期要求贸易公平、海上安全的积极思想，但几经演变，它已被现在当权的政治精英们搞得面目全非，异化成军事霸权的同义语。在他们眼里，海上航线不再是完整的公共产品，而是"千舰舰队"寻猎的场所。但透过马汉最早的海权理论和海权逻辑，人们同样能看到海上丝路的历史价值与未来的更大价值。

马汉的"海权"思想主要体现在《海权对历史的影响：1660—1783》（1890年）、《海权对法国大革命和帝国的影响：1793—1812》（1892年）、《海权与1812年战争的关系》（1905年）三部著作中。他把构成"海权"的要素分成六个，即地理位置、自然构造、领土范围、人口数量和质量、民族特点、政府特性。海上的优势标志是三个：强大的舰队、庞大的商船队和发达的基地网。马汉的"海权论"对海洋国家的海洋战略、海军发展以及海外扩张产生了深远影响。但不同的社会与时代发展阶段，对"海权"本质目标，以及目标与手段的区分和联系的认识也不同，人们对他的学说理解不一。即便在西方，也出现了"后马汉""新马汉"的争论与分野。

马汉的理论是为早期美国战略服务的。但马汉的理论及其原本的性质，却不能一言以蔽之。马汉认为："商业繁荣得益于和平，而毁于战争。"1890年前后，美国离世界第一经济大国和第一军事强国还很远，彼时的美国与现今的中国以及其他的新兴经济体一样，正在做自己的强国梦，这个梦就是后来《光荣与梦想》中描述的"美国梦"。马汉已经别世多年，未曾想到在他辞世以后，接连出现世界大战和战后近40年的冷战。时间和地点给了他独立思考的机会，他是一位具有国家立场又对自然规律、商业规律和军事安全规律有深刻认知的杰出的地缘战略学家。

美国的精英们虽然尊崇马汉，但一定会修正马汉，这就出现了冷战时期的"新马汉"。"新马汉"是"遏制战略"论者，也是21世纪初提出"千舰海军"和所谓"航海同盟"概念的炮制者。一些同盟者以为那样就可以遏制别人的发展，想得还是简单了。

美国建国200多年，但它的早期发展史基本还是一部和平发展、和平崛起的历史。对于美西战争，学界也有分歧，有观点认为它是帝国主义国家重新瓜分殖民地的战争，但我们还原历史环境，它的起因乃是新兴的美国资本力量努力地保卫在当时还是西班牙殖民地古巴的投资贸易权利。但也要看到，从此以后，异化马汉海权理论的唯战争逻辑出现了，美西战争中担任美国海军部副部长、后来担任美国总统的老西奥多·罗斯福,曾情不自禁地说过:"任何和平的胜利都不如战争的胜利那样让人兴奋。"

平心而论,100多年前的美国,对发生在东方的鸦片战争,态度相对比较公允,显然没有更多地介入鸦片交易,甚至还试图扮演调停者的角色,此后也没有在中国寻求租界地。美国在二战期间援助过中国的抗日战争。中国改革开放后,中美两国经济关系日趋紧密。但是,随着中国经济的再度崛起,"中国威胁论"开始出现了,遏制中国成为美国政治地缘战略精英们的首选。美国政府推行的"重返亚太"政策,从一定意义上讲,正是西方霸权国家昔日炮舰政策的思维惯性和延续。

不知他们想过没有,他们所要遏制的,不仅是中国复兴的势头,其实还有事关世界文明持续发展的丝路贸易事业。在漫长的历史岁月里,中国一直是丝路经济发展不可或缺的引擎,遏制和遏阻这部引擎的正常运转,受损的不仅是中国,还包括美国在内的世界各国。

因此,无论从哪个方面讲,新的丝路涡流不能再次出现,中国的海权和领海完整也应当得到高度的尊重。这也是一切具有完整陆权与海权的主权国家应当得到的。中国的地理位置、自然构造、领土范围、人口数量和质量、民族特点决定了相应的海权贸易战略空间,也决定了丝路的未来。正像吉原恒淑和詹姆斯·霍姆斯在其著作《红星照耀太平洋:中国崛起与美国海上战略》中所说的,"中国发现自己在不同方向存在着大陆和海洋权","中国的活动范围也将日益扩大到远离中国沿岸的海域"。他们在该书2013年中国版本的序和前言里,把中国转向海洋称为"非凡行为","就连阿尔弗雷德·塞耶·马汉也会向这种动员国家资源的能力与决心致敬"。他们认为,"中国的海上存在不是转瞬即逝的,这对于美国及其在亚洲的海上伙伴构成长期复杂的影响","美国如果打算在未来维持有利于自身与亚洲的战略地位,就需要认真思考与中国的互动关系"。

回顾鸦片战争以及后来100多年的变化,现在的中国已经不是那个积贫积弱的中国,绝不会接受任何形式的"炮舰政策"强加的一切,而将按照丝路文明发展的本来逻辑,与世界更多的文明国家一同前行。

后丝路与经济全球化

历经殖民贸易涡流,丝路贸易还在非常状态下艰难地发展。二战以后,民族独立大潮狂飙突起，许多殖民地国家和地区纷纷独立，殖民掠夺与殖民贸易画上了句号。但是，民族独立大潮也暂时冲击了已经形成的世界市场。一方面，东西方之间的"冷战"出现，经济和贸易封锁成为殖民贸易涡流中新的替代品，而经常出现在西方国家主要是美国的"边缘战略"的"关键词"里；另一方面，东西方计划经济与市场经济的经济体制差别也使全球贸易出现了分化。一直到20世纪90年代初期，"冷战"结束，中国主动实行改革开放，以生产要素跨国流动为特征的经济全球化浪潮全面地出现了。经济全球化成为人类社会文明发展的新现象和新特征，深刻地影响着世界文明的走向。经济全球化浪潮，虽然不能简单地与丝路贸易画等号，但它既是后者的时代背景，也是后者对前者的具有历史根据的重要实现形式。

经济全球化并没有权威的统一定义，一般是指全球经济增强，各国各地区的经济活动包括商品、资本、技术和服务跨越边境有规则地自由流动。正像美国海军军事学院的一位教授尼古拉斯·格沃斯杰夫2016年初在美国世界政治评论网站所讲，联通性是个法宝。他说"全球化进程在国家间创建了新的联通性"，"经济联通性看似21世纪国际政治的推动力量，而地缘经济学是框架"，"地缘经济来到台前中央"。他在文章中引用了帕拉格·康纳的新书《连接力地图：描绘全球文明的未来》中的观点，即在21世纪，"单一的民族国家将让位于超越先前边界的互相连接的地区"，"更具联通性"。尼古拉斯·格沃斯杰夫认为，全球化彻底颠覆了一战之前欧洲的威斯特伐利亚体系。这个论点在较长的历史焦距上是有道理的，但那个时代经济全球化的概念并没有正式出现，有的只是对世界市场的瓜分。这个威斯特伐利亚体系虽然如基辛格博士所言，保证了欧洲70年的和平，但这个和平并没有持续性，因为这个陈旧的体系所体现的最终特征，就是对土地和人口资源的攫取，因此第一次世界大战终究不可避免。

帕拉格·康纳还是有历史眼光的，只是挂一漏万，他并没有进一步去想，在威斯特伐利亚体系之外和之前，亘古的丝绸之路上早就有了平等和自由交换的历史路标。眼前是根植于地缘经济规律的丝绸之路重放异彩的时代，所谓威斯特伐利亚体系，在欧洲的历史舞台上意味着欧洲国家相互之间政治经济利益争夺中暂时的、局部的平衡。

关于全球化，马克思和恩格斯在《共产党宣言》中做了准确而简洁的描述。他们说："大工业建立了由美洲的发现所准备好的世界市场。世界市场使商业、航海业和陆路交通得到了巨大的发展。这种发展又反过来促进了工业的扩展，同时，随着工业、商业、航海业和铁路的扩展，资产阶级也在同一程度上得到发展，增加自己的资本，把中世纪遗留下来的一切阶级都排挤到后面去。""资产阶级既然榨取全世界的市场，这就使一切国家的生产和消费都成为世界性的了。"

人类社会文明发展的近代历史逻辑是非常清晰的，只是并不是所有人都愿意把它看成是结果而仅仅将其看成是手段，因此我们看到，当世界经济发展到一定的阶段，"逆全球化"思潮就会反复出现，孤立主义或者单边主义也成为一种逆思潮。

2013年，"一带一路"共同发展的国际倡议由中国正式提出。这是借鉴历史丝路经验，继续推动与开拓丝路文明的认真思考，也是真正能够推动经济全球化持续发展的动力，既关系到中国经济的可持续发展，也关系到世界经济的联通性和世界各国的共同发展。中国从过去2000多年的历史经验中得到启示：在过去，丝绸之路是世界文明发展之路，今后也会是这样。不论是经济还是文化，充裕的联通和交流是文明发展的必要前提和首要操作目标。

新丝路时代和旧丝路时代的区别是显而易见的。现代人已经站在第四次工业革命的门槛上，进入了互联网的普遍发展时代，数字经济将会瓦解全球贸易的旧秩序，但不是贸易本身。交通技术发生令人难以置信的发展，其基础设施虽然短缺老化，需要在新丝路建设中补填短板，但毕竟不同于骆驼和帆船的贸易时代。世界经济秩序大厦虽然不时地被某些强权霸权搞得东摇西晃，但是现代贸易的一般规则能够给予这座大厦以坚韧的支撑。平等和正义、民主与科学是世界上多数人的真正上帝，合作与共建成为世界上大多数国家的共识。经济全球化不可避免地面对逆全球化甚至狭隘民族主义和民粹主义大小思潮的冲击，但丝路文明的发展还是会按照市场规律、地缘经济规律和文明自身的发展规律不断地前进。

对于丝绸之路经济带和21世纪海上丝绸之路的联通景象，帕拉格·康纳在《连接力地图：描绘全球文明的未来》一书里做了一些具体的想象与描绘。他说，按照某些估算，"仅在未来40年，（人类）修建的基础设施就将超过4000年来修建设施的总和"。他还说，未来的世界经济将处于"非国家"状态，欧洲的公司在美洲研究设计，在中国制造，在中东实施后勤保障。他也许讲得太具体了，他所提出的后丝路的发展景象，一方面被一些批评者认为是"半生不熟"，近乎理想；另一方面又被认为是一个"令人耳目一新的乐观见解"，因为，从历史发展观或者全球供应链形成的必要条件来看，不论是哪个国家，要想成为全球供应链的一部分，必须以基础设施的广泛建设和经济贸易的联通为前提。

基础设施建设既是增长的条件，也是增长的内容，同时还是全球文明多种要素运行交流的不可或缺的网络。

"一带一路"倡议，无疑是划时代的，它既是丝路文明发展的继续，又是新世纪里丝路文明发展的前沿思维，它顺应和平发展的最终走向和各个国家共同发展的愿望，在新的历史条件下能够实现经济结构的整合创新。

"一带一路"翻开了丝路文明发展新的一页，对于它将产生的影响，无论怎样去预估都不会过分。是否可以这样说，丝路从远古走来，经历了前丝路、丝路第一高峰、丝路第二高峰以及丝路涡流，进入了更大更长久的发展高峰周期，它带着新时期的新特征，具有更明显的经济的共建性、整合性和共享性，也具有新技术革命条件下所有的生产与交换特征，进入了与后工业时代相表里的后丝路时代。

后丝路时代是丝路文明发展的高级阶段，尽管有人把李希霍芬的丝绸之路当作一个故事，或者还是要把地缘政治置于地缘经济之上，希望用既有的"秩序"概念保留各种霸权，但这可能吗？

"一带一路"倡议提出几年，所引起的巨大反响，再次证明了丝路永久的生命力。从中国的周边国家到中东国家，从中东欧国家乃至西欧国家到非洲国家，人们都从自身的经济区位着眼，各自希望成为新丝路上的新节点。许多对接计划正在提出或酝酿，设施联通的成果也在逐步地展现。如果说，这些联通计划仅仅是为了拉动普遍低迷的经济，这样评估"一带一路"倡议的深远影响，无疑低估了人们对丝路联通的认知和对共同发展的长远思考。

由于每个民族与国家的文化历史及语言表达系统不同，也出于现实经济联通结构顶层设计的考量，各个国家对新丝路的概括不尽相同，比如中国的近邻蒙古国要讲"草原之路"；俄罗斯与中亚国家提出了"欧亚经济联盟"；印尼更强调贯通东西的"航运之轴"；西欧国家则选择"第三方合作"；巴基斯坦不仅与中国成功地共建"中巴经济走廊"，还在历史"陀历道"上的吉尔吉特地区建立了"自贸区"；印度学者提出既"向东看"又"向西看"，提出了"香料之路"，这都是"一带一路"的不同译本。"香料之路"其实与丝绸之路是一条路。香料和丝绸是分不开的，古代印度在丝绸之路上输出的优势品牌产品无疑是香料，用语不同，联通的思维则同一。

在丝路运转诸多的特征里，最突出的是文化的包容性。在国际贸易中，中国在大多数时间里对市场持高度开放的态度，对不同文明和民族不仅没有贸易歧视，而且一视同仁。在中国古代贸易史上，几乎当时所能够交往和联通的所有民族和部族，都从丝路上共享了商业利益，这是人们长久保存在历史记忆里的丝路大印象。

中国史籍记载的古丝路民族数不胜数，斯基泰人、塞人、匈奴人、乌孙人、月氏人、丁零人、粟特人（包括后来的吐火罗人和昭武九姓人）、印度人、突厥人、波斯人、贵霜人、罽宾人、阿拉伯人、犹太人，以及西辽大石的契丹人、古罗斯人，汉唐和元代的希腊人、埃及人、罗马人（威尼斯商人），等等，充分显示了丝路贸易和丝路文明的包容性和共享性。

丝路贸易的包容性也书写了人类文明的广度本身。就在希腊、罗马人只看到北非一角的时候，古丝路已经把中国人带向撒哈拉以南非洲的土地上。那里似乎是被文明记忆遗弃了的地方，但坦噶尼喀出土的数十个8世纪的唐代华瓷遗迹，把考古学家寻找文明的眼光引向这片曾经沉睡的陆地，许多闻所未闻的历史文化交流的光彩重新显示在历史的屏幕上。丝路文明的土壤如此广阔，这是它永远的骄傲。

丝路商业与文化的高度包容，也带来彼此商业地位上的平等，体现在相对的等价交换中，更体现在交换者之间的彼此尊重上。对世界上一切有价值的商品，中国人总是持一种欣赏和欢迎的态度；对来自远方的各国各族的行商坐商们，也多是称赞他们是天生的商人。要知道，在中国的传统文化里，商人的文化地位并不高。这样一种相对包容的商业文化氛围，给丝路贸易繁荣发展创造了巨大的空间。

中国人一直在推动丝路文明的发展和经济的融合，令人担忧的是，在经济全球化正式提出不到30年的今天，"逆全球化"的思潮却已暗暗涌动。这给方兴未艾的经济全球化蒙上了阴影。这也是一股旋流，甚至被认为是民族主义和民粹主义对"世界主义"的宣战。令人不解的是，经济全球化的概念是西方发达经济体首先提出的，它们认为只有经济全球化才能在更大的资源配置半径里推动世界经济发展。对于这一点，发展中经济体是认同的，认为由于各自发展阶段不同和资源禀赋不同，在全球价值链的形成过程中，经济全球化不仅是一个必然的互补过程，同时也是"地球村"文明出现以后经济发展的必然选择。最先敲锣打鼓的地方却最先出现撤退的声音，这不仅使发达经济体里的精英们大跌眼镜，也使一直跟进的发展中经济体感到不可思议。西方掀起了对民族主义和"世界主义"的一场大争论，其观点无非是民族主义无法取代"全球主义"和"世界主义"，或者说这个世界更需要"负责任的民族主义"。此外则是美国的日裔学者弗朗西斯·福山对精英们的警示，即精英们需要做出"明智的选择"。另一方的观点则是"新民族主义"将会席卷欧洲,也要席卷全球。

孤立主义、民粹主义确乎是经济全球化的新障碍,不仅在美国流行,也在欧洲形成了气候。2016年5月,奥地利总统选举在"中左"险胜"极右"中尘埃落定,相差的选票数只有3万多一点,前绿党领导人范德贝伦得票率为50.3%。但许多极右政党对失败者表示祝贺,因为他们的选票也几近50%。而美国特朗普当选总统,甚至英国的脱欧,无一不带有这样的印记。所谓"左右",在欧洲已经出现了概念的变化,极右者主张的就是排外与反对欧洲一体化,表现在贸易问题上,就是贸易保护主义思潮的泛滥。这种思潮甚至在东欧的波兰、匈牙利都有强势力量出现,因此舆论惊呼:极右翼借着经济危机在逆袭全球化!

民族主义对全球化的影响,最主要是限制了自由贸易的发展,使得贸易保护主义重新流行。英国智库经济政策研究中心提出《全球贸易预警》报告,证实2015年世界贸易额比前一年下降了0.6%。全球贸易保护主义措施开始增加,其中最提倡贸易自由的美国,从2008年到2016年的8年里,对其他国家采取了600多项歧视性的措施,是英国、德国的两倍多。大多数二十国集团(G20)国家都收紧了贸易政策。这是所谓民族主义在全球贸易中的最直接的反映。世界贸易组织也发出警告,从2008年金融危机发生以来,新的贸易保护主义措施,每周平均增加5项,G20国家引入的新的贸易限制措施为1583项,废除的只有387项。世界贸易组织总干事阿泽维多这样评说,目前离开20世纪大萧条出现的保护主义浪潮已远,后者摧毁了当时世界一半的贸易量,但如今基于民族主义思潮的贸易保护已影响到5%的全球进出口。

其实,"左"也好,"右"也罢,民族主义也好,"世界主义"也罢,它们都是对未来目标不确定的认识盲区,有时有建设性,有时又会有摧毁性,但这都不是它们的实质,真正在其中起作用的是人们对公平与平等的终极诉求。财富要靠大家去创造,财富和机会的多层次的合理分配,则是一个永恒的课题。民族主义并非一定是经济全球化的天敌,而共建共享的丝路精神,才是最终解决这些问题的真正源头。

既然目前世界上还有国家之分,有不同的民族文化与不同的民族利益,经济发展的不平衡和经济交换中事实上的不平等,是一个客观存在,就不能不去正视它。要消除这些显而易见的差别,首先就要正视这些差别,而不是奢谈什么"世界主义"和民族主义的对垒。民族主义和"世界主义",具有不同的含义和利益出发点:一种是从全人类的发展利益出发,将各自的民族国家利益包含在其中；一种是用某个国家自身的利益作为全人类发展利益的衡量尺度。在这里，不论是民族主义还是"世界主义"，我们要看的不是它的标签，而是它的出发点和落脚点。

在世界古代历史上，有过两个"世界主义"的代表人物，一个是亚历山大大帝，一个是帖木儿帝国的创始人帖木儿。前者横扫伊朗、埃及、中亚和北印度，后者横扫西亚、中亚之后又曾经谋划进攻中国。亚历山大大帝是古代的一名"剑客"皇帝，虽屡战屡胜，但终有精疲力竭之时，在遍览人工金字塔和自然界的雪山金字塔之后，也不得不罢兵收手。亚历山大大帝的动机是什么？是为了武力推行西方文明，还是把战争作为儿时游戏的继续？至今人们未分析清楚。但他打开东西方文化交流的一个陆地通道，推动了东西方文化的直接接触与交流，于是人们更倾向于把他看作是一个带着剑的文化交流使者。帖木儿也许打算恢复成吉思汗称雄东西方的业绩，因为他是蒙古人与突厥人的混血儿，集多种对于东方的文化记忆于一身，因此更加希望实现自己的使命。但他永远不会懂得，民族主义的具体形态是历史的一种玩具，在多种文明的融合中也许会丢失原来的面目。

在世界近代史上还有过两个"世界主义"的"岛国"，"日不落"的英帝国和推行过"大东亚共荣圈"的日本。但是，这样一个"日不落"的帝国建立在攫取别人利益的沙滩上，经不起反殖民要平等的海浪怒涛的冲刷，必然散了架。日本民族是一个好学的民族，它向东方的大陆学，也向西方的大陆和海岛学。它也想"日不落"，只是一时做不到，只能先去搞一通"大东亚共荣"，但基本的办法是刺刀加谎言，核心思维是利己不利人，因此它的"世界主义"只是狭隘民族主义的一种包装。但是，不管是历史上英国的"世界主义"还是日本曾经的"大东亚主义"，都有不平等的特征，因此是不长久的。

那么，在这个世界上，有没有关于民族主义和"世界主义"的平衡器呢？不仅有，而且我们一直在运用，那就是平等与包容的"冲浪板"，它在世界文明的大海里寻求动态的平衡和向前滑行的速度。"冲浪板"或许还不足以说明它的同舟共济性，因此我们需要一艘可以载得起所有人和所有人利益的巨大的"诺亚方舟"，以便行驶在丝绸之路上。

大陆桥与海陆联通

1990年9月，第十一届亚运会的体育圣火在北京熊熊燃起，丝绸之路上的接力赛也亮出了新项目，这就是中国在西北边陲阿拉山口举行的中苏铁路对接仪式。人们将中苏铁路称为第二座亚欧大陆桥。

在当时，亚欧大陆桥的对接也并不意味着大陆桥的真正贯通，要使它成为横贯亚欧的国际钢铁动脉，还需要克服各种瓶颈，包括大陆桥本身硬件的完善和国际交通贸易软环境的改善，需要经济全球化和区域经济一体化这样的大气候。而当时中亚、西亚及俄罗斯阴晴不定的政治气候，使这一切都显得有些难以捉摸，但不管怎么讲，它毕竟是一桩盛事，甚至是在预报另一个丝路纪元的开始。

诚然，可以称之为亚欧大陆桥的也并非这一条，且不说早在半个多世纪以前，美国的跨洋铁路已经建成，对美国的西部开发产生重大影响，在20世纪，被称为亚欧大陆桥的西伯利亚大铁路也开通了，这使得眼前这座大陆桥不得不在名分上屈居第二。这个第一和第二，分量并不完全一样，而后者才真正称得上是历史性的丝路贸易物流主通道。

就在第二座亚欧大陆桥联通概念浮现之际，中国制定的"八五"计划又描下重重的一笔。"八五"期间，中国政府在兰州到乌鲁木齐之间铺设了双轨铁路，20多年后，双轨变成了高铁。而更多的跨国铁路正在向中亚、西亚延伸。告别了凄苦的驼铃，迎来了高铁时代，昔日草原丝绸之路再次复兴。用不了多久，真正的东方快车也许会从葱岭一侧穿过。

这不是遐想。这样一条丝路已经存在了几千年，丝绸、瓷器、茶叶和各色香料的亮色曾使它一再闪现轮廓，而现代经济发展的亮色使它再次光芒四射。

也许可以从经济地理和地缘地理角度这样大致去描述：一条共享的经济彩带从黄河、长江流域飘去，西向中亚的阿姆河、锡尔河，再西向幼发拉底河和底格里斯河，西北向伏尔加河与多瑙河，它们串在多条古今文明的彩带上，连接着太平洋、地中海和大西洋，继续飘过西印度群岛，进入墨西哥湾和密西西比河与格兰德河，此后又回到我们熟悉的太平洋和原来的起点。这条古老的经济发展的回归线，大致在北纬50度到20度之间，也就是我们常讲的北温带。马克思曾经论述过资本主义产生在温带的道理，首先是因为北温带是世界政治、经济与文化的摇篮，是人类文明进化的主要舞台，也是人类活动的密集区和人类文明发展的热点地区。当然，人类文明发展的热点也成功地出现在印度河、恒河、伊洛瓦底江和湄公河，以及非洲、拉丁美洲的大陆上，这些都是新丝路经济发展的核心地区。

对于新丝路经济的发展，设施联通是其基础概念。设施联通既包括天空、地上和海洋里的运输器，也包括各种轨道、管道、涵道、隧道以及港口，还包括网络空间和空间技术。但在诸种基础设施中，最先出现也是最基础的地理联通概念则是20世纪中叶提出的大陆桥运输概念。

地理交通上的大陆桥认知和经济文化意义上的大陆桥认知，是对大陆桥不同的认知角度。不管是从地理学的严谨角度去观察，还是从经济文化的角度去引申，都离不开对地缘关系的审视。

就地理地缘来讲，大陆桥，其实是来自地理学的一种比喻。在21世纪初，美国地质学家舒克特第一次提到了大陆桥并提出一种假说。在他看来，两大陆之间有许多连绵不断的岛屿，它们宛如联结两个大陆的桥梁。这些岛屿被称为大陆岛。而大陆岛同大陆之间的地质形成，相同或相近。这个学说很快被古生物学家借用，他们据以解释古生物的空间分布规律，解释某些大陆动植物群落为什么有一致性，某些大洋之间的动植物群落为什么缺乏这种一致性。后来，随着大陆漂移与板块理论的出现，古生物流布研究有了更加坚实的依据，而大陆桥学说也开始进入人类对自身所处交通环境进行评价的体系中。这个学说甚至被考古学家和古人类学者们运用到早期人类的迁徙活动研究里，如在1万多年前的气候变化时期，印第安人是不是通过白令海峡的陆桥，由亚洲进入美洲等等。但这种研究始终着眼于海洋之于大陆的关系，并不曾引申到大陆内部和外部经济文化关系中来。自从大陆干线铁路特别是洲际铁路出现后，大陆桥的说法不胫而走，以洲际铁路为描述对象的铁路通道也就成为大陆桥的主要内涵。在这里，大陆桥成为经济物流与人流的桥梁。

"大陆桥"概念在交通上的引入，对于陆上丝路的复兴，在理论和实践上是有重要意义的。因为，自从海上贸易勃兴，长距离的陆上贸易时代似乎成为一种历史，发展的天平向大陆的边缘倾斜，原来萧条的沿海地带骤然成为人口密集区和经济发展区。"大陆桥"交通概念的出现，不仅唤起了人们对陆上丝路辉煌的记忆，也引出了大陆区域平衡发展的新命题。大陆腹地自身的区位优势凸现了，一度封闭的内陆经济体进入共同发展的序列，平衡发展的概念从设想开始变为实践。

自然地理的大陆桥有多种类型，经济地理的大陆桥也会有多种形式的体现。前者如苏伊士地峡、土耳其海峡、直布罗陀海峡和白令海峡等，它们都是重要的洲际地标。后者则是各种形式的洲际联通道，包括跨洲跨洋铁路、隧道、光缆和卫星等。自然地理的大陆桥和经济地理的大陆桥互为发展、利用前提，对世界经济发展至关重要。

2016年11月，巴基斯坦瓜德尔港正式开航，中巴经济走廊进入实质性运转阶段，这是海陆丝路联通的一个经典案例。与此同时，公路、铁路建设以及伊朗至瓜达尔港的输油管道建设也提上了日程。这其实也是一座新的海陆联通的大陆桥。

苏伊士1869年开通运河，150年后又开始建设新运河，其价值倍增。巴拿马新运河历时9年建成，2016年6月迎来中国货轮的首航。这样一些国际和洲际大运河大大缩短了商船的航程，降低了航运成本，也消除了贸易物流的地理瓶颈。

在泰国南部狭长的中南半岛上，还有一个有名的克拉地峡，东西宽100多公里，如果开凿运河，船只便可绕开航道曲折的马六甲，直接从南中国海进入印度洋孟加拉湾。在200多年前，开凿克拉运河的设想就多次被提出，日本在二战前也酝酿过有关计划。2016年，泰国国家改革委员会下的有关团体提出了"泰国运河计划"，希望开凿长135公里、宽近400米、水深30米的可供游轮等大型船只航行的大运河。这条运河能否开凿，还有许多细节要研究，但只要是有利于丝路联通，就有价值。

2015年，南美洲的"两洋铁路"和非洲的"两洋铁路"也提上议程。中南半岛的泛亚铁路在几经波折之后也开始分段实施。尤其是中老铁路的开建，预示着泛亚铁路的北线轮廓出现，将会沿着澜沧江"黄金水道"走向东南亚。完全可以设想，泛亚铁路北线最终会成为泛欧亚洲际铁路的一部分。因为它会经由昆明连接兰州，汇入西向欧洲的铁路网，如果有一天人们指其为第三座亚欧大陆桥，那意味着，东南亚的游客无须乘船或者乘飞机，就可以从陆路到达欧洲。

人们对泛亚铁路北线充满预期，对正在规划的莫斯科至北京的铁路也充满预期。那其实是一条洲际高铁，一旦建成，它将会是世界上第一条高速大陆桥。这座桥的转接点是阿尔泰拱顶，在它的中段最有可能是著名的哈密盆地和居延海。这几个地区是尚未引起人们足够注意的古丝路的重要地标。在历史上，它对接的是以欧洲古老的内河运输为特色的汉萨商业同盟，未来则是从陆上走向波罗的海的新的物流与人流通道。

高速公路也是陆路联通的重要方式，具有更大的灵活性和直达性。2008年启动的"双西公路"（东起中国连云港，西至俄罗斯圣彼得堡）虽然是新公路老公路的对接，但它是亚欧大陆第一条洲际公路。中国企业还承建了吉尔吉斯斯坦的"比什凯克至巴雷克奇"公路的修复改造工程，那也许会是通向西亚的跨国公路的前奏。2016年中国加入了国际公路运输公约（TIR），高速公路形态的丝绸之路的硬件条件具备，中国的卡车集装箱在走向爱尔兰的途中并不需要多次开箱检查。2016年中国与俄罗斯共同打造中蒙俄运输走廊，多种形式的"一带一路"联通运输，在未来10年里，可令沿线国家的贸易额突破2.5万亿美元。

与铁路、公路相伴的是隧道。除了已有的著名的英吉利海峡铁路隧道和日本的青函海底隧道，2014年秋天，博斯普鲁斯海峡开通了洲际隧道。伊斯坦布尔位于博斯布鲁斯海峡西岸，扼黑海出入之门户，在公元前660年初建时称为拜占庭，公元330年成为东罗马的首都，改名君士坦丁堡，15世纪中叶开始称为伊斯坦布尔。伊斯坦布尔跨越欧亚，是世界上典型大陆桥上耸立的国际大城市。100年前，土耳其最后一代苏丹曾经设想，用一条海底隧道连接伊斯坦布尔的欧洲部分与亚洲部分。1973年，为了便利欧亚洲际交通，土耳其建成了长达1.5公里的伊斯坦布尔公路大桥，现在，海底隧道、高速公路与铁路三路齐发，直接连接欧亚，成为土耳其的最大交通资源。

还有一种重要的隧道类型，例如2016年6月开通的瑞士戈特哈德铁路隧道。戈特哈德铁路隧道建设历经17年，是目前全球最长的铁路隧道，单条隧道长57公里，比日本的连接北海道与本州的青函海底隧道长约23公里。戈特哈德铁路隧道建设设想于1947年提出，70年后开通，它横穿了阿尔卑斯山，连通了瑞士的苏黎世和意大利的米兰，时速可达200公里以上。在2016年，吉尔吉斯斯坦与乌兹别克斯坦相连接的安格连隧道竣工，这条数十公里长的铁路隧道对通向西亚地区的道路连通同样具有重要意义。

与伊斯坦布尔海峡适成对角，亚洲远东尽头的白令海峡也是另一种类型的大陆桥。俄罗斯学者和铁路交通专家有一种设想：在不久的将来，被称作亚欧第一座大陆桥的西伯利亚大铁路，有可能向白令海峡方向延伸，越过海峡，走向美国的阿拉斯加地区，与北美的西部铁路连接。这并非忽发奇想，只要是陆桥，就会出现跨越和贯通，只是时间早晚。阿拉斯加是美利坚当年用720万美元从沙皇手里购买的，那对俄罗斯来说，显然是一笔赔本生意。如果沙皇那时突然改变了主意，这条跨越亚洲与北美洲的跨洲铁路，恐怕早已开始动工。这座欧亚大陆桥恐怕也要改称为欧亚美大陆桥。实现这个设想当然需要时日，但以今天的技术条件，对于再次东进并要振兴远东经济的俄罗斯来说，并非不可行。

白令海峡的发现是1725年到1730年俄罗斯探险家的一个重大成果。白令率领的探险队的第一次探险活动，以失败告终，但第二次探险终于发现了白令海峡的存在。由于冰雪封盖，这里一直是航海的禁区，但并不意味着迁徙者和交换者无法涉足此处。有国际研究者通过对史前 DNA 进行研究，对古人类进入美洲的路线做出了新的解释，认为距今 12600 年是一个界点，此前大陆冰盖封闭，此后才出现了白令海峡两岸的无冰走廊，因此更早的迁徙路线有可能是无冰走廊以南的太平洋沿岸。但这并没有从根本上颠覆大陆桥理论，只是增加了从库页岛沿阿留申群岛到达美洲的可能路线，扩展了人们的思维。

对于俄罗斯专家学者的设想，中国工程院院士王梦恕 2014 年 5 月接受中国国内媒体采访时表示，要从欧洲通向美洲的阿拉斯加，技术上完全是可行的。这条真正大陆桥可以沿着西伯利亚大铁路从欧洲通向美洲，甚至还可以从北京经由中国东北地区和东西伯利亚铁路对接，横跨白令海峡抵达阿拉斯加，然后南向加拿大和美国的西雅图。这一条设想中的欧亚美铁路，长达 1.3 万公里，中间要开凿 200 公里长的白令海峡的海底隧道，隧道长度将是英吉利海峡铁路隧道的两倍。技术上没有问题，从全球经济一体化的长远走向上看，也不应该有障碍。北冰洋冰盖的消融将会带来白令海峡航道开通的前景。

直布罗陀海峡也是一座海上大陆桥。隔直布罗陀海峡相望的欧非国家，自然也会升起相互紧密联通的希望。那么地中海会不会出现人造的陆桥呢？那也不是不可设想的事情。地中海里岛屿众多，连接起来并非难事，只是要看性价比如何。在中国，港珠澳之间的跨海大桥竣工；连接山东半岛与辽东半岛的跨海通道的话题渐渐浮出水面，是建桥还是建海底隧道，抑或是桥隧组合，还需要从各方面去论证。

2016 年上半年，中国国内专家提出一个颇有轰动性的方案——修建海底隧道，将大陆与台湾连接起来。这在技术上同样不成问题。

目前，比起各种海上联通或者陆上联通的项目和方案，人们更关注海陆联通的新进展。因为在历史的丝路贸易中，人们看到一种遗憾。在丝路开通的 2000 多年里，由于海陆地理阻隔，欧亚之间海上丝路与陆上丝路并没有在地理交通上实现真正的畅通无阻。在苏伊士运河开通以前，亚洲与地中海、欧洲国家的贸易大多是间接性的。从汉魏隋唐以来，罗马遣使频繁，甚至在后期，曾经把对华贸易节点移向了红海一侧，由此形成了后来繁盛的厄立特里亚贸易，但贸易效率和科技文化交流的频次受到地理因素的很大限制。北欧、西欧古代国家与中国的直接贸易和文化交流更是山高水远，即便后来出现了汉萨商业同盟，贸易与文化交流仍然具有明显的间接性。"大航海"之后，海路贸易的发展提高了相互往来的通透性，但历史地理形成的贸易阻隔和文化阻隔，阻止了互连互通效能的发挥。地理造成的阻隔，是一个重要的因素。新丝路要发展，海陆联通是首要的基础建设，而进一步形成海陆相因的设施联通体系，无疑是推动"一带一路"发展的重要条件。

诚然，设施联通也涉及海陆空与互联网络，但在最基础的联通层次上，连接海上丝路和陆上丝路的港口建设和铁路公路建设又是最重要的。港口建设和铁路公路建设直接盘活物流和人流，优化市场布局。在希腊、罗马时代，地中海的商业中心随着贸易半径的扩大不断地调整变化，古老的商业中心衰落了，新的商业中心诞生了。亚历山大时代建立的亚历山大里亚商业城市系列，是在当时的历史地理条件下，尽量遵循海陆联动效应相对最大化的市场原则去打造的，而它们后来的相对衰落，也是因为新的海陆联通机会出现在别的地方。海陆联通意味着市场效率、市场密度和市场的辐射能力进一步提高。在欧亚大陆之间形成更为紧密的贸易和文化联系，海陆联通是必然的区域经济发展战略选择。

现在，海陆联通的初步格局已经开始显现在欧亚大陆的许多新丝路节点上。大致分为两种模式：一种是强化原有的海陆联通节点。苏伊士新运河的开通和新经济园区以及埃及新首都的建设，进一步优化了它的物流枢纽通道功能。一种是按照海陆联通的丝路走向，建设提升新的功能更强大的经济走廊。中巴经济走廊的成功建设是一个典范。尽管这个走廊具有几千年的开通历史，但基础设施的异常缺乏和地理环境的艰难，始终被视为丝路艰难的缩影，所谓"陀历道"也就是取经人的道路，虽然在文化传播中名声在外，但很不适应现代经济的运行。中巴经济走廊的建设不仅使中国的经济发展与南亚和中亚经济的发展更加紧密地结合起来，也填补了海陆联通空白，进一步完善了"一带一路"联通发展的大格局。希腊比雷埃夫斯港与正在启动建设的匈塞铁路的前景十分明朗，它们打通了地中海直接通向中东欧的通道。

海陆进一步联通建设走向，不仅出现在亚洲和欧洲，也出现在非洲地区。非洲几条大的国际铁路包括正在规划的"两洋铁路"，与东非国家如坦桑尼亚的港口建设相呼应，同样也是基于海陆联通的大思路。显然，海陆联通对于欧洲国家、北部非洲国家乃至中东地区国家，都有重大的经济发展意义，它从根本上消除了新丝路发展的主要地理瓶颈，为未来欧亚的共同发展奠定了新的基础。

如果看得更远一些，中国周边的八条传统丝路通道都会逐步显现出不同的海陆联通前景，到那时，"一带一路"浑然一体，新丝路的新框架也就明朗了。

最后的"地中海"

东北亚丝绸之路似乎清晰但又让人感到朦胧,因为在历史上,那毕竟是距离丝路文化核心区较远的边缘地带。那里的历史场景变换很快,大部分时间里是狩猎和骑马民族部落休养生息的区域,狩猎和骑马民族部落与中原的汉民族时有争锋,中国三国时代的曹操在兵临长江之前,首先要北征乌桓,他写下了颇有雄浑诗意的《碣石篇》。碣石在幽燕海滨到处都有,未必就是一个排他性的地名,但以昌黎临海地区的碣石山最著名。秦皇汉武都到过那里,恐怕并不是为了观海,除了筹划入海求仙之事,还因为那里的区位很重要。

东北亚在历史上就是一个资源互补性很强的地区,养育了很多历史民族,一直被称为游牧民族的摇篮。中国历史上很多重要的民族如建立北魏的鲜卑族、建立大辽的契丹族、建立金朝和清朝的满族、横扫过大半个亚洲并建立元朝的蒙古族以及众多的其他民族,都在东北亚的核心区生活过。他们在羽翼丰满之后,一飞冲天,登上了叱咤风云的历史舞台。但是,如果没有与先进汉文化之间的直接交流,它们也就没有后来崛起的基本条件。因此这里也是丝路文明成长的重要地区。狩猎和骑射不仅培养了他们的坚韧与勇敢品质,也形成了他们对农业文明的容纳、吸附与追求,同时养成了最初的商业文化。20世纪60年代,中国著名历史学家翦伯赞到内蒙古草原上考察,说那是"历史的后花园"。东北亚地区,不仅是"历史的后花园",也是丝路文明的一座后花园。

东北亚有几个重要的半岛、岛屿国家,现在主要是朝鲜、韩国与日本。它们的早期发展,与东北亚的陆上和海上丝路关系密切,甚至可以说,没有丝路文明的营养,也就没有东北亚文明的高度发展。日本的原住民是阿依努人,他们在新石器时代创造了绳纹文化,其绳纹陶器的纹饰,在日本的西部比较简单,在地处东北的本州比较复杂。日本的一些学者认为,后者并不排除东亚大陆文化的早期影响,这种影响应当来自日本海方向。这样看来,前丝路文化交流在东北亚发育很早。还有一种说法,徐福东渡,并没有直接到达日本,而是到了朝鲜半岛的南部,而日本的皇室似乎有来自朝鲜半岛的影子。不管怎么说,徐福渡海的传说,应当是东北亚海上丝路开发的古代信息。

如果还要追溯更多的线索,很多考古证据都指向两个文化事实:一是美洲的印第安人,也是最早的东北亚人;二是出现在西辽河和滦河流域之间的"红山文化",它既有可能是中国中原文化的一个重要源头,也可能是中国东北多民族文化的一个共同源头。中国的辽河南北及白山黑水之间的黑土地，是东亚大陆文化沿着东北亚丝路向东输出的重要源头。

东北亚陆地虽然气候寒冷但地势相对开阔，是草原民族曾经生存发展的舞台，他们以原始畜牧业特别是牧马业为主要经济形态，往来于欧亚之间。相对短暂的冲突与更为持久的和平贸易，一直是草原丝路交响乐的主旋律。一般地讲，草原民族经济生活的单一性使他们更需要依赖于各种形式的贸易与交换。这是他们与自给自足的农业民族的显著区别，也是贸易产生的内在动力。

对于中国东北地区，中国的历朝历代都很重视，但在不同时期其管理维系体制不同。汉代在中国东北地区建立了乐浪、玄菟等郡，玄菟也即黑虎，当指有东北虎的地方；后来设置辽西、辽东太守，直接管理该地区。对海外和半岛国家主要是通过"通贡"与册封的方式进行联系，汉光武帝刘秀赐予日本"倭奴国王"的金印，那是2000年前中日关系的一个见证。"通贡"与册封当然是一种封建性的制度，并无平等可言，但它也是区别"内属"与"外藩"的一种古代礼治制度，至少是中国从来就没有过殖民意识的一个制度来源。在其关系正常的时候，一切都运转得很好，在群雄并起的时候也容易乱，又加上东北亚地区距离中国文化中心地区较远，因此，这里与丝路贸易和丝路文化联系虽然特别紧密，但人们看到的更多是较大的起伏。这是我们很难一下子看清东北亚丝路全貌的原因，也是东北亚丝路历史开发持续性不强的原因。

另一个自然因素也不能忽视，那就是东北总体气候寒冷，结冰期较长，并不是航海的热点地区。气候条件限制了东北亚内陆与海上的交换频率，这里更像是丝绸之路的一个东北向终端。狩猎和骑射部族更倾向于向西向南发展，半岛和海岛古代国家也更愿意来往于航海条件更好的东海，因为后一条通道更容易与中国内地建立较大规模的丝路联系。

但也有例外。唐代的松花江流域有过一个受唐朝册封的渤海国，其主要成员是靺鞨，也即早期的肃慎，后来的满族。这样说来，满族的发展能力够强大——从东北地区的渤海国到据有中国北方的金国再到"天朝大国"大清，这样的民族在世界历史上也是不多见的。渤海国立国近200年，避过了唐末的战乱，但宫廷一如唐制，并代表唐朝多次出使朝鲜和日本，成为晚唐东北亚丝路的实际打理者，并补填了"安史之乱"后东北亚丝路一度停摆的空白时期。人们至今可以看到，渤海国的宫殿台基完好，残留的建筑透出一种唐人的文化规制与气息。满族能够一再崛起，恐怕与渤海国传承下来的文化基因有极大的关系。

中国东北地区是东北亚的核心区。山东人"闯关东"是对中国东三省的近代大开发。此前这里是清朝的"龙兴之地",在清廷的"保护"下一直处于未开发的处女地状态。甲午战争之后,中国东北成为日本关东军第一个战略目标。日军从经营"南满铁路"开始,以所谓"关东州"为跳板,拉开全面侵华的大幕。东三省成为日本的原料重工业基地和南下华北、西进蒙古、北上西伯利亚的战略堡垒。在日本侵华时期,日本军队与苏联军队曾经在珲春至阿尔山、诺门罕一线展开过东西呼应的两次战役,一次是张鼓峰战役,一次是诺门罕战役,均以日军失利告终。张鼓峰在图们江口苏联一侧,诺门罕在中蒙东界。这两场战役是日本对苏军东方战场的试探,也是日本企图扩大战略纵深,从日本海方向占领整个东北亚地区的尝试。他们试图从图们江打通日本海的海路,寻找一条全面控制东北亚地区的捷径。

图们江口是一个极为怪异的多国交界地区,也是东出日本海的一个潜在的国际航运枢纽。在晚唐,渤海国使者往来日本国,但在清末划界中被"包了饺子",空有江水出口,却没有陆地支撑。图们江全长525公里,其中510公里中朝两国隔江相望,向东15公里为俄朝的界江。理论上可由中国的防川河港出海直抵日本海,但缺少陆地支撑。20世纪50年代,在特殊的国际环境下,朝苏建设了只有7米高的矮桥,进一步造成了图们江事实上的不可通航性。1886年的划界谈判本来就不平等,在清政府的据理力争下,界碑从距图们江口26公里,向日本海方向东移15公里,并取得沿图们江俄罗斯一侧的出海权。但由于清朝地方官吏的无知与渎职,居然连土字界碑的位置都没有到位,于是它成为航运的一个"虚点"。

图们江通向日本海航路的断绝,其实也是通向东北亚最北的一条海上丝路的断绝。根据1991年5月的协定,中苏双方重新确认了中国从图们江下游到日本海的出海权,中国在图们江自由航行并不存在国际法理论上的障碍。在此前后,联合国开发计划署也提出了大图们的开发规划,珲春一时热闹起来,但由于各种原因又归于沉寂。一直到俄罗斯政府提出开发远东的一揽子计划,这条有着悠久历史但历经风雨的东北亚丝路才出现了复兴的希望。

应当说,俄罗斯总统普京提出的开发俄罗斯远东地区是一个明智而宏伟的规划,虽然实施起来难度不小。比如首要的制约因素是俄罗斯远东地区人口与产业相对稀疏,经济重心从西部转向东部,受到多种因素的制约,最重要的是市场缺少劳动力跨国流动的机制。普京提出在俄远东地区大量引资,并从四个方面展开远东开发计划:一是建立14个开发区,二是鼓励俄罗斯公民到远东租赁或配给土地，三是鼓励私人投资，四是完善基础设施并设立了150亿卢布的远东发展基金。2016年4月俄罗斯远东有关官员在俄罗斯报纸上发表文章说，俄滨海边疆区要为中国（东北）开辟新通道。还说，单是中国黑龙江和吉林两省的GDP就接近1万亿美元，俄罗斯将为如此庞大的经济地带提供货运服务。俄方的计算表明，滨海边疆区的重要港口能够由此增加近4500万吨的货物吞吐量，相当于2015年的1.5倍。如此一来，"远东国际运输走廊不只可以成为中国的丝绸之路经济带项目与俄罗斯远东优先发展计划对接的切实范例，也能为俄远东及中国东北地区的经济发展做出重要贡献"。

俄罗斯的远东国际运输走廊计划是俄罗斯委托麦肯锡咨询公司根据运输走廊经济金融模型论证的，突出了符拉迪沃斯托克的自由港设计。从2016年10月起，符拉迪沃斯托克将24小时昼夜吞吐，过境检查"一个窗口搞定"，开设绿色通道，启动自由关税区。与此同时，使用中方轨距，修建从珲春到扎鲁比诺港的铁路，并允许中国货车在其国境与港口往返。这是东北亚经济区发展的一个重大的利好政策。国际运输专家们也认为，这是中俄双赢之举。俄罗斯每年可因此增加290亿卢布数量的GDP，中国企业每年至少减少因为运能受限蒙受10多亿美元的发货损失。符拉迪沃斯托克的自由港设计，不仅与中国提倡的"一带一路"发展思路耦合，也与韩国2013年10月提出的"欧亚倡议"的经济外交构想一致。韩国"欧亚倡议"的主要对象是中国、俄罗斯、中亚国家、蒙古与土耳其，但也不排除先从东北互联互通做起。这是一个对东北亚经济发展具有长远影响的政策变化。

但是，如果把符拉迪沃斯托克的自由港与图们江东扎鲁比诺港联系在一起，建设一个自由港群，将会实现双赢和多赢。2015年11月，联合国开发计划署"大图们倡议"第四届东北亚旅游论坛与项目磋商暨中俄蒙旅游合作会议在吉林珲春边境经济合作区举行，着眼于跨国旅游带来的人流、信息流和改善旅游基础设施。会议在提出传统海陆旅游线的同时，也提出了北冰洋航线。"北极航道"再次进入人们的视野。

无独有偶，毗邻珲春的俄罗斯扎鲁比诺港扩建工程也进入中俄企业合作新阶段，预计建设年吞吐量6000万吨的新泊位。图们江国际航路有望盘活。扎鲁比诺港临近图们江口处是北极航道在日本海南部终端的一个重要起锚点。这里是冻港与不冻港的过渡带，但真正重要的是，图们江三角洲的区位优势突出。符拉迪沃斯托克的自由港直接对应绥芬河，扎鲁比诺港对应的是"大图们"。

北极航道的提出不是偶然的。首先是气候变暖，引起北极冰原面积迅速缩小。美国的科学家认为，目前的北冰洋冰原面积已由1300万平方公里缩减到1100万平方公里。北极冰融改变了经济资源开发利用地图，也有可能改变人文地理。

美国的地理学家和气象学家劳伦斯·史密斯推出新著《2050年人类大迁徙》，提出此前闻所未闻的一个观点：35年以后，人类将向北极迁徙。为什么这样说呢？第一是气候变化。世界气象组织发布声明，2015年已经再次刷新了历史最热年份的记录，全球气温要比1961年至1990年30年里的平均值高出0.75℃。这看似细微的变化带来的后果难以估量。在2万年前的冰河期里，全球的气温比现在低5度，但那时的北美和欧洲大部分在雪线以下，海平面比现在低100米左右。现在，在温室效应的影响下，不仅极端气候频繁出现，沿海城市带的一些地区也会发生意想不到的沧海桑田的变化，因此人们将会面临高海拔和高纬度的选择。第二，据预测，到2025年，全世界居住人口超过1000万的城市将达27个，大部分分布在沿海。到2050年，全球人口达到92亿，老龄化问题严重，居住空间相对减少，水资源问题突出，北极以及北极圈内的人烟稀少地区将会成为新的居住之选。另外，那里丰富的资源尚未开发，广袤的土地尚未利用，北极及其邻近地区将是人类新的生存发展家园。

《2050年人类大迁徙》一书以一则新闻《紧急警报，灰北极熊现身北极圈》开始了它的分析。北极熊素来是白色的种群，灰熊则是北极圈外的种群。灰熊不仅现身北极，而且与白熊繁衍了后代，这无疑是生物与生命迁徙的预兆。对于《2050年人类大迁徙》这样的著作，人们不能以一般的科普读物视之，更不能将其当作美国影片《后天》那样的末日展示，必须看到这种预言的合理性。

北冰洋已经开通了"西北航道"，最早的探险是由挪威探险家罗阿尔德·阿蒙森开启的，他的北极旅行用了整整3年时间。在20世纪中叶，北极是旅游和航运的禁地，就在10年之前，西北航道还很难正常通行。据有关统计，到2013年时只有13艘船只通过，2015年达到20艘，而且基本上都是商业破冰船。在2016年夏天，一艘载有1700名游客和船员的豪华邮轮在北冰洋里首航，这艘邮轮是水晶邮轮公司旗下的"宁静号"，穿越加拿大和美国的水域，每位旅客的费用在2.5万美元至12.5万美元之间，游程为一个月。宁静号邮轮的起航，使北极旅游成为新的豪华之旅。水晶邮轮公司准备在2017年推出一艘大型邮轮，另一家邮轮集团也将开辟类似的极地旅游路线。北极冰融为极地旅游打开大门，接下来，石油天然气开采和北极船运也理所当然会成为常态。

据动态资料，俄罗斯的首艘油轮已在北极新码头起航，俄罗斯的北极发展委员会初步选定了 145 个项目,其中有 17 个比较有现实可能性,总投资 760 亿美元,涉及多个行业。开发"东北航道"的一揽子计划开始启动。俄罗斯还计划建立冰上舰队挺进北冰洋。一般来说,商船队走的是沿岸航线,而冰上舰队的破冰船可以突破 4.5 米厚的冰层。

从全视角来看,东北亚丝绸之路也是草原丝绸之路的东延长线。设若中亚绿洲丝绸之路是一条以欧洲为目的地的浅弧线,草原丝绸之路更像是直线,因此距离要比前者短。但以西亚和黑海为目的地,则长度相差无几。从草原丝路国家和民族分布的全视野看,草原丝路同样是一条网状的丝路带,大体上由北向南排列出比较规整的三条纬线。最北的一条是南西伯利亚大陆桥。对这条线的存在,俄罗斯人很关注,从 20 世纪 80 年代起,就为西伯利亚大铁路的运量不足再三筹划;但是,对于如何使用草原丝路则有些犹疑,因为这条线上森林密布。俄罗斯的滨海边疆区和中国东北的兴安岭、长白山地区也大抵如此。为什么这里不是森林之路而是草原之路呢?其实,森林也罢,草原也罢,在历史经济的自然形态上只是猎与牧的区别,具有相近的自然经济特征。草原、森林的变化与气候条件的垂直高度有关,历史的草原经济和森林经济同处一带,因此这不是关键问题。

东西伯利亚地区的古丝路的存在是一个事实。这可以由两则现代新闻资料来证实:一是英国的媒体曾经报道,马可·波罗比哥伦布更早发现美洲。其依据是从美国国会图书馆的 14 份羊皮纸资料中发现的,这些资料是 19 世纪一位从意大利移民到美国的人捐献的。其中有一份据说是马可·波罗的女儿所写,记叙马可·波罗在堪察加半岛遇到一位叙利亚商人,并去了阿拉斯加。放射性碳扫描结果表明,羊皮纸是 15 到 16 世纪的物品,意味着这是抄录件,因此可信性依然存疑。但是,当时的蒙古汗国是多部落的联盟,其势力范围或影响范围是可以到达白令海峡的,至少也会有人向族人讲述在那里打猎的故事,以马可·波罗强烈的求知欲和探险性格来看,很接近那里也是有可能的,因为文档里收有十份地图,其中一份是关于阿拉斯加西海岸的阿留申群岛的。但深究起来既有解也无解,因为真正第一个发现美洲的肯定是从亚洲过去的印第安猎人,只是我们不知他的名字罢了。第二则新闻出自美国《华盛顿邮报》网站,该网站 2014 年 5 月 16 日报道,潜水员在尤卡坦半岛的洞穴里发现 1.2 万年前的女孩头骨,为其取名纳娅,经提取其线粒体 DNA 检测,发现她拥有当今美洲原住民中十分普遍的标记,这个标记是在史前人类中形成的,有几千年曾经孤立存在于白令海峡。

2013年,在中国成为北极理事会永久观察员的同时,"北极航道"迎来了第一艘中国货轮,这艘货轮从中国的大连到荷兰的鹿特丹,引起了关于中国即将参与开发北极航道的猜测。有关机构还预测,到2020年,经由北极航道的运输总量将会占中国外贸货运总量的15%。中国货轮的"实战性"试航,后来还有一次,都是由中国中远集团开展的。据了解,中远集团有自身的定期通航计划,我们也许可以把它比作是通向欧洲的定期或者不定期的班列,这是经常化运输通道成型前的必要过渡态。

2016年4月上旬,俄罗斯、芬兰、中国、挪威和韩国五国的外交官和大型公司负责人在摩尔曼斯克讨论北极航道。这是第六次北极物流会议。北极地区一般指北纬66度34分(北极圈)以北的区域,包括北冰洋、海冰区、格陵兰岛等岛屿和欧洲、亚洲、北美洲在北极圈以内的陆地,总面积2100万平方公里,其中陆地面积800万平方公里。北冰洋相对较浅,平均深度为1296米,最深处为5527米。北极地区的陆地和岛屿分属俄罗斯、挪威、瑞典、冰岛、丹麦、美国、加拿大和芬兰8个国家,俗称"北极八国"。也有俄罗斯、挪威、丹麦、美国、加拿大"北极五国"的说法,主要基于这5国既在北极圈内,又直接濒临北冰洋。中国是观察员国。

北极地区受到前所未有的重视,除了气候环境动因之外,概括起来还有五点:

一是资源价值。据有关机构分析,北极未探明的石油储量为900亿桶,是全球未探明石油储量的5.9%,是俄罗斯原油储量的1.1倍,是美国的3.39倍。天然气1669万亿立方,是全球已探明储量的24.3%,是加拿大储量的27.36倍,是美国的5倍,占俄罗斯的99%。大陆近海资源占到总资源的84%。也就是说,那里分布着占地球三分之一的未开发化石能源资源,包括石油和天然气,此外还有黄金、钻石、铁、锌以及铀,具有巨大的开发价值。

二是潜在的缩短航运距离的运输价值。北冰洋沿美洲大陆有西北航道,直通美国的阿拉斯加、加拿大与丹麦的格陵兰。北冰洋沿俄罗斯海岸还有东北航道,可以直通俄罗斯的摩尔曼斯克,此外还有"挪威航道"进入北海。如果从摩尔曼斯克向西经芬兰开凿运河,也可直接抵达波罗的海。这是一条沟通大西洋和北太平洋,连接亚洲、美洲的潜在航运路线。设以鹿特丹为夹角顶点,大致画两条线,一条穿越北极地区,一条经由印度洋,航行地中海,其航距缩短一半以上。从中国北纬30度以北港口出发的商船,经由北极航道前往俄罗斯、欧洲与美洲,同样多了一条捷径。其途经的国家与港口少了很多,减少了停靠费用，也避免了海盗一类的航运干扰和热带风暴的袭击。这条捷径与南海航线形成围绕欧亚大陆的"航运闭环"。但北极航道航运时间短、气温低，也有可以预见和不可预见的成本。从航程上讲，经由北极航道从欧洲前往亚洲要比走苏伊士运河路途短得多，从欧洲返亚洲可以装运俄罗斯的大宗资源产品，减少空舱空驶。在现代经济中其物流成本占总成本的三成到四成，因此它是一个重要的因素。

三是长远的经济整合价值。在东北亚区域里，仅中、日、韩三国，其经济总量就占世界经济总量的五分之一，占亚洲的70%；如果加上潜力很大的俄罗斯，甚至美国的阿拉斯加地区和加拿大，东北亚经济区的经济能量恐怕是北美经济区和欧盟都比不了的。它对世界经济的影响力和带动力也就更不用说了。

四是北极地区的军事和战略价值。由于地球上的主要国家和人口集聚密集区在北半球，北极地区对全球尤其是北半球国家安全问题有直接的影响，甚至可以深刻地改变现有的全球安全战略均势。从贸易与海运物流的角度讲，北极航道的进一步开通和利用，更兼具战略选择弹性，一旦哪个方向发生"事端"，同样会有两手选择。

五是进一步拓展和显化了"一带一路"的内涵与外延价值。人们目前对"一带一路"的陆上通道表述为6个，海上航道也主要位于偏南方向。从古代丝路的走向和"一带一路"的完整视角走向来看，应当是陆上8条通道，海上南北两路。陆上未曾引起更多注意的通道，除了雪域高原丝绸之路外，便是面向东北亚和西西伯利亚的丝绸之路。"一带一路"发展本身就具有均衡性区域思维，既向西看，又向东看，同时也要向南向北看，在"一带一路"发展逻辑中，不会有什么空白点。在历史上，东北亚是古丝路开发最早的地区。在两汉向西和向西南开通丝绸之路之前，东北地区已经提前进入了丝路时代，并在中国汉唐时代进入高峰期。在当代"一带一路"发展视野中，东北亚的经济发展也应当得到进一步的整合。

目前北极航道的东北航道所经水域，应为日本海、鄂霍次克海与白令海，基本属于俄罗斯范围。北极航道的开通不仅在经济贸易和经济发展战略上价值巨大，对我国东北地区的发展更具有决定意义。中国东北地区发展相对迟缓，在根本上缘于开放不足。目前中俄之间的常规边贸解决不了东北地区尤其是吉林、黑龙江两省的开放发展问题。历史遗留的产业结构单一的问题，也制约了东三省的发展。中俄在东北亚地区有着巨大的合作发展空间，北极航道的开通，既是承接丝路历史、再造丝路历史的大事件，也是振兴东北老工业基地的根本出路。

由于历史的原因，东北腹地缺少直接的出海口，在一定程度上形成了地理的相对封闭性。东北地区虽然历史上经历了山东人"闯关东"的有限的对内开放，但在对外开放中一直处于被动状态。中华人民共和国成立前后，东北工业为国内经济的恢复和第一个五年计划的实施做出了贡献，但其国内输出大于投入，在改革开放中优势不再，虽然边贸红火一时，结构调整也取得一定的效果，但需要在"一带一路"的经济整合里寻找新的发展走向。也就是说，只有把东北的发展同东北亚的总体发展前景联系在一起，重走东北亚丝绸之路，才会有中国东北和东北亚的未来。

广义的东北亚地区包括中国东北、华北、山东半岛，俄罗斯远东地区，蒙古高原东部地区，朝鲜半岛，日本列岛。主要的海洋是中国的渤海、黄海、东海，以及日本海、鄂霍次克海、白令海、楚科奇海、东西伯利亚海。亚洲的楚科奇半岛隔白令海峡与西北美的阿拉斯加相望。狭义的东北亚主要指南部相对温暖的地区，其核心地带是中国东北地区。中国东北地区是古代海上丝绸之路最先联通的地区，直接养育了亚洲的东北亚文明。文明的继续推进，在很大程度上依赖于北冰洋航道开发的现实可能性。

开通和利用北极航道，使用的是公海自由通航的概念，这样可以排除更为复杂的地缘政治的干扰，而且具有巨大的现实市场前景。也许近期的回报前景并不明朗，新航线开通伊始，用户需要积累，但这是"大航海"以来又一个海上丝路的新突破。

从一定意义上讲，北冰洋是另一个更大的地中海，只是被冰雪覆盖，成了航海的禁区。设若磁极有所移位，气候带偏离，那里也会是"蓝色文明"的一个故乡。世界文明史又将如何书写，则是另一回事情。气候是时间的刻度，也是空间的刻度，当我们应对气候变化并做出巨大努力的时候，也还得接受由此导致的某些变化。北极航道的开通，便是一种正在到来的现实。

在这样一种变化中，我们需要思考的不仅是减排，也需要思考对变化进行合理利用。亘古的丝路系统也会做出新的调整，"一带一路"的联通半径有所扩大，不仅向东向西向南延伸，还会一路向北，并形成新的文明要素流动的闭合圈。

进一步思考，"北极航道"的开通，也会继续完善和发展"一带一路"的历史结构与格局——在我们所在的欧亚"大陆岛"上，网状的丝路主要分布在温带和热带地区，宛似汉字的一个大"甲"字，既没有真正伸向北冰洋，也没有包罗整个"大陆岛"。如果说这个亘古的丝路的"甲"字型的网状系统向北扩展,并将北冰洋纳入联通视野,它不仅更像一个完整的"申"字,甚至会是一个巨大的"田"字。循环对流发生在陆地,也会发生在四大洋的沿岸,欧亚甚至欧亚与北美的联通也会有新的更为便捷的通道,丝路版图正在完善中进一步改写。

对于中国来讲,东西畅通,南北通透,推动丝路贸易的回旋舞台空间更宽阔;对于世界来讲,共同发展的半径无疑也会更大。新的"地中海"泽被的不仅是"北极八国",也会让丝路文明的脚步走得更远。

文明的颜色

"一带一路"倡议的提出,也使人想到二十几年前中国喧腾一时的关于"黄色文明"与"蓝色文明"的议论。在议论中,中国被定位为"黄色文明"的故乡,而西方是"蓝色文明"的家园。这些议论也许是出于对中国对外开放的关切,希望中国在开放中更快地走向世界,但把中华民族的历史一律抹成黄的颜色,无论从事实上讲还是从民族的天性上讲,都有一些牵强。

中国有一条伟大的黄河,华夏文明的核心起源地之一是黄土高原,中国人绝大多数又是黄种人,但由此而派生出"黄色文明"的分类,多少有些望文生义。

什么是文明?文明是人类社会适应与改造自然并不断发展自身的人文轨迹,也是物质创造与精神创造的总和。有的是一种积淀,或者变成了记忆,但大多数仍然在流动并且在流动中不断传承发展。文明充满能量,与蒙昧是相对垒的,但文明的古代形式和现代形式又具有多样性,唯其如此,人类才有五光十色的梦,才有对发展与传承的历史追求。

作为曾经的实体文化,两河文明、地中海文明、尼罗河文明、黄河与长江文明、印度河文明、阿拉伯文明乃至印第安文明和一些次一级的文明,都有古老的历史,也有各自的光彩和特质,很难用"蓝色"和"黄色"一言以蔽之。要比,可以比久远性和持续性,比曾经达到的高度和文化层的厚度,比它给未来人类社会带来的启迪和贡献,比文化的可进化性。有的时候,文明主流会出现"边际转移",有时却在特定的土壤里顽强地生存生长,带着文化基因的变异与整合。"黄色"与"蓝色"之争,无非是陆地开放与海上开放的区别。陆路有阻走海路,海路难通走陆路,这当然最合乎地理地缘逻辑;而历史与现代的海陆联通，是更大的地理地缘逻辑。

第一，文化在本质上是一个开放系统，文化传播是没有谁能挡得住的，高山挡不住，海洋挡不住。以中国为东方起点的丝路文化延续几千年就是一个明证。这条丝路不仅传播了中国的四大发明，也传播了当时世界上居于价值链顶端的珍贵商品，传播了各种动植物基因包括人类自身的基因。没有这种传播，连人类本身的文化基因也会退化。陆上开放需要克服自然地理带来的各种险阻，也要克服认知局限带来的自我禁锢。海上则要冲破惊涛骇浪，同样面临着难以预测的多种风险。因此，从陆上寻求不同文明之间的相近点或从海上寻求不同文明之间的相近点，在努力与付出上，庶几可以画等号。文明只有互补，没有哪个优越哪个不优越的问题。

第二，文明在陆地开放的态势与海上开放的态势，是可以转化的。在东亚大陆盛极一时的突厥汗国与蒙古帝国都曾有过内陆国家的历史，要说"黄色文明"发展与发育的实例，没有比它们更典型的了。莫斯科大公国时代的俄罗斯也是如此。但是，蒙古帝国不仅是陆上文化传播的巨人，也曾是海上丝绸之路贸易的强有力的推动者，中国泉州港的兴旺发达源于南宋人的努力，也离不开元朝人的惨淡经营。谁能想得到，一个来自有一定自然封闭性的高原马背民族，在几十年里掌控了一个海上贸易大国。突厥人也是在蒙古高原兴起的，他们逐鹿中原没有成功，呼啸西去，终于在地中海西岸建立起横跨欧亚的国家，并在一定程度上融入了地中海的"蓝色文明"。公元17世纪，莫斯科大公国同样地理环境封闭，但那位著名的彼得大帝，不仅进入了北方的波罗的海，也一度临近黑海，成为海陆两向的大国。如今，还有许许多多的内陆国，它们会在新丝路海陆联通中不断实现自身的开放价值。

第三，许多重要文明的诞生地，不仅有广袤的陆地，也面临着大海，居民在陆地上生存，在海洋里游弋。中国是这样，印度和埃及也是这样，甚至希腊文明、罗马文明，同样有它们面向海洋背靠大陆的文明之根。倒是一些陆地幅员狭小的岛国，虽可以繁盛一时，但终因缺乏大陆的支撑，难以形成更大的文明和文化的核心体系。如果再细究一下，一些岛国的历史，其发育的过程，无不与大陆文明相联系，其文化发育的程度往往与它们同大陆文化联系的密切程度成正比。有意思的是，这些岛国无一例外都有过"大陆梦"，不管是和平往来，还是战争相向。它们并不认为居于一隅便会出现文明的世外桃源。更有意思的是，这种"大陆梦"居然曾经演化为地缘学说——当年号称"日不落"的大英帝国，不就是在最强盛时期捧出了麦金德的"世界岛"理论和"心脏地带"

理论吗？

第四，文明发育有一个地缘规律，那就是陆地文明往往在大河周边诞生。因为大河是陆地和海洋的脐带，会向海洋不断输送物质与精神的养料；而大陆更像是一个巨大的子宫，养育着海洋文明的胎儿。西亚的两河、中国的两河、印度的两河，还有由印度的青尼罗河与白尼罗河融汇的大尼罗河，都是"黄色文明"的母亲，也是"蓝色文明"的父亲。父亲的草原母亲的河，诗人席慕蓉深懂此中的奥妙。陆地有一切文明之树生长的必不可少的园圃，海洋却浇灌着文明之树的庞大根系。文明之树是绿色的，却有五颜六色的花与果。一两种颜色界定不了这个大千世界。

第五，文化也有自身的传播边界和界语，需要在翻译中沟通。但各种文化都是人类自己的，只要互相认知，总归是"心有灵犀一点通"。地理大发现也可以说是文化大发现，从1492年哥伦布抵达美洲，到1519年麦哲伦开启第一次环球航海，扩大了世界贸易，引起了西欧价格革命，加速了欧洲资本的原始积累，但也开启了殖民时代。殖民时代的文化行为是粗鲁的，破坏是巨大的，只谈"地理大发现"的历史功绩，不谈利用"地理大发现"达到一些人的功利目的，是一种片面认识。

2016年，一本由英国人布莱恩·莱弗里写的《海洋帝国》的中译本出版，它大概是一些人心目中"蓝色文明"发展的力作。其中有对明中后期海禁负效应的比较正常的分析，也有对晚清"闭关锁国"的中国统治上层政治危机的剖析，但是评论者由此得出"帝国主义的行径需要谴责，但这绝不是中国隔绝于现代文明之外的理由"这样的错位逻辑联系，说明"蓝色文明"至上，仍是一种挥之不去的情结。布莱恩·莱弗里在《海洋帝国》中讲到，以通商获得利益，是资本主义扩张的重要方式，英国在成为最强大的帝国的同时，其商业触角也同步伸展，似乎它们的全部目的就是商业，战争只不过是手段，最终的结果是中国被强行融入现代化之中，也即"蓝色文明"之中。这个"强行融入"怎么说得如此轻巧呢？

与文明的颜色相关，中国长城的"口水官司"不可不提。在一些论者看来，那就是"黄色文明"的自我局限。抛开长城在工程史上的地位不说，它其实就是古代战争中的巨大工具，如果把骑兵看作矛，它就是一只横亘万里的盾，你也可以将它比附为欧战中的马奇诺防线，但它既不代表边界，也不代表保守，不能等同于封闭。

防御工事，东西方都有，比如城池的出现，基于保护居民的基本安全需要。

作为防御工事，中国的长城在春秋战国时代集中出现，最北边在阴山北麓，最西边在临洮，那是彼时的列国与五服之外部落的战争线，后来出现的秦汉长城和明长城，都具有退守攻防的功能。

长城，东方有，西方也有，不论是带有"黄色文明"标记的国家，还是被"蓝色文明"标记的国家，搞起战争防御来，都免不了同一个思维路数。"蓝色文明"的一个大本营国家英国，就有著名的哈德良长城，位于英格兰北部。哈德良长城与中国长城一同被列入了世界遗产名录，现在人们能够看到的是一些石头地基，但当时有堡垒有望塔，应当是很壮观的。据说这个长城高 5 米，与中国长城高度相近，但长度只有 73 公里，后来又在更北的方向修了一段，有 37 公里。哈德良长城是罗马皇帝的杰作。公元 122 年也即中国东汉安帝在位期间，罗马皇帝哈德良巡视不列颠，为了抵御北方的"野蛮人"，他耗时 6 年，修建了这样的军事设施。哈德良长城不仅出现在英格兰，也出现在今天的德国。因为从公元 1 世纪开始，罗马帝国的疆域急剧膨胀，东至两河流域，西至英格兰南部，北起多瑙河、莱茵河和黑海北缘，南到北非。同样是为了防卫，罗马帝国便在多瑙河、莱茵河一线修筑了长达 500 多公里的长城，其沿线有堡垒有望塔，还有许多兵营。

在西方，长城不仅罗马有，希腊也有，而且更早地出现在公元前 500 年前后。希腊的长城位于希腊卫城和今天的比雷埃夫斯港之间，具有战地联络性质，但终归是为了防御。据说，印度和伊朗都有长度不一的长城。伊朗的长城位于呼罗珊地区，有烽火台，大概是当时用来防御西突厥的。

显然，长城并不是一种含义有多么深的显文化，欧洲、西亚、南亚在不同时期修建形制大体相似的长城，都是出于防御与进攻的现实考虑，而防御的对象都是骑马的游牧部族。长城用来抵挡机动性骑兵带来的破坏，同楚河汉界的鸿沟一样，即便不能完全抵挡战争对手，也会起到缓冲作用。

长城作为农耕地区与游牧地区的分界，其实也是相对的。春秋战国时代的长城走向和位置与秦始皇一统天下之后的不一样，明长城与秦长城又不一样。在山东有过一段齐长城，这长城当年要防的竟是颇有蛮夷气的齐，只是没有考证表明这段长城究竟是谁修的。有新闻报道，宁夏博物馆的考古人在宁夏、甘肃交界处又发现了 9 段秦长城，秦代的南起临洮东到辽东的长城轮廓似乎完整地显现了出来。9 段秦长城都在银川平原之西的贺兰山东麓，它们不仅是防御西部和北部的匈奴铁骑的，同样也是农耕与游牧经济的历史分界。

古代世界的几大文明，其实也就是古代的经济社会圈和社会文化圈。它们各自具有独特的生存生活环境,这种环境多数情况下是开放的。无论是哪一种具体的文明形态,都不会永远封闭发展,封闭就会窒息,就会消亡。只要有机会,它们便时时处在物质交换和文化交流的十字路口上,外来的创造因素与本土的创造能力在相遇相撞中不断融合,形成了新的创造。

华夏文明是黄河文明,也是东亚文明圈的主要内核。中国是一个农业资源极其丰厚的国家,"地大物博,人口众多",形成了以农耕文化为主的历史文明。但中国又是个多民族多经济形态的国家,其农耕文化派生出来的手工业文化与西北方的游牧文化相遇,也就在产业互补中形成了丝路的历史价值链。在这里,最重要的不是什么颜色,而是文明发育本身。